VISUAL BASIC 4

Développement
d'applications professionnelles
sous Windows

CHEZ LE MÊME ÉDITEUR

Du même auteur

B. COYDON. – **AS/400**. *Système d'exploitation et programmation.*
N°8255, 1992, 216 pages.

B. COYDON. – **Le langage de contrôle sur AS/400**.
N°8763, 1993, 304 pages.

Autres ouvrages

Programmation Windows

L. DUBOIS. – **DELPHI**. *Développement rapide d'applications sous Windows.*
N°8854, 1995, 368 pages + disquette PC.

C. DELANNOY. – **Programmer Windows avec Borland C++ 4.5**.
N°8846, 1995, 464 pages + disquette PC.

G. LEBLANC. – **Borland C++ version 4**. *Programmation Windows.*
N°8820, 1994, 608 pages + disquette PC.

P. TENENHAUS. – **Programmation multimédia en C sous Windows**.
N°8844, 1995, 378 pages + CD-Rom PC.

Client-serveur et bases de données

S. MIRANDA, A. RUOLS. – **Client-serveur**.
Moteurs SQL, middleware et architectures parallèles.
N°8862, 2e édition, à paraître en décembre 1995.

G. GARDARIN. – **Maîtriser les bases de données**. *Modèles et langages.*
N°8727, 1993, 368 pages.

A. ABDELLATIF, M. LIMAME, A. ZEROUAL. – **Oracle 7**. *Langages, architecture, administration.* N°8832, 1994, 464 pages.

D. GAYTE. – **DB2/400**. *Gestion de la base de données AS/400.*
N°8856, 1995, 290 pages.

Approche objet et méthodes de conception

M. BOUZEGHOUB, G. GARDARIN, P. VALDURIEZ. – **Objets : du C++ à Merise objet**.
Concepts, langages, bases de données, méthodes, interfaces. N°8822, 1994, 352 pages.

D. DIONISI. – **L'essentiel sur Merise**.
N°3923, 1994, 272 pages.

M. DIVINÉ. – **Merise : 60 affaires classées**.
N°4120, 1994, 336 pages.

VISUAL BASIC 4

Développement d'applications professionnelles sous Windows

Bernard COYDON

EYROLLES

LES ÉDITIONS EYROLLES
vous proposent plusieurs services d'informations

---

1 - POUR UNE INFORMATION COMPLÈTE
sur l'ensemble de notre catalogue : **3615 EYROLLES**

2 - POUR RECEVOIR LE CATALOGUE
de la discipline qui vous intéresse :
vous nous écrivez en nous précisant cette discipline et votre adresse

3 - POUR ÊTRE INFORMÉ RÉGULIÈREMENT
sur nos nouvelles parutions :
vous retournez la carte postale que vous trouverez dans ce livre

ÉDITIONS EYROLLES
61, Bld Saint-Germain - 75240 Paris Cedex 05

© Éditions Eyrolles 1995, ISBN 2-212-08864-7

Table des Matieres

3 - L'ANALYSE D'UNE APPLICATION 53

4 - LES REGLES D'ERGONOMIE DE L'INTERFACE 77

5 - L'ENVIRONNEMENT DE DEVELOPPEMENT 99

6 - LE LANGAGE DE PROGRAMMATION 111

15 - L'IMPRESSION D'ETATS 261

16 - LES LIAISONS AVEC L'EXTERIEUR 283

17 - LA FINALISATION D'UNE APPLICATION 299

18 - COMMENT FAIRE POUR... 309

19 - LES ARCHITECTURES CLIENT-SERVEUR 327

AVANT-PROPOS

Un livre sur l'informatique de gestion

En écrivant ce livre, j'ai voulu fournir à vous, lecteur, un guide pratique pour apprendre à développer des **applications de gestion**. Loin de vouloir recenser les infinies possibilités de Visual Basic et de ses interactions avec Windows (graphismes, sons,...), j'ai désiré limiter l'ouvrage au savoir-faire pratique nécessaire en informatique de gestion. C'est pourquoi l'accent a été mis sur les points suivants : l'analyse d'une application, les règles d'ergonomie, les bases de données et le mode client-serveur.

Prérequis nécessaires

Pour tirer pleinement parti de ce livre, il faut au préalable que vous connaissiez l'utilisation de Windows et que vous ayez déjà une expérience, même petite, en programmation, peu importe le langage.

Comment utiliser ce livre ?

Ce livre peut être utilisé, au choix, de trois manières différentes :

- en tant que guide d'auto-formation : le Chapitre 1 est un guide d'auto-formation qui vous fait parcourir le livre et vous fait en même temps réaliser pas à pas sur votre ordinateur une application complète de comptabilité personnelle,
- comme un livre normal, c'est-à-dire en le lisant du début à la fin, après avoir sauté le Chapitre 1 d'auto-formation,
- en recherchant, au fur et à mesure de vos expériences, le thème qui vous préoccupe à l'aide de la table des matières ou de l'index, respectivement au début et à la fin du livre.

Versions de Visual Basic et de Windows nécessaires

Bien sûr, ce livre est surtout dédié à la version 4 de Visual Basic, dans ses éditions standard et professionnelle. Cependant, plus de quatre-vingt dix pour cent des techniques présentées ici sont communes aux versions 3 et 4. Les utilisateurs de la version 3 trouveront donc encore largement leur compte.

En ce qui concerne la version de Windows nécessaire, toutes les versions (Windows 3.1, Windows for Workgroups 3.11, Windows 95, Windows NT 3.51)

supportent Visual Basic 4, tant pour le développement d'applications que pour leur utilisation.

Seule restriction, il n'est pas possible de faire fonctionner la version 32 bits de Visual Basic 4 sous une version 16 bits de Windows, tous les autres cas de figure étant possibles. Donc, pour travailler sous Windows 3.1 ou Windows for Workgroups 3.11, il faudra se contenter d'utiliser la version 16 bits de Visual Basic 4. Plus de détails sur les différentes versions de Visual Basic seront fournies au Chapitre 2.

Les copies d'écran présentées dans ce livre ont été réalisées sous Windows 95.

Disquette d'accompagnement

Des exemples de programmes étudiés dans ce livre et des corrigés d'exercices sont fournis sur la disquette d'accompagnement. Le contenu de cette disquette ainsi que la procédure d'installation sont détaillés en Annexe 4.

1

GUIDE D'AUTO-FORMATION PAR UN EXERCICE COMPLET

Auto-formation : mode d'emploi

Si vous désirez utiliser ce livre comme un support d'auto-formation progressif, ce que je vous conseille, suivez une par une les séquences de formation décrites ci-dessous. Sinon, sautez ce chapitre et passez directement au Chapitre 2.

Chaque séquence d'auto-formation comporte :

- une partie d'acquisition de connaissances qui consistera à lire attentivement les chapitres indiqués,
- une partie de mise en pratique où vous devrez bâtir, étape par étape, une application complète de comptabilité qui, une fois terminée, sera tout à fait opérationnelle.

Séquence 1

Acquisition de connaissances

Lisez le Chapitre 2 d'introduction à Visual Basic.

Mise en pratique : Initiation

Faites les deux manipulations qui sont proposées dans ce chapitre :

- le didacticiel sur Visual Basic,
- la réalisation du programme "calculette".

Séquence 2

Acquisition de connaissances

Si l'analyse d'une application informatique ne vous pose aucun problème, passez directement au paragraphe "Mise en pratique" de cette séquence.

Sinon, lisez le Chapitre 3 maintenant... ou à la rigueur plus tard si vous êtes vraiment impatient de travailler avec Visual Basic. Sachez tout de même que l'analyse d'une application est la phase **indispensable** qui se situe avant la phase de programmation.

Mais dans tous les cas, lisez le paragraphe "Mise en pratique" ci-dessous.

Mise en pratique : Analyse

Voici le dossier d'analyse concernant l'application de comptabilité que vous allez réaliser tout au long de ce guide d'auto-formation. Nous nous plaçons donc dans la situation où l'analyse de cette application a déjà été réalisée.

Ce dossier contient trois parties :

- la description générale des fonctionnalités de l'application,
- le schéma de la base de données,
- la liste des traitements à programmer.

Les fonctionnalités de l'application

Il s'agit de développer une application de comptabilité qui sera utilisable par un particulier, une association ou un artisan. Une fois terminée, cette application se suffira à elle-même et sera parfaitement opérationnelle pour des besoins courants de comptabilité. Et enfin, par la suite, rien ne vous empêchera de l'adapter à vos besoins particuliers.

Elle assurera d'une part la gestion en temps réel des comptes de trésorerie : comptes courants bancaires, comptes de caisse, comptes d'épargne, cartes bancaires...

D'autre part, elle permettra d'obtenir en fin de mois le total des dépenses et des recettes de chaque compte analytique : logement, nourriture, transports, habillement...

L'utilisateur aura à saisir ses écritures comptables (dépenses et recettes). Il pourra par la suite corriger des erreurs de saisie éventuelles. Il pourra aussi saisir des transferts d'argent de compte à compte, par exemple un virement de son compte chèques vers son compte d'épargne.

Un système de pointage des écritures comptables déjà enregistrées dans la base de données par rapport aux écritures des relevés bancaires envoyés par la banque sera disponible.

Trois états comptables récapitulatifs pourront être imprimés. Ils seront décrits plus loin.

Le schéma de la base de données

La base de données que vous utiliserez dans cette application contient cinq tables agencées selon le schéma suivant.

Les identifiants des tables figurent en caractères gras.

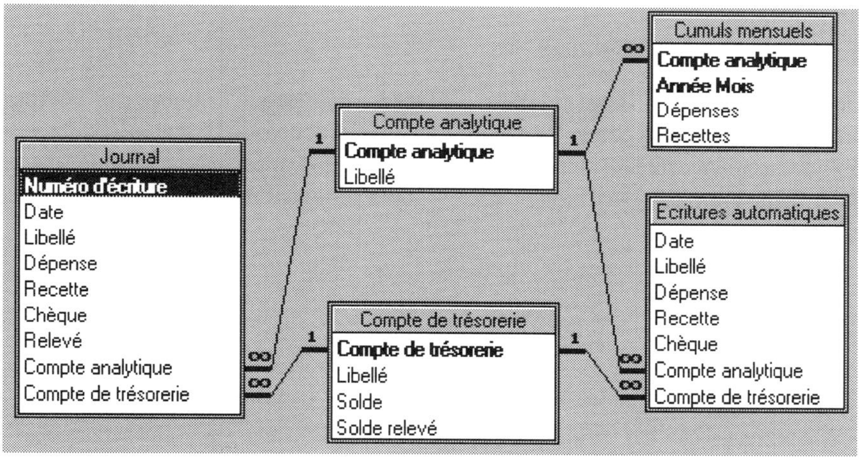

Table "Journal"

C'est dans cette table que viendront s'accumuler au jour le jour toutes les écritures comptables, à raison d'un seul enregistrement pour chaque écriture, c'est-à-dire pour chaque dépense ou chaque recette.

L'identifiant de cette table sera le numéro d'écriture.

CHAMP	TYPE	TAILLE	DESCRIPTION
Numéro d'écriture	Double		Compteur d'écriture qui sera incrémenté automatiquement à chaque nouvelle écriture
Date	Date-Heure		Date de la dépense ou de la recette
Libellé	Texte	20	Libellé en clair de l'écriture
Dépense	Monétaire		Montant de la dépense ou zéro dans le cas d'une recette

Recette	Monétaire		Montant de la recette ou zéro dans le cas d'une dépense
Chèque	Texte	5	Numéro de chèque (remplissage facultatif)
Relevé	Booléen		Vrai si l'écriture a déjà été pointée par rapport à un relevé bancaire, faux sinon
Compte analytique	Texte	2	Compte analytique auquel l'écriture est affectée
Compte de trésorerie	Texte	2	Compte de trésorerie auquel l'écriture est affectée

Table "Comptes Analytiques"

Cette table contient simplement la liste des comptes analytiques. Les comptes analytiques sont des postes budgétaires. Chaque dépense et chaque recette sera obligatoirement affectée à un compte analytique, ce qui permettra de regrouper et de totaliser, mois par mois, les écritures comptables de chaque compte analytique.

C'est l'utilisateur qui remplira lui-même cette table en fonction de ses besoins comptables.

CHAMP	TYPE	TAILLE	DESCRIPTION
Compte analytique	Texte	2	Compte analytique auquel toute écriture pourra être affectée
Libellé	Texte	30	Libellé du compte analytique

Table "Comptes de trésorerie"

C'est la liste des comptes de trésorerie : compte chèques courant, comptes d'épargne, compte caisse (argent liquide), carte bancaire... L'utilisateur aura à saisir le numéro de compte et le libellé. En revanche, il ne devra jamais avoir accès directement aux champs "Solde" et "Solde relevé" car ils seront gérés automatiquement par le programme de saisie des écritures comptables. Le champ "Solde relevé" ne sera mis à jour que par le programme de pointage des relevés bancaires.

CHAMP	TYPE	TAILLE	DESCRIPTION
Compte de trésorerie	Texte	2	Compte de trésorerie auquel toute écriture pourra être affectée

Libellé	Texte	30	Libellé du compte de trésorerie
Solde	Monétaire		Solde en temps réel du compte de trésorerie
Solde relevé	Monétaire		Solde du compte de trésorerie d'après le dernier relevé bancaire

Table "Cumuls mensuels"

Dans cette table, on trouvera un enregistrement par compte analytique et par mois. Chaque enregistrement contiendra le total cumulé des dépenses et le total cumulé des recettes pour un compte analytique et un mois donnés.

CHAMP	TYPE	TAILLE	DESCRIPTION
Compte analytique	Texte	2	
Année Mois	Texte	6	Année (4 chiffres) et mois (2 chiffres)
Dépenses	Monétaire		Cumul des dépenses pour le compte et le mois considéré
Recettes	Monétaire		Cumul des recettes pour le compte et le mois considéré

Table "Écritures automatiques"

Cette table contient la liste des dépenses et des recettes qui reviennent systématiquement chaque mois : loyer, remboursements, allocations familiales... Au lieu de devoir les saisir chaque mois, l'utilisateur les saisira une fois pour toutes dans cette table. Puis, chaque mois, l'utilisateur n'aura qu'à cliquer sur un bouton pour que ces écritures s'ajoutent automatiquement au journal et mettent bien sûr à jour les comptes concernés.

Cette table n'a pas besoin d'identifiant.

CHAMP	TYPE	TAILLE	DESCRIPTION
Date	Entier simple		Date de l'écriture automatique (seul le jour du mois sera réellement utilisé)
Libellé	Texte	20	Libellé en clair de l'écriture
Dépense	Monétaire		Montant de la dépense ou zéro dans le cas d'une recette
Recette	Monétaire		Montant de la recette ou zéro dans le cas d'une dépense

Chèque	Texte	5	Numéro de chèque (remplissage facultatif)
Compte analytique	Texte	2	Compte analytique auquel l'écriture est affectée
Compte de trésorerie	Texte	2	Compte de trésorerie auquel l'écriture est affectée

La liste des traitements à programmer

Maintenance des fichiers de base

- Maintenance des comptes analytiques (Création / Modification / Suppression / Interrogation).
- Maintenance des comptes de trésorerie (Création / Modification / Suppression / Interrogation).

Saisies de données

- Saisie des écritures comptables dans le journal, y compris la modification et la suppression d'écritures.
- Pointage des écritures d'après les relevés bancaires.
- Saisie d'un transfert d'argent d'un compte de trésorerie vers un autre.
- Saisie des mouvements automatiques.
- Déclenchement des mouvements automatiques.

Consultations sur écran

- Interrogation des soldes des comptes de trésorerie.
- Interrogation des cumuls mensuels par compte analytique.
- Graphique d'évolution des cumuls mensuels par compte analytique.
- Affichage du journal par ordre chronologique.

Impressions d'états

- Impression du journal mensuel par ordre chronologique.
- Impression du journal mensuel par compte avec le sous-total de chaque compte.
- Impression annuelle des cumuls mensuels.

Traitements annexes

- Sauvegarde de la base de données.
- Restauration de la base de données.
- Épuration des anciennes écritures dans la base de données.
- Aide.
- Affichage d'une calculette.
- Option "A propos de..." donnant entre autres la signature du programmeur.

Séquence 3

Acquisition de connaissances

Lisez le Chapitre 4 concernant l'ergonomie des logiciels sous Windows. C'est incontournable, si vous ne voulez pas réaliser des logiciels de type psychédélique !

Mise en pratique : Ergonomie

Afin d'être parfaitement sensibilisé à la qualité de l'interface utilisateur, prenez le temps d'observer l'ergonomie des logiciels sous Windows dont vous disposez sur votre ordinateur. Inutile de s'intéresser aux fonctionnalités de ces logiciels mais seulement à leur ergonomie.

Même si vous n'avez pas de logiciels de gestion, mais seulement des logiciels de bureautique (traitement de texte, tableur,...), portez votre attention sur les questions ci-dessous et... prenez-en de la graine pour vos futures applications Visual Basic :

- quelles couleurs sont utilisées ?
- des graphismes sont-ils utilisés ?
- quelles sont les polices de caractères ?
- le vocabulaire utilisé est-il parfaitement compréhensible ?
- comment sont organisées les options des menus ?
- quels sont les boutons standard ?
- comment sont utilisées les listes déroulantes ?
- comment s'enchaînent les fenêtres ? sont-elles modales ?
- comment s'affichent les messages d'erreur ?

Séquence 4

Acquisition de connaissances

Lisez le Chapitres 5 concernant l'environnement de développement de Visual Basic.

Mise en pratique : Environnement de développement

Vous pouvez maintenant vous "promener" dans l'environnement de développement de Visual Basic, mais pour le moment ne créez aucune application.

A l'aide du programme "Bloc-notes" de Windows, observez le contenu du fichier "CALCUL.VBP" issu de votre application calculette. Puis faites de même avec le fichier "AUTO32LD.VBP".

Compilez le programme de votre calculette pour en faire un fichier "CALCUL.EXE". Quittez Visual Basic et lancez votre programme depuis l'Explorateur de Windows.

Séquence 5

Acquisition de connaissances

Lisez les Chapitres 6, 7 et 8 qui vous donneront les bases de Visual Basic. Ne vous inquiétez pas : vous ne retiendrez pas tout du premier coup, mais au moins vous saurez que les possibilités énoncées dans ces chapitres existent et vous saurez où les retrouver.

Mise en pratique

Phase 1

Effectuez le petit test suivant pour vérifier ce que vous avez retenu sur les objets de Visual Basic. Les réponses se trouvent à la fin de ce livre, en Annexe 1.

Un petit test sur les objets...

1. Quel est le nom, en français et en anglais, du contrôle qui permet de saisir une donnée textuelle ?
2. Quel sont les noms, en français et en anglais, des deux contrôles qui permettent de saisir une donnée de type Vrai ou Faux ?
3. Un objet est .... d'une classe d'objets.
4. Quelles sont les six actions possibles à l'aide d'un contrôle Dialogue Commun ?
5. Quel est le contrôle à utiliser pour permettre à un utilisateur de sélectionner un ou plusieurs éléments dans une liste ?
6. Quel contrôle faut-il utiliser pour permettre à un utilisateur de choisir un élément dans une liste mais aussi d'y saisir une donnée qui ne figure pas dans la liste ?
7. Quelles sont les extensions des fichiers MS-DOS qui contiennent des contrôles personnalisés ?
8. Lorsque l'on clique dans un contrôle Zone de texte (par exemple), on dit que celui-ci a le ....
9. Les trois lettres de "DLL" sont les initiales de quels mots ?
10. Remplissez les trous par l'un des mots : *Contrôle*, *Méthode*, *Propriété*, *Événement* :

    Click est un ....

    Name est un ....

    Hide est un ....

    CommonDialog est un ....

    Timer est un ....

Phase 2

Essayez, comme dans la feuille ci-dessous, les différents contrôles graphiques de Visual Basic :

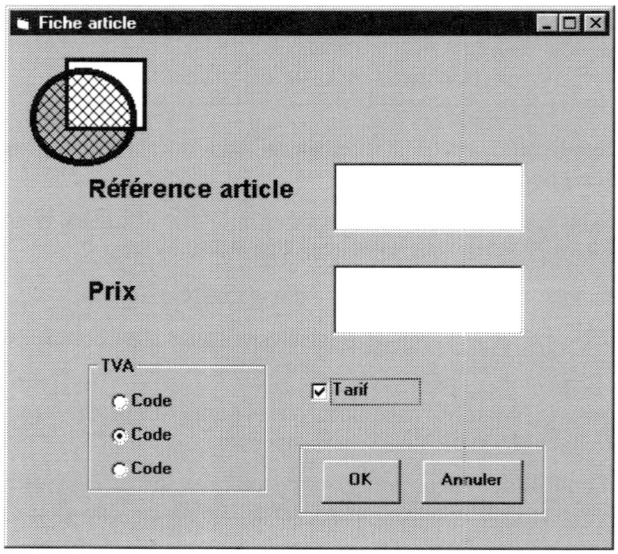

Phase 3

Faites de petits essais sur machine, comme vous en avez envie et en fonction de votre curiosité, sur les points les plus importants des trois chapitres que vous venez de lire :

- les instructions *If* et *Do While*,
- les enchaînements de feuilles déclenchés par des boutons,
- les fonctions intégrées, par exemple *VarType*, *Mid*, *Len*,
- la création et l'utilisation d'une fonction,
- les fonctions et instructions *InputBox* et *MsgBox*,
- le contrôle Dialogue Commun,
- les feuilles MDI,
- les menus pop-up.

Mais n'y passez pas trop de temps, car il reste tout de même du "pain sur la planche".

Phase 4

Pour mettre en pratique la création de menus déroulants, vous allez créer dès maintenant le menu de votre application de comptabilité selon la structure décrite ci-dessous :

Menu	Option
Fichier	Sauvegarder
	Restaurer
	Quitter
Comptes	Comptes analytiques
	Comptes de trésorerie
Écritures	Saisie des écritures
	Saisie d'un transfert
	Pointage des relevés bancaires
	Saisie des écritures automatiques
	Lancement des écritures automatiques
Consultation	Affichage du journal
	Comptes de trésorerie
	Cumuls mensuels
	Graphique chronologique
	Calculette
Impression	Journal mensuel chronologique
	Journal mensuel par compte
	Cumuls annuels
?	Aide
	A propos de...

Ce menu sera créé à l'aide de la fonction de création de menu de Visual Basic. Il sera attaché à la feuille de démarrage de l'application, qui ne contiendra d'ailleurs aucun contrôle visuel.

Après avoir créé le répertoire (ou dossier) "COMPTA" qui sera réservé à cette application de comptabilité, vous y sauvegarderez votre projet sous le nom "COMPTA.VBP" et la feuille qui contient le menu sous le nom "MENU.FRM".

Séquence 6

Acquisition de connaissances

Lisez le Chapitre 9 sur les contrôles de listes et le Chapitre 10 sur le contrôle Grille.

Mise en pratique : Listes et grilles

Phase 1 : Les listes

Vous allez tester les différentes formes de listes. Pour cela il vous faudra d'abord dessiner les contrôles de liste dans une fenêtre, puis programmer leur remplissage à l'aide d'instructions Visual Basic.

Dessinez d'abord une feuille qui se présentera comme suit :

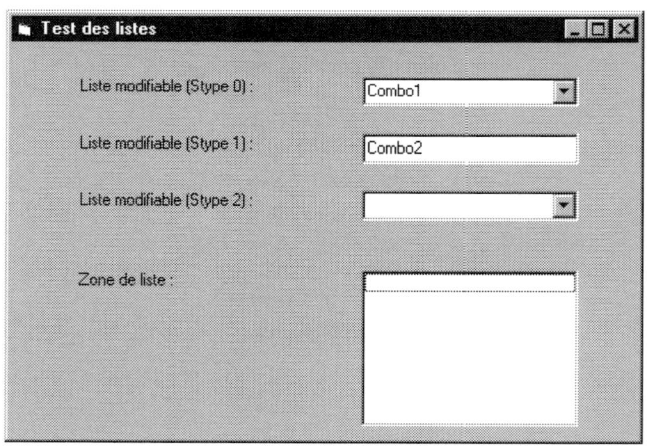

Puis vous allez saisir dans une procédure les instructions qui rempliront avec des données d'essai les quatre listes que vous avez dessinées. Cette procédure doit être la procédure *Form_Load*, celle qui s'exécutera automatiquement au moment où la feuille sera chargée en mémoire, c'est-à-dire lors de l'événement *Load* de la feuille.

Saisissez les ordres suivants en vous aidant, si vous n'avez pas de tendance masochiste, des possibilités de copier-coller :

```
Private Sub Form_Load ()

    Combo1.AddItem "Vis"
    Combo1.AddItem "Clou"
    Combo1.AddItem "Boulon"
```

```
        Combo1.AddItem "Pointe"

        Combo2.AddItem "Marteau"
        Combo2.AddItem "Tournevis"
        Combo2.AddItem "Pince"

        Combo3.AddItem "Gomme"
        Combo3.AddItem "Stylo"
        Combo3.AddItem "Crayon"

        List1.AddItem "Chaise"
        List1.AddItem "Table"
        List1.AddItem "Armoire"

    End Sub
```

Testez maintenant toutes les possibilités de vos listes :

- choix d'un élément de la liste,
- saisie d'un élément qui n'est pas dans la liste,
- accès à un élément d'après son initiale.

Phase 2 : Les grilles

Afin de vous familiariser avec le contrôle Grille, créez une grille de dix lignes et dix colonnes. Faites en sorte que l'on puisse saisir des nombres dans les cases des neuf premières lignes et des neuf premières colonnes.

Réservez la dixième ligne et la dixième colonne pour des totaux qui se feront automatiquement grâce à votre génie de la programmation. C'est ainsi que la dixième ligne contiendra les totaux des neuf premières lignes ; la dixième colonne contiendra les totaux des neuf premières colonnes.

Séquence 7

Acquisition de connaissances

Lisez le Chapitre 11 qui vous apprendra comment gérer une bases de données avec Visual Basic sans écrire une seule ligne de programmation.

Mise en pratique : Les bases de données sans programmer

Phase 1

Testez les possibilités de gestion de bases de données sans programmation en utilisant la base de données "BIBLIO.MDB" fournie avec Visual Basic. Elle se trouve dans le dossier de Visual Basic.

Créez dans une nouvelle feuille un contrôle Donnée pointant sur "BIBLIO.MDB" et des contrôles dépendants de type Étiquette, Zone de texte, Zone de liste, Liste modifiable, Case à cocher, grille DBGrid.

Phase 2

Créez dans votre dossier "COMPTA" la base de données "COMPTA.MDB" de l'application exemple avec ses cinq tables décrites plus haut. Afin de vous rendre compte des différences entre les deux techniques de création de tables :

- vous utiliserez le Gestionnaire de données de Visual Basic pour les deux premières tables,
- vous utiliserez Access, si toutefois vous en disposez, pour les trois autres tables.

Puis, sur la feuille de démarrage nommée "Menu" (vous l'avez créée dans la Séquence 5), placez les cinq contrôles Donnée de l'application (un pour chaque table). En procédant ainsi, chaque contrôle Donnée ne sera déclaré qu'une seule fois pour toutes les feuilles de l'application, ce qui présentera les avantages suivants :

- ne pas encombrer inutilement la mémoire par des contrôles Donnée déclarés en double ou en triple exemplaire sur d'autres feuilles,
- minimiser les temps de réponse : chaque table n'est ouverte qu'une seule fois, en début de programme,
- faciliter la maintenance : on sait toujours dans quelle feuille se trouvent tous les contrôles Donnée.

Mais cette méthode présente aussi deux inconvénients. Le premier réside dans le fait que vous devrez faire précéder le nom du contrôle Donnée du nom de la feuille où il se trouve, comme ci-dessous :

```
Menu.CptAna.Recordset.Delete
```

Le contrôle Donnée "CptAna" doit être précédé du nom "Menu" qui est le nom de la feuille dans laquelle il a été déclaré.

Deuxième inconvénient, un contrôle dépendant ne peut pas être rattaché à un contrôle Donnée qui serait placé sur une autre feuille que lui-même. C'est dommage. Si vous utilisez des contrôles dépendants dans une feuille, il faudra donc déclarer le contrôle Donnée dans cette feuille, même si vous l'avez déjà déclaré une fois dans la feuille de démarrage comme nous venons de le faire.

Séquence 8

Acquisition de connaissances

Lisez le Chapitre 12 sur le langage SQL et le Chapitre 13 qui vous apprendra la gestion des bases de données en mode programmé.

Mise en pratique : Maintenance des tables permanentes

Phase 1 : La maintenance des comptes analytiques

Voici le premier vrai traitement que vous allez programmer dans l'application de comptabilité. Ce traitement servira à l'utilisateur pour **créer**, **modifier**, **supprimer** et **interroger** un compte analytique. Il s'agit là d'un grand classique de la programmation. En effet, dans toute application informatique, il faut bien donner à l'utilisateur la possibilité de saisir et de mettre à jour les tables permanentes.

Vous trouverez ci-après le schéma du dialogue qu'il vous est demandé de programmer. Au départ, l'utilisateur devra saisir un compte analytique puis cliquer sur l'un des cinq boutons proposés. En réponse, il recevra soit un message d'erreur, soit une deuxième fenêtre – qui sera modale – de création, de modification, de suppression ou d'interrogation.

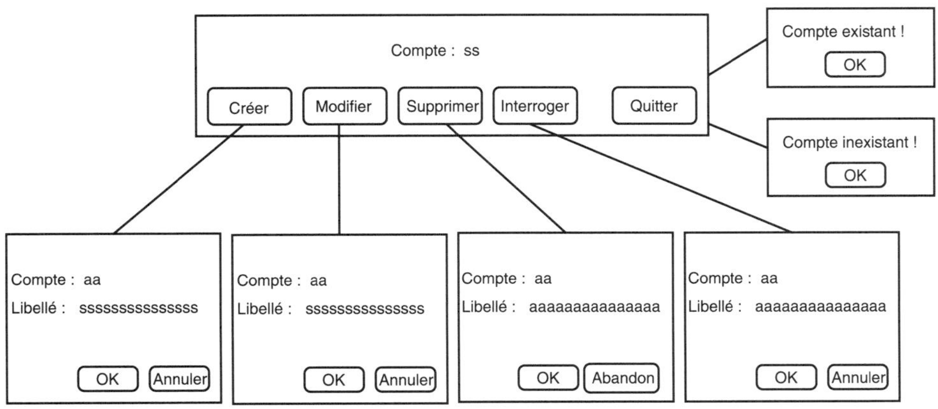

Seules les liaisons principales entre fenêtres ont été dessinées de façon à ne pas surcharger le dessin.

Vous auriez peut-être préféré un dialogue tenant dans une seule fenêtre au lieu de cinq. Effectivement, le dialogue proposé ci-dessus est un peu lourd au plan de son ergonomie, mais il présente l'avantage d'être pédagogiquement progressif pour apprendre à manipuler les fenêtres. Plus tard, rassurez-vous, vous aurez des programmes plus ergonomiques à concevoir, mais dont la complexité vous feront peut-être regretter celui-ci.

Les caractères "sss..." symbolisent un champ à saisir par l'utilisateur, donc un contrôle Zone de texte. Les caractères "aaa..." symbolisent un champ qui est seulement affiché par le programme, sans aucune saisie possible, donc un contrôle Étiquette.

Lors de la création d'un compte analytique, affichez un message d'erreur si le compte existe déjà.

Lors de la modification d'un compte analytique, de l'interrogation et de la suppression d'un compte, affichez un message d'erreur si le compte n'existe pas.

Et lors de la suppression d'un compte analytique, vérifiez en plus dans le journal qu'il n'existe plus d'écriture le concernant. Notez que le bouton "Annuler" de la fenêtre de suppression a été remplacé par "Abandon" pour éviter que l'utilisateur n'appuie sur "Annuler" lorsqu'il veut "annuler" un compte.

Vous trouverez une proposition de solution de ces programmes en Annexe 2.

Phase 2 : La maintenance des comptes de trésorerie

Il s'agit maintenant de programmer un traitement très voisin du précédent. Vous pouvez choisir entre deux possibilités :

- si vous êtes pressé, utilisez le même dialogue que ci-dessus car les fonctions de mise à jour des comptes analytiques et de mise à jour des comptes de trésorerie sont très voisines. Dans ce cas, il vous suffira de dupliquer les feuilles nécessaires et de leur apporter quelques petites modifications,
- si vous voulez innover, concevez vous-même un autre dialogue, à une condition... c'est qu'il soit plus ergonomique que celui que je vous ai proposé pour les comptes analytiques !

Lors de la création d'un compte de trésorerie, affichez un message d'erreur si le compte existe déjà et, s'il n'existe pas, vous pouvez le créer mais pensez à initialiser ses deux soldes autoritairement à zéro.

Lors de la modification, de l'interrogation et de la suppression d'un compte de trésorerie, affichez un message d'erreur si le compte n'existe pas.

Lors de la suppression d'un compte de trésorerie, vérifiez en plus dans le journal qu'il n'existe plus d'enregistrement le concernant.

Séquence 9

Acquisition de connaissances

Lisez le Chapitre 14.

Mise en pratique : Saisie d'une écriture comptable

Cette mise en pratique n'est pas particulièrement en lien avec le Chapitre 14 que vous venez de lire. Elle ne nécessite pas de nouvelles connaissances, mais elle permet d'approfondir les connaissances déjà acquises.

Vous trouverez une proposition de solution de ce traitement en Annexe 2.

Il s'agit d'un traitement assez complexe à programmer puisqu'il devra permettre de saisir de nouvelles écritures comptables dans le journal, mais aussi d'en modifier et d'en supprimer. Bien sûr, toute écriture comptable influera automatiquement sur le solde du compte de trésorerie concerné et influera aussi sur le cumul mensuel du compte analytique et du mois concernés.

Afin de ne pas aborder toutes ces difficultés d'un seul coup, nous décomposerons la programmation de la saisie des écritures comptables en deux phases successives.

Phase 1 : Saisie d'une écriture

Dans cette première phase, vous ne vous occuperez que de la saisie de **nouvelles écritures**. Vous laisserez donc pour la deuxième phase toute la partie concernant la recherche d'écritures déjà saisies, la modification de ces écritures et la suppression de ces écritures.

Lors de la saisie d'une nouvelle écriture, il faudra commencer par afficher une boîte de dialogue pour les données ci-dessous :

- le numéro d'écriture : il sera généré automatiquement en incrémentant d'une unité le numéro de la dernière écriture saisie ; il sera affiché mais ne sera pas modifiable par l'utilisateur,
- la date de l'écriture : elle sera proposée par défaut égale à la date du jour mais elle pourra être modifiée à volonté par l'utilisateur,
- le libellé : il devra obligatoirement être renseigné par l'utilisateur,
- le montant de la dépense : il doit être numérique et supérieur ou égal à zéro, il doit être égal à zéro si le champ recette est rempli,
- le montant de la recette : il doit être numérique et supérieur ou égal à zéro, il doit être égal à zéro si le champ dépense est rempli,
- le numéro de chèque : il sera facultatif pour l'utilisateur,
- l'indicateur de relevé bancaire : il n'apparaîtra pas dans cette feuille,

- le compte analytique : sa saisie est obligatoire, il sera saisi dans une liste modifiable déroulante,
- le compte de trésorerie : sa saisie est obligatoire, il sera saisi dans une liste modifiable déroulante.

Lorsque l'utilisateur validera cette boîte de dialogue, votre programme devra :

- vérifier la validité des données saisies et afficher un message d'erreur le cas échéant,
- ajouter l'écriture comptable dans la table des écritures comptables,
- mettre à jour le solde du compte de trésorerie,
- cumuler la dépense ou la recette dans l'enregistrement correspondant au mois et au compte analytique dans la table des cumuls mensuels, mais si cet enregistrement n'existe pas encore, il faudra automatiquement le créer.

Pour vous exercer à l'utilisation des listes déroulantes, vous utiliserez ici les listes normales, c'est-à-dire non dépendantes, pour le choix des comptes analytique et de trésorerie. Il faudra donc remplir ces deux listes vous-même, par programme.

Mais attention, même si vous le ne savez pas encore, je peux d'ores et déjà vous dire que les opérations de vérification et de mises à jour citées ci-dessus seront à programmer à plusieurs endroits dans votre application. Alors, pour vous éviter de répéter plusieurs fois les mêmes séquences d'instructions Visual Basic, je vous demande d'organiser dès maintenant vos traitements en deux sous-programmes, des fonctions, qui sont décrites ci-dessous. Faites-le, vous me remercierez après !

Fonction "Vérif"

Cette fonction sert à vérifier la validité des données d'une écriture. Elle recevra et vérifiera les paramètres suivants :

- la date de l'écriture : elle devra être cohérente (pas de date telles que le "29/02/97"),

- la libellé : il est obligatoire,

- le montant de la dépense et le montant de la recette : un, et un seul des deux, doit être rempli,

- le compte analytique : on vérifiera qu'il figure dans la table des comptes analytiques,

- le compte de trésorerie : on vérifiera qu'il figure dans la table des comptes de trésorerie.

En cas d'erreur, cette fonction "Vérif" affichera le message approprié par un *MsgBox*. Elle retournera la valeur *True* si elle n'a pas détecté d'erreur et la valeur *False* sinon.

Fonction "MiseAJour"

Cette fonction reçoit en paramètre :

- la date de l'écriture,
- le montant de la dépense,
- le montant de la recette,
- l'indicateur de relevé (booléen vrai si l'écriture a déjà été pointée d'après un relevé bancaire),
- le compte analytique,
- le compte de trésorerie.

Elle recherchera le compte de trésorerie, mettra à jour son solde ainsi que le solde du relevé si l'indicateur de relevé est vrai.
Elle recherchera l'enregistrement correspondant au compte analytique et au mois dans la table des cumuls mensuels. S'il n'existe pas, elle le crée. Elle met à jour un des deux cumuls dans cet enregistrement.

Une fois ces deux fonctions écrites, il sera très simple de programmer la saisie d'une nouvelle écriture en y faisant appel comme ci-dessous :

Saisie d'une nouvelle écriture

- Appeler la fonction "Vérif".
- Si pas d'erreur :
    - Ajouter une ligne dans le journal par *AddNew*.
    - Appeler la fonction "MiseAJour".

Phase 2 : Modification et suppression d'une écriture

Une fois la première phase programmée et mise au point, vous pouvez passer à la deuxième phase.

Le but est de permettre à l'utilisateur de rechercher une écriture dans le journal, puis éventuellement de la modifier ou de la supprimer. Vous ajouterez donc les boutons suivants dans la feuille que vous avez créée dans la première phase :

- Écriture suivante (>),
- Écriture précédente (<),
- Début des écritures (I<),
- Fin des écritures (>I),
- Enregistrer (la création ou la modification),
- Créer (une écriture),
- Supprimer (l'écriture),
- Fermer (la fenêtre).

Lorsque la feuille de saisie s'affichera, on se trouvera automatiquement en mode création. Les boutons de défilement permettront d'afficher les écritures précédemment saisies. Ces écritures seront modifiables et supprimables à volonté.

Toute création ou modification devra être validée par le bouton "Enregistrer".

Toute suppression devra être confirmée par une *Msgbox*.

Toute création, modification ou suppression devra mettre à jour les trois tables concernées.

Pour la modification d'une écriture, réutilisez vos deux fonctions de la façon suivante :

Modification d'une écriture

- Appeler la fonction "Vérif".
- Si pas d'erreur :
  - Appeler la fonction "MiseAJour" pour déduire des comptes le montant de l'ancienne écriture (inverser le montant en le multipliant par -1).
  - Supprimer l'ancienne écriture dans le journal par *Delete.*
  - Ajouter une ligne dans le journal par *AddNew* avec les données de la nouvelle écriture.
  - Appeler la fonction "MiseAJour" avec les données de la nouvelle écriture.

Pour la suppression d'une écriture, voici ce qu'il vous reste à faire :

> **Suppression d'une écriture**
>
> - Appeler la fonction "MiseAJour" pour déduire des comptes l'ancienne écriture (inverser le montant passé en paramètre en le multipliant par -1).
> - Supprimer l'ancienne écriture dans le journal par *Delete.*

Séquence 10

Acquisition de connaissances

Pour cette séquence, il n'y a pas de nouvelles connaissances à acquérir. C'est encore un approfondissement des connaissances déjà acquises.

Mise en pratique : Traitement d'un transfert

Vous allez programmer le traitement de transfert d'argent d'un compte de trésorerie vers un autre compte de trésorerie. Concrètement, cela correspond à un retrait d'argent liquide à la banque, ou au retrait en fin de mois, sur le compte courant, des dépenses effectuées par carte bancaire, ou encore à un virement d'un compte courant vers un compte d'épargne.

Vous trouverez une proposition de solution de ce traitement en Annexe 2 de ce livre.

Affichez une boîte de dialogue pour que l'utilisateur puisse saisir les données nécessaires au transfert. Ce sont :

- la date du transfert, proposée par défaut à la date du jour, mais modifiable par l'utilisateur,
- le compte de trésorerie d'origine du transfert dans une liste modifiable,
- le compte de trésorerie de destination du transfert dans une liste modifiable,
- le libellé du transfert,
- le montant du transfert.

Lorsque cette boîte de dialogue sera validée par un clic sur le bouton "OK", le programme devra :

- vérifier que les deux comptes existent, que la date est valide, que le libellé est saisi, ainsi que le montant,
- créer deux lignes de journal : l'une pour enregistrer la dépense sur le compte d'origine, l'autre pour enregistrer la recette sur le compte de destination,
- mettre à jour la table des comptes de trésorerie et celle des cumuls mensuels selon la même logique que lors de la saisie d'une nouvelle écriture.

Le compte analytique, qui n'a pas été saisi par l'utilisateur, devra prendre la valeur "TR" (comme "Transfert"). Ce compte doit en principe avoir en permanence un cumul égal à zéro puisqu'il sera toujours crédité puis débité du même montant. Au cas où le compte "TR" n'existerait pas encore dans la table des comptes analytiques, il faudrait le créer automatiquement.

Pour la programmation, faites des économies d'écriture en utilisant encore une fois les fonctions "Vérif" et "MiseAJour" de la façon suivante :

Saisie d'un transfert

- Si le compte analytique "TR" n'existe pas, le créer.
- Appeler une première fois la fonction "Vérif" pour le débit du compte d'origine.
- Si pas d'erreur :
    - Appeler une seconde fois la fonction "Vérif" pour le crédit du compte de destination.
    - Si pas d'erreur :
        - Ajouter dans le journal (*AddNew*) une ligne de débit du compte d'origine du transfert.
        - Appeler la fonction "MiseAJour" pour débiter le compte d'origine du transfert.
        - Ajouter dans le journal (*AddNew*) une ligne de crédit du compte de destination du transfert.
        - Appeler la fonction "MiseAJour" pour créditer le compte de destination du transfert.

Séquence 11

Acquisition de connaissances

Pour cette séquence, il n'y a pas de nouvelles connaissances à acquérir. C'est toujours un approfondissement des connaissances déjà acquises.

Mise en pratique : Affichages de listes et de grilles

Phase 1 : Affichage des soldes des comptes de trésorerie

Affichez les soldes des comptes de trésorerie dans un contrôle Grille. Afin de vous perfectionner dans l'art de la manipulation des contrôles Grille, vous n'utiliserez pas ici le contrôle dépendant Grille, mais le contrôle normal Grille.

Chaque compte de trésorerie donnera lieu à une ligne de grille. On y trouvera les colonnes : code du compte, libellé du compte, solde, solde d'après relevé bancaire. Étant donné que le nombre de lignes de la grille ne sera pas très important, pas plus de 50 lignes en principe, vous pourrez vous permettre de charger l'ensemble de tous les comptes de trésorerie avant d'afficher la feuille, ce qui ne devrait pas prendre plus de 2 secondes. Programmez donc l'événement *Activate* de votre feuille.

Phase 2 : Affichage des cumuls analytiques

Après avoir choisi une année et un mois (par défaut, proposez l'année et le mois de la date système) dans une boîte de dialogue, l'utilisateur pourra visualiser le cumul de toutes les dépenses et recettes du mois dans une grille. Là encore vous n'utiliserez pas le contrôle dépendant Grille mais le contrôle Grille simple.

Chaque compte analytique donnera lieu à une ligne de grille. Pour chaque compte, vous afficherez le code du compte, son libellé, le cumul des dépenses et le cumul des recettes. Le chargement de la grille se fera, comme pour les comptes de trésorerie, intégralement en une seule fois.

Phase 3 : Affichage du journal

Pour afficher le journal, qui peut contenir des milliers d'enregistrements au bout de plusieurs années d'utilisation du logiciel, la technique du contrôle Grille dépendant s'impose. En effet, si l'on voulait utiliser le contrôle Grille normal, il faudrait charger l'intégralité de la table dans la grille, ce qui prendrait un temps inacceptable.

Vous allez donc utiliser ici le superbe contrôle dépendant Grille.

Phase 4 : Pointage des relevés bancaires

Lorsque l'utilisateur reçoit un relevé bancaire de sa banque, il souhaite pouvoir cocher dans son ordinateur les écritures indiquées sur le relevé afin de vérifier la concordance.

Après que l'utilisateur aura sélectionné – dans une liste modifiable dépendante – le compte de trésorerie à traiter, il faudra lui afficher dans une grille dépendante les écritures de ce compte qui n'ont pas encore été pointées.

L'utilisateur pourra alors pointer directement les écritures figurant sur son relevé bancaire. Le champ "Solde du relevé" du compte de trésorerie concerné devra bien sûr être mis à jour. Et là est la difficulté... Je vous donne un indice, programmez l'événement *BeforeColUpdate* du contrôle DBGrid.

Phase 5 : Saisie des écritures automatiques

L'utilisateur pourra saisir, modifier et supprimer dans une grille DBGrid des écritures qui seront à stocker dans la table des écritures automatiques. Par la suite, lorsque l'utilisateur le demandera, ces écritures s'inscriront automatiquement dans le journal, réglant ainsi la saisie fastidieuse d'un certain nombre d'écritures qui reviennent chaque mois (mensualités de remboursements, loyer, prélèvements automatiques...).

Dans ce traitement, les écritures devront contrôlées au fur et à mesure de leur saisie, notamment en ce qui concerne l'existence du compte analytique et du compte de trésorerie.

Phase 6 : Déclenchement des écritures automatiques

Il s'agit d'un traitement de type "batch" (encore appelé "traitement par lot") puisqu'il faudra ajouter une à une, dans le journal, les écritures de la table des écritures automatiques et mettre à jour les comptes et les cumuls concernés. Utilisez ici encore la fonction "MiseAJour" que nous avons fort heureusement programmée.

Séquence 12

Acquisition de connaissances

Lisez le Chapitre 15 concernant l'impression d'états.

Mise en pratique : Impressions

Phase 1 : Impression du journal mensuel par ordre chronologique

Pour vous familiariser avec les techniques d'impression sous Windows, vous utiliserez pour l'instant l'objet *Printer* et non pas encore l'utilitaire Crystal Report.

Dans ce traitement, vous demanderez tout d'abord à l'utilisateur quelle plage de dates il désire imprimer dans son journal. Par défaut, vous lui proposerez de commencer le premier jour du mois en cours et de terminer le dernier jour du mois en cours.

A ce niveau, vous proposerez une possibilité d'abandon.

Puis vous imprimerez la liste des dépenses et des recettes classée par numéro d'écriture. Tous les champs de chaque écriture seront à imprimer. Un total général des dépenses et un autre pour les recettes figureront en fin d'état.

Phase 2 : Impression du journal mensuel par compte analytique

Pour cet état, vous utiliserez encore l'objet *Printer*. Cependant, pour alléger la tâche, vous effectuerez une copie du programme précédent car il lui ressemble très fort. Voici les différences :

- l'état sera classé par compte analytique et par numéro d'écriture à l'intérieur de chaque compte analytique,
- au début de chaque compte analytique, le code et le libellé du compte seront imprimés,
- à la fin de chaque compte analytique, vous imprimerez un total des dépenses et un total des recettes,
- le compte analytique n'a plus lieu de figurer dans chaque ligne d'écriture.

Phase 3 : Impression annuelle des cumuls mensuels

Imprimez la table des cumuls mensuels pour une plage de mois choisie par l'utilisateur. Par défaut, vous proposerez de commencer au mois de janvier de l'année précédente et de terminer en décembre de l'année précédente.

Cet état contiendra une ligne par enregistrement de la table des cumuls mensuels. Les lignes seront classées au choix de l'utilisateur :

- soit par compte et par mois,
- soit par mois et par compte.

Dans le premier cas, vous imprimerez un total par compte ; dans le deuxième cas un total par mois.

Le choix entre ces deux possibilités se fera par case d'option avant l'impression. Vous pourrez utiliser ici Crystal Report.

Séquence 13

Acquisition de connaissances

Lisez le Chapitre 16, le Chapitre 17 et le Chapitre 18 qui vous apporteront des compléments sur de nombreux sujets.

Mise en pratique : Finaliser l'application

Phase 1 : La sauvegarde de la base de données

Il faut donner la possibilité à l'utilisateur de sauvegarder ses données quand il le veut sur disquettes ou sur tout autre support de sauvegarde. Seul le fichier "COMPTA.MDB" sera à sauvegarder.

Affichez, à l'aide du contrôle Dialogue Commun, une fenêtre permettant de choisir le support de sauvegarde, le nom du dossier et le nom de fichier de sauvegarde. Copiez les données à l'aide de l'instruction *FileCopy*.

Phase 2 : La restauration de la base de données

En cas de perte malencontreuse de la base de données ou en cas de réinstallation de l'application sur une autre machine, il faudra recopier la sauvegarde de la base de données vers le disque dur.

Affichez, à l'aide du contrôle Dialogue Commun, une fenêtre qui permet de choisir le support de sauvegarde, le nom du dossier et le nom du fichier à restaurer.

Appelez à nouveau l'instruction *FileCopy*.

Phase 3 : Appel de la calculette

Donnez à l'utilisateur un accès rapide à la calculette fournie avec Windows. Appelez le programme "CALC.EXE" du dossier "C:\WINDOWS".

Phase 4 : Graphique d'évolution

A l'aide d'un contrôle OLE qui vous mettra en liaison avec le grapheur d'Excel, affichez le graphique d'évolution mois par mois des cumuls des comptes analytiques.

Phase 5 : Sauvegarder le mot de passe

Créez et gérez un fichier "COMPTA.INI" pour sauvegarder un mot de passe que vous demanderez à chaque lancement de l'application. Vous pourrez éventuellement vous amuser à crypter ce mot de passe en modifiant ses caractères dans le fichier "COMPTA.INI", par exemple changer les "A" en "Z", les "B" en "Y",...

Phase 6 : Écrans d'aide

A l'aide du compilateur d'aide, créez les écrans d'aide nécessaires.

Créez la feuille "A propos de..." et mettez-y votre signature : nom, adresse...

2

INTRODUCTION A VISUAL BASIC

Un petit historique de Visual Basic

Visual Basic est issu d'un projet de Microsoft baptisé "Thunder", c'est-à-dire "Tonnerre" (rien que cela !) pour son premier langage de développement de haut niveau sous Windows.

Visual Basic est donc né de Microsoft dès le mois de mai 1991. Après les versions 1 et 2, sont apparues les versions 3 en Edition Standard et Professionnelle, puis les versions 4 en octobre 1995.

Il est important de savoir que c'est seulement à partir de la version 3 que Visual Basic a permis la gestion des bases de données, c'est d'ailleurs ce qui lui a donné sa vraie dimension de système de développement d'applications professionnelles de gestion. La version 3 Edition Professionnelle n'a malheureusement jamais été traduite en français. Quant à la version 4, elle a été dès le départ disponible en français.

Les éditions de la version 4

Cette version de Visual Basic se décline en 3 éditions : l'édition Standard, l'édition Professionnelle et l'édition Entreprise.

- L'édition **Standard** dispose déjà toute la puissance de Visual Basic. Elle contient tous les contrôles standard – nous reviendrons plus tard sur ce terme de "contrôle" – plus les contrôles Grille, Dialogue Commun et les contrôles dépendants d'une base de données. Elle n'est disponible qu'en mode 32 bits. Impossible donc de développer ou d'utiliser des applications sous les versions 16 bits de Windows : Windows 3.1 ou Windows for Workgroups 3.11.
- L'édition **Professionnelle** dispose de toutes les fonctionnalités de l'édition Standard auxquelles s'ajoutent des contrôles supplémentaires et surtout le puissant générateur d'états dénommé Crystal Report. Ce générateur d'état

permet de développer les programmes d'impression tellement rapidement qu'il rend cette édition Professionnelle quasi indispensable pour qui désire développer des applications de gestion. C'est une édition installable au choix en 16 bits ou en 32 bits : 16 bits pour le développement d'applications sous Windows 3.1 ou 3.11, et 32 bits pour le développement d'applications sous Windows 95 ou Windows NT.

- L'édition **Entreprise** comprend encore quelques outils supplémentaires : l'objet Remote Data permettant d'accéder rapidement à des données de serveurs SQL Server ou Oracle, le composant Microsoft Source Safe qui est un système de gestion du développement en équipe, la possibilité d'appeler des composants distants OLE à travers un réseau...

Les améliorations par rapport à la version 3

Pour le développeur d'applications de gestion, les principales améliorations apportées par la version 4 sont les suivantes :

- fonctionnement en 32 bits, en principe plus rapide,
- passage aux versions 2.5 (en 16 bits) et 3.0 (en 32 bits) du moteur de bases de données Jet, apportant encore plus de rapidité et permettant la gestion de l'intégrité référentielle des bases de données ainsi que les mises à jour en cascade,
- apparition de nouveaux contrôles facilitant la programmation des bases de données, ce sont les contrôles dépendants de liste et de grille,
- possibilité de développer ses propres serveurs OLE, au même titre que Excel et Word sont aussi des serveurs OLE,
- utilisation de la technique ACME 95 (en 32 bits seulement) permettant de désinstaller Visual Basic 4 sans laisser de traces sur le disque dur, à condition bien sûr d'utiliser le programme d'installation et de désinstallation de Windows 95.

Visual Basic : pour quoi faire ?

L'intérêt majeur de Visual Basic est de permettre le développement de toutes sortes d'applications sous Windows dans un langage simple et de haut niveau, simplicité à laquelle le développeur Windows n'était guère habitué. L'énorme avantage par rapport aux langages C ou C++ traditionnellement utilisés pour développer des applications sous Windows, c'est qu'il n'y a pas à appeler et à paramétrer les fonctions de base très complexes de Windows, que l'on appelle des API (Application Program Interface). Et il y a plus de 1 000 API de base dans Windows !

C'est Visual Basic qui se chargera de les appeler de façon transparente pour vous.

D'autre part, je souhaiterais rectifier ici une idée préconçue, celle qui consiste à penser que Visual Basic est surtout destiné à créer des logiciels graphiques, voire des logiciels de jeu. Il est vrai qu'au départ, la société Microsoft a peut-être commis une erreur de stratégie en incluant le mot "Basic" dans le nom de son principal logiciel de développement sous Windows, lui donnant une image fausse de langage de base, de langage élémentaire pour les amateurs.

En effet, dès la sortie de la version 3 qui intégrait le puissant moteur de bases de données Jet, issu du logiciel Access, les sociétés de développement de logiciels ont commencé à utiliser intensivement Visual Basic pour développer les applications de gestion de leurs clients.

Aujourd'hui, avec la version 4 de Visual Basic, nous disposons d'un excellent outil de développement d'applications professionnelles de gestion, vraisemblablement plus facile à aborder que ses concurrents, tout en étant largement aussi puissant et rapide qu'eux.

Il suffit, pour s'en persuader, d'observer l'augmentation du nombre d'offres d'emplois d'analystes-programmeurs où la connaissance de Visual Basic est requise.

Les concurrents de Visual Basic

Mais Visual Basic n'est pas seul. On assiste aujourd'hui à une floraison de nouveaux langages de développement de haut niveau sous Windows. Et cet engouement s'est encore accéléré depuis l'évolution des systèmes informatiques vers les architectures client-serveur. En effet, c'est avec ces nouveaux langages que l'on développe le côté client d'un système client-serveur. Déjà de nombreuses façons de développer sous Windows sont disponibles. En voici un aperçu... par ordre alphabétique (pour ne froisser personne).

4D

Après avoir longtemps dominé le monde des bases de données sur Macintosh, la société ACI a porté son produit vedette sous Windows.

ACCESS

Ce système de développement de Microsoft est complètement orienté vers la gestion de bases de données. En fait, il est destiné à quatre publics très différents :

- les utilisateurs qui se contenteront d'utiliser les applications créées au préalable par des développeurs Access,
- les utilisateurs, que nous qualifierons d'avertis, qui sauront créer leurs tables, y saisir des données, puis consulter ou imprimer ces tables,

- les utilisateurs déjà sensibilisés au développement d'applications, ceux-ci pourront programmer en utilisant le langage très simple des macros-instructions d'Access,
- enfin les développeurs "purs et durs" qui pourront utiliser le langage Access Basic, du reste très proche de Visual Basic.

CA-VISUAL OBJECTS

Successeur de Clipper, lui-même clone de dBase, ce langage est très orienté objet. Il contient un compilateur. Il peut être utilisé en mode procédural classique, en mode événementiel (comme Visual Basic) ou en mode objets.

DELPHI

Dernier né de chez Borland, Delphi veut être un concurrent de Visual Basic puisqu'il en a les caractéristiques :

- programmation visuelle,
- orientation objets,
- programmation événementielle,
- gestion de bases de données très ouverte.

Il offre de plus un véritable compilateur.

ENFIN 2

Excellent outil conçu par la société Easel pour le développement en mode objet pur, Enfin 2 s'appuie sur le langage objet Small Talk.

Langage C

Ce langage est très proche de l'assembleur, donc assez rudimentaire parce que comprenant très peu d'ordres. Le langage C s'utilise comme un "Mécano", car il permet de construire des sous-programmes appelés fonctions. Toute fonction C peut être réutilisée dans d'autres programmes ou même dans d'autres fonctions de niveau supérieur. Les programmes en langage C restent toujours complexes, et rares sont les entreprises qui s'aventurent à programmer des applications de gestion conséquentes dans ce langage.

Langage C++

C'est un sur-ensemble du langage C auquel des possibilités de programmation orientée objet ont été ajoutées. Microsoft fournit une version particulièrement attractive du langage C++ : Visual C++ qui fonctionne en 16 ou en 32 bits. Ce langage permet une programmation en partie visuelle, c'est-à-dire en manipulant des icônes à la souris au lieu de rédiger des lignes de programmation. Son atout est de permettre le développement d'applications qui tourneront aussi bien sur un PC sous Windows que sur un Macintosh ou une machine sous Unix.

La société Borland est aussi très bien placée dans ce domaine avec son langage Borland C++.

NS/DK

Cet outil de développement est disponible sur PC mais aussi sur d'autres architectures. Il est édité par la société française Nat Systems.

PARADOX

Concurrent direct d'Access, Paradox pour Windows est édité par Borland. Il se programme en langage Object Pal.

PASCAL

Pascal est le langage des lycéens et des universitaires car il est à la fois facile à aborder et bien adapté aux calculs scientifiques. La société Borland est le premier éditeur de compilateurs Pascal. La version Borland Object Pascal pour Windows est très puissante, mais elle est très peu utilisée dans le domaine professionnel des applications de gestion.

POWERBUILDER

Édité par la société Powersoft, Powerbuilder est un sérieux concurrent de Visual Basic. Il se rapproche plus de la programmation orientée objet que Visual Basic. La fusion de Powersoft avec la société Sybase, auteur du logiciel de gestion de bases de données SQL Server, puis avec l'auteur du puissant atelier de génie logiciel AMC Designor risque d'engendrer un trio prometteur pour les architectures client-serveur : AMC Designor pour la conception, Powerbuilder pour le développement du côté client et SQL Server pour le côté serveur de bases de données.

SQL Forms

SQL Forms est le produit d'Oracle Corporation destiné à accéder sous Windows aux bases de données Oracle. Il est aujourd'hui intégré à l'environnement de développement Developer 2000. Cet environnement contient en plus deux autres produits – Forms et Graphics – qui complètent l'offre client-serveur de la société Oracle Corporation. Le système de gestion de bases de données Oracle 7 sera installé sur le poste serveur et Developer 2000 permettra de créer les logiciels côté client.

SQL Windows

Très orienté client-serveur également, SQL Windows version 5.0 de la société Gupta fait partie de ces langages de programmation sous Windows qui commencent à être très répandus.

Visual DBASE

Faisant suite à ses célèbres ancêtres dBase 2, dBase 3 et dBase 4, le logiciel dBase 5 est la première version Windows de la famille dBase. Arrivé à la fin de 1994, c'est-à-dire très tardivement, sur le marché des systèmes de développement sous Windows, il n'arrive pas à reprendre les parts de marché de son principal rival qu'est Access de Microsoft.

La société Borland, qui avait racheté le créateur Ashton Tate de la famille dBase, fait aujourd'hui suivre dBase 5 par Visual dBase version 5.5 en réaction à la sortie de Visual FoxPro. Ce système de développement présente l'avantage de reprendre sans modification les anciens programmes écrits avec dBase 4. Un compilateur vendu séparément permet de créer des modules exécutables sans l'environnement de développement Visual dBase.

Visual FOXPRO

Conçu à l'origine pour concurrencer les premières versions de dBase, le produit FoxPro a ensuite été racheté par Microsoft qui l'a fait évoluer vers le produit actuel Visual FoxPro. Il reste un langage de développement assez classique mais très performant au niveau de l'exécution. Visual Basic 4 lui a emprunté son moteur de gestion de bases de données baptisé Jet, moteur que l'on retrouve aussi dans Access.

Visual FoxPro est le concurrent direct de Visual dBase sur le marché de la remise à niveau des anciennes applications dBase. Il permet le développement d'applications 16 ou 32 bits.

WINDEV

Ce système de développement est basé sur un langage français ou anglais, au choix, le W-Langage. Il est issu de la société PC Soft. Il contient en plus un AGL (atelier de génie logiciel) de bon niveau avec un générateur d'analyse de type Merise.

Et les outils bureautiques...

Avec Excel 5 ou Word 6 par exemple, il est possible de réaliser des applications assez sophistiquées sous Windows, elles seront respectivement orientées tableur ou traitement de texte. Elles utiliseront des boutons, des bases de données, et des langages proches de Visual Basic : "Word Basic" avec Word et "Visual Basic pour Applications" avec Excel.

Tout programme écrit avec Visual Basic pour Applications d'Excel peut être copié et exécuté dans Visual Basic 4. La compatibilité est totale.

Généralités sur le langage Visual Basic

Visual Basic : un langage orienté objet

Tout d'abord, annonçons clairement la couleur, si Visual Basic est bien un langage orienté objet, il ne dispose pas de toutes les fonctionnalités d'un langage objet complet. Il s'en rapproche seulement et en tous cas, il présente l'avantage de permettre un passage en douceur vers ce qui attire et effraie tant les informaticiens aujourd'hui : la *programmation orientée objet.*

Visual Basic : un langage de programmation événementielle

Visual Basic peut être qualifié de langage de programmation *événementielle.* En effet, ce sont les actions de l'utilisateur sur un objet dessiné à l'écran qui déclenchent l'exécution de procédures. L'enchaînement des procédures n'est donc pas prédéfini à l'avance comme dans la programmation procédurale classique où l'utilisateur était condamné à cheminer dans l'arborescence souvent complexe des menus en n'ayant la possibilité que de descendre ou de remonter cette arborescence.

Le système informatique devient ainsi de plus en plus guidé par l'utilisateur : l'ordinateur fait ce que **l'utilisateur** veut et non plus ce que le **programmeur** veut ! L'utilisateur y retrouve plus d'initiative, il est moins passif face à son outil, il est plus libre.

Sur un plan "philosophique", on peut y voir une forme de démocratisation de l'informatique puisque l'utilisateur retrouve, sur son outil, le pouvoir que les informaticiens lui avaient pris pendant la période de l'informatique lourde entre les années 60 et les années 80.

Visual Basic : un langage de programmation visuelle

Troisième caractéristique essentielle de Visual Basic : c'est un langage de programmation *visuelle.* Cela signifie qu'une bonne partie de la programmation s'effectue sans être obligé de saisir au clavier des instructions de programmation, mais en cliquant simplement sur des icônes avec la souris. Vous allez voir que ce n'est pas si désagréable !

Le didacticiel de Visual Basic

Avant toutes choses et avant même d'entrer dans les chapitres suivants concernant :

- l'analyse d'une application,
- les règles d'ergonomie,
- les éléments de base de Visual Basic,

il me semble tout à fait pédagogique de ne pas vous laisser résister à la tentation de plonger dès maintenant sur votre machine et sur Visual Basic, si toutefois votre curiosité ne vous y a pas déjà entraîné. Microsoft ayant gracieusement intégré un didacticiel dans Visual Basic, c'est-à-dire un logiciel d'auto-apprentissage, je vais vous demander de le passer complètement en revue. Il faudra compter une demie heure à une heure pour en faire tout le tour.

Pour accéder à ce didacticiel, lancez Visual Basic et cliquez simplement sur le menu "?" puis choisissez l'option "Didacticiel Microsoft Visual Basic". Voici quelques écueils à éviter face à ce genre de didacticiel :

- ne vous laissez pas entraîner par le "rythme infernal" de votre machine, prenez bien le temps de comprendre chaque explication et de la mémoriser,
- n'hésitez pas à revenir en arrière sur les notions qui ne vous paraissent pas claires ou que vous n'avez pas pu mémoriser,
- prenez des notes, en particulier sur les définitions de termes relatifs aux nouveaux concepts qu'introduit Visual Basic.

Exercice : une mini-calculette

Maintenant que vous avez tout compris (?), vous allez réaliser vous-même un programme qui, rassurez-vous, sera du même niveau de complexité que le convertisseur de température présenté dans le didacticiel.

Il s'agit simplement d'afficher une fenêtre dans laquelle l'utilisateur aura deux nombres à saisir, à la suite de quoi il devra cliquer sur l'un des quatre boutons représentant les opérations "+", "-", "x" et "/". Evidemment le programme devra effectuer l'opération choisie puis afficher le résultat dans la même fenêtre. Et puis, il ne faudra pas oublier de prévoir un bouton pour quitter ce programme.

Commençons.

Après avoir lancé Visual Basic, une fenêtre baptisée "Form1" s'affiche au centre de l'écran, toute grise et couverte de boutons (pardon, de petits points).

Vous devez apercevoir aussi la fenêtre *Boîte à outils* verticalement sur la gauche, ainsi qu'une fenêtre intitulée *Propriétés* à droite de l'écran. Si ces deux fenêtres n'étaient pas visibles, faites-les apparaître en choisissant les options appropriées du menu "Fenêtre" de Visual Basic (en haut de l'écran). Vous devez obtenir un écran qui ressemble à ceci :

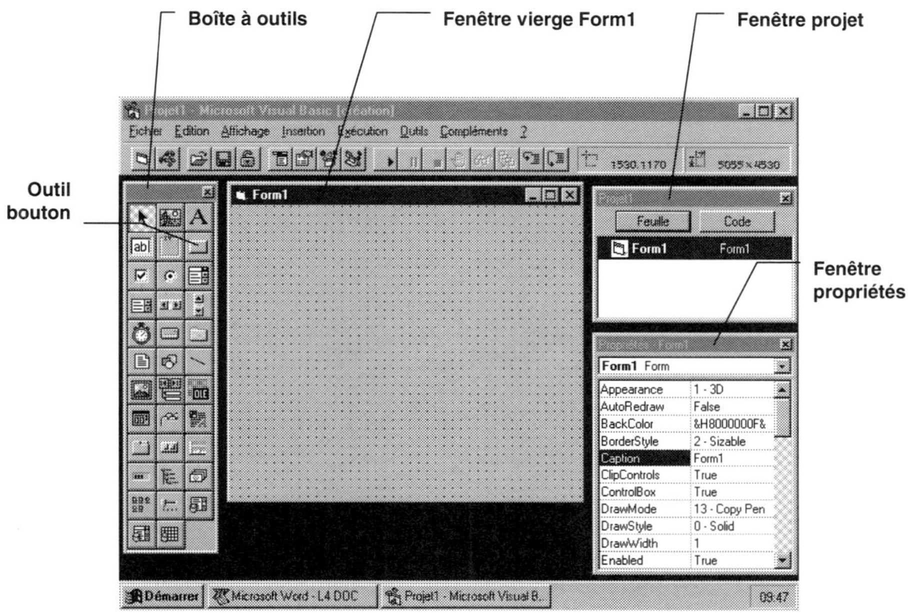

Nous allons commencer par créer le bouton "Quitter". Cliquez dans la boîte à outils sur la case représentant l'outil de création de *Bouton* (indiqué ci-dessus). Puis, cliquez dans la fenêtre et faites glisser la souris sans en lâcher le bouton. Résultat : vous avez brillamment dessiné un contrôle Bouton dans la feuille "Form1", comme ci-dessous :

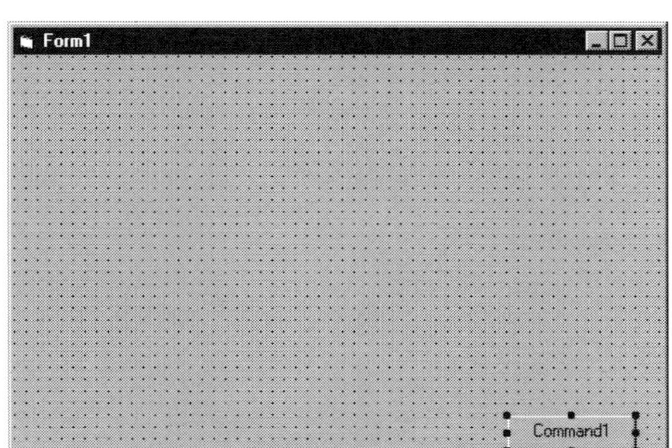

Vous allez inscrire "Quitter" sur ce bouton à la place du nom actuel peu évocateur "Command1". Pour cela, il vous suffit de taper le mot "Quitter" dans la propriété *Caption* que vous pouvez atteindre dans la fenêtre *Propriétés*, à droite de l'écran. Ce qui nous donne ceci :

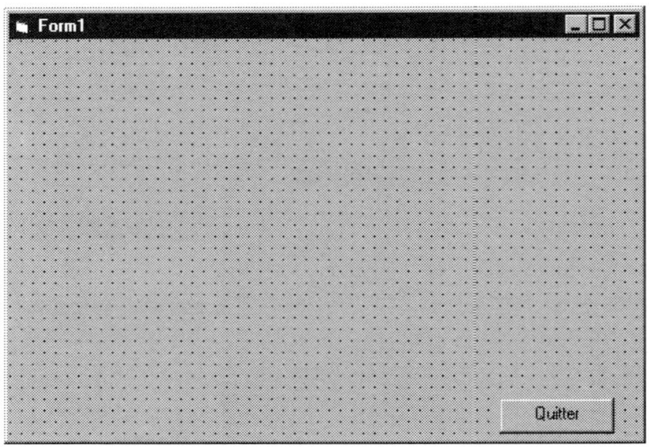

Vous suivez toujours ? Bien, nous allons maintenant associer un petit bout de programme à ce bouton "Quitter", mais vraiment un tout petit bout, qui va fermer la fenêtre puis arrêter notre programme dès que l'utilisateur cliquera sur ce bouton.

Pour ce faire, double-cliquez sur le bouton "Quitter" (c'est-à-dire cliquez deux fois dessus), ce qui aura pour effet de créer et d'afficher la procédure *Command1_Click* associée au bouton "Quitter". C'est cette procédure qui s'exécutera lorsque l'utilisateur cliquera sur le bouton "Command1", ou si vous préférez, lorsque l'événement *Click* se produira sur l'objet "Command1". Notez que si le texte inscrit sur le bouton est bien devenu "Quitter", le nom de l'objet bouton est tout de même resté "Command1".

Vous devez maintenant obtenir une nouvelle fenêtre, comme à la page suivante, qui affiche en haut le nom de l'objet ("Command1") suivi du nom de l'événement ("Click").

Entre la ligne "Private Sub Command1_Click()" et la ligne "End Sub", vous allez simplement taper l'instruction *End,* qui commandera la fermeture de la fenêtre puis la fin du programme.

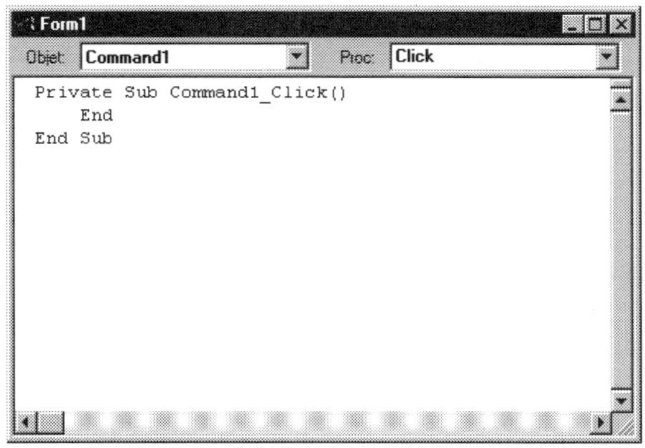

Ca y est, vous avez écrit votre premier programme Visual Basic ! Il ne fait pas encore les calculs que nous voudrions qu'il fasse, mais au moins on doit pouvoir l'arrêter avec le bouton "Quitter". Vérifions qu'il fonctionne déjà correctement comme un grand.

Pour exécuter un programme, inutile de le compiler, il suffit de cliquer sur le bouton de lancement de l'exécution, celui qui contient un petit triangle vert. Une pseudo-compilation se lancera automatiquement et de façon transparente pour vous. Regardez dès maintenant où sont placés les boutons de pause et d'arrêt de l'exécution, cela pourra vous servir si, par hasard, vous n'arriviez plus à arrêter votre programme...

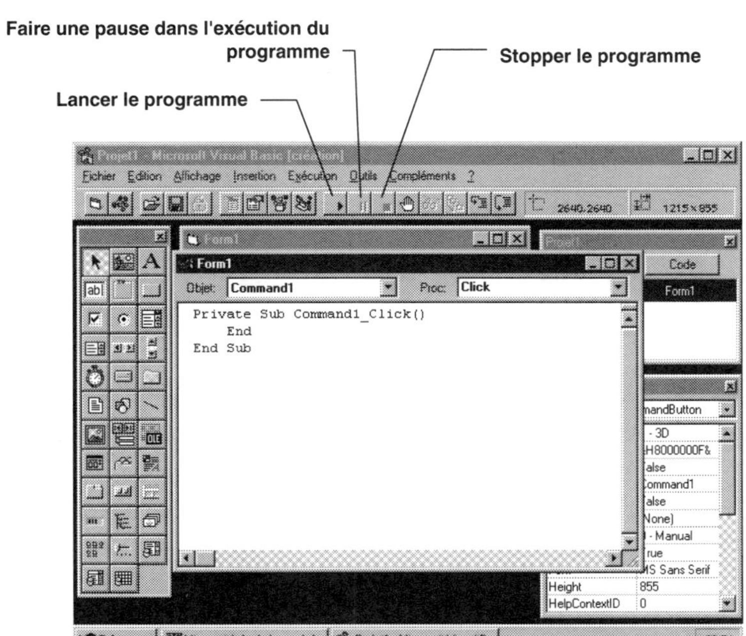

La fenêtre "Form1" passe en mode exécution, vous le voyez au fait que le bouton de lancement de l'exécution passe de la couleur verte à la couleur grise et que les petits points qui remplissaient la feuille n'apparaissent plus.

Le bouton "Quitter" doit en principe fonctionner. Appuyez (pardon !) cliquez sur ce bouton, le programme exécute l'ordre *End* que vous avez programmé et il s'arrête. Cela doit marcher.

Poursuivons. Nous allons dessiner dans la fenêtre les champs qui contiendront les deux nombres qui serviront pour nos calculs, ainsi que les quatre boutons qui serviront à commander les quatre opérations arithmétiques.

Pour créer les deux champs de saisie des nombres, vous allez utiliser l'outil de création d'une *zone de texte* représenté comme ci-dessous dans la boîte à outils :

À partir de maintenant nous utiliserons le terme *zone de texte* consacré par Microsoft pour nommer les champs dans lesquels la saisie sera possible.

Dessinez deux champs comme ci-après en reprenant la même méthode que celle utilisée pour créer le bouton "Quitter".

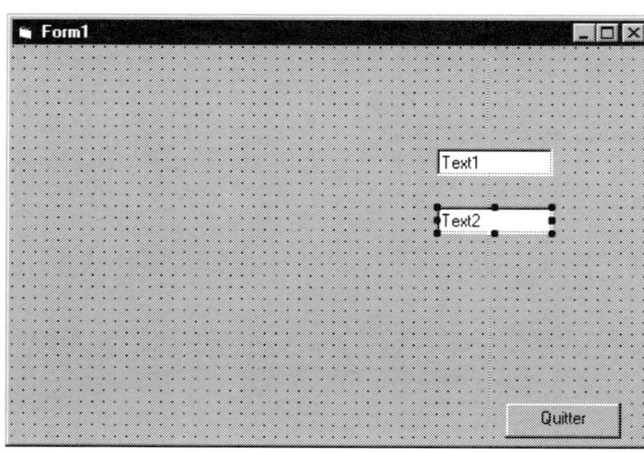

Vous pouvez, si vous le souhaitez, éliminer les mots "Text1" et "Text2" qui apparaissent, effacez pour cela le contenu de leur propriété *Text* qui est accessible dans la fenêtre des propriétés (à droite).

Nous allons maintenant placer des *étiquettes* devant chacun de ces deux champs afin d'améliorer la présentation. Le terme *étiquette* désigne un mot ou bien un texte qui s'affiche, et dans lequel il est impossible de saisir quoi que ce soit.

Cliquez sur l'outil *étiquette* représenté comme ci-dessous dans la boîte à outils :

Dessinez les deux étiquettes, puis saisissez "Nombre 1 :" puis "Nombre 2 :" dans leur propriété *Caption* qui est accessible dans la fenêtre des propriétés afin d'obtenir ceci la fenêtre suivante.

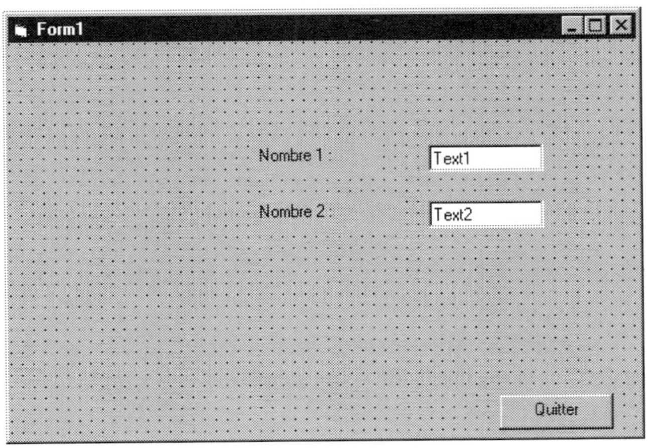

Ajoutez maintenant les quatre boutons d'opération comme ci-dessous, cela ne devrait vous poser aucun problème, puisque vous avez déjà fait la même chose pour le bouton "Quitter".

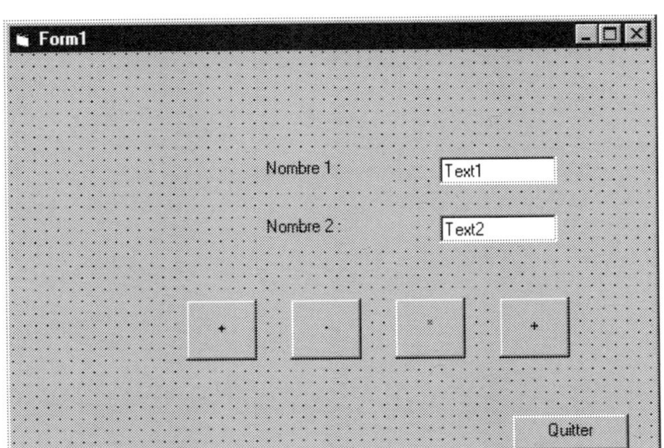

Enfin, ajoutez deux champs étiquettes qui seront placés côte à côte : l'un pour que le programme puisse y inscrire le résultat de l'opération qu'il aura effectuée (ce n'est pas une "zone de texte" puisque l'utilisateur ne doit rien pouvoir y saisir) et l'autre pour y inscrire le libellé "Résultat :" à sa gauche.

Ce qui vous donnera ceci :

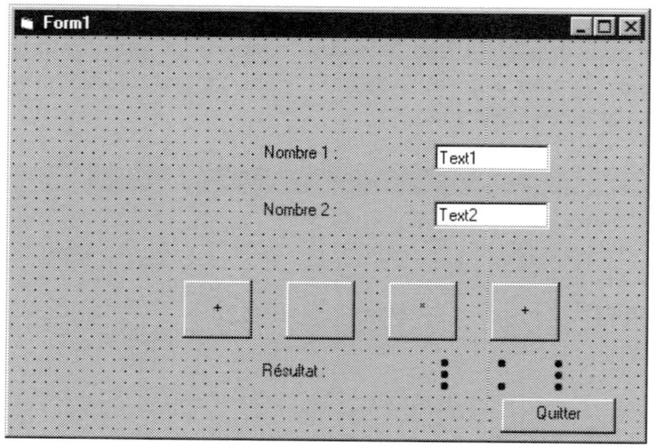

Maintenant que l'interface utilisateur est complètement terminée, il ne nous reste plus qu'à rédiger quelques lignes de programmation très simples pour décrire les calculs à effectuer.

Double-cliquez sur le bouton "+" pour atteindre la procédure qui s'exécutera lorsque l'utilisateur cliquera dessus, puis saisissez l'instruction de calcul comme ci-dessous :

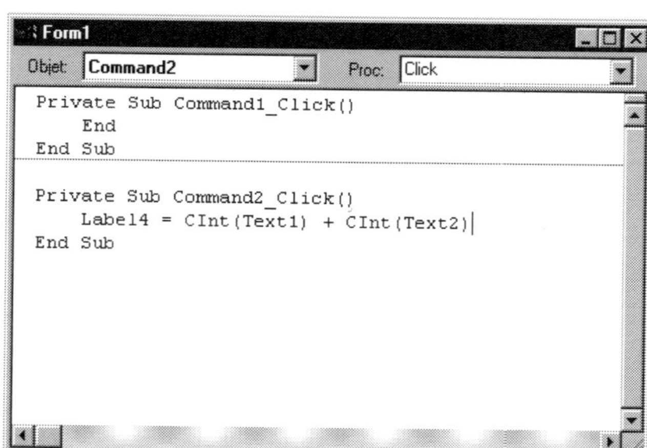

J'imagine que vous devez être impatient de tester votre programme, allez-y dès maintenant, mais bien sûr il n'y aura que le bouton "+" qui fonctionnera.

Alors, ça marche ? Oui ? Vous êtes vraiment très fort !

Programmez et testez de la même manière les trois autres opérations "-", "x" et "/".

Sauvegardez votre application en utilisant l'option "Enregistrer" du menu "Fichier". A l'occasion de cette sauvegarde, donnez le nom "CALCUL.VBP" à votre application (que Visual Basic appelle un projet) et le nom "CALCUL1.FRM" à votre fenêtre (que Visual Basic appelle une feuille).

Voilà, maintenant que vous avez eu un avant-goût de Visual Basic, nous allons l'abandonner provisoirement pour nous consacrer à une étape **indispensable** avant la programmation, c'est l'étape d'analyse de l'application.

Puis, après l'analyse et avant de reprendre la programmation en Visual Basic, puis-je vous supplier de ne pas sauter les conseils d'ergonomie qui figurent au Chapitre 4 ? Ne serait-ce que par souci humanitaire pour les futurs utilisateurs de vos programmes. Nous en reparlerons...

3

L'ANALYSE D'UNE APPLICATION

De la nécessité d'une analyse préalable

Pourquoi une analyse ?

Pourquoi parler d'analyse dans ce livre qui est dédié aux techniques de programmation ?

Parce que la phase d'analyse est encore et toujours une phase trop souvent bâclée, voire inexistante. Les langages de développement actuels sont si conviviaux et si agréables à utiliser que le fait de mettre hors tension son ordinateur et de prendre un crayon, une gomme (importante, la gomme !) et une feuille de papier paraît d'un autre âge.

Programmer sans analyser au préalable son problème méthodiquement, c'est comme bâtir une maison sans plan : les ratés et les bricolages de rattrapage ne suffiront pas pour donner un produit fini sain et de bonne qualité.

Vous me direz que certains maçons et certains programmeurs, très expérimentés, sont apparemment capables de travailler sans plan ou sans analyse. Mais, ne vous y trompez pas, en réalité ils réalisent toujours cette phase de conception, même si l'habitude et les années de métier leur permettent de la réaliser de tête, voire parfois inconsciemment.

Donc, tout débutant qui a l'ambition de devenir un vrai professionnel du développement d'applications doit passer par l'apprentissage d'une bonne méthode d'analyse !

"Plonger dans l'eau froide"

Et d'abord, voici un cas concret que vous pouvez chercher à résoudre sans autre méthode que votre intuition.

Un lycée vous demande de concevoir un système informatisé de gestion des emplois du temps et des bulletins trimestriels des élèves.

Il faut pouvoir imprimer en début d'année les emplois du temps :

- de chaque classe,
- de chaque professeur,
- de chaque salle.

Quant aux bulletins trimestriels, ils étaient remplis par deux secrétaires jusqu'à maintenant, mais le proviseur tient à ce que les professeurs saisissent maintenant leurs notes eux-mêmes.

Analysez ce problème informatique, c'est-à-dire établissez la description de la base de données à mettre en oeuvre et puis le descriptif de chaque programme à créer.

Les différentes étapes d'une analyse

Nous venons de l'évoquer, le but d'une analyse est double :

- établir la description de la base de données,
- établir le descriptif des traitements à programmer.

C'est tout ce que l'on demande à une analyse !

Mais ce n'est pas peu. Comment, en partant d'une demande d'informatisation formulée de façon plus ou moins précise, arriver à une base de données et à des programmes ?

Ce n'est pas si simple, il va donc falloir être très méthodique et bien décomposer le travail en étapes successives pour ne pas se perdre d'emblée dans des détails.

Voici la liste des 11 étapes de la méthode d'analyse proposée. Elles se regroupent en trois grandes phases :

- analyse générale,
- analyse des données,
- analyse des traitements.

Phase A : Analyse générale

- Étape A1 : l'étude de l'existant
- Étape A2 : la rédaction du cahier des charges
- Étape A3 : l'évaluation de la demande
- Étape A4 : la création des maquettes d'écrans et d'états

Phase B : Analyse des données

- Étape B1 : l'élaboration du dictionnaire des données
- Étape B2 : la constitution des entités et des relations
- Étape B3 : la construction de la base de données

Phase C : Analyse des traitements

- Étape C1 : la maintenance des tables de base
- Étape C2 : les traitements principaux
- Étape C3 : les traitements annexes
- Étape C4 : les descriptifs des traitements

Mais avant de passer à l'étude pratique de chacune de ces étapes, je ne voudrais pas passer sous silence une démarche qui doit se faire en amont de l'analyse de toute informatisation importante et qui s'appelle le "Schéma Directeur Informatique".

Le schéma directeur informatique

En effet, pour assurer la cohérence de toutes les applications informatiques de l'entreprise, il est souhaitable d'établir ce Schéma Directeur Informatique (S.D.I.). Plus les applications informatiques seront nombreuses, plus ce schéma sera vital.

Le S.D.I. est un plan général et à moyen terme (3 ans en général) d'informatisation de l'entreprise. Ce plan est issu des cogitations de la direction générale de l'entreprise. Tout le système d'information de l'entreprise y est découpé en grands domaines : production, gestion comptable, gestion du personnel...

Ce plan fixe les grandes orientations du mode de traitement des informations dans l'entreprise et établit le plan de développement informatique tant au niveau matériel que logiciel, et même personnel. Il aide, entre autres choses, à planifier le financement des investissements informatiques.

Sans nous attarder plus sur cette partie, passons maintenant à la première étape de l'analyse proprement dite.

Étape A1 : L'étude de l'existant

Ici commence vraiment le travail de l'analyste.

Lorsque celui-ci reçoit une demande d'informatisation ou de ré-informatisation, écrite ou orale, la première étape consiste à interviewer le responsable du domaine, puis les utilisateurs directs. Le but sera de savoir où l'on met les pieds, de comprendre le fonctionnement actuel du système d'information.

Voici quelques démarches à effectuer obligatoirement :

- délimiter très précisément le domaine d'étude par rapport aux autres domaines, et lister au passage les autres domaines qui auront des interfaces avec le domaine à étudier,
- récupérer des exemplaires de documents utilisés actuellement, porteurs de données si possible et non des imprimés vierges,
- si le système est déjà informatisé, récupérer les descriptions des fichiers informatiques actuels.

D'autres techniques d'investigation sont facultatives. Elles deviendront nécessaires si le sujet est complexe :

- noter les règles de gestion actuelles,
- établir la liste exhaustive des opérations qui se font actuellement en prenant note de :

  - **quand** est faite l'opération ? c'est-à-dire suite à quel événement ?
  - **combien** de fois par jour ou par mois ?
  - **qui** le fait (un ordinateur, une personne, avec quelle compétence) ?
  - **où** cela se fait (dans quel bureau, sur quel ordinateur) ?

- établir le schéma de circulation des documents si les documents circulent beaucoup.

On aboutira au dossier de "Descriptif de l'existant".

Étape A2 : La rédaction du cahier des charges

Travailler en équipe, c'est mieux !

Le cahier des charges de l'application peut vous être fourni par le demandeur. Soyons réaliste, c'est assez rare et ce n'est pas d'ailleurs forcément l'idéal. L'idéal, c'est d'élaborer ce cahier des charges en équipe constituée des personnes suivantes :

- **le demandeur** (en général le responsable du domaine à informatiser), il apporte une vue d'ensemble du problème qui est en phase avec le reste de l'entreprise,
- **l'utilisateur de base**, indispensable, car c'est le seul qui puisse apporter son vécu du terrain,
- **l'analyste** qui est là pour écouter, mais aussi pour expliquer ce qui est possible et ce qui est impossible à réaliser avec un ordinateur.

Trois avantages à travailler ainsi en équipe :

- selon le vieil adage, "il y en a plus dans plusieurs têtes que dans une",
- l'absence d'une seule de ces trois compétences produirait un cahier des charges déséquilibré, non réaliste,
- le cahier des charges devient le "bébé" de ses trois concepteurs, et par la suite aucun des trois n'aura envie d'assassiner son bébé !

Je mets l'accent sur ces remarques, car elles confirment une fois de plus la nécessité d'introduire dans l'entreprise des processus de décision moins hiérarchiques et plus démocratiques. Ceci permet à la fois de répondre au souci légitime de chacun de participer aux décisions qui le concernent – dans l'entreprise comme ailleurs – et à une augmentation de l'efficacité de l'entreprise grâce à une plus grande motivation de chacun à son niveau.

Que doit contenir le cahier des charges ?

D'une façon générale, le cahier des charges sera le contrat qui lie le demandeur – voire le payeur – du projet avec l'informaticien ou la société prestataire.

L'informaticien doit donc veiller à ce qu'il ne contienne rien d'irréalisable !

Le cahier des charges doit **toujours** être sous forme écrite, même pour un petit projet, même si l'analyste doit le réaliser seul, sans la contribution de l'utilisateur. Il devra être visé, sinon signé par le demandeur afin de prendre sa vraie valeur de contrat.

Le développement d'une application informatique se chiffre habituellement en dizaines de milliers de francs. Existe-t-il un domaine de l'économie où l'on accepte de payer un service d'un tel coût sans le contractualiser ?

Pour élaborer le cahier des charges, les questions que l'équipe de conception doit se poser sont les suivantes :

- quel est finalement en une phrase le but réel de la nouvelle demande ?
- quelles sont les nouvelles règles de gestion si elles ont changé (peut-être profite-t-on de l'informatisation ou de la ré-informatisation pour changer les règles de gestion) ?
- quels changements sont peut-être déjà décidés dans l'organisation ?
- quel est le nouveau schéma de circulation des documents souhaité ?
- quelles vont être grossièrement les nouvelles opérations de gestion ?
  - **quand** seront faites ces opérations ?
  - **combien** de fois par jour ou par mois ?
  - **qui** les fera (un ordinateur, une personne, avec quelle compétence) ?
  - **où** cela se fera (dans quel bureau, sur quel ordinateur) ?

Finalement le cahier des charges doit contenir la liste exhaustive de toutes les fonctionnalités à réaliser.

Étape A3 : L'évaluation de la demande

Une fois le cahier des charges réalisé, il faut en évaluer le coût de réalisation.

Il faut donc répondre à ces questions :

- quels nouveaux besoins en **matériel informatique** ? que choisir et à quel coût ? (sans oublier les coûts de maintenance du matériel, les coûts des consommables, ni les coûts des télécommunications),
- quels besoins en **progiciel ou logiciel** ? dans le cas d'un progiciel, que choisir et à quel coût ? dans le cas d'un logiciel à développer, qui développe ? quel langage ? quelle durée de développement ? quel coût ?
- quels besoins nouveaux en **personnel utilisateur** ? quelles compétences ? faudra-t-il prévoir de la formation ? quelle durée ? quel coût ?

En contrepartie de ces coûts, quels sont les gains prévisibles de l'opération :

- quels avantages en qualité du service ?
- quel gain de personnel ?
- quels autres gains ?

Il faut aussi évaluer le délai de réalisation et de mise en place définitive.

Enfin, il faut oser se poser la question : est-ce faisable ? est-ce rentable ? et surtout oser y répondre par la négative, le cas échéant.

On aboutit au "Dossier d'évaluation" qui sera présenté à la direction pour décision.

Si la décision est positive, on passe à l'étape suivante.

Étape A4 : La conception des maquettes d'écrans et d'états

Sur la base du cahier des charges, notre équipe regroupant le demandeur, l'utilisateur final de base et l'analyste continue son travail en élaborant des maquettes d'écrans et d'états.

Parfois, c'est l'analyste seul qui effectue ce travail. Dans ce cas, il devra toujours faire valider ses résultats par les deux autres membres de l'équipe de départ. Sinon, la validation se fera inévitablement le jour de la remise finale de l'application – ou même plus tard – et les dégâts seront infiniment plus lourds...

Pour les maquettes d'écrans, il faudra dessiner :

- les maquettes de menus,
- les maquettes d'écrans de saisie de données,
- les maquettes d'écrans de consultation de données.

Chaque maquette sera identifiée par un nom, par exemple : états ET01 et ET02, écrans EC01, EC02 et EC03.

Les écrans intermédiaires et les écrans contenant des messages d'erreur ne seront pas à prendre en compte à ce niveau.

Voici quelques-unes des maquettes d'écrans et d'états les plus importantes d'une application de gestion des commandes des clients. Cette application va nous servir d'exemple pour continuer ce chapitre sur l'analyse..

Écran de saisie d'un nouveau client

Code client : ________
Nom du client : ____________________

Adresse 1 (1ère partie) : ________________
Adresse 2 (2ème partie) : ________________
Code postal : ________
Commune : _________________________

Écran de saisie d'un nouvel article

Écran de saisie d'une commande d'un client

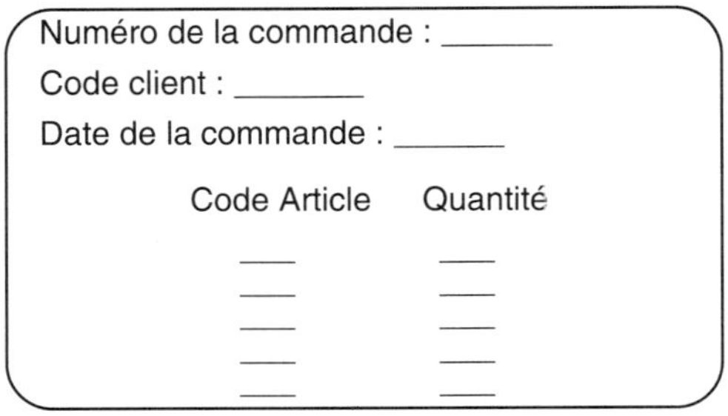

Catalogue des articles

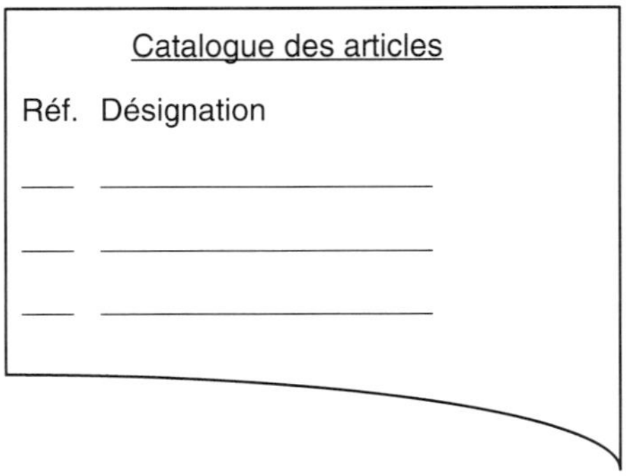

Facture

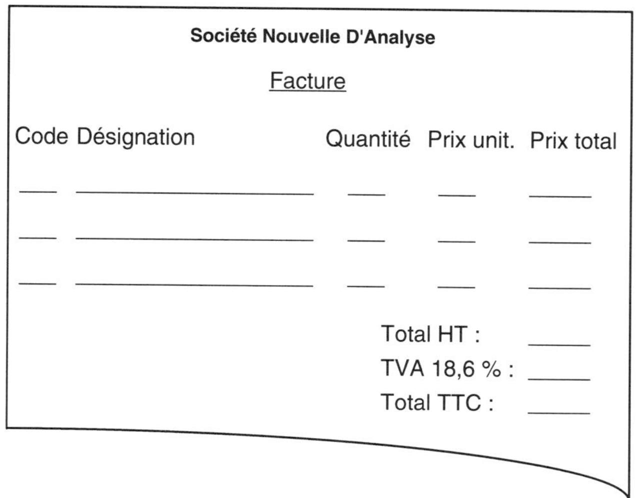

Étape B1 : L'élaboration du dictionnaire des données

En utilisant les maquettes d'écrans et d'états, il faut recenser maintenant toutes les données qui s'y trouvent afin de constituer ce qu'on appelle le *dictionnaire des données*. On ne prendra pas en compte les constantes que sont les titres d'états ou les en-têtes de colonnes ou les étiquettes d'écrans. En revanche les totaux et sous-totaux de fin d'état seront à prendre en compte.

Voici un exemple de dictionnaire de données issu des maquettes du paragraphe précédent. Les données sont simplement classées par ordre alphabétique.

Nom de la donnée
Adresse 1 du client
Adresse 2 du client
Code article
Code client
Code postal du client
Commune du client
Date de la commande
Libellé de l'article
Montant total de la TVA
Montant total HT de la commande

Montant total TTC
Nom du client
Numéro de commande
Prix unitaire
Quantité commandée
Total HT de la commande pour un article

Étape B2 : La constitution des entités et des relations

Dégager les entités

Le concept d'entité

D'après la définition théorique, une entité est la représentation d'un objet matériel ou immatériel de l'univers.

En pratique, dans une entreprise, une entité est un des multiples objets porteurs d'information que l'on manipule quotidiennement. On trouvera par exemple l'entité "produit", l'entité "fournisseur", l'entité "employé", l'entité "bulletin de paie" ou encore l'entité "compte analytique".

Une entité peut être permanente ou temporaire. Un compte de comptabilité est une entité permanente alors qu'une commande d'un client est une entité temporaire.

On appelle *occurrence* d'une entité, un exemplaire de cette entité. Par exemple le client nommé DUPONT est une occurrence de l'entité "client". L'entité "client" aura donc autant d'occurrences que l'entreprise aura de clients.

Comment établir la liste des entités d'une application informatique ? Il faut analyser le dictionnaire des données. Dans un premier temps, il faudra s'attacher à ne conserver que les données dites élémentaires, c'est-à-dire éliminer les données calculées telles que les totaux de notre exemple. C'est alors qu'apparaissent intuitivement les entités.

Dans l'exemple, on peut dégager les entités suivantes :

- l'entité "client",
- l'entité "article",
- l'entité "commande",
- l'entité "ligne de commande".

Les propriétés

Les informations relatives à une entité sont appelées des *propriétés*, ou encore des attributs. Par exemple, les propriétés de l'entité "client" sont : le code du client, son nom et son adresse qui se décompose en quatre propriétés.

Une propriété peut être un code, un libellé, un nombre, une valeur "vrai ou faux", et pourquoi pas une image (la photo d'un article produit), voire un son ou même une séquence vidéo.

Les propriétés qui se présentent sous la forme d'un code peuvent être codées de plusieurs manières :

- un simple numéro d'ordre croissant, de 1 à N,
- un code mnémonique, qui est un abrégé de sa signification, par exemple "FRN" pour le mot "Fournisseur",
- un code articulé, qui est constitué de plusieurs parties accolées les unes aux autres, par exemple le matricule INSEE de chaque personne ou bien le numéro d'immatriculation des véhicules français.

Il est très important de choisir la bonne méthode de codification au moment de l'analyse, car il sera extrêmement difficile de changer les habitudes par la suite.

L'identifiant

L'*identifiant* d'une entité, encore appelé critère d'identification, est une propriété ou un ensemble de propriétés de l'entité que l'analyste aura choisi de façon à ce que deux occurrences de cette entité ne puissent pas avoir le même identifiant.

Par exemple, le numéro de client sera l'identifiant de l'entité "client".

Dans certains cas, l'identifiant devra être constitué de plusieurs parties. Prenons un exemple : une commande d'un client est constituée de plusieurs lignes de commandes. Pour pouvoir identifier de manière unique toute ligne de commande, il faudra prévoir un identifiant constitué du numéro de la commande associé au numéro de l'article commandé.

Lorsque toutes les entités auront été dégagées, avec leurs propriétés et leur identifiant, on devra les représenter comme ci-dessous. Notez que le nom de l'entité apparaît en haut du cadre et que l'identifiant est souligné.

Client
<u>Code client</u>
Nom
Adresse 1
Adresse 2
Code postal
Commune

Article
Code article
Libellé
Prix unitaire

Commande
Numéro de commande
Code client
Date de la commande

Ligne de commande
Numéro de commande
Code article
Quantité commandée

Les relations

Nous allons maintenant établir des relations entre les entités.

Lorsque deux entités ont une propriété commune, on peut établir une relation entre elles. Ce qui donne graphiquement le schéma suivant montrant trois relations :

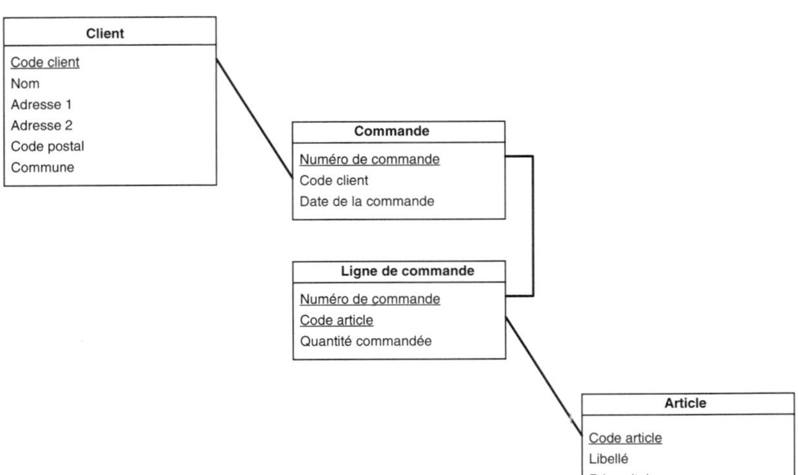

A ce moment de l'analyse, il faut distinguer plusieurs types de relations :

- les relations de type 1-(0-1),
- les relations de type 1-(0-N),
- les relations de type (0-N)-(0-M),
- les relations de type 1-1.

Qu'est-ce que tout cela signifie ?

Relation de type 1-(0-1)

Une relation de type 1-(0-1) entre deux entités A et B est une relation dans laquelle 1 occurrence de l'entité A ne peut correspondre qu'à 0 ou 1 occurrence de l'entité B.

Un exemple : dans une banque, prenons les deux entités "client" et "plan d'épargne logement". Chaque client peut éventuellement avoir contracté un plan d'épargne logement. Mais selon la loi, une personne ne peut bénéficier au maximum que d'un seul plan d'épargne logement, on peut donc dire qu'à toute occurrence de l'entité "client" ne peut correspondre que 0 ou 1 occurrence de l'entité "plan d'épargne logement".

C'est la relation "père - fils unique", sachant qu'ici le fils unique est... optionnel.

Relation de type 1-(0-N)

Cette relation est de loin la plus fréquente.

Une relation de type 1-(0-N) entre deux entités A et B est une relation dans laquelle à 1 occurrence de l'entité A correspondent de 0 à N occurrences de l'entité B.

A titre d'exemple, nous prendrons les entités "client" et "commande". On peut dire qu'à chaque client correspond de 0 à N commandes.

C'est la relation générale "père - fils". Il ne peut pas y avoir de fils sans père, mais il peut y avoir un père sans fils. Et généralement, un père aura plusieurs fils.

Notons au passage qu'une relation de type 1-(0-1) est en réalité un cas particulier de relation de type 1-(0-N).

Relation de type (0-N)-(0-M)

Une relation de type (0-N)-(0-M) entre deux entités A et B est une relation dans laquelle :

- à 1 occurrence de l'entité A correspondent de 0 à M occurrences de l'entité B,
- à 1 occurrence de l'entité B correspondent de 0 à N occurrences de l'entité A.

Par exemple, considérons les deux entités "classe" et "professeur" d'un lycée. On peut dire que chaque classe a plusieurs professeurs, mais aussi que chaque professeur a plusieurs classes. On se trouve bien devant une relation de type (0-N)-(0-M).

En principe, à ce stade de l'analyse, vous ne devriez plus trouver ce type de relation car vous devriez déjà l'avoir transformée – intuitivement peut-être – en une entité supplémentaire.

Mais, si vous trouvez un jour une relation de type (0-N)-(0-M) sur votre chemin, sachez qu'il n'est pas possible de l'intégrer telle quelle dans une base de données relationnelle. Il faut obligatoirement la transformer en une entité supplémentaire reliée aux deux autres entités par des relations de type 1-(0-N).

Nous allons donc ajouter l'entité "enseigne" dans notre lycée et mentionner les occurrences sur le schéma :

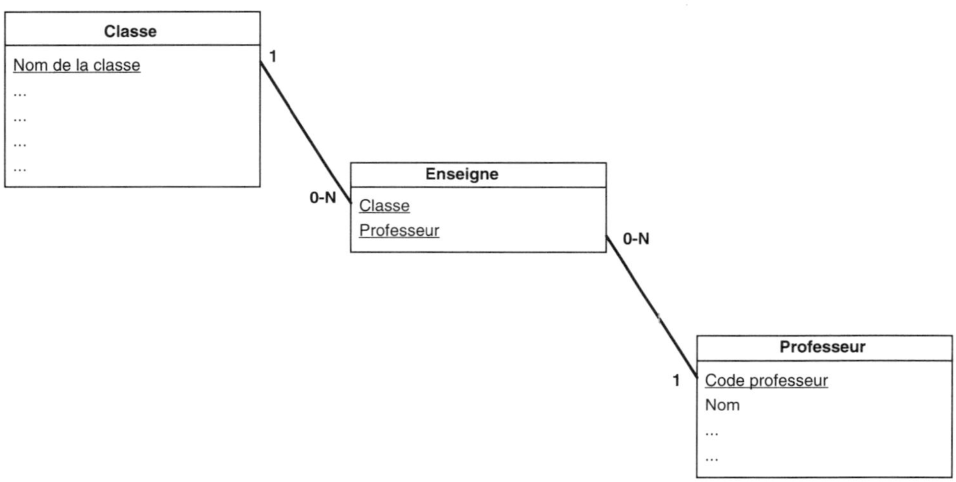

Relation de type 1-1

Une relation de type 1-1 entre deux entités A et B est une relation dans laquelle à 1 occurrence de l'entité A correspond toujours 1 occurrence de l'entité B.

Si vous avez ce genre de relation dans votre application, vous pouvez tout de suite faire une simplification. Vous pouvez ajouter à l'entité A toutes les propriétés de l'entité B, puis supprimer purement et simplement l'entité B.

En effet, une relation de type 1-1 entre deux entités signifie tout simplement qu'il ne s'agit que d'une seule entité.

Notation graphique des occurrences des relations

Nous pouvons maintenant ajouter les nombres occurrences sur le schéma de l'application de gestion des commandes pour le terminer :

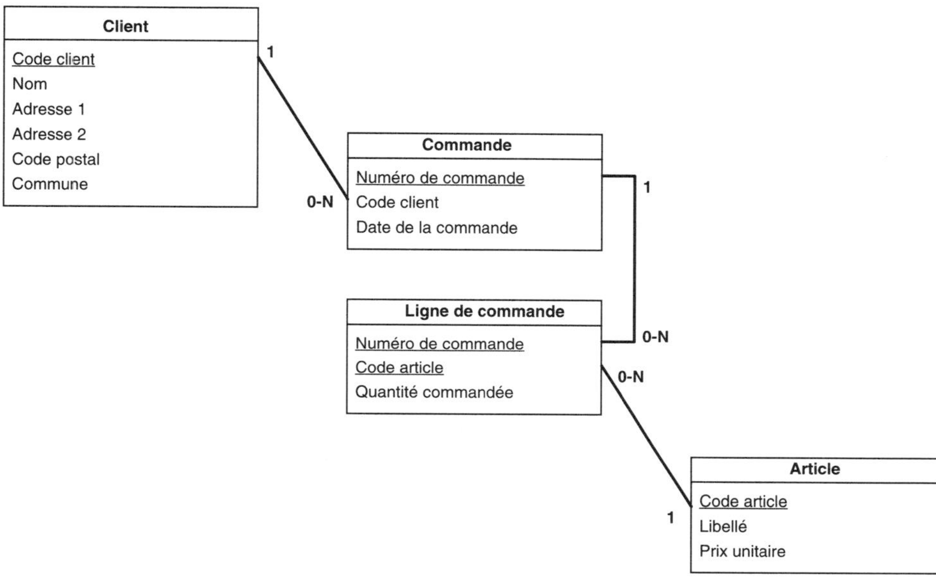

Étape B3 : La construction de la base de données

Passer des entités aux tables

Voilà, nous sommes maintenant tout près de la création de la base de données finale. Cette base de données sera de type *relationnel* car Visual Basic n'utilise que des bases de données relationnelles. C'est d'ailleurs aujourd'hui le type plus répandu sur le marché, au point de faire quasiment disparaître tous les autres.

Une base de données relationnelle est constituée d'une ou, plus généralement, de plusieurs tables. Chaque table contient des enregistrements ou lignes. Chaque enregistrement est structuré en champs ou rubriques. Certains champs peuvent être indexés.

Nous obtiendrons très facilement notre base de données puisque :

- chaque entité va devenir une table,
- chaque propriété va devenir un champ.

Il reste à définir les caractéristiques détaillées des champs, c'est-à-dire décider pour chaque champ :

- de son nom,
- de son type : texte, numérique, booléen, date...
- de sa longueur et de son nombre de décimales pour les champs numériques.

Les index des tables

Il faut dès maintenant déterminer les index des tables.

Qu'est-ce qu'un index ? C'est un complément à la table, il permet de retrouver directement l'adresse d'un enregistrement sur le disque, simplement en connaissant la valeur du champ qui sert d'index.

Par exemple, supposons que notre fichier client soit indexé sur le champ "Code client". Alors le système de gestion de la base de données ne sera plus obligé de rechercher un client donné en lisant la table séquentiellement du début vers la fin jusqu'à ce qu'il trouve le client. Il va pouvoir aller beaucoup plus vite en se servant de l'index :

- d'abord, il recherche le code du client dans l'index, cette opération est très rapide car l'index, peu volumineux, sera chargé en mémoire,
- il obtient directement dans l'index l'adresse sur disque de l'enregistrement correspondant,
- enfin, connaissant cette adresse, il effectue un simple accès rapide sur disque à l'enregistrement de ce client sans avoir eu besoin de lire les précédents.

Après tout, comment faites-vous pour rechercher une information dans une encyclopédie ? Vous vous servez, vous aussi, de l'index pour trouver directement le numéro de page de l'article qui vous intéresse. C'est plus rapide que de lire l'encyclopédie de A à Z, n'est-ce pas ? Et bien, c'est exactement le même principe qui est appliqué dans l'ordinateur.

Remarquez cependant que, dans l'encyclopédie, comme dans l'ordinateur, l'existence et l'utilisation d'un index ne se justifie pas si le volume de l'encyclopédie n'est que de deux ou trois pages. Dans ce cas une recherche séquentielle classique sera plus rapide.

C'est pourquoi, avec le système de gestion de bases de données qu'utilise Visual Basic, les index peuvent être considérés comme des "accélérateurs facultatifs" de recherche.

Il est courant de trouver plusieurs index associés à une même table. En effet, dans notre table des clients, on peut vouloir accéder de façon rapide – donc non séquentielle – à un client tantôt d'après son code, tantôt d'après son nom. Il faudra donc créer deux index.

Cependant, il est un cas où l'existence d'un index est obligatoire. Nous avons dit plus haut que l'identifiant de la table devait être unique dans la table. Autrement dit, jamais deux lignes de la table ne doivent avoir le même contenu dans ce champ. Or pour garantir cette règle, le système de gestion de la base de données a recours à la technique de l'index. Il faut en déduire la règle suivante : toute table doit avoir au moins un index, cet index portant sur le champ déclaré comme identifiant de la table. Ce champ est appelé *clé d'index primaire* de la table.

Création de la base de données

Une fois les tables, les champs et les index définis, vous pourriez dès maintenant créer votre base de données. Cependant, au cours de la phase suivante de l'analyse, celle qui concerne les traitements et que nous allons voir maintenant, il arrive de constater certaines erreurs et oublis dans la base de données. Il est donc préférable d'attendre que toute l'analyse soit terminée pour mettre sous tension votre ordinateur !

Étape C1 : La maintenance des tables de base

Entrons maintenant dans la dernière phase de l'analyse : la phase de conception des traitements. La première étape consiste à recenser les traitements assurant la maintenance des tables de base de l'application.

Sont considérées comme "tables de base" les tables de la base de données qui décrivent des entités permanentes de l'entreprise. Par exemple :

- la table des clients,
- la table des taux de TVA,
- la table des produits en stock,
- la table des comptes de comptabilité générale.

A titre de contre-exemple, ne font pas partie de ces tables de base, des tables telles que :

- la table des commandes des clients,
- la table des notes des élèves,
- la table contenant l'historique des entrées en stock.

Dans le cas de la gestion des commandes des clients, nous considérerons que les tables "Articles" et "Clients" sont des tables de base.

Pour chacune de ces tables, il faudra **toujours** prévoir les traitements informatiques suivants :

- **création** d'un nouvel enregistrement dans la table,
- **modification** d'un enregistrement existant,
- **suppression** d'un enregistrement.

Il ne faut pas oublier que la modification et la suppression d'un enregistrement existant sont des traitements indispensables, ne serait-ce que pour corriger une faute de frappe de l'utilisateur.

De plus, dans la majorité des cas, il faut ajouter, pour chaque table de base, les traitements complémentaires suivants :

- **consultation** interactive d'un enregistrement d'après son identifiant (sa clé d'index primaire),
- **consultation** interactive des enregistrements d'après un ou plusieurs autres champs sous la forme d'une liste paginable à l'écran,
- **impression** d'une liste, voire de plusieurs listes, complètes ou partielles de la table classée dans un ordre précis.

C'est l'analyste qui juge, en accord avec l'utilisateur, de l'opportunité de prévoir ces trois derniers traitements.

Appliquons ces règles à notre exemple, ce qui définira les traitements suivants :

Numéro	**Description du traitement**
T1	Création d'un nouvel article
T2	Modification d'un article existant
T3	Suppression d'un article existant
T4	Consultation d'un article d'après son code article
T5	Consultation des articles d'après le début de leur libellé
T6	Impression complète de la table des articles classée par code article
T7	Création d'un nouveau client
T8	Modification d'un client existant
T9	Suppression d'un client existant
T10	Consultation d'un client d'après son code client
T11	Consultation des clients d'après leur nom
T12	Impression complète de la table des clients classée par code client
T13	Impression complète de la table des clients classée par département

Étape C2 : Les traitements principaux

Nous passons maintenant au "plat de résistance" de l'analyse des traitements, nous allons en effet concevoir les traitements qui correspondent aux opérations de gestion proprement dites que l'on voulait informatiser.

Et ici, nous vous proposons un moyen simple pour être sûr de ne pas oublier de traitements : nous nous attacherons à suivre le fil directeur que constitue **l'enchaînement chronologique** des opérations.

Revenons à notre exemple de gestion des commandes pour appliquer cette démarche. Nous allons suivre chronologiquement le chemin d'une commande d'un client. C'est un travail que nous ferons de préférence en collaboration avec l'utilisateur.

Racontons-nous l'histoire d'une commande.

Une commande arrive par courrier, quelquefois par téléphone. Elle sera saisie dans l'ordinateur [→ prévoir un traitement de saisie des commandes des clients]. Si le client n'est pas encore enregistré dans l'ordinateur, il faudra le créer [→ ce traitement a déjà été prévu à l'étape C1].

Attention, l'analyste doit avoir ici un réflexe automatique en pensant à la saisie des commandes des clients. En effet, dès que l'on parle de saisir des données, il faut **toujours** se demander : *"et si l'utilisateur a fait une erreur de saisie, peut-il la corriger ?"* [→ prévoir un traitement de modification et un traitement de suppression des commandes des clients].

Puis, chaque matin, le service expédition consulte la liste journalière des commandes qui restent à expédier, cette liste sera classée par ordre alphabétique des noms des clients [→ prévoir une liste journalière des commandes restantes à expédier classée par nom de client].

Mais au fait, comment l'ordinateur va-t-il savoir si une commande doit figurer sur la liste ? C'est-à-dire comment savoir si une commande a déjà été livrée ? Nous nous rendons compte que cette information ne figure pas dans la base de données. C'est un oubli dans la phase B de conception de la base de données.

Ne nous en formalisons pas : ce genre d'oubli arrive fréquemment, même chez les analystes chevronnés, qui avancent toujours par itération successive jusqu'au dossier final qui doit être, lui, sans erreur.

Il faut donc ajouter une donnée nouvelle dans la base de données. Nous choisirons d'ajouter le champ "Quantité déjà livrée" dans la table "Lignes de commandes".

Continuons le chemin de notre commande. L'employé du service expédition décide d'expédier une partie de la commande car tout n'est pas disponible en stock. Il saisit sur son PC le numéro de commande. Alors la liste des articles restant à livrer s'affiche, il saisit à côté de chaque ligne de commande les quantités qu'il désire expédier. Le champ "Quantité déjà livrée" de la table des lignes de commandes se met à jour et une facture s'imprime automatiquement [→ prévoir ce traitement de saisie des expéditions et d'impression de la facture].

A nouveau, le réflexe : *"si l'utilisateur a fait une erreur de saisie, peut-il la corriger ?"*. Pour répondre à cette question, nous avons deux possibilités :

- soit prévoir un traitement spécifique pour permettre de corriger le champ "Quantité déjà livrée" de la table des lignes de commandes,
- soit demander à l'utilisateur de réutiliser le programme de saisie des expéditions pour y saisir l'expédition d'une quantité négative de produit.

C'est cette deuxième solution que nous choisirons, car elle ne nécessite aucun développement supplémentaire et ne présente pas d'inconvénient particulier pour l'utilisateur.

La commande est maintenant expédiée, et la facture imprimée, on peut donc considérer que cette étape de l'analyse est terminée.

Récapitulons les nouveaux traitements que nous venons de découvrir :

Numéro	Description du traitement
T14	Saisie d'une nouvelle commande client
T15	Modification d'une commande client
T16	Suppression d'une commande client
T17	Impression de la liste des commandes restantes à expédier classées par nom de client
T18	Saisie d'une expédition et impression de la facture

Étape C3 : Les traitements annexes

Avant de terminer le recensement de tous les traitements, il nous reste encore à passer en revue trois points particuliers importants :

- la réédition des états imprimés,
- l'épuration des données anciennes,
- la sécurisation de la base de données.

Réédition des états imprimés

Il faut adopter comme règle que tout état imprimé doit pouvoir être réimprimé à la demande. Pourquoi ? Parce que les imprimantes sont des appareils dont la fiabilité n'est pas totale, un bourrage dans l'imprimante peut arriver. Et la facture que l'on vient d'imprimer est réduite à l'état d'accordéon tout chiffonné !

Vérifions donc que tous les états de notre application peuvent être réimprimés en cas de bourrage dans l'imprimante :

- la liste des articles et celle des clients peuvent être réimprimées à tout moment,
- la liste des articles à expédier peut aussi être réimprimée sans difficulté,
- les factures, quant à elles, ne peuvent pas être réimprimées car leur impression est déclenchée automatiquement par la saisie d'une expédition.

Pour régler ce délicat problème des factures à réimprimer, l'analyste aura à choisir entre deux solutions :

- ajouter une table des factures dans la base de données, et les factures ainsi mémorisées pourront être réimprimées autant de fois que nécessaire,
- en cas de nécessité de réimpression, on demandera à l'utilisateur d'annuler son expédition en saisissant la même expédition, mais avec des quantités négatives, puis de ressaisir l'expédition afin de réimprimer la facture dans la foulée.

La première solution est plus luxueuse que la seconde. Elle coûtera plus cher en développement, mais fournira un service de meilleure qualité à l'utilisateur.

Décidons de choisir la deuxième solution, car elle nous évite d'ajouter une table et un traitement, et donc d'alourdir sensiblement notre cas d'exemple.

Épuration des données anciennes

Dans les bases de données de nombreuses applications, on trouve des tables qui accumulent un historique des événements passés. Par exemple, on peut avoir un historique des écritures comptables, ou encore un historique du journal de paie. Dans notre exemple, nous avons la table "Commandes" et la table "Lignes de commandes" qui sont finalement aussi des formes d'historiques d'événements.

Ces historiques vont grossir au fil des mois et des années si on ne les épure jamais. L'analyste doit donc prévoir des traitements *d'épuration* des historiques.

On peut imaginer que ces traitements se déclenchent automatiquement à date fixe, en fin de mois ou en fin d'année par exemple. Cependant, cette méthode n'est pas conseillée, car l'épuration d'un historique est un traitement séquentiel qui dure assez longtemps. L'utilisateur risque donc d'être surpris de voir son ordinateur travailler seul de longues minutes, voire de longues heures, sans qu'il ne lui ait rien demandé.

On préférera donc généralement une épuration à déclenchement manuel où l'utilisateur devra indiquer lui-même depuis quelle date il désire conserver ses données.

Nous devons donc prévoir un traitement supplémentaire dans notre exemple :

Numéro	Description du traitement
T19	Épuration des commandes et des lignes de commandes

Sécurisation de la base de données

Souvenez-vous que si l'informaticien est responsable de la bonne gestion des données, il est aussi responsable de leur sécurité. Or, aucun ordinateur n'est à l'abri des pertes de données occasionnées par une panne de courant, ou une panne de disque dur, ou un virus destructeur de données, ou une erreur de manipulation, ou une malveillance, ou les dégâts des eaux, ou un incendie ou même un vol.

Si vous trouvez que la liste des malheurs possibles est longue, rassurez-vous, ils n'arrivent jamais tous à la fois et il existe même quelques rares ordinateurs qui n'ont même jamais subi un seul de ces sévices.

Soyons sérieux, il faut absolument prévoir une sauvegarde des données sur un support amovible externe : bande magnétique ou disquette. Puis, en cas de perte de données, il est souhaitable que l'utilisateur puisse recharger dans son ordinateur la dernière bande ou disquette de sauvegarde, sans faire appel à vous.

C'est donc deux nouveaux traitements à ne pas oublier :

Numéro	Description du traitement
T20	Sauvegarde de la base de données
T21	Restauration de la base de données

En plus de tout cela, il ne faut pas oublier de prévoir un fonctionnement en mode manuel au cas où le système informatique ne pourrait être opérationnel : panne hardware ou software, coupure de courant... Car on ne peut pas bloquer tout un service ou toute une entreprise parce qu'un employé maladroit s'est pris les pieds dans les fils du réseau.

C'est donc maintenant qu'il faut concevoir une procédure de rechange, et non pas quand la panne sera arrivée !

Étape C4 : Les descriptifs des traitements

Voici enfin la dernière étape de l'analyse.

Pour chacun des traitements qui ont été recensés, il faut établir un petit dossier contenant :

- la description synthétique de la procédure en quelques lignes,
- les maquettes des écrans principaux,
- le schéma d'enchaînement de ces écrans,
- la maquette d'état, s'il s'agit d'un traitement d'impression,
- l'explication des points délicats éventuels.

4

LES REGLES D'ERGONOMIE DE L'INTERFACE

Nécessité d'une interface utilisateur simple et normalisée

Avant de parler d'ergonomie des logiciels sous Windows, il faut en rappeler l'extrême importance. La qualité de l'interface utilisateur devient aujourd'hui un critère prépondérant de choix d'un logiciel au même titre que ses fonctionnalités. Dans ce contexte, l'informaticien professionnel ne peut plus négliger la présentation de ses applications. La première impression est toujours déterminante, en informatique comme ailleurs. C'est sur la présentation de l'interface utilisateur que l'on juge souvent un logiciel, tout au moins au moment de l'achat... Par la suite, les critères deviennent heureusement plus objectifs.

Quelles sont aujourd'hui les qualités requises d'une bonne interface utilisateur ?

- Elle doit être **normalisée** : pour diminuer le temps de formation, voire pour le supprimer complètement ; l'utilisateur doit retrouver toujours les mêmes repères quel que soit le logiciel qu'il utilise.
- L'interface doit être **intuitive** : c'est encore pour diminuer le temps de formation que l'utilisateur doit comprendre instantanément, sans explication ni recours à une documentation, le rôle de telle fenêtre, de telle option de menu, de tel bouton ; cela implique un enchaînement parfaitement logique des fenêtres, un vocabulaire clair, des graphismes instantanément évocateurs.
- L'interface doit être **plaisante** : comparez l'espace de travail d'un salarié des années 50 avec celui d'un salarié actuel ; tout y est plus agréable (enfin généralement...) : l'éclairage, l'esthétique du mobilier, le confort du siège, le revêtement des murs, alors pourquoi ne pas rendre plus convivial le rapport à l'ordinateur ? Qu'on le veuille ou non, c'est le sens de l'histoire et on ne va pas s'en plaindre !

- L'interface doit être **puissante** : la puissance signifie ici qu'en un minimum d'actions, l'utilisateur va réaliser un maximum de tâches, augmentant ainsi sa productivité.

Une fois ces quatre objectifs cités, nous allons nous attacher à les atteindre. Ce ne sera toujours facile, car les possibilités graphiques des langages modernes tels que Visual Basic permettent le meilleur et le pire. Il n'est pas rare de trouver sur le marché des logiciels dont l'interface utilisateur est particulièrement illogique, agressive par ses couleurs trop vives, ses gros titres en polices fantaisie illisibles, ses manipulations complexes pour obtenir un résultat simple, et j'en passe...

Bref, tout ce qui aura amusé quelques instants le programmeur pendant le développement n'amusera pas forcément l'utilisateur qui aura à supporter, plusieurs années durant, ses débordements frénétiques d'imagination, ô combien lassants.

Et malheureusement ce n'est pas tout ! Vous avez certainement déjà utilisé des logiciels dont l'interface utilisateur n'était pas normalisée. Je m'explique : le bouton qui permet de revenir à l'écran précédent s'appelle "Retour" dans certaines fenêtres et "Annuler" dans d'autres. Le bouton d'impression se trouve tantôt en bas à gauche, tantôt en haut à droite. Les fenêtres ont, parfois seulement, un titre. Le code article s'appelle ici "Référence produit", là il s'appellera "Code produit", là encore il ne s'appellera pas... Manifestement plusieurs programmeurs ont travaillé sur ce logiciel et n'ont jamais pensé à unifier leur interface.

Toutes les fenêtres d'une même application doivent avoir strictement la même apparence. Ce qui n'est pas trop difficile à réaliser si vous êtes seul à développer, mais qui l'est beaucoup plus si vous êtes plusieurs.

Heureusement pour le pauvre utilisateur qui, ne l'oublions jamais, reste le gagne-pain du programmeur, il existe des recueils de normes graphiques rendant l'interface plus sobre, plus commode et agréable. Ces normes s'appliquent à des interfaces graphiques variées telles que :

- Windows 3, Windows 95 ou Windows NT,
- Presentation Manager sous OS/2,
- MOTIF sous UNIX,
- Macintosh.

Une norme de base a été élaborée en 1987 par IBM, elle se nomme CUA, comme *Common User Access*. Puis, s'appuyant sur CUA, Microsoft a édité un recueil de normes "The Graphical Interface Guide" respecté à la lettre par Windows. Ensuite plusieurs grandes sociétés de développement de logiciels ont affiné encore les normes Windows pour canaliser leurs développeurs. Enfin, au niveau de chaque application développée, il est bon de définir une norme encore plus précise ne concernant que l'application.

On obtient donc un empilement de normes comme ci-dessous :

Normes de l'application
Normes de l'entreprise
Normes Windows (Microsoft)
Normes CUA (IBM 1987)

Bien sûr, il ne faut pas tomber dans l'excès, en s'enfermant dans un carcan de règles immuables tuant toute innovation. Il faut aussi savoir inventer mais, en allant dans le sens de l'amélioration, de préférence...

Entrons maintenant dans le vif du sujet avec des conseils de normalisation et d'ergonomie qui sont de mise dans les logiciels actuels. Parcourez au moins une fois ces règles de bon sens qui vous paraîtront peut-être évidentes, mais qui éviteraient tant d'horreurs si elles étaient appliquées...

Et puis, pour voir si vous avez bien respecté tous ces préceptes dans votre application, appelez le futur utilisateur, ou quelqu'un qui lui ressemble, et observez-le se débrouiller avec votre programme. Prenez des notes sur son comportement, sur ses réactions face à votre application, mais surtout ne le guidez pas, vous fausseriez le test !

Remarques générales sur l'interface

Le vocabulaire utilisé

Dans les textes que vous affichez à l'écran, utilisez le vocabulaire courant de l'utilisateur et pas celui de l'informaticien ! Évitez absolument les expressions techniques tels que "Enregistrement non trouvé" ou pire "Record not found." ou "ODBC failed...", qui ne signifient rien pour l'utilisateur et ne peuvent que le paniquer.

Les métaphores

Il faut utiliser le plus souvent possible des métaphores, c'est-à-dire des analogies basées sur le monde réel de l'utilisateur. Elles peuvent être textuelles ou graphiques.

Par exemple :

- bouton
- corbeille
- presse-papiers

- gomme
- souris
- sablier
- calculette
- couper, copier, coller
- effacer
- insérer
- glisser, déplacer
- icônes

Curieusement, ce concept de métaphore est plus utilisé dans les logiciels de jeux que dans les logiciels de gestion, mais Windows 95 en utilise déjà beaucoup plus que Windows 3, avec l'explorateur, la corbeille, le voisinage réseau... Ce n'est pas encore tout à fait intégré à la culture des développeurs de gestion. Alors, faites un petit effort !

L'orthographe

Combien de fois voit-on l'expression "Code erroné" écrite de façon... erronée ? Oui, il faut bien deux "r" et un seul "n" !

En choisissant un logiciel, votre client ne pourra pas s'empêcher de penser, consciemment ou non, que, si le logiciel présente des fautes d'orthographe, il présente aussi certainement des bugs au niveau de ses fonctionnalités et de sa fiabilité.

La couleur de fond

Le fond des fenêtres doit toujours être gris depuis Windows 95 ou à la rigueur blanc, mais cette dernière couleur fatigue plus la vue. Observez bien les logiciels professionnels sous Windows, il ne présentent jamais de fenêtres colorées. Tant pis pour vos élans de fantaisie !

Il y a plusieurs raison à cela :

- beaucoup d'écrans sont encore monochromes, notamment ceux des portables,
- 8% des êtres humains sont daltoniens,
- les autres, les non-daltoniens, se lassent très vite des couleurs surtout si elles sont criardes,
- d'un modèle d'écran à l'autre, les mêmes couleurs peuvent avoir un rendu très différent.

L'utilisation de la souris

Préférez toujours le "clic" simple au "double-clic" qui est difficile à effectuer pour certaines personnes. Déjà Windows 95 utilise beaucoup moins le double-clic que Windows 3.1.

Attention au "drag and drop" (en français : glisser-déplacer) : c'est très commode et intuitif mais il est impossible d'indiquer sur l'écran que cette fonction est disponible.

Ce sera la même chose pour l'utilisation du bouton droit de la souris.

Il faut recourir, pour expliquer ces deux techniques, à l'aide en ligne ou à une notice sur papier, que l'on sait, par expérience, peu utilisée...

Les touches d'accès direct

Il faut toujours permettre les touches clavier d'accès rapide aux boutons, aux options de menu, aux champs à saisir car la souris ne doit jamais être indispensable. En effet, voici trois cas où cela peut être utile :

- panne de la souris ou encore utilisation d'un portable avec un track-ball peu commode,
- incompatibilité d'humeur entre l'utilisateur et sa souris (de plus en plus rare, mais cela arrive encore),
- saisie rapide de type dactylo au clavier : ne pas ralentir la saisie par des fréquents allers et retours entre la souris et le clavier.

Les temps de réponse

Sur l'ensemble des actions qu'un utilisateur effectue dans sa journée de travail sur son micro-ordinateur :

- 80 % doivent avoir un temps de réponse inférieur à 1 seconde,
- 15 % peuvent avoir un temps de réponse inférieur à 2 secondes,
- 5 % peuvent avoir un temps de réponse plus long.

Si ces règles ne sont pas respectées, il est certain que vous allez entamer sérieusement les nerfs de votre utilisateur ainsi que vos relations avec lui !

Si vous développez avec une machine plus puissante que celle de vos utilisateurs (ce qui est fréquent), testez de temps en temps votre application en cours de développement sur **sa** machine, qui est peut-être moins puissante. Il y a parfois des surprises et, de toutes façons, cela lui fera plaisir que vous pensiez à lui.

Testez vos applications sur une base de données qui a un nombre d'enregistrements comparable à celui de la base de données réelle future, sinon, vous ne seriez pas le premier à être très désagréablement surpris par des temps de réponse que vous n'imaginiez pas...

Information sur les temps d'attente

Malgré tout cela, il arrive parfois que la réponse de l'ordinateur à une demande de l'utilisateur ne soit pas immédiate. Dans ce cas, soyez gentil de ne pas jouer avec les nerfs de l'utilisateur, indiquez-lui s'il a le temps de se moucher, de prendre un café ou bien de prendre une demi-journée de congé.

La règle est simple, elle dépend du temps d'attente prévu :

- moins de 5 secondes : affichez un sablier ou tout autre graphisme statique symbolisant le temps qui passe,
- de 5 secondes à 5 minutes : affichez un indicateur d'avancement indiquant le pourcentage déjà réalisé (sous forme du pourcentage en chiffres ou/et d'une échelle graphique avec le contrôle ProgressBar), donnez la possibilité d'abandonner l'action par un bouton "Annuler",
- plus de 5 minutes : faites encore mieux, estimez la durée prévue en heures et minutes et affichez-la, donnez la possibilité d'abandonner l'action par un bouton "Annuler", en fin d'action affichez un message de bonne fin, un genre d'accusé de réception, avec un bouton "OK" sur lequel l'utilisateur devra cliquer.

L'enchaînement des fenêtres

Notion de fenêtre active

Avec Windows, une seule fenêtre peut être active à un instant donné. On reconnaît qu'une fenêtre est active par le changement de couleur de son bandeau qui devient bleu.

Modale ou non modale ?

Une fenêtre A est dite **modale** si l'utilisateur ne peut pas passer dans une autre fenêtre B préalablement ouverte tant qu'il n'a pas fermé la fenêtre A.

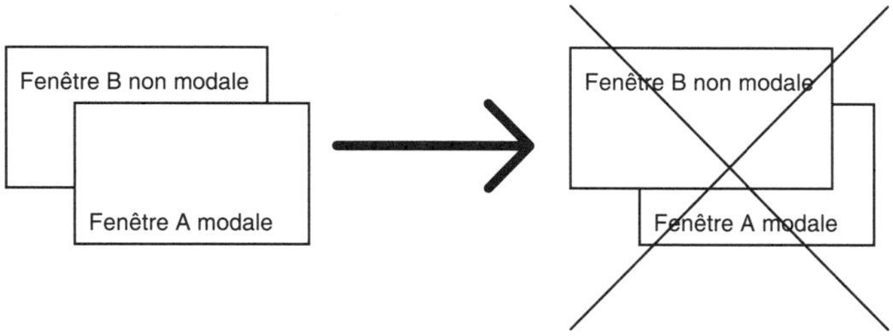

Toutefois, à partir de la fenêtre modale A, il est possible d'ouvrir une fenêtre C à condition qu'elle soit, elle aussi, modale.

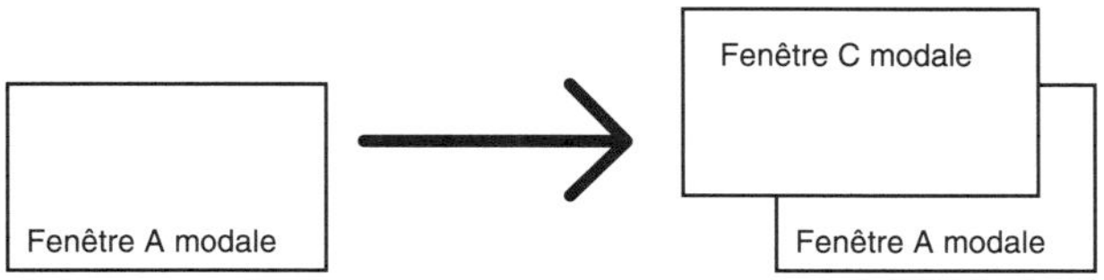

La plupart des fenêtres d'une application classique de gestion seront modales. En particulier, les fenêtres contenant des messages d'erreur, d'information ou de confirmation doivent absolument être modales puisque le programme doit connaître la réponse du message pour pouvoir continuer ses traitements.

Cependant, reconnaissons que l'idéal serait de donner un maximum de liberté à l'utilisateur, de ne pas l'enfermer dans les situations de type labyrinthe semblables à celles qu'il connaissait sur ses anciens terminaux informatiques en mode caractère. Seulement voilà, la programmation d'applications non modales est beaucoup plus complexe car tous les cas de figures doivent être envisagés.

Il est vrai que sous Windows, l'utilisateur, même emprisonné dans une fenêtre modale, pourra toujours basculer vers une autre application Windows en utilisant la barre des tâches en bas de l'écran ou les touches *Alt + Tab* ou *Alt + Echap.*

La fenêtre de démarrage

Toute application a obligatoirement **une et une seule** fenêtre de démarrage. Cette fenêtre a les caractéristiques suivantes :

- c'est elle qui s'ouvre au lancement de l'application,
- c'est elle et elle seule qui contient une barre de menu, si toutefois vous en prévoyez une.

A partir de cette fenêtre de démarrage, d'autres fenêtres seront appelées par les options du menu. Ces fenêtres seront généralement modales.

Voici ci-dessous un exemple simple mais typique d'enchaînement de fenêtres :

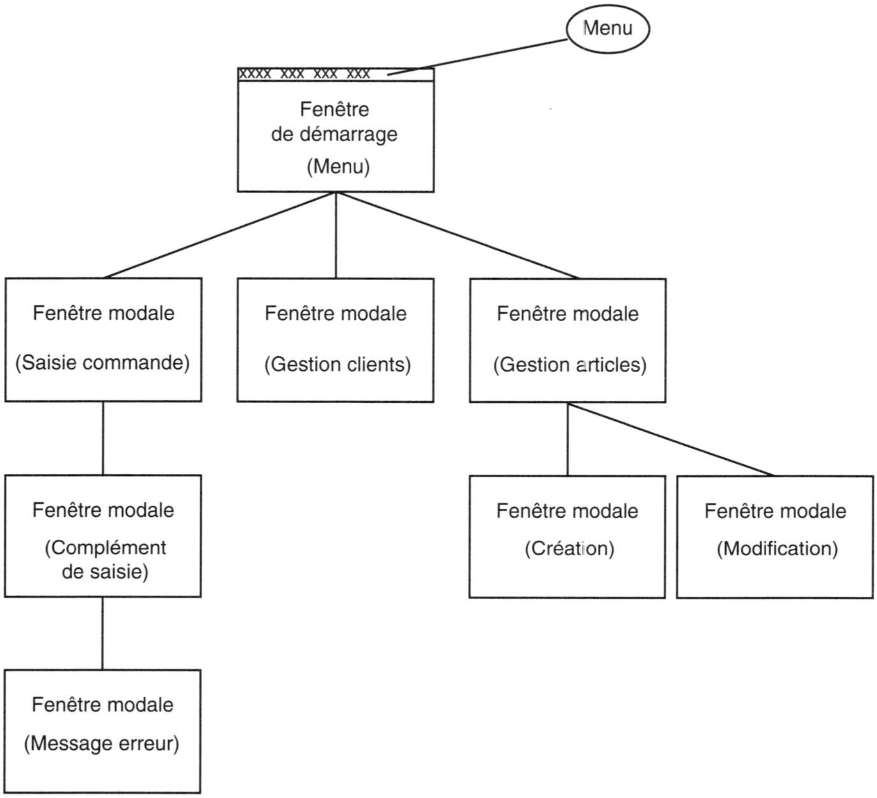

Les autres fenêtres

Elles ont le même aspect que la fenêtre de démarrage, elles sont modales. Elles n'ont pas de barre de menu. Elles doivent toujours permettre un retour à la fenêtre appelante par :

- un bouton "Fermer" dans le cas où il n'y a pas de donnée à saisir dans la fenêtre,
- les boutons "OK" (pour valider) et "Annuler" (pour abandonner) si des données peuvent être saisies dans cette fenêtre.

Les boîtes de dialogue

Les boîtes de dialogue sont des fenêtres modales particulières qui servent à poser une question précise à l'utilisateur, par exemple : "Code du client :" ou encore "Mot de passe : ". Ce sont des fenêtres de taille fixe (non redimensionnables) mais déplaçables. Elles doivent avoir une bordure d'épaisseur double, ne doivent pas avoir de boutons de minimisation et de maximisation en haut à droite ni de bouton d'accès au menu système en haut à gauche.

Elles doivent contenir un bouton "OK" et un bouton "Annuler" :

Les fenêtres multidocuments MDI

Les fenêtres multidocuments se rencontrent dans la plupart des logiciels bureautiques. En effet, dans un outil tel qu'un traitement de textes, il est commode de pouvoir ouvrir en même temps plusieurs fenêtres de texte à l'intérieur de la fenêtre principale du traitement de texte. Ces fenêtres sont souvent appelées fenêtres MDI, ce qui signifie "Multiple Document Interface". Elles peuvent être ouvertes, fermées, déplacées et même "iconisées", c'est-à-dire transformées en icône en bas de la feuille, comme en témoigne l'exemple ci-après.

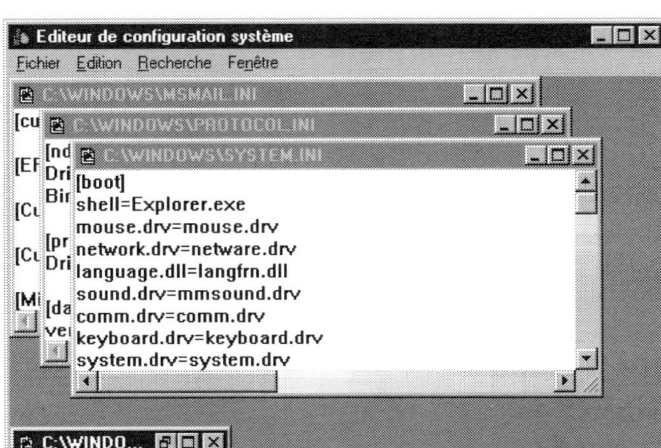

Utilisez ce genre de fenêtres lorsque vous voulez permettre à l'utilisateur d'ouvrir simultanément plusieurs fenêtres de structure identique. Par exemple, on peut donner la possibilité d'ouvrir une fenêtre pour chaque compte dans un logiciel de comptabilité.

Les fenêtres d'aide

Prévoyez le plus souvent possible une aide en ligne. Elle sera accessible par la touche F1 ou par le menu point d'interrogation souligné "?" de la barre des menus, si vous en avez prévu une.

L'expérience prouve que, contrairement aux notices sur papier, les écrans d'aide sont souvent consultés. L'aide devient impérative lorsque l'utilisateur ne peut pas deviner ce qu'il doit faire ou si les consignes sont trop longues pour être affichées à l'écran.

Mais attention, rédiger des écrans d'aide représente un travail énorme, surtout si l'aide est contextuelle, c'est-à-dire si elle s'affiche en fonction du contexte actuel. Il faut savoir que la rédaction d'écrans d'aide fait appel à des compétences de pédagogue et de metteur en page. Il faut :

- savoir détecter ce qui nécessite de l'aide,
- savoir expliquer simplement et clairement,
- savoir rédiger un texte en français correct.

Sans vouloir sous-estimer mes amis les développeurs, je n'affirmerais pas que tous ont ces qualités. La meilleure solution pour atteindre une bonne qualité d'aide est de faire réaliser les écrans d'aide par un non-informaticien, voire un des futurs utilisateurs du logiciel ; mais il est évident que seules les grosses sociétés d'informatique peuvent se permettre de tels investissements.

Les demandes de confirmation

Les demandes de confirmation sont à réserver **aux actions graves et irréversibles**, ce qui est le cas lorsque l'on apprête à détruire de l'information, par exemple : remettre à zéro une donnée ou supprimer un enregistrement dans une table. Elles se font dans des boîtes de dialogue modales assorties d'un bip sonore. Il est tentant d'abuser des demandes de confirmation, d'en mettre trop souvent ou alors de demander une confirmation de la confirmation, car on a ainsi l'impression de bien assister l'utilisateur. En fait, l'utilisateur en vient à confirmer machinalement, sans réfléchir, ce qui est le contraire de l'objectif recherché !

Limiter le nombre de fenêtres

Dans une application, chaque nouvelle fenêtre qui s'ouvre demande à l'utilisateur un effort inconscient d'identification et d'assimilation des différents objets de la fenêtre. Il est donc impératif d'en limiter le nombre afin de conserver à votre application un abord simple.

N'ouvrez jamais plus de trois fenêtres en cascade, sinon il arrivera un moment où l'utilisateur ne saura plus ce qu'il voulait au départ !

Etre tolérant

Voilà un principe très important : il ne faut jamais piéger l'utilisateur dans une fausse piste. Toutes les actions de l'utilisateur devraient être réversibles, car il pratique très souvent l'apprentissage par la technique de "l'essai-erreur". S'il s'est égaré dans un enchaînement de fenêtres où il ne voulait finalement pas aller, il faut toujours lui pardonner et lui fournir une issue de secours pour revenir à l'écran précédent. C'est pourquoi il a déjà été dit plus haut que le bouton "Annuler" doit figurer dans **toutes** les fenêtres de saisie.

Autre forme de tolérance : quand l'utilisateur a fait une erreur, dites-le lui en restant courtois, et sans utiliser de termes négatifs tels que "erreur", "faute", "mauvaise saisie". Peut-être n'apprécie-t-il pas non plus les noms d'oiseaux. J'ai quelques souvenirs qu'il serait inconvenant de citer ici... Enfin, accompagnez toujours les messages d'erreur d'un bip sonore.

Le contenu des fenêtres

Les éléments de base de toute fenêtre

Toute fenêtre créée par Visual Basic contient à priori les éléments visuels décrits ci-dessous ; ils sont tous optionnels :

- le **bouton d'accès au menu système**, en haut à gauche, appelé en anglais *Control Box* ; le programmeur pourra éventuellement l'éliminer,
- les **boutons de minimisation,** de **maximisation** et de **fermeture** en haut à droite, qui pourront aussi être éliminés si nécessaire,
- le **bandeau** : de couleur bleue, il contient le titre de la fenêtre (qu'il ne faudra donc pas répéter dans la fenêtre elle-même) ; il n'apparaîtra pas si le texte du bandeau est vide et si le bouton du menu système, les boutons de minimisation, de maximisation et de fermeture sont absents,
- la **barre des menus**, si elle a été programmée.

De plus vous pourrez ajouter les deux éléments standard suivants :

- une **barre des boutons** constituée d'un alignement de boutons et placée sous la barre des menus,

- une **barre d'état** en bas de la fenêtre qui indique par exemple l'état du clavier : minuscules ou majuscules. Elle sera rarement utilisée dans des applications Visual Basic.

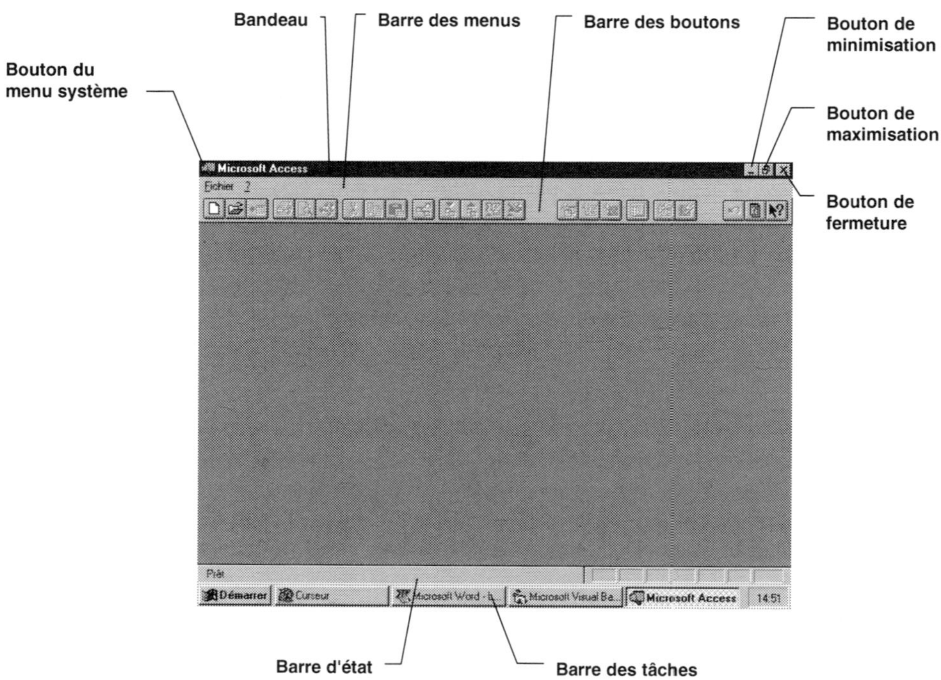

L'alignement des contrôles

Alignez parfaitement les objets de vos fenêtres, dans le sens horizontal comme dans le sens vertical, en utilisant le "magnétisme virtuel" de la grille de Visual Basic (sélectionner dans le menu "Outils" l'option "Options de l'environnement").

Le regroupement des contrôles

Pour améliorer la clarté d'une fenêtre, regroupez dans des cadres rectangulaires tous les objets qui "vont" logiquement ensemble, par exemple les différents champs qui constituent une adresse complète.

Pas trop de contrôles dans la même fenêtre

Affichez dans la **même fenêtre** toutes les données dont l'utilisateur a besoin pour travailler dans cette fenêtre. Il ne faut pas demander à l'utilisateur de se souvenir du contenu de la fenêtre précédente. Mais ne surchargez pas non plus une fenêtre avec des données inutiles.

Attention : une vingtaine d'objets affichés en même temps est un maximum qu'il convient d'éviter de dépasser. Si la fenêtre est trop chargée, il vaudra mieux la découper **judicieusement** en plusieurs fenêtres successives qui seront enchaînées par un bouton "Suite...", si l'enchaînement est facultatif, ou alors par un bouton "OK", s'il est obligatoire.

L'ordre de tabulation

L'ordre de tabulation, c'est-à-dire l'ordre de passage d'un contrôle à l'autre à l'aide de la touche de tabulation doit toujours être de gauche à droite et de haut en bas, comme lorsqu'on lit une page de texte. Avec Visual Basic, il vous faudra affecter dans la propriété *TabIndex* le numéro d'ordre de tabulation de chaque contrôle Zone de texte et de chaque contrôle Bouton.

Les étiquettes

Visual Basic appelle *étiquette* un texte ou un simple mot qui apparaît dans une fenêtre sans être modifiable par l'utilisateur. Ce texte reste toutefois modifiable par le programme pendant son déroulement.

La couleur

Le fond des étiquettes doit être de la même couleur que le fond de la fenêtre.

Toute étiquette associée à une zone de texte qui est indisponible doit apparaître en couleur grisée au lieu de noire.

Le style des caractères

Toute étiquette associée à une zone de texte doit être suivie par un signe deux-points ":", précédé d'un espace ou non, comme ci-dessous :

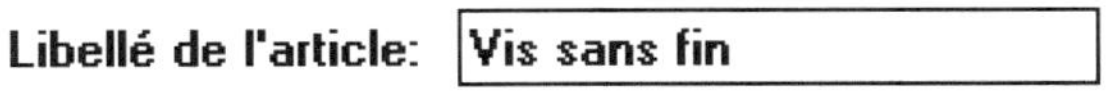

Toutes les étiquettes doivent être alignées à gauche. Elles doivent apparaître en police *MS sans sérif* ou *Arial* de corps 8, non gras et non souligné. Pas de fantaisie possible ! Sauf exceptionnellement pour un titre que vous voulez faire ressortir.

Dans les étiquettes, mettez toujours l'initiale du premier mot en majuscule. Seuls les gros titres pourront avoir toutes leurs lettres en majuscules.

Les zones de texte

La couleur

N'utilisez en général qu'une seule couleur (le noir) et en tous cas jamais plus de deux couleurs d'écriture différentes dans une même fenêtre. Rappelons que 8% des utilisateurs sont daltoniens : la couleur ne doit donc pas être porteuse d'information ; évitez, par exemple, les crédits en bleu et les débits en rouge.

Le fond des zones de texte modifiables doit être blanc. Les zones de texte doivent être encadrées d'un rectangle en traits fins.

Les zones de texte indisponibles doivent apparaître en grisé au lieu de noir.

Les caractères

Les zones de texte doivent être cadrées à gauche si elles contiennent du texte et à droite si elles contiennent des nombres. Elles doivent être affichées en police *MS sans sérif* ou *Arial* de corps 8 sans gras ni soulignement.

Les valeurs par défaut

Donner le plus souvent possible des valeurs par défaut aux champs à saisir, c'est-à-dire pré-remplissez par programme ces champs. Cela fera gagner beaucoup de temps à l'utilisateur et cela peut aussi lui servir de modèle de saisie s'il ne sait pas comment les remplir. Un bon système consiste à donner comme valeur par défaut la valeur saisie dans l'enregistrement précédent.

Les fonctions copier-couper-coller sont systématiquement disponibles pour remplir les zones de texte grâce aux combinaisons de touches *Ctrl-C* pour copier, *Ctrl-X* pour couper et *Ctrl-V* pour coller. L'utilisateur ne le sait pas toujours, c'est pourtant très commode et c'est gratuit en programmation !

Les boutons de commande

Les boutons déclenchent des actions

Attention, seuls les boutons de commande doivent déclencher des actions importantes, comme ouvrir une autre fenêtre ou effacer un enregistrement.

Cela implique qu'il ne faut jamais déclencher automatiquement d'actions importantes lorsque des événements mineurs se produisent : par exemple, lorsque l'utilisateur passe au champ suivant, ou encore lorsqu'il double-clique sur un champ.

Menus ou boutons ?

Dans la fenêtre de démarrage, vous proposez généralement plusieurs actions à l'utilisateur. Pour ce faire, vous avez le choix entre des menus déroulants et des boutons. Les boutons sont plus rapides d'accès que les menus et immédiatement visibles, car il n'est pas nécessaire de les dérouler. Il faut donc les préférer aux menus. Cependant, si le nombre de boutons d'une fenêtre devient supérieur à une dizaine, il vaut mieux prévoir un système de menus déroulants.

Le bouton "Annuler"

Ce bouton doit toujours être présent dans les fenêtres où l'utilisateur saisit des informations. En cas de clic sur le bouton "Annuler", les informations saisies ne doivent pas être prises en compte, elles seront purement et simplement perdues.

C'est grâce à ce bouton que vous pourrez faire preuve de tolérance à l'égard de utilisateur. L'homme n'étant pas infaillible, il doit pouvoir corriger ses erreurs !

De plus, la procédure associée au bouton "Annuler" devra se déclencher aussi lorsque l'on appuie sur la touche d'échappement (ou touche *Escape*). En Visual Basic, il suffit de donner la valeur *True* à la propriété *Cancel* de ce bouton pour qu'il soit équivalent à la touche d'échappement.

Le bouton "OK"

Ce bouton de validation doit toujours être présent dans les fenêtres où l'utilisateur saisit des informations. Ces informations ne seront réellement enregistrées qu'à la fermeture de la fenêtre, si toutefois l'utilisateur a bien cliqué sur "OK".

Les deux lettres de "OK" doivent s'écrire en majuscules.

Tout comme la touche d'échappement avec le bouton "Annuler", la frappe de la touche "Entrée" doit toujours être équivalente à un clic sur le bouton "OK". Il suffit de donner la valeur *True* à la propriété *Default* du bouton "OK" pour qu'il soit équivalent à la touche "Entrée".

La position des boutons

Les boutons de commande seront de préférence placés l'un à côté de l'autre en bas et à droite de la fenêtre. On pourra cependant quelquefois les faire figurer l'un au-dessus de l'autre.

Ils pourront être accolés ou non.

Voici deux exemples :

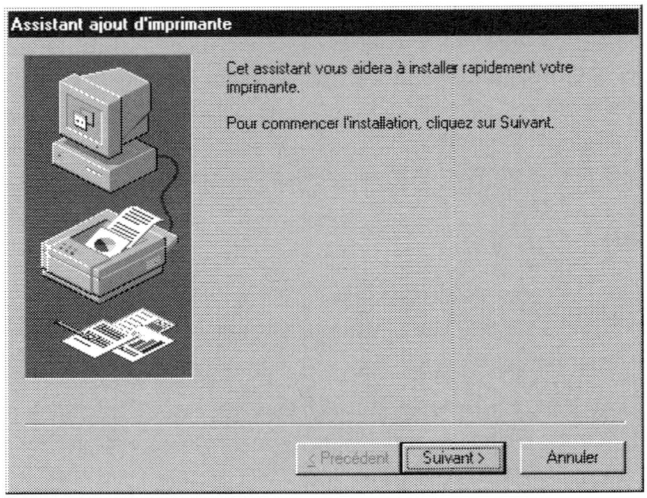

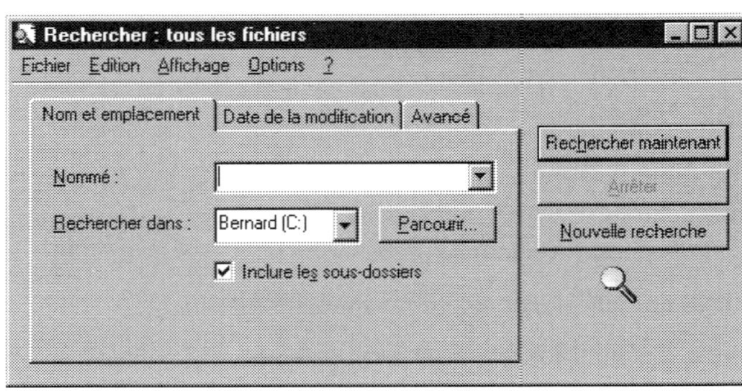

Le contenu des boutons

Le rôle d'un bouton doit être décrit très clairement sur ce bouton par :

- un ou plusieurs mots,
- ou un graphisme.

Dans tous les cas, il est très important que la fonction du bouton apparaisse de façon non ambiguë au premier coup d'oeil. Les graphismes peuvent être préférés aux textes, à condition qu'ils soient bien parlants. En revanche, les boutons animés proposés par Visual Basic sont des gadgets à déconseiller car ils occupent inutilement le processeur qui a souvent des choses plus utiles à faire.

Les textes dans les boutons doivent utiliser la police *MS sans sérif* ou *Arial* de corps 8, standard c'est-à-dire sans gras ni soulignement. C'est d'ailleurs la police que choisit Visual Basic pour tous les boutons que vous créerez. Donc, inutile de se fatiguer à la modifier !

Le nom d'un bouton servant à ouvrir une nouvelle fenêtre de saisie doit toujours être suivi de trois points de suspension, comme le bouton "Paramètres" ci-dessous :

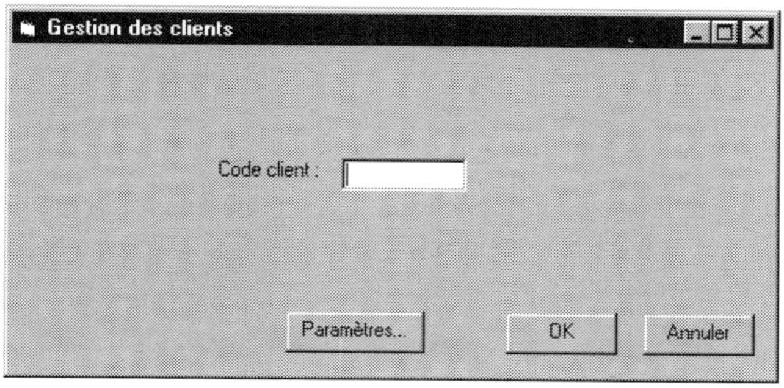

Utilisez au maximum les noms de boutons standard :

Nom	Description
OK	Valider et fermer une fenêtre de saisie ou de message
Annuler	Abandonner l'action en cours et fermer la fenêtre de saisie ou de message affichée
Fermer	Fermer une fenêtre de consultation de données, dans laquelle il n'y a rien à saisir
Aide	Appeler un écran du système d'aide
Quitter	Quitter totalement l'application
Imprimer	Imprimer un état
Créer	Créer un nouvel enregistrement
Modifier	Modifier un enregistrement
Supprimer	Supprimer un enregistrement
Répéter	Renouveler l'action, par exemple la lecture d'une disquette

Attention, le terme "Annuler" est parfois ambigu, en particulier dans le cas d'un programme qui permet de supprimer des enregistrements de base de données. Le bouton "Annuler" ci-dessous veut-il dire éliminer le client du fichier ou bien alors abandonner l'action en cours ?

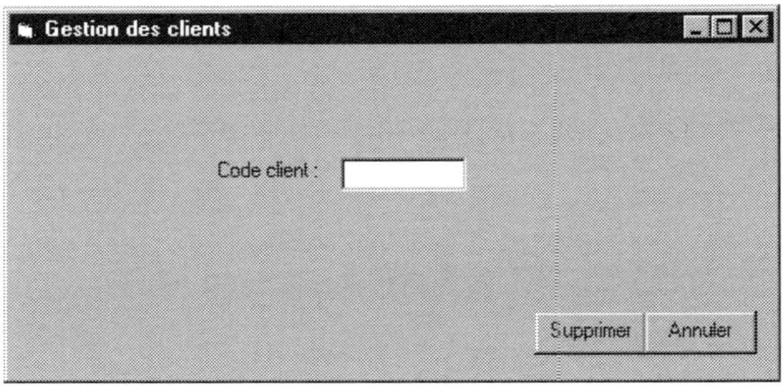

Pour lever cette ambiguïté, le plus simple est premièrement de préciser en clair dans le bouton ce qui va être supprimé (par exemple : "Supprimer le client") et deuxièmement de remplacer le bouton "Annuler" par le bouton "Abandonner" qui n'est pas ambigu.

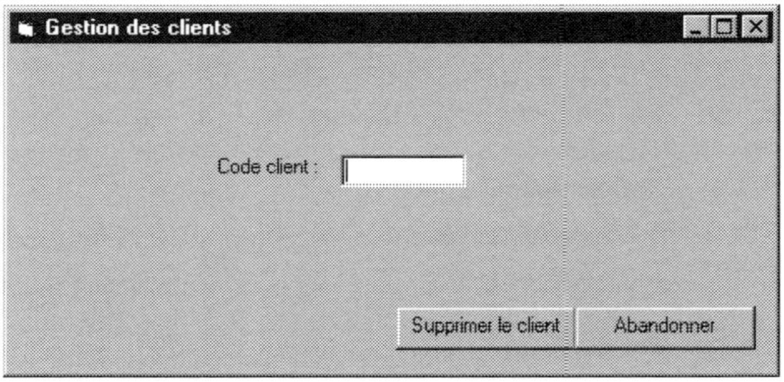

Les boutons indisponibles doivent toujours apparaître en grisé.

Les boutons doivent tous avoir une touche d'accès direct qui permet de les actionner sans la souris à l'aide de la combinaison de touches *Alt + touche d'accès direct*.

Utilisez si possible les info-bulles, ces explications courtes qui apparaissant en jaune pâle pour rappeler très rapidement la fonction de chaque bouton.

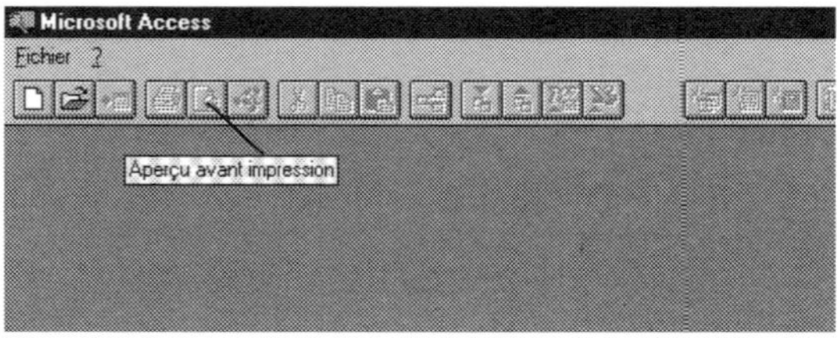

Vous trouverez un moyen simple de programmer des info-bulles dans le Chapitre 18 de ce livre : "Comment faire pour...".

Les menus

Vous pouvez concevoir les deux types de menus suivants :

- des menus déroulants classiques qui apparaîtront dans la barre des menus en haut de la fenêtre de démarrage, avec éventuellement des sous-menus en cascade appelés par les options suivies d'un petit triangle, et des boîtes de dialogue appelées par les options suivies par trois points de suspension,
- des menus contextuels qui seront accessibles depuis n'importe quel endroit de la fenêtre en cliquant sur le bouton droit de la souris ; ils s'appliquent à l'objet pointé par la souris.

Rappelons que les règles de normalisation exigent que seule la fenêtre principale de l'application comporte des menu déroulants. Ces menus pourront éventuellement être modifiés dynamiquement par programme en fonction du contexte.

Les menus en cascade doivent être limités à un seul niveau. Autrement dit, une option d'un menu déroulant peut appeler un menu en cascade, mais une option de ce menu en cascade ne doit pas appeler un autre sous-menu en cascade.

Ce qui donne au maximum, par exemple :

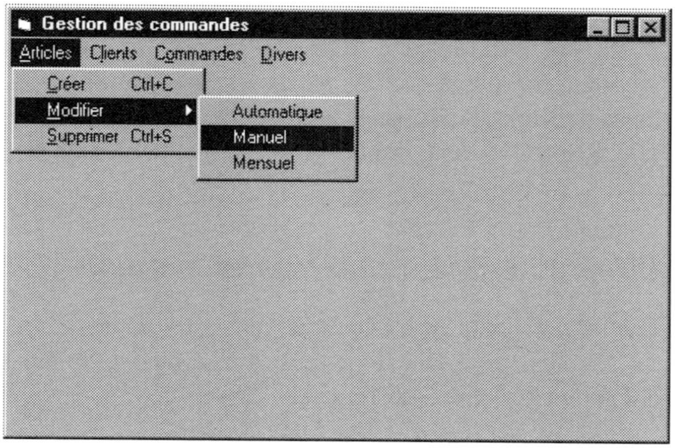

Les menus déroulants

Les noms des menus déroulants doivent ressembler le plus possible à ceux que l'on trouve dans les logiciels bureautiques classiques. Ils seront impérativement constitués **d'un seul mot** dont l'initiale sera en caractère majuscule.

Les options qui s'affichent lorsque l'on clique sur un menu déroulant peuvent comporter jusqu'à quatre mots, l'initiale du premier sera en caractère majuscule. Les options indisponibles peuvent apparaître, mais en grisé. Les options qui déclenchent des menus en cascade doivent se terminer par un petit triangle noir, et les options qui déclenchent l'ouverture d'une boîte de dialogue doivent se terminer par trois points de suspension "...". Notons que le petit triangle noir est géré automatiquement par Windows.

Un menu déroulant doit comporter de préférence 2 options au minimum, mais il faut éviter de dépasser 10 options.

Dans un menu déroulant, les options relatives au même domaine doivent être regroupées et séparées par un trait fin horizontal.

Les menus standard des applications Windows doivent être utilisés si toutefois l'application s'y prête :

- le menu *Fichier* : il permet d'accéder aux options suivantes : *Nouveau, Ouvrir, Enregistrer, Enregistrer sous..., Configuration de l'impression, Imprimer, Quitter* et éventuellement la liste des quatre derniers documents traités,
- le menu *Édition* : il n'est pas obligatoire mais peut donner accès aux fonctions *Couper-Copier-Coller* du presse-papiers et aux fonctions *Rechercher-remplacer*,
- le menu *Outils* : avec Visual Basic, il vous sera aisé de donner l'accès par ce menu à quelques outils utiles tels que la calculette, le gestionnaire d'impression différée, le bloc-notes,
- le menu *?* : il doit contenir une option *A propos de...* pour accéder à la signature du logiciel (auteur, date de dernière mise à jour, numéro de version, numéro de téléphone du support technique, copyright...). Il peut aussi proposer une option *Aide* pour donner accès au système d'aide si celui-ci a été prévu.

Des fonctions à ne pas oublier dans le menu

En plus des fonctions standard de bureautique que nous venons de voir ci-dessus, il ne faut pas oublier plusieurs fonctions quasi incontournables dans des applications qui gèrent des bases de données.

La sauvegarde de la base de données

La sauvegarde de la base de données de l'application s'effectue en recopiant la base de données du disque dur vers un support magnétique amovible : disquettes ou cartouches magnétiques ; si possible avec compression des données. On peut placer l'appel de cette fonction dans une option du menu "Fichier".

La restauration de la base de données

C'est l'opération symétrique de la sauvegarde, elle ne sera utilisée qu'en cas de perte de données. La restauration s'effectue par recopie et éventuellement décompression du support magnétique amovible de sauvegarde vers le disque dur. On peut appeler cette fonction dans une option du menu "Fichier".

La réorganisation de la base de données

Entendez par là une reconstruction des index des tables qui auraient pu être détériorés à la suite d'une coupure de courant. C'est une précaution fort utile que de permettre à l'utilisateur de faire lui-même la reconstruction des index si vous n'avez pas envie d'être dérangé après chaque orage. A placer aussi dans une option du menu "Fichier".

La mise à jour des fichiers de base de l'application

Toute application s'appuie sur des fichiers qui décrivent ses objets de base ou permanents : les clients, les articles, les membres du personnel, les taux de TVA... D'abord, il ne faut pas oublier de permettre à l'utilisateur de créer, modifier, supprimer, interroger et éventuellement lister sur imprimante les données de ces objets de base, ce qui arrive très souvent aux analystes débutants.

Ensuite dans quel menu placer ces mises à jour ? Habituellement, on préfère en faire un menu à part que l'on peut appeler "Données" et qui contiendra autant d'options que de fichiers à mettre à jour.

Pour récapituler tout ce qui vient d'être dit sur les menus et les fonctions à ne pas oublier, voici un exemple type de menus déroulants :

Fichier	Edition	**Données**	...	Outils	?
Sauvegarder	Couper	Clients		Calculette	Aide
Restaurer	Copier	Fournisseurs		Bloc-notes	A propos de...
Réorganiser	Coller	Articles			
Imprimer	Rechercher				
Quitter	Remplacer				

5

L'ENVIRONNEMENT DE DEVELOPPEMENT

L'environnement de développement

L'environnement de développement que Visual Basic met à votre disposition est l'un des plus agréables du marché, si ce n'est le plus agréable. Il est extrêmement convivial et puissant : programmation visuelle oblige.

Il se compose des huit fenêtres principales suivantes :

- la fenêtre **Visual Basic**, en haut, avec sa barre de menus déroulants et sa barre d'outils,
- la fenêtre de la **boîte à outils**, à gauche, qui contient tous les contrôles disponibles,
- la fenêtre du **projet**, en haut à droite, qui rappelle la liste des composants du projet,
- la ou les fenêtres de **conception** des feuilles, au centre,
- la ou les fenêtres de **saisie des programmes**, au centre,
- la fenêtre des **propriétés** de l'objet en cours de sélection, à droite,
- la fenêtre de **palette** des couleurs, en bas,
- la fenêtre de **débogage**.

Essayez maintenant de faire apparaître toutes ces fenêtres et redimensionnez-les comme ci-dessous :

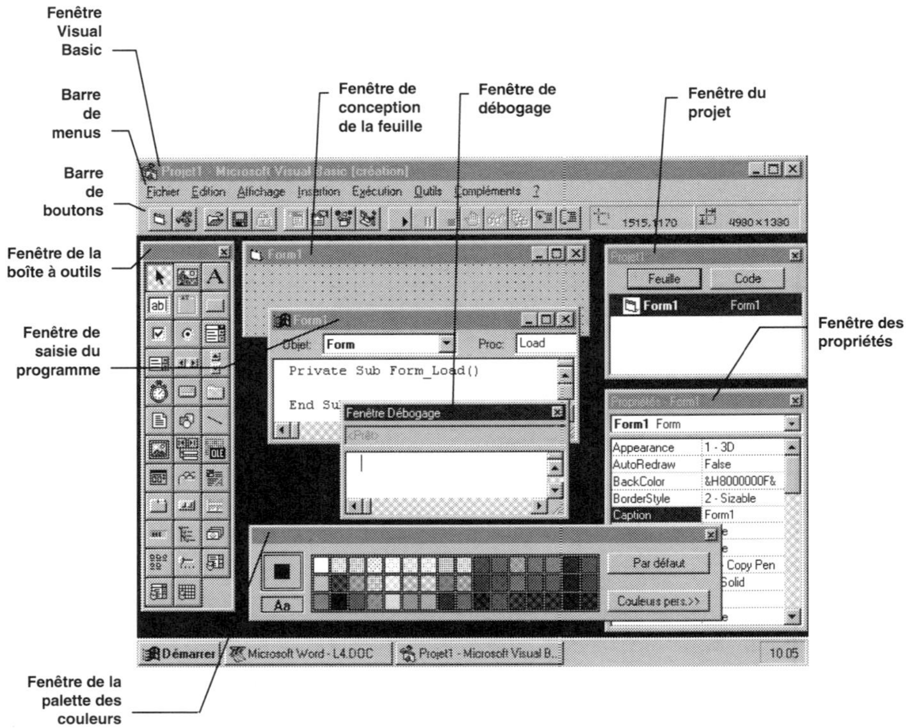

Vous apprécierez par la suite quelques "douceurs" supplémentaires fournies par Microsoft pour améliorer le confort du développeur :

- l'éditeur de source qui colorie les mots clés du langage, les commentaires, et surtout qui contrôle la syntaxe au fur et à mesure de la saisie (il ne corrige pas encore les erreurs de logique, ce sera peut-être pour Visual Basic version 10...),
- la possibilité d'exécuter immédiatement un projet sans quitter l'environnement et sans attendre une longue compilation,
- les possibilités de débogage : points d'arrêt, affichage en temps réel des variables désirées (les espions), modification du contenu des variables en cours d'exécution, exécution en mode pas à pas,
- et particulièrement fort, la possibilité de modifier un programme pendant son exécution !

Notons enfin une aide en ligne très puissante disponible à tout moment, avec des exemples recopiables directement par un simple copier-coller !

Les composants d'une application

Ajoutons d'abord un nouveau mot à notre vocabulaire : celui de *projet* car toute application Visual Basic s'appelle un projet dans le jargon de Microsoft. Tout projet sera sauvegardé sur disque sous la forme de plusieurs fichiers :

- le ou les fichiers feuilles,
- le ou les fichiers modules,
- le ou les fichiers de contrôles personnalisés,
- le fichier du projet.

Zéro, un ou plusieurs fichiers feuilles

Une application Visual Basic a généralement vocation à afficher une ou plusieurs fenêtres, appelées *feuilles*. Chaque feuille contient elle-même des objets visuels (boutons, zones de texte, listes déroulantes...) appelés *contrôles*. De plus, à chaque feuille sont généralement attachés des programmes appelés *procédures* et *fonctions*.

Tous les éléments attachés à une feuille, c'est-à-dire :

- la description de la feuille,
- les descriptions des contrôles inclus dans la feuille,
- toutes les procédures et fonctions de la feuille,

sont stockés sur disque dans un seul et même fichier, à raison d'un fichier par feuille. Ce sera à vous de choisir le nom et le dossier de sauvegarde de ce fichier. Mais pour éviter les confusions, vous aurez avantage à donner le même nom de sauvegarde que le nom spécifié dans la propriété *Name* de la feuille. Ce fichier portera l'extension ".FRM", abrégé du mot "form", lui-même étant la version anglaise du mot "feuille".

Si vous cherchez à afficher le contenu d'un fichier feuille avec un éditeur de texte, vous allez être déçu car ce n'est pas un texte ASCII : le format d'enregistrement utilisé est totalement indéchiffrable.

Zéro, un ou plusieurs fichiers modules

Si le programmeur désire écrire des procédures et des fonctions qui ne soient pas liés à une feuille, il peut le faire dans ce que Visual Basic appelle des *modules*. Un module est donc un contenant qui permet de stocker des procédures et des fonctions communes à tout le projet et indépendantes de toute fenêtre. Un projet Visual Basic peut contenir zéro, un ou plusieurs modules. Chaque module sera sauvegardé sur disque sous forme d'un fichier portant le nom du module suivi de l'extension ".BAS". C'est un fichier texte ASCII simple.

Voici un exemple de module (inutile, pour le moment, de chercher à comprendre son contenu) :

```
Sub FOpenProc ()
  Dim RetVal
  On Error Resume Next
  Dim OpenFileName As String
  MDI.CMDialog1.Filename = ""
  MDI.CMDialog1.Action = 1
  If Err <> 32755 Then 'user pressed cancel
        OpenFileName = MDI.CMDialog1.Filename
        OpenFile (OpenFileName)
        UpdateFileMenu (OpenFileName)
  End If
End Sub
```

Zéro, un ou plusieurs fichiers de contrôles personnalisés

Dans la boîte à outils de Visual Basic, vous trouvez un certain nombre de contrôles (les outils) qui ne sont pas tous de la même origine. Il y a d'abord les contrôles standard qui sont intégrés dans le programme Visual Basic lui-même. Ils sont au nombre de 22. Les voici :

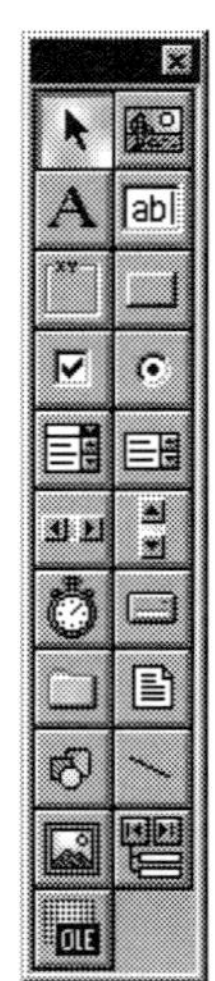

Puis vous pouvez ajouter d'autres contrôles à cette boîte à outils. C'est ce que l'on appelle les contrôles personnalisés. Il en existe encore de deux sortes : les contrôles VBX et les contrôles OCX. Les premiers datent des versions 1 à 3 de Visual Basic mais restent compatibles avec la version 4, les seconds ne peuvent être utilisés que dans la version 4. Ils font appel à la technologie objet OLE de Microsoft.

De nombreux contrôles personnalisés sont livrés avec Visual Basic version 4. Il ne tient qu'à vous de les intégrer à la boîte à outils en sélectionnant l'option "Contrôles personnalisés" du menu "Outils" de Visual Basic. Voici ce que deviendrait la boîte à outils si vous preniez tous les contrôles personnalisés disponibles :

Il y en a 57 au total, impressionnant, n'est-ce pas ? Et si vous avez des besoins spécifiques, vous pouvez acheter des contrôles auprès d'éditeurs indépendants de Microsoft, ou encore fabriquer vous-même des contrôles OCX à l'aide de Visual Basic !

Tous ces contrôles, dits personnalisés, sont en fait des DLL (Dynamic Loadable Library) déguisées ; ils sont stockés sur disque dans des fichiers ayant l'extension ".VBX" ou ".OCX". Attention, étant appelés dynamiquement, ils seront autant nécessaires pendant la phase de programmation que pendant celle d'exécution.

Le fichier général de description du projet

Ce fichier, unique pour tout le projet, est obligatoire. Il sert à mémoriser la liste de tous les fichiers nécessaires au projet ainsi que les options d'environnement du projet. Il porte le nom du projet suivi de l'extension ".VBP". C'est un simple fichier texte ASCII dont vous pouvez afficher et modifier le contenu. En voici un exemple :

```
Form=Onglet1.frm
Form=Onglet2.frm
```

```
Object={FAEEE763-117E-101B-8933-08002B2F4F5A}#1.0#0; ✂ DBLIST32.OCX
Object={F9043C88-F6F2-101A-A3C9- ✂ 08002B2F49FB}#1.0#0;COMDLG32.OCX
Object={BDC217C8-ED16-11CD-956C- ✂
0000C04E4C0A}#1.0#0;TABCTL32.OCX
Object={00028C01-0000-0000-0000-000000000046}#1.0#0; ✂ DBGRID32.OCX
ProjWinSize=72,448,189,115
ProjWinShow=2
ExeName32="essai1.exe"
Path32=".."
Name="Projet1"
HelpContextID="0"
StartMode=0
VersionCompatible32="0"
MajorVer=1
MinorVer=0
RevisionVer=0
AutoIncrementVer=0
ServerSupportFiles=0
VersionCompanyName="INFOMATIC"
```

Dans cet exemple, le projet utilise quatre fichiers de contrôles personnalisés (avec l'extension ".OCX") et deux feuilles (avec l'extension ".FRM"). Les dernières lignes définissent divers paramètres de l'environnement de développement Visual Basic.

Récapitulons...

Tout projet Visual Basic doit contenir au minimum :

- un fichier de description du projet ".VBP",
- un fichier feuille ".FRM" **ou bien** un fichier module ".BAS".

Lorsque vous créez un nouveau projet, le fichier ".VBP" est automatiquement créé ainsi qu'une première feuille qui s'appelle "Form1" mais que vous pouvez rebaptiser, voire supprimer. Vous pourrez ajouter par la suite :

- d'autres fichiers feuilles ".FRM",
- des fichiers modules ".BAS",
- des fichiers de contrôles personnalisés ".VBX" ou ".OCX".

Vous pouvez même réutiliser des feuilles et des modules issus d'autres projets déjà réalisés. Le fait qu'un objet soit réutilisable dans d'autres contextes n'est-il pas l'un des avantages de la technologie objet ?

Puis, un projet Visual Basic, une fois terminé et mis au point, pourra être transformé en un fichier disque exécutable ".EXE". Il suffira d'appeler simplement l'option "Créer un fichier .EXE" du menu "Fichier". Cette transformation est souvent appelée abusivement une compilation. Rappelons qu'en principe un vrai compilateur lit des instructions rédigées en langage de haut niveau puis les traduit en langage machine. Le langage machine est un langage binaire, le seul langage qu'un processeur soit capable de comprendre. Mais avec Visual Basic, il n'y a pas vraiment de traduction en langage machine, il y a seulement compression et mise en forme des instructions Visual Basic dans un langage que Microsoft appelle le P-CODE.

Le fichier ".EXE" résultant sera presque suffisant pour s'exécuter seul, c'est-à-dire sans l'environnement de développement Visual Basic. J'ai dit *presque* suffisant, car il faudra quand même disposer de plusieurs fichiers DLL de Visual Basic. Ces DLL peuvent être copiés librement sans verser de droit à Microsoft.

Tous les fichiers que nous venons de décrire doivent se trouver dans le dossier de votre application ou bien dans le sous-dossier "SYSTEM" de Windows ou encore dans un dossier cité dans le "PATH" en cours. Cependant, les fichiers ".DLL", ".VBX" et ".OCX" auront tout intérêt à être stockés dans un dossier de Windows : ainsi ils ne risqueront pas d'être dupliqués dans plusieurs autres dossiers et vous y trouverez toujours la version la plus à jour.

Quant aux fichiers ".VBP", ".FRM" et ".BAS", ils seront totalement inutiles pour l'exécution de votre application.

Le fichier AUTO32LD.VBP

Le fichier "AUTO32LD.VBP" est un fichier disque qui doit obligatoirement être stocké dans le dossier contenant le programme VB.EXE.

Quel est son rôle ? Lorsque vous créez un nouveau projet, un fichier ".VBP" est automatiquement généré par Visual Basic pour ce nouveau projet. Mais comment Visual Basic s'y prend-il pour générer ce fichier ? Et bien, il recopie tout simplement le fichier "AUTO32LD.VBP" qui lui sert donc de modèle.

Voici ci-dessous le contenu du fichier "AUTO32LD.VBP" après la première installation de Visual Basic. Vous y trouvez la référence à deux contrôles personnalisés ".OCX" qui seront insérés dans vos futurs projets, ainsi qu'une référence à une bibliothèque DAO (Data Access Object).

```
Object={F9043C88-F6F2-101A-A3C9-08002B2F49FB}#1.0#0; ✂ COMDLG16.OCX
Object={FAEEE763-117E-101B-8933-08002B2F4F5A}#1.0#0; ✂ DBLIST16.OCX
Reference=*\G{00025E01-0000-0000-C000-000000000046} ✂
#0.0#0#DAO2516.DLL#Microsoft DAO 2.5 Object Library
```

Bien sûr, rien ne vous empêche de modifier ce fichier avec un éditeur de texte.

La bonne méthode pour programmer

Lorsque vous débutez avec Visual Basic, vous êtes tenté de cliquer tous azimuts de façon désordonnée pour créer une application. Ce n'est pas vraiment la meilleure méthode !

D'abord, êtes-vous parfaitement sûr que votre analyse a été soigneusement réalisée (voir le Chapitre 3 concernant l'analyse d'une application) ?

Si oui, il vous faut maintenant décomposer votre travail selon les phases ci-dessous.

Créer le projet

Créez sur votre disque dur un dossier spécifique à votre projet, il contiendra par la suite tous les fichiers du projet.

Lancez Visual Basic et créez votre nouveau projet.

Enregistrez-le d'ores et déjà sur disque dans le dossier que vous lui avez créé, donnez lui dès maintenant son nom définitif. Cela donnera lieu à un fichier d'extension ".VBP".

Créer les fenêtres

Prenez en main le schéma d'enchaînement de vos fenêtres que vous avez dû dessiner sur papier pendant l'analyse de votre application. Créez toutes les feuilles du schéma, sauf les fenêtres contenant les messages d'erreur et d'avertissement ainsi que les demandes de confirmation. En effet, ces boîtes de dialogue standard se traduiront par de simples *MsgBox*. Pour l'instant, laissez vides les feuilles que vous venez de créer.

Pour chaque feuille, choisissez le nom qui la définit le mieux. Il sera décliné sous trois formes :

- le **nom en clair** sous forme d'un ou de quelques mots séparés par des espaces, c'est ce nom qui apparaîtra à l'utilisateur dans le bandeau de la feuille, évitez donc les mots en abrégé, pensez à mettre la première lettre en caractère majuscule (par exemple : "Mise à jour des articles", "Fiche client"),
- le **nom raccourci** : c'est le nom par lequel vous désignerez la feuille dans vos programmes ; évitez des noms trop longs (pas plus de 15 caractères) dont la frappe répétée vous lassera très vite... Évitez aussi les noms abrégés trop courts qui ne veulent plus rien dire, mettez en majuscule l'initiale de **chaque** mot (par exemple : "MajArticles", "FicheClient"),
- le **nom de sauvegarde** : c'est le nom sous lequel la feuille sera sauvegardée sur disque, il ne pourra pas dépasser 8 caractères (exemples : "MAJART", "FICHCLI").

Attention, les débutants ont souvent le tort de sous-estimer l'importance du bon choix de ce genre de noms. C'est une erreur qui se paie cher plus tard ! En effet, des noms qui ne correspondent pas exactement aux objets qu'ils désignent entraîneront ultérieurement d'importantes difficultés de compréhension tant pour l'utilisateur que pour le développeur qui devra assurer la maintenance de l'application. C'est la cohérence et donc la qualité finale de votre projet qui est en jeu. Ne dites pas "je changerai les noms plus tard", l'expérience prouve qu'on ne le fera pas après, c'est maintenant ou jamais !

Initialisez ensuite les propriétés suivantes de chaque feuille dans la fenêtre des propriétés :

- *Caption* : c'est en quelque sorte le titre de la feuille, il apparaîtra dans le bandeau de la feuille, utilisez le **nom en clair** décrit ci-dessus, il doit être assez parlant pour qu'en lisant ce titre l'utilisateur comprenne immédiatement le rôle de la feuille.
- *Name* : indiquez le **nom raccourci** décrit ci-dessus,
- *WindowState* : donnez la valeur "2" au lieu de "0" si vous souhaitez que la feuille soit maximisée, c'est-à-dire qu'elle occupe tout l'écran. Ce sera souvent le cas pour la feuille de démarrage.

Si vous voulez donner le style d'une boîte de dialogue à votre feuille, initialisez également les propriétés *BorderStyle* à 2, *ControlBox* à *False*, *MaxButton* à *False* et *MinButton* à *False*.

Si la feuille de démarrage doit contenir des menus déroulants, créez-les dès maintenant, avec toutes leurs options, en utilisant l'option "Créateur de menu" du menu déroulant "Outils".

Enfin enregistrez chaque feuille sur disque, dans le dossier que vous avez réservé à votre projet, sous la forme d'un fichier qui portera le **nom de sauvegarde** décrit ci-dessus suivi de l'extension ".FRM" .

Placer les contrôles

Une fois toutes les feuilles créées et sauvegardées sur disque, placez à présent les contrôles dans chacune de vos feuilles. Donnez-leur dès maintenant les dimensions correctes. Alignez-les soigneusement en utilisant la grille (option "Options de l'environnement" du menu "Outils").

Initialisez les propriétés de tous les contrôles. Donnez-leur dès maintenant leur nom définitif (propriété *Name*) selon votre normalisation. Déterminez l'ordre de tabulation (ordre de passage d'un contrôle à l'autre) en affectant un numéro dans la propriété *TabIndex* de chaque contrôle.

Mettez à *True* la propriété *Cancel* de tous les boutons "Annuler".

Mettez à *True* la propriété *Default* des boutons "OK" des fenêtres de saisie.

Mettez à *True* la propriété *Default* des boutons "Annuler" des fenêtres de demande de confirmation.

Réglez correctement la propriété *Style* de vos listes déroulantes.

En règle générale, ne modifiez pas les polices de caractère proposées par Visual Basic, elles répondent aux normes Windows. Évitez aussi de modifier les couleurs.

Faites valider dès maintenant l'interface ainsi réalisée par l'utilisateur futur, car à ce niveau, vous n'avez pas encore investi beaucoup de temps et la casse ne coûtera pas trop cher.

Programmer et tester les procédures d'événement

Vous pouvez maintenant commencer à programmer les procédures d'événement. Mais surtout allez-y pas à pas, c'est-à-dire programmez quelques lignes, puis testez-les, puis encore quelques lignes, et ainsi de suite... Sinon, vous auriez trop d'erreurs qui s'enchevêtrent à corriger en même temps. Cette technique, que l'on appelle savamment la *programmation incrémentale*, est d'autant plus bénéfique qu'il n'y a pas avec Visual Basic de compilation longue avant l'exécution comme c'est le cas en langage C par exemple.

Les indentations – décalages vers la droite à l'intérieur des structures *Si* et *Tant que* – sont absolument impératives si vous voulez pouvoir relire vos programmes.

N'omettez pas de mettre beaucoup de commentaires dans vos programmes, 20% de commentaires est un assez bon score ! Il y a deux sortes de commentaires :

- les titres de paragraphes qui doivent bien ressortir pour visualiser en un clin d'oeil la structure du programme,
- les explications détaillées concernant des sections de programmes complexes.

Testez, déboguez (vous ferais-je l'insulte de dire : si nécessaire ?).

Contrôlez les temps de réponse de votre application sur une base de données de taille réelle et sur un ordinateur **de même puissance** que celui de l'utilisateur futur.

Créer l'aide en ligne

Rédigez l'aide en ligne, cela pourra vous prendre beaucoup de temps, surtout si elle est contextuelle et en hypertexte.

Renseignez la feuille de "signature" de votre application, celle qui s'affiche lorsque l'on clique sur l'option "A propos de...". N'omettez pas :

- votre nom ou/et celui de votre société assorti de son logo,
- vos adresses et numéros de téléphone, pour votre publicité mais aussi pour la hot-line,

- la date de dernière modification de l'application,
- son numéro de version,
- le texte de copyright.

Imprimer la documentation automatique du projet

Visual Basic possède une fonction d'impression de la documentation d'une application. Une application moyenne représente une centaine de pages imprimées automatiquement : mais seront-elles lues un jour ? À vous de juger.

Créer le programme exécutable

Une fois l'application complètement testée par vous, puis par un collègue et enfin par le futur utilisateur, vous pouvez fabriquer un programme exécutable. Il suffit de "compiler" le projet de façon à obtenir un fichier ".EXE" (option "Créer un fichier .EXE" dans le menu "Fichier").

Créer les disquettes d'installation

Visual Basic dispose d'un assistant qui crée automatiquement une (ou plusieurs) disquettes d'installation de votre application pour vos futurs clients. Fabriquez cette disquette d'installation si vous souhaitez diffuser votre produit. Soignez l'étiquette que vous collerez sur cette disquette.

Rédiger la notice d'installation

Rédigez la notice d'installation qui devra spécifier tous les éléments suivants :

- la liste des objets fournis avec votre logiciel : disquettes ou CD-ROM, notices d'installation et d'utilisation,
- la configuration hardware minimale nécessaire : espace disque, mémoire RAM, processeur, extensions multimédias,
- la configuration software nécessaire : version de MS-DOS, de Windows, du logiciel réseau,
- les manipulations nécessaires pour créer un double de sécurité du jeu de disquettes d'installation,
- la commande à lancer pour installer le logiciel, en principe la commande "INSTALL" ou encore "SETUP" et comment lancer cette commande depuis Windows.

Rédiger la notice d'utilisation

Il est vrai que les notices sur papier sont de plus en plus rarement lues dès lors qu'il s'agit de logiciels pilotés par une interface graphique. Elles sont avantageusement remplacées par l'apprentissage de type "essai-erreur" et par les écrans d'aide contextuelle en hypertexte.

Cependant elles sécurisent l'utilisateur, même s'il ne les lit jamais. N'omettez pas d'indiquer au minimum :

- la commande de lancement du logiciel,
- et à qui s'adresser en cas de problème...

6

LE LANGAGE DE PROGRAMMATION

Les procédures et les fonctions

Parlons maintenant de la programmation proprement dite en langage Visual Basic, elle est assez proche de la programmation classique d'antan. D'abord, nous allons voir où, c'est-à-dire dans quels contenants, nous allons placer les instructions de programmation.

Les ordres Visual Basic seront toujours placés dans des **procédures** ou bien dans des **fonctions**. La différence entre procédures et fonctions est légère, vous la comprendrez en comparant ci-après la façon de les exécuter à partir d'un programme appelant.

Syntaxe des procédures

Voici la syntaxe d'appel d'une procédure simpliste qui additionne deux nombres, suivie de la procédure elle-même :

```
Call Proc1(Paramètre1, Paramètre2, Résultat)
Variable1 = Résultat
```

```
Sub Proc1(Paramètre1, Paramètre2, Résultat)
    Résultat = Paramètre1 + Paramètre2
End Sub
```

Syntaxe des fonctions

Voici maintenant la syntaxe d'appel d'une fonction qui effectue la même opération, suivie de la fonction elle-même :

```
Variable1 = Fonction1(Paramètre1, Paramètre2)
```

```
Function Fonction1(Paramètre1, Paramètre2,...)
    Fonction1 = Paramètre1 + Paramètre2
End Function
```

Vous avez remarqué que, si une procédure veut transmettre son résultat au programme appelant, elle doit le faire sous la forme d'un paramètre supplémentaire de la procédure. En revanche, dans le cas des fonctions, le nom de la fonction lui-même sert à transmettre le résultat de la fonction. Il ne faut donc pas ajouter un paramètre à la fonction.

Types de procédures et de fonctions

Il existe plusieurs types de procédures et de fonctions. En voici la liste, prenez le temps de bien la comprendre et de la mémoriser, car vous en aurez besoin plus tard.

Dans chaque feuille

- le programmeur dispose d'autant de procédures que d'événements qui peuvent se produire sur cette feuille ; notamment celles qui seront attachées aux événements les plus "célèbres" : *Form_Load*, *Form_Unload*, *Form_Activate*, *Form_Deactivate*, *Form_GotFocus*, *Form_LostFocus*,
- le programmeur dispose, pour chaque contrôle de la feuille, d'autant de procédures que d'événements qui peuvent se produire sur ce contrôle (nous ne les citerons pas ici car il y a en a trop !),
- le programmeur dispose toujours d'une procédure spéciale pour y déclarer ses variables ; cette procédure de déclaration est unique dans chaque feuille,
- le programmeur peut, s'il le souhaite, créer des procédures et des fonctions complémentaires qui ne sont liées à aucun événement.

Dans chaque module

- le programmeur dispose encore d'une procédure de déclaration, elle sera unique dans le module,
- le programmeur dispose d'autant de procédures et de fonctions qu'il voudra bien en écrire.

Voici schématiquement un exemple de projet comprenant deux feuilles et deux modules. Chaque feuille comprend deux contrôles :

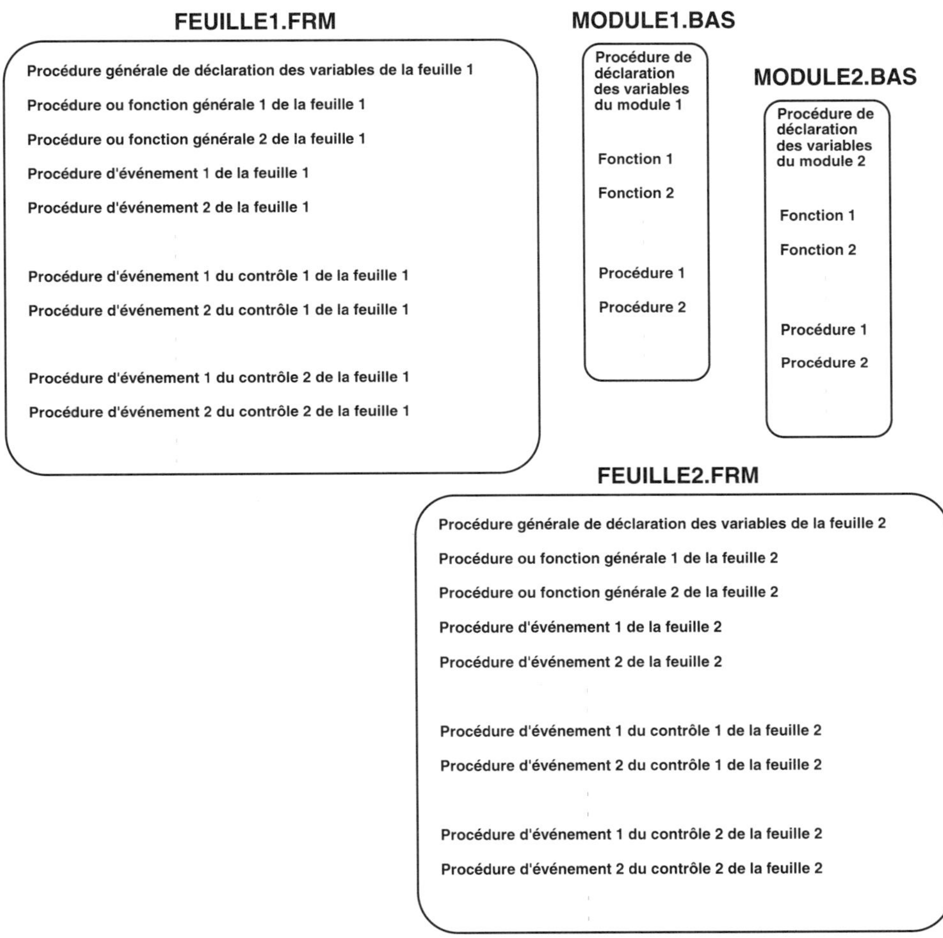

La syntaxe des instructions

Voici quelques règles générales de syntaxe imposées par Visual Basic :

Règle 1 : les instructions et les lignes de programmation

En principe, on rédigera une instruction par ligne de programme, cependant les règles 3 et 4 tempèrent cette règle.

Règle 2 : longueur maximum d'une ligne

La longueur d'une ligne ne peut dépasser 1024 caractères.

Règle 3 : instructions multilignes

Une instruction peut être coupée en deux lignes par le caractère "_" (blanc souligné) placé en fin de ligne. Ce caractère de coupure doit être placé entre deux mots, **après le caractère espace qui les sépare**. Exemple d'instruction valide :

```
X = "123" _
& "456"
```

Elle équivaut à :

```
X = "123" & "456"
```

Règle 4 : lignes multiinstructions

Une ligne peut contenir plusieurs instructions, à condition qu'elles soient séparées par le caractère ":". Cette méthode n'est pas recommandée car elle nuit à la lisibilité ultérieure du programme. En voici un exemple :

```
A = 2 : B = 3 : Beep : X = Y
```

Il équivaut à :

```
A = 2
B = 3
Beep
X = Y
```

Règle 5 : majuscules et minuscules

Les mots du langage Visual Basic peuvent être indifféremment tapés en majuscules ou en minuscules.

Règle 6 : les commentaires libres

Dès lors que l'on frappe le caractère simple quote " ' " dans une ligne de programmation Visual Basic, tout ce qui suit dans cette ligne est considéré comme du commentaire. Exemple :

```
Dét = B * B - 4 * A * C        ' Calcul du déterminant de l'équation
```

Rappelons que les commentaires sont absolument indispensables, au niveau professionnel, pour expliquer au relecteur futur (qui peut être vous !) la structure et les astuces de votre programme.

Les variables en mémoire

Nom des variables

Comme tout langage, Visual Basic permet d'utiliser la mémoire RAM pour y stocker temporairement des données utilisables seulement pendant l'exécution du programme. Ces zones de stockage sont couramment appelées des *variables mémoire*.

Les noms de variables doivent commencer par une lettre et leur longueur ne doit pas dépasser 255 caractères.

Déclaration implicite ou explicite ?

Les variables peuvent être déclarées **implicitement**, c'est-à-dire que vous n'aurez rien à programmer pour qu'elles s'octroient automatiquement de la place en mémoire dès leur première utilisation. Cependant, nous allons voir qu'il est plus sûr de ne pas utiliser cet automatisme et donc de déclarer vous-même toutes les variables **explicitement**.

La raison en est simple : imaginez que, dans l'une de vos procédures, vous stockiez une donnée dans une variable nommée "RéfArt". Aucun problème : Visual Basic va lui réserver automatiquement un espace en mémoire. Puis, un peu plus loin, dans la même procédure ou même dans une autre procédure, vous voulez réutiliser la donnée contenue dans cette variable, et malencontreusement vous faites une faute d'orthographe en omettant l'accent aigu, vous écrivez donc "RefArt". Visual Basic va "gentiment" et discrètement vous allouer une **deuxième zone** en mémoire. Cette deuxième zone sera vierge, bien sûr ! Et vous chercherez longtemps pourquoi vous ne retrouvez pas la donnée que vous aviez stocké dans "RéfArt" !

Pour éviter ce type de désagrément, vous pouvez placer une instruction *Option Explicit* au début de la procédure *Déclarations* de toutes les feuilles et de tous les modules ".BAS" utilisés dans votre projet. Alors Visual Basic ne déclarera pas automatiquement les variables en mémoire. Dans notre exemple, il faudra donc déclarer explicitement "RéfArt" (nous allons voir comment), à la suite de quoi toute utilisation d'une variable mal orthographiée déclenchera une erreur "*Variable non définie*" beaucoup plus facile à déboguer.

Remarquez au passage que si Visual Basic différencie deux variables accentuées différemment, il est beaucoup plus tolérant avec les majuscules car, pour lui, "RéfArt" et "réfart" sont une et une seule variable mémoire.

Un petit conseil : prenez la précaution de cocher la case "Requiert la déclaration de variables" dans l'option "Options de l'environnement" du menu *Options* de Visual Basic. À partir de ce moment, une instruction *Option Explicit* s'inscrira automatiquement dans la procédure de déclaration de tout nouveau module et de toute nouvelle feuille que vous créerez.

Les instructions de déclaration

Pour déclarer une variable en mémoire, vous utiliserez l'une des trois instructions suivantes dont nous étudierons plus loin les différences :

- *Dim*,
- *Global*,
- *Static*.

La portée des variables

Toute variable Visual Basic a une **portée** qui correspond aux limites du domaine à l'intérieur duquel elle sera reconnue. Visual Basic permet trois portées différentes.

Portée locale

Si vous choisissez une portée locale, la variable ne sera reconnue qu'à l'intérieur de la procédure ou de la fonction dans laquelle elle a été déclarée. Pour qu'une variable ait une portée locale, il suffit de la déclarer par une instruction *Dim* placée dans la procédure concernée. Ci-dessous, "Compteur1" est une variable locale, elle ne sera pas reconnue à l'extérieur de la procédure "Option1_Click" :

```
Sub Option1_Click ()
  Dim Compteur1
  For Compteur1 = 1 To 10
    Beep
  Next
End Sub
```

Portée limitée au module ou à la feuille

Voici maintenant une portée un peu plus large puisque la variable sera reconnue dans toutes les procédures et fonctions du module ou de la feuille. Il vous suffira de déclarer la variable en plaçant une instruction *Dim* dans la procédure "déclarations" du module ou de la feuille concernés.

Portée globale

C'est la portée la plus large : toute variable globale sera reconnue dans toutes les procédures et toutes les fonctions de votre projet. Pour déclarer une variable globale, déclarez-la en écrivant l'instruction *Global* au lieu de l'instruction *Dim*. Cette déclaration peut être faite dans la procédure nommée "déclarations" de n'importe quel module.

```
Global Compteur1
```

Attention, l'instruction *Global* n'est pas admise dans une procédure de feuille, elle l'est seulement dans la procédure "déclarations" des modules, puisque ceux-ci sont généraux à tout le projet.

Il est conseillé de choisir ce type de portée puisqu'il ne causera aucun problème de reconnaissance dans aucune procédure ou fonction. Vous devrez donc créer un module dans votre projet, au moins pour cette raison.

La durée de vie des variables

Autre caractéristique à prendre en compte pour la déclaration d'une variable : sa durée de vie. La "vie" d'une variable commence au moment où elle a été déclarée et réservée en mémoire et s'arrête dès qu'elle n'est plus réservée en mémoire. Ne pas confondre avec la portée des variables que nous venons de voir. Il y a deux durées de vie possibles pour une variable.

Vie limitée à la procédure

Les variables à portée locale ont une durée de vie égale à celle de la procédure dans laquelle elles ont été déclarées. Elles seront donc effacées de la mémoire à la fin de l'exécution de la procédure dans laquelle elle avaient été déclarées.

Vie limitée au projet

Deux cas se présentent :

- les variables à portée globale ainsi que les variables de module ou de feuille ont une durée de vie égale à celle de l'exécution du projet, elles ne sont effacées qu'à la fin de l'exécution du projet,
- les variables dites "statiques" ont une durée de vie égale à celle de l'exécution du projet même si elles ont une portée locale.

Pour déclarer une variable statique, il suffit de la déclarer normalement en remplaçant le mot *Dim* par le mot *Static*. Par exemple, la variable "a" ci-dessous ne sera pas reconnue dans les autres procédures, mais elle restera réservée en mémoire pendant tout le projet :

```
Sub Command1_Click()
  Static a
  a = a + 1
  Text1 = a
End Sub
```

Les types de variables

Voici les 10 types de variables que vous pourrez utiliser avec Visual Basic :

Type	Description	Longueur	Plage de valeurs
Integer	Nombre entier	2 octets	-32.768 à 32.767
Long	Nombre entier	4 octets	-2.147.483.648 à 2.147.483.647
Currency	Nombre décimal avec une virgule à position fixe (4 décimales)	8 octets	-922.337.203.685.477,5808 à 922.337.203.685.477,5807
Single	Nombre décimal à virgule flottante (pour les applications scientifiques)	4 octets	-3,402823 E 38 à -1,401298 E -45 et 1,401298 E -45 à 3,402823 E 38
Double	Nombre décimal à virgule flottante (pour les applications scientifiques)	8 octets	-1,79769313486232 E308 à -4,94065645841247 E-324 et 4,94065645841247 E-324 à 1,79769313486232 E308
String	Chaîne de caractères	Longueur variable	0 à environ 65.400 caractères sous Windows 3.1 et jusqu'à 2 milliards sous Windows 32 bits
Byte	Suite de 8 bits	1 octet	0 à 255
Boolean	Donnée de type "vrai" ou "faux"	2 octets	*True* ou *False*
Date	Peut contenir une date et/ou une heure	8 octets	1er janvier de l'année 100 au 31 décembre 9999
Variant	Dépend du contenu de la variable : tout nombre, toute chaîne de caractères, toute date ou heure	Longueur variable	Comme *Double* si nombre, comme *String* si chaîne, toute date ou heure si date ou heure

Notez bien que, pour une donnée de type *Boolean* :

- la valeur *True* équivaut au nombre entier 0,

- la valeur *False* équivaut au nombre entier -1.

Cette remarque mérite votre attention car cette norme n'est pas conforme aux habitudes du langage de la logique où Vrai équivaut généralement à 1, et Faux à 0.

Pour affecter l'un de ces 10 types à une variable dans une déclaration, il faut ajouter la clause *As* dans l'instruction de déclaration *Dim, Static* ou *Global.*

En l'absence de la clause *As*, la variable est considérée comme de type *Variant*.

Attention, la clause *As* est donc à rappeler à chaque variable, même si vous déclarez plusieurs variables sur la même ligne. La variable "Stock3" déclarée ci-dessous sera donc de type *Variant* :

```
Dim Compteur1 As Long
Static HeureArrivée As Date
Global PrixAchat As Variant
Dim Stock1 As Long, Stock2 As Currency, Stock3, Stock4 As Long
```

Dans le domaine qui nous intéresse, celui de la gestion, on aura le plus souvent besoin d'utiliser des variables de type :

- ***Long*** pour les compteurs d'itérations dans les programmes ou encore pour des données entières comme des quantités en stock,
- ***Currency*** pour des données monétaires avec deux décimales fixes, celles auxquelles on a le plus affaire en gestion, ou pour des quantités ayant jusqu'à quatre chiffres derrière la virgule,
- ***String*** pour tout code alphanumérique et tout libellé ou nom,
- ***Date*** pour les dates et les heures,
- ***Boolean*** pour les variables booléennes.

Remarque importante : les contrôles Zone de texte que vous placez dans vos feuilles – ne pas confondre avec les variables mémoire traitées ici – seront toujours assimilées au type *String*.

Le type Variant

Revenons sur le type *Variant*, car c'est une particularité fort intéressante de Visual Basic. Ce type de données admet aussi bien des données numériques avec ou sans virgule que des chaînes de caractères ou encore des dates et des heures. Comment procède Visual Basic avec les données de type *Variant* ? De façon interne et non visible, il associe à la donnée elle-même une autre information qui est le type de donnée. Le type de donnée d'une variable *Variant* est accessible grâce à la fonction *VarType*. Vous pouvez essayer de l'utiliser pour afficher le type d'une donnée dans une étiquette en écrivant l'instruction suivante :

```
Etiquette3 = VarType(NomClient)
```

Le type de donnée est toujours l'un des nombres suivants :

Type	Description
0	Empty (= vide)
1	Null
2	Integer
3	Long
4	Single
5	Double
6	Currency
7	Date
8	String
11	Boolean
17	Byte
8192	Tableau (voir plus loin)

Nous voyons apparaître les deux valeurs particulières *Null* et *Empty*. Elles ne représentent pas des nouveaux types de données mais des contenus particuliers de variables :

- *Empty* : la variable n'a encore jamais été initialisée avec une donnée,
- *Null* : cette valeur particulière signifie que l'information n'est pas connue, par exemple : le nom de jeune fille pour un homme.

Revenons au tableau ci-dessus. En principe, il n'y a pas lieu pour le programmeur de s'occuper du type de donnée d'une variable *Variant*. C'est Visual Basic qui l'initialisera tout seul lorsque l'on remplira la première fois la variable avec une donnée. Il choisira automatiquement et intelligemment le type correspondant le mieux à la donnée. Puis, même lorsque le contenu de la donnée évoluera, il pourra être amené à lui choisir un autre type plus adéquat. Génial, n'est-ce pas ? Même si cela pénalise un petit peu la vitesse d'exécution.

Prenons par exemple les instructions d'affectation suivantes :

```
Dim Nom As Variant
Dim Quantité1 As Variant, Quantité2 As Variant, Quantité3 As Variant
Dim CodeArticle As Variant, Dim Prix As Variant
Dim Naissance As Variant, Age As Variant, Libellé As Variant

Nom = "Toto"
Quantité1 = 16
Quantité2 = 40000
Quantité3 = 16.7
CodeArticle = 123
Prix = "23.40"
Naissance = #27/10/82#
Libellé = Null
```

Dans les déclarations ci-dessus :

- "Age" sera pris en type 0 *(Empty)* car il n'a jamais été initialisé.
- "Libellé" sera pris en type 1 *(Null)* car il contient la constante *Null*.
- "Nom" sera pris en type 8 *(String)*.
- "Quantité1" sera pris en type 2 *(Integer)*.
- "Quantité2" sera pris en type 3 *(Long)* car il vaut plus de 32 767.
- "Quantité3" sera pris en type 5 *(Double)* car il contient une décimale.
- "CodeArticle" sera pris en type 2 *(Integer)*, ce qui peut présenter des inconvénients si certains codes articles sont alphabétiques.
- "Prix" sera pris en type 8 *(String)* car il est affecté à une constante entre quotes.
- "Naissance" sera pris en type 7 *(Date)*.

Le type date

Notez bien qu'une donnée *date* contient en réalité une date **et** une heure. Si la date n'a pas été indiquée, elle vaudra par défaut "30/12/1899" (pourquoi cette date ? peut-être est-ce la date de naissance du grand-père de Bill Gates...) ; et si l'heure n'a pas été indiquée, elle vaudra par défaut minuit.

Pour mettre une constante dans une variable *date*, procédez de l'une des manières décrites ci-après.

```
DateFin = #12/2/1998 7:40pm#     ' Date et heure (avec "pm", l'heure
                                    'sera égale à 19h40)
DateFin = #12/2/1998 7:40#      ' Date et heure (sans "pm", l'heure
                                    'sera égale à 7h40)
DateFin = #12/2/98 7:40pm#       ' Date et heure (sans le siècle, 1998
                                    'sera pris par défaut)
HeureArrivée = # 10:24am#        ' Heure seulement
FinMois = #31/10/95#             ' Date seulement
```

Les caractères délimiteurs # sont obligatoires, mais les caractères "am" et "pm" seront automatiquement générés si vous les omettez, de même que le siècle.

Les types définis par l'utilisateur

En plus des 10 types de données que nous venons de voir, il est possible au programmeur de définir lui-même ses propres types de données : les structures de données. Ce sont des assemblages de données élémentaires. Ces nouveaux types se définissent à l'aide des instructions *Type* et *End Type* dans la procédure "Déclarations" d'un module ".BAS".

Par exemple, la structure "Article" ci-dessous contient toutes les données relatives à un article, elles seront manipulables ensuite par une seule variable :

```
Type Article
    Référence As String
    Désignation As String
    Prix As Currency
    Poids As Integer
End Type
```

Puis vous pourrez déclarer une variable de type "Article", exactement comme on le fait, par exemple, pour une variable de type *String* à l'aide d'un ordre *Dim* :

```
Dim ArticleAcheté As Article
Dim ArticleVendu As Article
```

Chacune des variables "ArticleAcheté" et "ArticleVendu" sera composée des quatre éléments décrits dans son type. Ce qui permettra des opérations telles que ci-dessous :

```
ArticleAcheté.Poids = 10
ArticleVendu = ArticleAcheté
```

Dans la première ligne, on remplit l'élément "Poids" de la variable "ArticleAcheté". Dans la deuxième ligne, on copie en un seul ordre les quatre éléments de la variable "ArticleAcheté" dans les quatre éléments de la variable "ArticleVendu".

En réalité, cette possibilité de définir soi-même de nouveaux types de variables en mémoire n'est guère utilisée en gestion, aussi séduisante soit elle, puisque l'on stockera toujours les données sur disque, dans des bases de données relationnelles déjà parfaitement structurées.

Les tableaux

Les tableaux de variables en mémoire sont disponibles en Visual Basic. Ils peuvent avoir de 1 à 60 dimensions ! On utilise couramment des tableaux à une dimension pour une simple liste de données, ou à deux dimensions pour stocker un tableau de données, voire un tableau à trois dimensions que l'on peut se représenter intellectuellement sous forme de cube. Mais il faut bien reconnaître qu'au-delà de trois dimensions, il devient extrêmement difficile de se représenter de tels ensembles de données et donc aussi difficile de programmer leur gestion.

La déclaration d'un tableau se fait tout simplement par l'instruction *Dim* (ou *Global* ou *Static*) comme ci-dessous :

```
Dim Notes(15,5)
```

Dans cet exemple, on a déclaré un tableau de notes à deux dimensions : 15 lignes et 5 colonnes. On pourra l'utiliser à raison d'une colonne par matière et d'une ligne par élève.

Pour manipuler un élément de tableau dans un programme, il suffit d'indiquer entre parenthèses les indices corrects (numéros de ligne et de colonne) :

```
Notes(K,8) = 19
```

Cette instruction placera le nombre "19" dans la case située à l'intersection de la $K^{ème}$ ligne et de la 8ème colonne.

La première case d'un tableau commence toujours à l'indice 0, mais vous n'êtes pas obligé d'utiliser cette case. Rien ne vous empêche en effet de remplir votre tableau à partir de la case numéro 1.

Les instructions de décision

Structure de décision simple

Comme dans tous les langages de programmation, la structure de décision se traduit par un ordre *If*. En voici un exemple classique :

```
If Salaire > 10000 Then
    Cotisation = 100
Else
    Cotisation = 60
End If
```

S'il n'y a rien à écrire entre *Else* et *End If*, l'instruction *Else* est facultative. Voici donc une autre façon de programmer exactement la même chose en quatre lignes seulement, mais avec une lisibilité moindre, à mon sens :

```
Cotisation = 60
If Salaire > 10000 Then
    Cotisation = 100
End If
```

Structure de décision multiple

Dans le cas, relativement fréquent, où il est nécessaire de programmer des *If* imbriqués, nous disposerons de deux autres techniques qui remplaceront avantageusement les *If* classiques car elles donnent des programmes plus lisibles. Voici deux exemples de *If* imbriqués :

Exemple 1

Supposons que vous deviez programmer la vérification de trois données saisies dans une fenêtre par un utilisateur. La logique de la vérification pourrait s'écrire comme ceci, en langue française.

```
Si Libellé = blanc alors
    Afficher le message : "Le libellé doit être saisi"
Sinon
    Si Prix = 0 alors
        Afficher le message : "Le prix ne doit pas être nul"
    Sinon
        Si Date est invalide alors
            Afficher le message : "Date invalide"
```

```
        Sinon
            Enregistrer l'article
        Fin du si
    Fin du si
Fin du si
```

Exemple 2

Dans ce deuxième exemple, supposons que l'on veuille décoder les abréviations "M.", "Mme" et "Mlle" contenues dans une variable nommée "CodeTitre". La logique, rédigée en français, sera la suivante :

```
Si CodeTitre = "M." alors
    Titre = "Monsieur"
Sinon
    Si CodeTitre = "Mme" alors
        Titre = "Madame"
    Sinon
        Si CodeTitre = "Mlle" alors
            Titre = "Mademoiselle"
        Sinon
            Titre = blanc
        Fin du si
    Fin du si
Fin du si
```

Pour traduire le premier exemple, vous disposez d'une instruction mieux adaptée que le *If...Then...Else* classique, il s'agit du jeu d'instructions : *If...ElseIf...Else...EndIf* :

```
If Libellé = "" Then
    MsgBox("Le libellé doit être saisi")
ElseIf Prix = 0 Then
    MsgBox("Le prix ne doit pas être nul")
ElseIf IsDate(Date) Then
    MsgBox("Date invalide")
Else
    Article.Update
EndIf
```

Le deuxième exemple diffère du premier par le fait que les trois conditions à tester portent sur la même variable et non pas sur des variables différentes. Dans ce cas, vous pouvez encore améliorer la lisibilité du programme si vous utilisez le jeu d'instructions : *Select Case...Case...Case Else...End Select* comme ci-dessous :

```
Select Case CodeTitre
Case "M."
    Titre = "Monsieur " & Nom
Case "Mme"
    Titre = "Madame " & Nom
Case "Mlle"
    Titre = "Mademoiselle " & Nom
Case Else
    Titre = Nom
End Select
```

Dans les deux cas, on y a beaucoup gagné en simplicité de programmation donc en facilité de relecture et de maintenance.

Instructions de répétition

Structure répétitive Do While - Loop

En utilisant l'instruction *Do While*, toutes les instructions que vous placerez entre la ligne contenant l'ordre *Do While* et la ligne contenant l'ordre *Loop* seront exécutées de manière répétitive, tant que la condition qui a été rédigée après le mot *While* est vraie. On peut dire la même chose d'une autre façon : la répétition s'arrêtera dès que la condition deviendra fausse. C'est exactement la traduction de la structure "faire tant que..." qui est à la base de la très célèbre et non moins excellente méthode de programmation structurée, chère à son auteur J.D. Warnier.

Dans l'exemple ci-dessous, les deux instructions "Beep" et "Compteur = Compteur + 1" s'exécuteront une première fois puisque "Compteur" vaudra 1, puis une deuxième fois quand "Compteur" vaudra 2, mais pas une troisième fois car "Compteur" vaudra 3, ce qui rendra fausse la condition de répétition.

```
Compteur = 1
Do While Compteur < 3
    Beep
    Compteur = Compteur + 1
Loop
```

L'évaluation de la condition s'effectue avant le traitement. Vous le voyez clairement dans cette représentation sous forme d'organigramme.

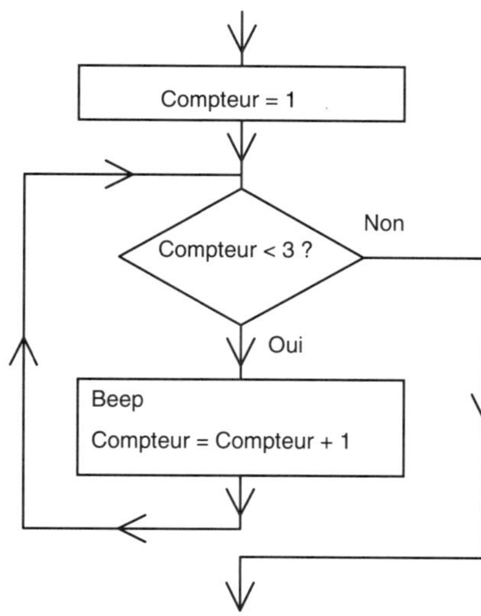

Il existe en Visual Basic d'autres formes de *Do*, ainsi que des moyens de sortir d'une boucle avant le déclenchement de la condition d'arrêt. Mais je ne veux pas les aborder ici car elles amènent à une programmation non structurée, et comme je ne veux pas vous inculquer des habitudes malsaines et perverses...

Structure répétitive For - Next

Voici une forme de structure répétitive encore plus facile à programmer. Elle est, elle aussi, conforme aux canons de la programmation structurée, mais elle ne peut s'utiliser que si la condition porte sur un compteur numérique, restriction que n'avait pas le *Do While- Loop*, beaucoup plus général et passe-partout.

```
For Compteur = 1 To 2
    Beep
Next Compteur
```

Il n'est pas obligatoire de spécifier le nom de la variable de comptage après le mot *Next*.

Si l'on veut faire avancer le compteur d'un pas autre que 1 à chaque itération, il suffit de l'indiquer en ajoutant le paramètre *Step* :

```
For X = 0 To 100 Step 5
    Total = Total + X
Next
```

Cependant, en cas d'imbrication de boucles, il souhaitable de le faire afin de rendre le programme plus lisible.

L'ordre *Beep* sera exécuté deux fois. Voici la traduction en organigramme :

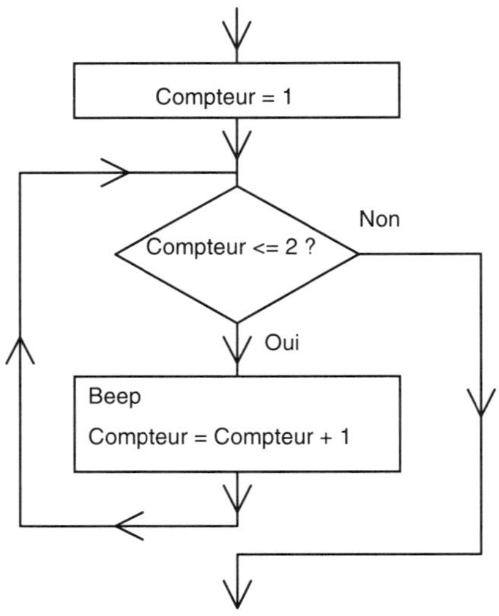

L'instruction d'arrêt d'une application

Pour programmer l'arrêt de l'exécution d'une application, il suffit d'écrire un ordre *End* là où le programme doit s'arrêter. Normalement, toute application bien faite doit avoir une option de menu appelée "Quitter" ou un bouton du même nom. Et c'est seulement en activant cette option ou ce bouton que l'on déclenchera cet ordre *End* qui devrait être unique dans votre projet, si celui-ci est bien conçu, ce dont je ne doute pas un instant.

```
Private Sub Quitter_Click()
  End
End Sub
```

Les affectations

Pour donner une valeur à une variable en mémoire, il suffit d'utiliser le classique signe d'affectation "=" :

```
NomSalarié = "Edouard De La Haute Cloche"
```

Pour affecter une valeur à une propriété d'un contrôle ou d'une feuille, le signe égal est encore de mise. Voici deux exemples, le premier affectant la valeur *False* à la propriété *Visible* d'un contrôle Étiquette afin de rendre ce contrôle invisible, le second affectant la valeur 1 à la propriété *WindowState* d'une feuille afin de la réduire à l'état d'icône :

```
Etiquette2.Visible = False
Feuille3.WindowState = 1
```

Les opérateurs

Les opérateurs de comparaison

Dans les instructions *If* et *Do While*, vous pouvez utiliser les opérateurs de comparaison suivants :

Opérateur	Description
>	Supérieur à
<	Inférieur à
=	Égal à
>=	Supérieur ou égal à
<=	Inférieur ou égal à
<>	Non égal à
Like	Comme le modèle de chaîne fourni

Ces opérateurs sont tout à fait classiques, sauf le dernier qui permet de comparer une chaîne de caractères avec un modèle contenant des caractères dits *caractères joker*. Par exemple, vous voulez tester le libellé d'un produit pour savoir si le mot "hexagonal" s'y trouve. Tapez l'une des syntaxes suivantes.

```
If Libellé Like "hexagonal*" Then
...
If Libellé Like "*hexagonal" Then
...
If Libellé Like "*hexagonal*" Then
...
```

On a testé ci-dessus :

- si le libellé commence par le mot "hexagonal", dans le premier exemple,
- si le libellé se termine par le mot "hexagonal", dans le deuxième exemple,
- si le libellé contient le mot "hexagonal", à n'importe quel endroit, dans le troisième exemple.

C'est ce troisième exemple qui sera le plus utile : n'avez-vous jamais recherché une information alors que vous n'en disposiez que d'une bribe ?

Les caractères joker peuvent être choisis dans la liste ci-dessous :

Caractère joker	Description
*****	Pour zéro, un ou plusieurs caractères quelconques
?	Pour un caractère unique quelconque
#	Pour un chiffre unique quelconque
[liste de caractères]	Pour tout caractère unique qui se trouve dans la liste de caractères
[!liste de caractères]	Pour tout caractère unique qui n'est pas dans la liste de caractères

Par exemple, pour savoir si le premier caractère de la référence d'un produit est "S" et les quatrième et cinquième caractères sont "4T" et le dernier est un chiffre :

```
If CodeProduit Like "S??4T#" Then
```

Ou, pour savoir si le premier caractère est "S" et le deuxième caractère n'est pas "K" ou "R", il faut mettre la liste des caractères entre crochets en la faisant précéder d'un "!" pour signifier la négation :

```
If CodeProduit Like "S[!KR]*" Then
```

Enfin, pour savoir si le premier caractère est "S" et le deuxième caractère n'est pas **compris entre** "K" et "R", il suffit d'ajouter un tiret entre les deux lettres pour en faire une plage de caractères :

```
If CodeProduit Like "S[!K-R]*" Then
```

Les opérateurs logiques

Nous disposons des opérateurs logiques classiques, y compris les parenthèses pour effectuer en premier les comparaisons prioritaires :

Opérateur	Description
Or	Ou
And	Et
Not	Pas
( )	Pour rendre une comparaison prioritaire

Attention, les deux lignes ci-dessous ne donnent absolument pas le même résultat. Dans le premier cas, l'opération *Or* est effectuée en premier. Dans le second cas, c'est l'opération *And* qui est effectuée en premier, car, en l'absence de parenthèses, l'opération *And* est prioritaire par rapport à l'opération *Or* :

```
If A = B And ( C = D Or E = F ) Then
If A = B And C = D Or E = F Then
```

Les opérateurs mathématiques

Rien d'original à ce niveau dans Visual Basic. Vous pouvez utiliser les opérateurs mathématiques suivants :

Opérateur	Description
+	Addition
-	Soustraction
*	Multiplication
/	Division
\	Division entière

Mod	Reste de la division
^	Élévation à la puissance

Les trois derniers méritent tout de même un petit exemple.

La division entière

Le résultat de l'opération suivante est 3, car 17.4 est arrondi à 17 avant la division, 4.7 est arrondi à 5, et le résultat de 17 / 5 est arrondi à 3 :

```
X = 17.4 \ 4.7
```

Le reste de la division

Le résultat de l'opération suivante est 2, puisque 13.9 et 4.1 sont arrondis à 14 et à 4 avant l'opération, et le reste entier de la division de 14 / 4 est bien égal à 2 :

```
X = 13.9 Mod 4.1
```

L'élévation à la puissance

Pour élever le nombre 5 à la puissance 3 et obtenir le résultat 125, il suffira d'écrire :

```
X = 5 ^ 3
```

L'opérateur de concaténation de chaînes de caractères

Concaténer deux chaînes de caractères, c'est les accoler l'une à l'autre pour ne plus faire qu'une seule chaîne. Vous disposez pour cela des deux opérateurs "+" et "&" qui sont équivalents :

```
X = "ABC" + "DE"
Y = "ABC" & "DE"
```

Dans les deux cas, le résultat sera la chaîne "ABCDE", cependant, il sera toujours préférable de choisir l'opérateur "&".

En effet l'opérateur "+" est ambigu par rapport à l'addition. Lorsque Visual Basic rencontre un signe "+", il essaie d'abord de faire une addition. Et, comme par ailleurs, il effectue automatiquement des conversions de type de données, les deux opérations suivantes donnent des résultats bien différents :

```
X = 12 + 3
Y = 12 & 3
```

La première opération sera traitée comme une simple addition, le résultat sera 15.

La deuxième opération est une concaténation des nombres 12 et 3, préalablement transformés automatiquement en chaînes de caractères. Le résultat sera la chaîne de caractères "123". C'est tout de même assez différent !

Les fonctions intégrées de Visual Basic

Il existe de nombreuses fonctions prédéfinies dans Visual Basic. Voici celles que vous pourrez être amené à utiliser en gestion.

Les fonctions de gestion du type de donnée

Fonction	Description
CBool	Convertit en type *Boolean* la donnée fournie en paramètre
CByte	Convertit en type *Byte* la donnée fournie en paramètre
CCur	Convertit en type *Currency* la donnée fournie en paramètre
CDate	Convertit en type Date la donnée fournie en paramètre
CDbl	Convertit en type Double la donnée fournie en paramètre
CInt	Convertit en type Integer la donnée fournie en paramètre
CLng	Convertit en type Long la donnée fournie en paramètre
CSng	Convertit en type Single la donnée fournie en paramètre
CStr	Convertit en type String la donnée fournie en paramètre
CVar	Convertit en type Variant la donnée fournie en paramètre
IsArray	Renvoie une valeur booléenne vraie si le paramètre fourni est le nom d'un tableau
IsDate	Renvoie une valeur booléenne vraie si le paramètre fourni est le nom d'une donnée de type Date
IsEmpty	Renvoie une valeur booléenne vraie si le paramètre fourni est le nom d'une variable qui n'a pas encore été initialisée
IsNull	Renvoie une valeur booléenne vraie si le paramètre fourni est le nom d'une variable qui contient Null

IsNumeric	Renvoie une valeur booléenne vraie si le paramètre fourni est le nom d'une donnée de type numérique
Str	Convertit un nombre en chaîne de caractères (moins puissant que Cstr)
TypeName	Renvoie sous forme d'un nom le type de variable du paramètre fourni
Val	Convertit une chaîne en donnée numérique (fonction réciproque de Str)
VarType	Renvoie sous forme d'un nombre le type de variable du paramètre fourni

Les fonctions de manipulation de chaînes de caractères

Fonction	Description
Asc	Renvoie le code ASCII du premier caractère de la chaîne fournie en paramètre
Chr	Renvoie le caractère dont le code ASCII est fourni (c'est la fonction réciproque de *Asc*)
Format	Met en forme "présentable" voire sophistiquée des données de type numérique, date ou chaîne
InStr	Recherche une chaîne de caractères dans une autre chaîne de caractères, puis renvoie la position de la première occurrence
LCase	Convertit en caractères minuscules le paramètre fourni
Left	Renvoie les caractères les plus à gauche de la chaîne fournie
Len	Renvoie la longueur, en octets, de la chaîne de caractères fournie
LTrim	Supprime les espaces de gauche de la chaîne de caractères fournie
Mid	Extrait une sous-chaîne de caractères à l'endroit voulu dans la chaîne de caractères fournie en paramètre
Right	Renvoie les caractères les plus à droite de la chaîne fournie
RTrim	Supprime les espaces de droite de la chaîne de caractères fournie
Space	Renvoie une chaîne d'espaces dont la longueur est égale au paramètre fourni
StrCnv	Permet de convertir en majuscule la première lettre de chaque mot d'une chaîne
String	Renvoie une chaîne constituée de N caractères identiques
UCase	Convertit en caractères majuscules le paramètre fourni

Les fonctions de gestion des dates et des heures

Fonction	Description
Date	Renvoie la date système de la machine (mais pas l'heure)
DateAdd	Ajoute une durée (au choix en années, trimestres, mois, semaines, jours, heures, minutes, secondes) à la date fournie
DateDiff	Renvoie la différence entre deux dates fournies (au choix : en années, trimestres, mois, semaines, jours, heures, minutes, secondes)
DatePart	Renvoie une partie de la date fournie (au choix : en années, trimestres, mois, semaines, jours, heures, minutes, secondes)
DateSerial	Renvoie une donnée de type date à partir de trois nombres : l'année, le mois, le jour
DateValue	Renvoie une donnée de type Date à partir d'une chaîne comme "25 Janvier 1997" ou "25-JAN-1997" ou "25/1/1997"
Day	Renvoie le jour du mois (entre 1 et 31) de la date fournie
Hour	Renvoie un nombre compris entre 0 et 23 égal à l'heure du paramètre fourni
Minute	Renvoie un nombre compris entre 0 et 59 égal au nombre de minutes du paramètre fourni
Month	Renvoie un nombre compris entre 1 et 12 égal au numéro de mois du paramètre fourni
Now	Renvoie la date et l'heure système de la machine
Second	Renvoie un nombre compris entre 0 et 59 égal au nombre de secondes du paramètre fourni
Time	Renvoie l'heure système de la machine
Timer	Renvoie le nombre de secondes qui se sont écoulées depuis minuit
WeekDay	Renvoie le jour de la semaine sous la forme d'un nombre de 1 à 7
Year	Renvoie un nombre égal à l'année du paramètre fourni

Les fonctions mathématiques

Fonction	Description
Abs	Donne la valeur absolue d'un nombre
Fix	Renvoie la partie entière d'un nombre (comme Int)
Int	Renvoie la partie entière d'un nombre (comme Fix)
Log	Renvoie le logarithme népérien du nombre fourni
Rnd	Renvoie un nombre aléatoire
Sgn	Renvoie le signe d'un nombre (-1, 0, +1)
Sqr	Renvoie la racine carrée du nombre fourni

Des fonctions diverses

Fonction	Description
Command	Renvoie les paramètres fournis dans la ligne de commande lors de l'appel du programme Visual Basic
CurDir	Renvoie le chemin d'accès en cours (Path de MS-DOS)
DoEvents	Rend le contrôle à Windows pour qu'il puisse exécuter les tâches éventuellement en attente
Environ	Renvoie la valeur de la variable d'environnement MS-DOS spécifiée
FileDateTime	Renvoie une donnée de type *Date* contenant la date et l'heure de dernière modification du fichier spécifié en paramètre
FileLen	Renvoie la longueur en octets du fichier spécifié en paramètre
GetAttr	Renvoie les attributs MS-DOS d'un fichier
IIf	Instruction *If* immédiate, sous forme d'une fonction
InputBox	Ouvre une boîte de dialogue permettant la saisie d'une donnée, attend que l'utilisateur valide la boîte
MsgBox	Ouvre une boîte de dialogue affichant un message, attend que l'utilisateur valide la boîte
Shell	Exécute le programme fourni en paramètre
Error	Renvoie le texte du message d'erreur relatif au numéro d'erreur fourni en paramètre de la fonction

Les fonctions financières

Visual Basic pourra aussi effectuer pour vous des calculs financiers puissants : intérêts, amortissements, valeur future du capital à l'aide des fonctions suivantes : *DDB, FV, Ipmt, IRR, MIRR, Nper, NPV, Pmt, Ppmt, PV, Rate, SLN, SYD.*

Les fonctions définies par l'utilisateur

Mais le programmeur peut aussi se créer ses propres fonctions stockées dans des modules. Elles seront délimitées par les instructions : *"Function"* et *"End Function".*

Supposons, par exemple, que le programmeur ait besoin, à plusieurs endroits de son programme, de traduire en toutes lettres un code représentant l'unité de stockage des articles produits. Plutôt que de recopier plusieurs fois ces instructions de conversion, il aura intérêt à en faire une fonction dans un module ; ensuite il l'appellera autant de fois que nécessaire. Voici le détail de cette fonction :

```
Function Traduit(CodeUnité As Integer) As String
   Select Case CodeUnité
   Case 1
      Traduit = "Pièce"
   Case 2
      Traduit = "Gramme"
   Case 3
      Traduit = "Litre"
   End Select
End Function
```

Voici maintenant comment sera appelée cette fonction à partir de n'importe quelle procédure ou de n'importe quelle fonction. Notez que le paramètre passé dans l'appel ne porte pas forcément le même nom que celui qui est utilisé dans la fonction :

```
Dim Unité As String
Dim CodU As Integer
CodU = 2
Unité = Traduit(CodU)
```

7

LES FENETRES

Introduction

Si Microsoft a choisi le nom de "Windows", c'est-à-dire "Fenêtres" pour son système d'exploitation graphique, c'est bien que la manipulation des fenêtres constitue l'élément essentiel de l'interface graphique. Un système de développement d'applications sous Windows se doit donc d'être expert en manipulation de fenêtres et c'est assurément le cas de Visual Basic.

Nous allons d'abord étudier dans ce chapitre les différentes catégories de fenêtres utilisables, puis nous aborderons dans un deuxième temps la création des menus déroulants associés à ces fenêtres.

Il existe plusieurs catégories de fenêtres :

- les feuilles classiques qui permettent d'afficher ou de saisir toutes formes de données,
- les boîtes de dialogue "programmées" qui sont une simple variante des feuilles classiques,
- les boîtes de dialogue "prédéfinies",
- les boîtes de dialogue commun,
- les feuilles multidocuments MDI.

Une parenthèse sur les objets

Les feuilles de Visual Basic étant gérés sur le mode de la programmation orientée objet, il nous faut ouvrir ici une sérieuse parenthèse sur ces fameux objets.

Et d'abord commençons par nous demander : qu'est ce qu'un objet ?

Si je vous dis qu'en informatique un objet est une *entité générique manipulable par un ordinateur*, vous ne serez guère plus avancé. En revanche, si je vous donne des exemples concrets d'objets, vous y verrez peut-être plus clair :

- une fenêtre qui s'affiche à l'écran est un objet,
- un bouton dessiné sur l'écran est un objet,
- un champ à saisir est aussi un objet.

Ce sont des objets visuels, mais il en existe d'autres sortes, par exemple :

- un client géré en informatique est encore un objet – ne lui en déplaise ! – ,
- une facture est un objet,
- un son mémorisé dans un ordinateur est un objet,
- l'imprimante de votre ordinateur est aussi un objet.

Alors finalement, qu'est ce qui caractérise un objet ? Plusieurs éléments que nous allons voir ci-dessous.

Le nom d'un l'objet

Tout objet porte un nom. Un bouton "OK" placé dans une fenêtre s'appellera par exemple "Fenêtre1_OK". Ou encore, un client s'appelle "DUBOIS".

La classe d'un objet

Tout objet appartient à une catégorie d'objets. C'est ce qu'on appelle une *classe d'objets*. Dans une classe d'objets tous les objets sont de même nature. Par exemple, l'ensemble des clients de mon entreprise constitue la classe d'objets "Clients". Tel bouton OK d'une fenêtre fait partie de la classe d'objets "boutons". Pour enrichir votre vocabulaire ou pour épater vos amis, retenez qu'un objet d'une classe est une *instanciation* de cette classe, c'est-à-dire tout simplement un exemplaire de cette classe.

Vous, cher lecteur, êtes une instanciation de la race humaine, enfin en principe...

Avec Visual Basic les classes d'objets que vous pourrez utiliser sont les suivantes :

- la classe des **feuilles**, c'est-à-dire des fenêtres,
- les classes de **contrôles**, les contrôles sont des objets, généralement visuels, que le programmeur place dans une feuille : boutons à cliquer, étiquettes (champs constants), zones de texte (champs modifiables par l'utilisateur), listes déroulantes...,
- et quelques autres classes d'**objets spéciaux** qui pourront vous surprendre :

    - le presse-papiers (ClipBoard),

- le système de débogage (Debug),
- l'imprimante (Printer),
- l'écran (Screen),
- l'application (App),
- le "moteur" de bases de données Jet (DbEngine).

Malheureusement, un client, un article, une facture ne peuvent pas être manipulés sous forme d'objets en Visual Basic. Il faudra attendre l'arrivée des bases de données orientées objet pour le faire. Les données seront gérées de façon classique, c'est-à-dire sous forme de base de données relationnelle, ce qui n'est déjà pas si mal.

Les propriétés d'un objet

Un objet en Visual Basic a presque toujours des caractéristiques propres, on les appelle d'un nom qu'il faut bien retenir : les *propriétés*. Par exemple un bouton a une certaine hauteur et une certaine largeur : voilà déjà deux propriétés de l'objet bouton. Le mot que vous voyez inscrit dans le bouton est une autre propriété du même objet. Les coordonnées en X et en Y du bouton dans sa fenêtre sont encore deux autres propriétés du même objet. Un objet a souvent plusieurs dizaines de propriétés.

Chaque propriété porte un nom, par exemple *FontSize* pour la taille de la police de caractères. C'est en utilisant ce nom que vous pourrez affecter une valeur à une propriété, par exemple 12 pour *FontSize*.

Pour modifier la taille des caractères de l'étiquette "CodeArticle" affichée à l'écran, il vous suffira d'écrire dans un programme :

```
CodeArticle.FontSize = 12
```

Pour modifier le titre d'une fenêtre qui s'appellerait "FenêtreMenu" :

```
FenêtreMenu.Caption = "Menu principal de la Gestion du Personnel"
```

Il vous faudra apprendre les noms des propriétés les plus courantes (*Caption*, *FontSize*...) mais cela viendra tout seul en pratiquant.

Certaines propriétés d'un objet sont affectées pendant la phase de programmation et ne seront plus modifiables pendant l'exécution. D'autres sont toujours modifiables. D'autres enfin sont modifiables pendant l'exécution du programme mais ne sont pas accessibles pendant la programmation.

Voilà pour les propriétés d'un objet. Vous voyez que, pour l'instant, ce n'est pas trop compliqué.

Les méthodes d'un objet

Voyons maintenant un autre moyen de gérer un objet : les *méthodes*. Encore un nouveau terme important à retenir. Les méthodes sont des petits programmes, inclus dans l'objet lui-même, qui constituent la partie active d'un objet. Elles sont rédigées par le programmeur lorsqu'il crée une nouvelle classe d'objets. Mais, dans le cas de Visual Basic, le programmeur en question est la société Microsoft, et le programmeur que vous êtes ne pourra pas créer ou modifier de méthodes pour une classe d'objets.

Mais quand donc vont s'exécuter ces méthodes ? Tout simplement quand vous les aurez appelées dans vos programmes. Voici un exemple : si vous appelez dans un de vos programmes la méthode *Hide* associée à un objet fenêtre, la fenêtre en question va se cacher. Ou encore, appelez la méthode *AddItem* pour une liste déroulante à laquelle vous voulez ajouter une rubrique.

Concrètement, pour cacher la fenêtre nommée "Création", vous devrez simplement écrire dans un programme :

```
Création.Hide
```

Pour ajouter la rubrique "Madame" dans un objet de type liste déroulante nommé "Liste5" :

```
Liste5.Additem "Madame"
```

Les événements et les procédures d'événement

Figurez-vous qu'en plus de tout ce que nous venons de dire sur les objets – propriétés, méthodes –, il peut arriver des *événements* à ces objets ! Par exemple, il se produira l'événement *Click* sur un bouton, au moment où l'utilisateur cliquera sur le bouton en question. Ou encore il se produira l'événement *Change* sur une zone de texte (champ modifiable par l'utilisateur), lorsque l'utilisateur aura saisi un caractère dans la zone de texte.

Pour chaque événement susceptible de se produire sur un objet, le programmeur que vous êtes va pouvoir, s'il le souhaite, programmer une petite procédure dite *procédure d'événement* qui s'exécutera automatiquement dès que l'événement surviendra.

C'est peut-être un peu abstrait, revenons sur l'exemple du bouton poussoir dessiné dans une fenêtre. Le programmeur voudrait qu'un clic sur ce bouton déclenche la suppression d'un article du fichier articles. Il lui suffira de rédiger une procédure d'événement contenant les instructions de suppression de l'article et d'associer cette procédure à l'événement *Click* de ce bouton.

Autre exemple : soit une zone de texte destinée à contenir le prix d'un article. Dès que l'utilisateur y introduit le moindre caractère, l'événement *Change* de la zone de texte va être généré par Windows, ce qui va déclencher la procédure que le programmeur aura associée à cette zone de texte **et** à cet événement, si toutefois le programmeur a bien voulu la programmer. Il aura pu, par exemple, y contrôler que les caractères saisis sont bien numériques et émettre un bip dans le cas contraire.

Récapitulons. Pour l'instant, il est très important que vous ayez bien compris et retenu qu'un objet Visual Basic peut avoir :

- des propriétés,
- des méthodes,
- des événements,
- des procédures d'événements.

Si ce n'était pas le cas, relisez les explications ci-dessus.

Les feuilles classiques

Pour désigner une fenêtre affichée à l'écran, Visual Basic utilise le terme de *feuille* plutôt que celui de fenêtre, qui pourtant est le terme consacré dans les applications Windows. Nous utiliserons indifféremment l'un ou l'autre terme dans ce livre. Voici un exemple de feuille :

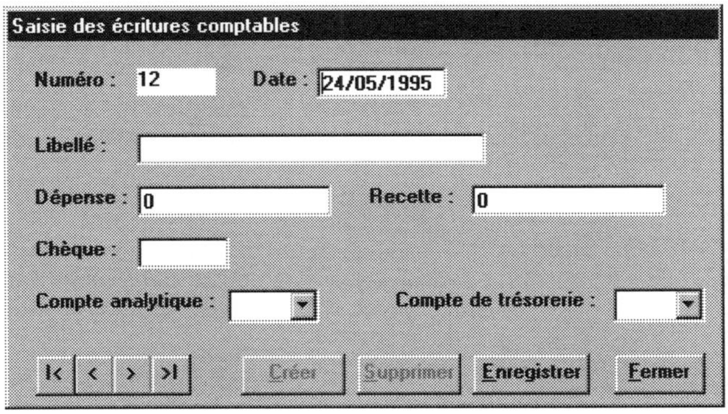

Toute application Visual Basic contient au moins une feuille, sauf dans un seul cas particulier, celui des applications qui doivent tourner en tâche de fond, c'est-à-dire sans que rien ne soit visible à l'écran. Nous verrons au Chapitre 18 un exemple de ce genre de programme.

D'autre part, vous devez savoir que l'une des feuilles de toute application Visual Basic va jouer un rôle un peu particulier c'est la *feuille de démarrage*. Ce sera la première fenêtre qui apparaîtra lors du lancement de votre programme. On y placera en principe le menu général de l'application.

Propriétés, méthodes, événements

Les feuilles sont des objets et possèdent, comme tous les objets, des **propriétés**, des **méthodes** et réagissent à des **événements**. D'abord, balayons les **propriétés** qui seront le plus souvent utilisées.

Propriété	Valeur	Description
BorderStyle	0	La feuille ne sera pas redimensionnable et elle n'aura pas de bordure (à éviter).
	1	La feuille ne sera pas redimensionnable par l'utilisateur et elle sera entourée d'une bordure simple.
	2	La feuille sera redimensionnable par l'utilisateur et sera munie d'une bordure double (c'est le cas le plus courant).
	3	La feuille ne sera pas redimensionnable et sera munie d'une bordure épaisse (cas des boîtes de dialogue).
Caption	Texte	Indique le titre de la feuille qui s'affichera en haut dans le bandeau.
ControlBox	True	La case dans laquelle il faut cliquer pour appeler le menu système, en haut à gauche de la feuille, est dessinée.
	False	La case d'appel du menu système, en haut à gauche de la feuille, n'est pas dessinée.
MaxButton et MinButton	True	La case de maximisation ou de minimisation de la feuille (en haut à droite) s'affiche.
	False	La case de maximisation ou de minimisation de la feuille ne s'affiche pas.
Name	Texte	Nom de la feuille, à ne pas confondre avec le titre de la feuille (propriété ***Caption***), ni avec le nom du fichier MS-DOS sous lequel est sauvegardée la feuille.
Picture	Fichier image	Définit, si nécessaire, une image de fond qui égaiera la feuille. Toute image de type BMP, WMF, ICO ou DIB peut convenir. Mais attention au temps de chargement d'une image !

Propriété	Valeur	Description
Visible	True	La fenêtre est visible. C'est l'équivalent de la méthode ***Show*** (voir au paragraphe suivant).
	False	La fenêtre est bien présente en mémoire, mais invisible. C'est l'équivalent de la méthode ***Hide*** (voir au paragraphe suivant).
WindowState	0	La feuille s'affiche sous forme d'icône en bas de l'écran.
	1	La feuille s'affiche avec les dimensions qu'elle avait lors de sa conception.
	2	La feuille s'affiche dans un état maximisé, c'est-à-dire en occupant tout l'écran.

Les **méthodes** les plus courantes que vous pourrez appliquer à une feuille sont les suivantes :

Méthode	Description
Show	Rendre visible une feuille sur l'écran. Si elle n'est pas encore en mémoire, elle y sera chargée automatiquement, comme si une instruction *Load* (qui sera vue plus tard) avait été exécutée.
Hide	Cacher une feuille tout en la gardant en mémoire.
Move	Déplace et redimensionne la feuille selon les coordonnées fournies en paramètre.
PopupMenu	Affiche le menu flottant spécifié, à l'endroit de la feuille spécifié par ses coordonnées.
PrintForm	Imprime simplement la feuille.
SetFocus	Donne le *focus* c'est-à-dire le contrôle à la feuille spécifiée, à condition qu'elle ait été chargée en mémoire ; cette méthode est peu utilisée.

Enfin, parmi les tous **événements** qui peuvent se produire sur une feuille, voici ceux que vous pourrez être amené à utiliser :

Événement	Description
Load	Se produit au moment où la feuille se charge en mémoire, mais attention, pas forcément à l'écran. La feuille n'apparaîtra à l'écran que si la méthode *Show* a été exécutée.
Unload	Se produit quand la feuille disparaît de la mémoire, donc aussi de l'écran, par exemple suite à une instruction *Unload*, qui sera vue plus loin.
Activate	Quand la feuille devient active, c'est-à-dire quand le curseur est dans la feuille, ou, en le disant d'une autre manière : quand la feuille a le focus.
Deactivate	Dès que le focus passe dans une autre feuille.
Click	Lorsque l'utilisateur clique sur le bouton gauche ou le bouton droit de la souris, alors que le pointeur de souris se trouve dans la feuille, mais, attention, pas sur un contrôle actif (Bouton, Zone de texte ou autre). Cet événement sera peu utilisé pour une feuille, il le sera surtout pour les contrôles.
DblClick	Comme *Click*, mais ne se produit que si l'utilisateur clique rapidement deux fois de suite.
Resize	Lorsque l'utilisateur redimensionne la feuille en déplaçant les bordures ou bien en cliquant dans les cases de minimisation ou de maximisation, en haut à droite.

En fait, les seuls événements de cette liste que vous utiliserez vraiment souvent seront les événements ***Load*** et ***Activate***. Vous voyez qu'en "élaguant" Visual Basic, ce n'est pas si compliqué !

Charger une feuille en mémoire

C'est l'instruction *Load* qui permet de charger une feuille depuis le disque et de la copier en mémoire **sans toutefois l'afficher** :

```
Load Feuille1
```

Afficher une feuille

Écrivez simplement ceci pour afficher à l'écran la feuille dénommée "Feuille1" :

```
Feuille1.Show 1
```

Si la feuille n'a pas encore été chargée en mémoire, elle se chargera automatiquement : inutile donc de s'embêter à programmer des instructions *Load* !

Attention, *Show* est une méthode et non pas une instruction, cela se voit à sa syntaxe différente. Le nom de la méthode suit le nom de l'objet avec un point en tant que séparateur. Après un espace, le paramètre "1" indique le *style* d'ouverture de la feuille. Le style "1" signifie que la feuille est modale, "0" (par défaut) signifie que la feuille est non modale.

Signalons qu'avec Visual Basic, vous disposez d'un autre moyen pour rendre une feuille modale. Il consiste à interdire l'accès à toutes les autres feuilles ouvertes en donnant la valeur *False* à leur propriété *Enabled.* Supposons que l'on veuille ouvrir une feuille "Feuille3" modale alors que les feuilles "Feuille1" et "Feuille2" sont ouvertes, on peut écrire :

```
Feuille1.Enabled = False
Feuille2.Enabled = False
```

Dans l'événement *Unload* de la feuille modale "Feuille3", ne pas oublier de redonner la valeur *True* à la propriété *Enabled* des feuilles "Feuille1" et "Feuille2".

Cacher une feuille

Il s'agit aussi d'une méthode. La feuille restera en mémoire mais sera invisible à l'écran, même pas sous forme d'icône. Notez qu'avec les feuilles modales que nous vous conseillons d'utiliser, il n'y aura pas à cacher de feuille. Si toutefois vous désiriez le faire, en voici la syntaxe :

```
Feuille1.Hide
```

Effacer une feuille de la mémoire

Cette instruction fait disparaître la feuille de l'écran et aussi de la mémoire, mais elle reste bien sûr stockée sur disque. C'est cette instruction que nous utiliserons couramment pour fermer une feuille et revenir sur la feuille appelante.

```
Unload  Feuille1
```

Les boîtes de dialogue "programmées"

Qu'appelle-t-on boîte de dialogue ? Les boîtes de dialogue sont des feuilles particulières qui servent à afficher des messages (d'erreur ou autres) et éventuellement à poser une ou plusieurs questions à l'utilisateur.

La réponse de l'utilisateur prendra la forme d'un bouton à cliquer, en principe "OK" et "Annuler", avec parfois en plus un ou plusieurs champs à saisir. Quelques exemples d'utilisation : afficher le message d'erreur "Article absent", demander un mot de passe, demander dans quel dossier du disque dur sauvegarder telles données.

Une boîte de dialogue est déplaçable mais n'est pas redimensionnable. Sa bordure est plus épaisse que celle des feuilles normales. Une boîte de dialogue est le plus souvent modale. Elle n'a généralement pas de case de menu système (*ControlBox*) ni de boutons de minimisation et de maximisation.

Il existe plusieurs types de boîtes de dialogue :

- les boîtes de dialogues "programmées" par le... programmeur,
- les boîtes de dialogue "prédéfinies" par Visual Basic,
- les boîtes de dialogue du contrôle Dialogue Commun qui sont, elles aussi, prédéfinies.

Étudions dans ce paragraphe les boîtes de dialogues "programmées". Ce sont des feuilles tout à fait classiques auxquelles on affecte les propriétés suivantes :

Propriété	Valeur
BorderStyle	3
ControlBox	False
MaxButton	False
MinButton	False
Caption	Titre de la boîte

Si la propriété *Caption* reste à blanc, alors la boîte de dialogue n'aura pas du tout de bandeau, ce qu'il vaut mieux éviter si l'on veut respecter les normes Windows. La propriété *BorderStyle* sert à épaissir la bordure de la feuille.

En principe, une boîte de dialogue est toujours modale, il faut donc l'ouvrir par une méthode *Show* avec le *Style* "1", comme dans l'exemple ci-dessous :

```
Feuille3.Show 1
```

Si vous ne faites qu'afficher un message, ajoutez un bouton "OK". Si vous demandez une réponse, ajoutez les deux boutons "OK" et "Annuler". Mais de nombreuses autres possibilités existent, par exemple :

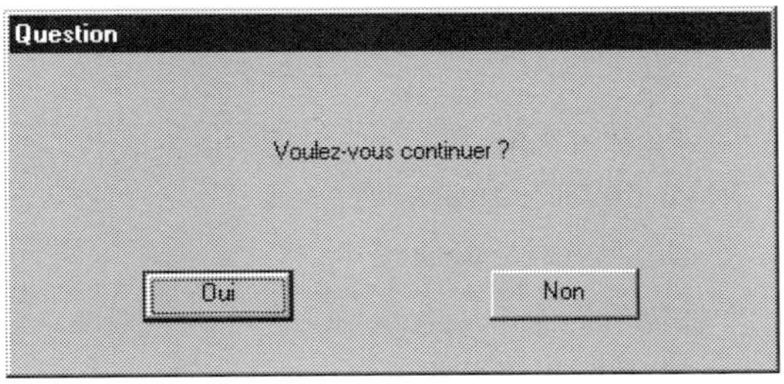

Les boîtes de dialogue "prédéfinies"

Étant prédéfinies, il n'y a presque rien à faire pour les utiliser. En particulier, il n'y a pas à les définir en tant que feuilles.

Deux présentations sont possibles :

- si vous souhaitez simplement afficher un message : écrivez soit une **instruction** *MsgBox* soit un appel à la **fonction** *MsgBox*,
- si vous souhaitez afficher un message puis permettre à l'utilisateur de saisir une réponse au clavier : écrivez un appel à la **fonction** *InputBox*.

InputBox est une fonction et non une instruction, car en plus d'afficher votre message dans une feuille, elle permet la saisie d'une réponse qui sera retournée en tant que **valeur de la fonction**.

Afficher un message par MsgBox

Considérons d'abord *Msgbox*. Il est possible de choisir entre plusieurs présentations de la boîte car la fonction *Msgbox* – tout comme l'instruction *Msgbox* – admet trois paramètres : le texte du message, le type de message, le contenu du bandeau de la boîte.

Le **texte du message** est limité à 1 024 caractères. Le passage à la ligne est géré automatiquement dans la boîte, mais vous pouvez le forcer en introduisant le caractères ANSI de valeur 13 dans le message, à l'endroit où il faudra passer à la ligne suivante.

Le **type du message** est un nombre égal au résultat de l'addition de quatre codes. Le premier code spécifie quels boutons seront affichés :

Code	Boutons affichés
0	OK.
1	OK et Annuler.
2	Abandonner, Répéter et Ignorer.
3	Oui, Non et Annuler.
4	Oui et Non.
5	Répéter et Annuler.

Le deuxième code permet de choisir l'icône affichée :

Code	Icône affichée
16	Message critique
32	Confirmation : "?"
48	Avertissement : "!"
64	Information : "I"

Le troisième code sert à choisir le bouton par défaut, c'est-à-dire celui qui aura le focus lorsque la boîte s'affichera :

Code	Bouton par défaut
0	Premier
256	Deuxième
512	Troisième

Enfin le quatrième code indique la modalité de la boîte :

Code	Modalité
0	La boîte est modale et il est **possible** de passer à une autre application par Alt + Tab ou Alt + Esc.
4096	La boîte est modale et il est **impossible** de passer à une autre application Alt + Tab ou Alt + Esc.

Si vous programmez la fonction *Msgbox* (et non l'instruction *MsgBox*), vous pourrez savoir sur quel bouton l'utilisateur a appuyé en utilisant dans votre procédure la fonction *MsgBox* comme une variable qui peut être égale à :

Fonction	Bouton pressé
1	OK
2	Annuler
3	Abandonner
4	Recommencer
5	Ignorer
6	Oui
7	Non

Voici un exemple d'appel d'une boîte de dialogue prédéfinie, suivi par un test du bouton cliqué. Le paramètre *type de message* vaut ici 1+16+256+0 = 273 :

```
Bouton = MsgBox("Ceci est un message affiché par une ✂
 instruction Msgbox.", 273, "Essai")
Select Case Bouton
Case 1
    Print "Vous avez appuyé sur OK"
Case 2
    Print "Vous avez appuyé sur Annuler"
End Select
```

Voici maintenant la boîte qui s'affiche :

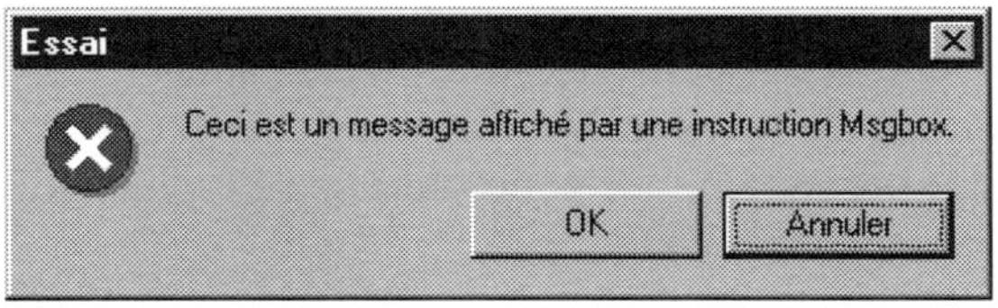

Le fait de cliquer sur n'importe quel bouton de la boîte ferme la boîte.

Demander une réponse par InputBox

Passons maintenant à la fonction *InputBox* qui permet, rappelons-le, de faire saisir une réponse par l'utilisateur. Cette réponse sera obligatoirement de type texte.

Voici un exemple d'appel de la fonction *InputBox* :

```
Réponse = InputBox("Veuillez taper le code article :", "Article", "")
```

Et le résultat de son exécution :

Vous pouvez observer que le premier paramètre contient le message à afficher, le deuxième correspond au texte du bandeau, le troisième est la valeur par défaut de la réponse. Seul le premier paramètre est obligatoire, mais les trois peuvent être des constantes comme ci-dessus ou bien des variables. Les dimensions de la fenêtre ne peuvent pas être modifiées.

Si l'utilisateur a cliqué sur le bouton annuler, la fonction *InputBox* retournera une chaîne vide.

Les boîtes de dialogue du contrôle Dialogue Commun

Ce ne sont pas les résultats d'instructions, comme ce que nous venons de voir, mais ce sont des contrôles un peu particuliers de Visual Basic. Ces contrôles permettent d'afficher les fenêtres assez sophistiquées, les mêmes que celles que l'on retrouve dans la plupart des applications de bureautique sous Windows. Ces fenêtres permettront à l'utilisateur de choisir un fichier à ouvrir, ou un fichier à enregistrer, ou une couleur, ou une police de caractères, ou une imprimante, ou encore d'afficher une fenêtre d'aide.

Pour pouvoir appeler une telle boîte de dialogue, il faut créer un contrôle du type *Dialogue commun*, en anglais *CommonDialog*, en utilisant dans la boîte à outils l'icône ci-dessous :

Puis il faut programmer l'une de ces six méthodes :

Méthode	Description
ShowOpen	Afficher la boîte de dialogue "Ouvrir"
ShowSave	Afficher la boîte de dialogue "Enregistrer sous"
ShowColor	Afficher la boîte de dialogue "Couleurs"
ShowFont	Afficher la boîte de dialogue "Polices de caractères"
ShowPrinter	Afficher la boîte de dialogue "Imprimer"
ShowHelp	Appeler le programme d'aide WINHELP.EXE

Chacune de ces six méthodes appellera une boîte de dialogue "préfabriquée".

En voici déjà un exemple d'utilisation : nous allons réaliser très facilement un programme de copie d'un fichier quelconque choisi par l'utilisateur. Écrivez cette petite procédure. L'utilisateur pourra choisir le disque du fichier à copier, puis son dossier et enfin son nom et de même pour le fichier de destination. L'instruction *FileCopy* assurera la copie proprement dite.

```
Sub Command1_Click()
  Dim FichierOrigine As String
  Dim FichierDestination As String

  ' Sélection du fichier d'origine
  CommDial.FileName = "*.*"
  CommDial.ShowOpen
  FichierOrigine = CommDial.FileName

  ' Sélection du fichier de destination
  CommDial.ShowSave
  FichierDestination = CommDial.FileName

  ' Copie du fichier
  FileCopy FichierOrigine, FichierDestination
End Sub
```

Méthode ShowOpen : Choix d'un fichier à ouvrir

L'utilisateur peut choisir une unité de disque, un dossier et un fichier dans une fenêtre qui s'ouvre automatiquement. La fenêtre a l'allure suivante :

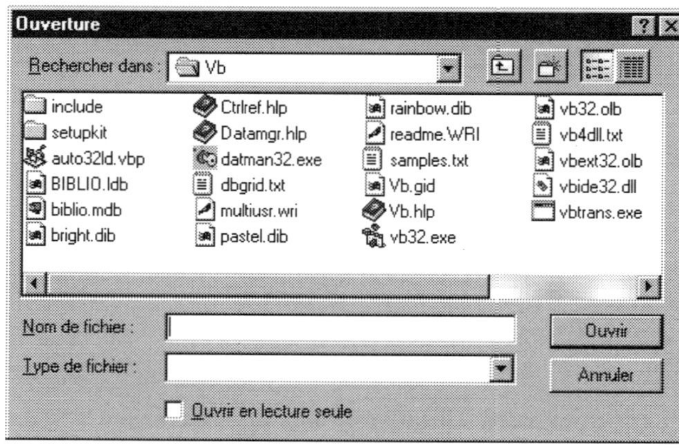

Méthode ShowSave : Choix d'un fichier à enregistrer

Voici quasiment la même fenêtre mais, cette fois-ci, pour le choix d'un fichier à enregistrer :

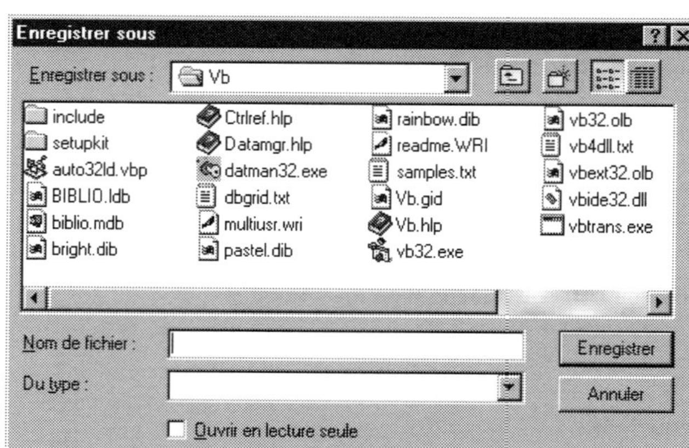

Méthode ShowColor : Choix d'une couleur

Vous pouvez, grâce à ce contrôle, permettre à l'utilisateur de choisir une couleur qui servira par exemple en fond de feuille.

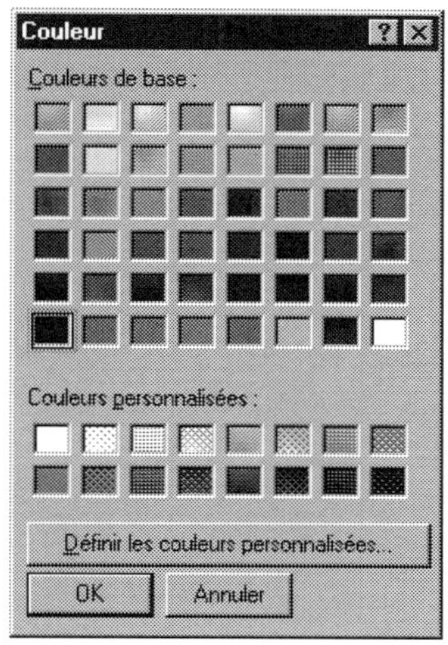

Méthode ShowFont : Choix d'une police

Vous pourrez aussi demander à l'utilisateur de choisir sa police de caractères préférée afin de l'afficher ou de l'imprimer.

Attention au piège : cela ne marchera que si vous mettez le nombre 3 dans la propriété *Flags* du contrôle Dialogue commun.

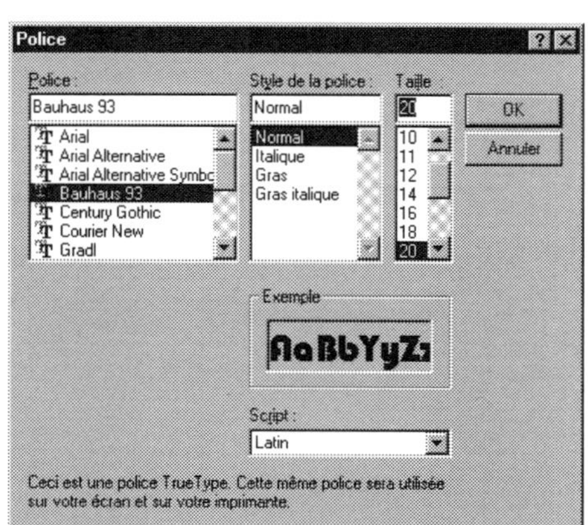

Méthode ShowPrinter : Choix d'une imprimante

Les sorties d'états que vous aurez prévues dans votre application pourront se faire sur l'imprimante désirée : indispensable pour une utilisation en réseau avec plusieurs imprimantes installées.

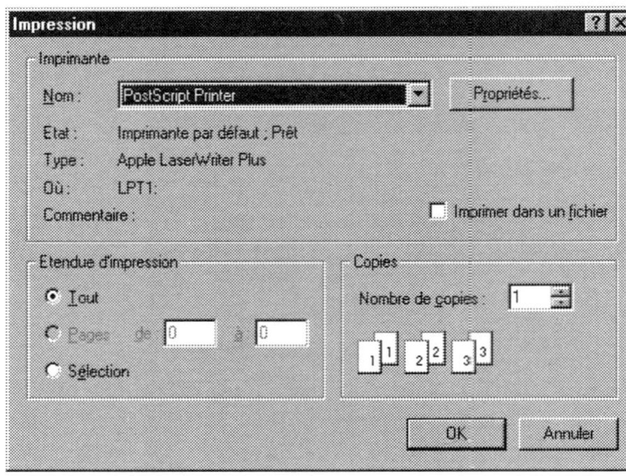

Méthode ShowHelp : Appel d'un écran d'aide

Il s'agit en réalité d'appeler le programme WINHELP.EXE, "moteur" des fichiers d'aide de Windows, en lui passant en paramètre le nom du fichier d'aide. Voici les deux propriétés à initialiser avant l'appel de la méthode *ShowHelp* :

```
CommDial.HelpFile = "c:\vb4\vb.hlp"        ' Nom du fichier d'aide
CommDial.HelpCommand = 0                    ' Initialiser toujours à 0
CommDial.ShowHelp                           ' Appel de la méthode
```

Et voici la fenêtre d'aide résultante :

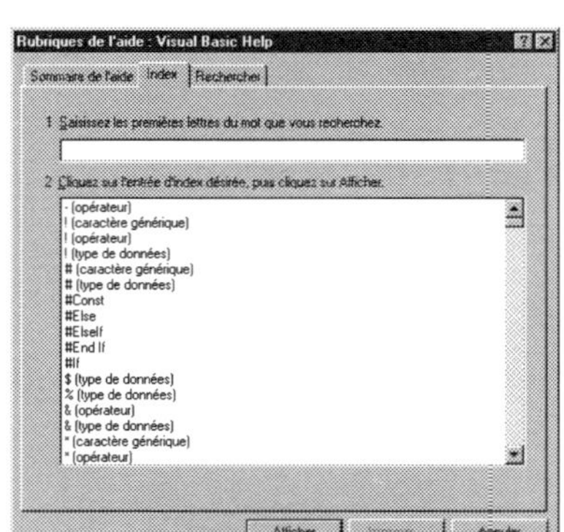

Les feuilles multidocuments MDI

En plus des feuilles normales, il existe une autre catégorie de feuilles : les feuilles multidocuments encore appelées "feuilles mères" ou feuilles MDI (Multiple Document Interface). Elles ont la particularité de pouvoir contenir d'autres feuilles appelées "feuilles filles". Ces feuilles filles sont des feuilles tout à fait normales. Elles n'ont qu'une seule particularité : leur propriété *MDIChild* doit être égale à *True*.

Elles pourront être maximisées et minimisées, mais elles resteront toujours à l'intérieur de la feuille mère.

Quelques règles :

- un projet Visual Basic ne peut contenir qu'une seule feuille mère,
- la feuille mère ne peut pas être modale,
- une feuille fille ne peut pas être modale non plus,
- la feuille mère n'est pas forcément la feuille de démarrage de l'application.

Nous allons apprendre comment créer une application multidocuments MDI, il nous faudra donc étudier les questions suivantes :

- comment créer une feuille mère pendant la phase de programmation ?
- comment créer une feuille fille pendant la phase de programmation ?
- comment créer une feuille fille pendant la phase d'exécution ?
- comment atteindre les contrôles d'une feuille fille pendant la phase d'exécution ?
- comment ouvrir, fermer et arranger les feuilles pendant la phase d'exécution ?

Créer une feuille mère pendant la phase de programmation

Il suffit d'appeler l'option "Feuille MDI" du menu "Insérer". Aucun paramètre n'est demandé.

Créer une feuille fille pendant la phase de programmation

Créez une feuille normale, donnez la valeur *True* à sa propriété *MDIChild.* Il n'y a pas à indiquer le nom de la feuille mère puisqu'une application ne peut avoir qu'une seule feuille MDI.

Placez dans cette feuille tous les contrôles désirés.

Créer une feuille fille pendant la phase d'exécution

Nous arrivons ici dans la phase la plus délicate des feuilles MDI. Pourquoi ? Parce qu'il va falloir gérer un nombre **indéterminé à l'avance** de feuilles filles. Pour cela, nous devons créer un tableau de feuilles filles.

Mais prenons plutôt un exemple.

Nous désirons réaliser un programme MDI de création de comptes. La feuille mère contiendra une feuille fille par compte. Pour créer un compte, il suffira de cliquer sur l'option de menu "Ajouter un compte". Voici ce à quoi nous voulons arriver :

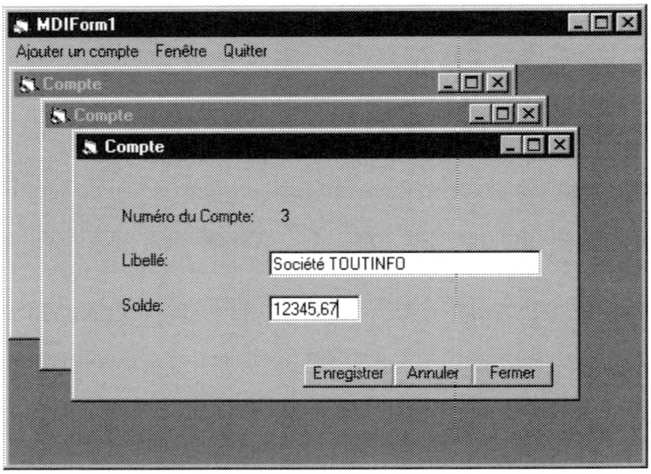

D'abord, il faut que la feuille mère ait été créée. Appelons-la "MDIForm1".

Puis il faut créer manuellement – pendant la phase de programmation – une première feuille fille qui servira de modèle pour toutes les autres feuilles filles qui seront créées. Vous avez vu au paragraphe précédent comment créer une feuille fille. Nous l'appellerons "CompteIni".

Dans la procédure de déclarations de la feuille mère, nous allons déclarer un tableau de feuilles filles qui seront toutes bâties sur le modèle de la feuille "CompteIni". Nous ne préciserons pas le nombre d'éléments du tableau puisque nous ne savons pas encore combien de comptes l'utilisateur voudra créer. Il suffit pour cela de ne rien écrire entre les parenthèses qui suivent le nom du tableau.

Il faut aussi déclarer un simple compteur de comptes dont nous aurons besoin par la suite.

Voici donc les déclarations à faire :

```
' Déclaration d'un tableau de feuilles filles sans en préciser le
' nombre puisqu'il n'est pas connu à l'avance
```

```
Dim Compte() As New CompteIni
'Déclaration d'un compteur de comptes
Dim NbComptes As Integer
```

Passons à la procédure proprement dite de création d'une nouvelle feuille fille. Elle se déclenche lorsque l'on clique sur l'option "Ajouter un compte".

Dans cette procédure, il faut :

- incrémenter d'une unité le compteur de comptes,
- redimensionner le tableau de feuilles en spécifiant que le nombre d'éléments de ce tableau est égal au compteur de comptes ; c'est cette instruction qui crée une nouvelle feuille fille,
- ouvrir la nouvelle feuille fille créée,
- initialiser si nécessaire les étiquettes, zones de texte,... de la nouvelle feuille.

```
Private Sub AjoutCompte_Click()
  'On incrémente le compteur de comptes
  NbComptes = NbComptes + 1
  'On redimensionne le tableau de feuilles filles selon le nombre de
  ' comptes ouverts
  ReDim Compte(NbComptes)
  'On ouvre la feuille fille qui vient d'être créée
  Compte(NbComptes).Show
  'On initialise les étiquettes, les zones de texte...
  ...
  ...
  ...
End Sub
```

Atteindre les contrôles d'une feuille fille pendant la phase d'exécution

Pour travailler sur les contrôles d'une feuille fille pendant l'exécution d'une procédure ou d'une fonction, il faut savoir si cette procédure ou cette fonction dépend de la feuille mère ou de la feuille fille.

Si elle dépend de la feuille mère, il faut préciser à quelle fille on s'adresse. Il suffit de préciser, avant le nom du contrôle, le nom de la feuille fille suivie de son numéro – l'indice du tableau – entre parenthèses :

```
  'On initialise le libellé et le solde de la feuille fille numéro N
  Compte(N).Libellé = ""
  Compte(N).Solde = 0
```

Si la procédure ou la fonction est rattachée à la feuille fille – en l'occurrence, à la feuille modèle "CompteIni" – les noms des contrôles n'ont pas besoin d'être suivis du numéro de la feuille, car la feuille fille prise en compte sera celle qui a le focus.

Vous trouverez ci-dessous la programmation du bouton "Annuler", cette procédure a été saisie au niveau de la feuille "CompteIni".

```
Private Sub Annuler_Click()
  Beep
  If MsgBox("Voulez-vous réinitialiser les champs ?", 1) = 1  Then
    ' Les contrôles sont simplement cités, sans le numéro de la feuille
    Libellé = ""
    Solde = 0
  End If
End Sub
```

Ouvrir, fermer et arranger les feuilles pendant la phase d'exécution

Ouvrir

C'est la méthode habituelle *Show* qui permet d'ouvrir une fenêtre fille.

Le fait d'ouvrir une feuille fille par une méthode *Show* ouvre automatiquement sa feuille mère. La réciproque n'est pas vraie : l'ouverture d'une feuille mère ne provoque pas l'ouverture de ses feuilles filles.

D'autre part, il faut savoir que le fait de modifier une des propriétés de la feuille mère ou d'une des feuilles filles ouvre automatiquement la feuille mère ou la feuille fille en question si elles ne l'étaient pas. Et ce n'est pas toujours ce que l'on désirerait...

Fermer

Pour fermer une fenêtre fille, utilisez l'instruction *Unload* en spécifiant comme nom de fenêtre le mot *Me*, qui signifie tout simplement "moi". Ce qui donne :

```
Unload Me
```

Minimiser et maximiser

Pour minimiser – c'est-à-dire réduire à l'état d'icône en bas de la feuille mère – ou pour maximiser une feuille fille, utilisez sa propriété *WindowState*.

```
' Pour minimiser
Me.WindowState = 1
' Pour maximiser
Me.WindowState = 2
' Pour ramener à l'état normal
Me.WindowState = 0
```

Arranger les feuilles filles

Pour arranger les feuilles en cascade ou en mosaïque, utilisez la méthode *Arrange* de la feuille mère :

```
' Arranger les feuilles filles en cascade
MDIForm1.Arrange 0
```

Ce qui donne pour résultat :

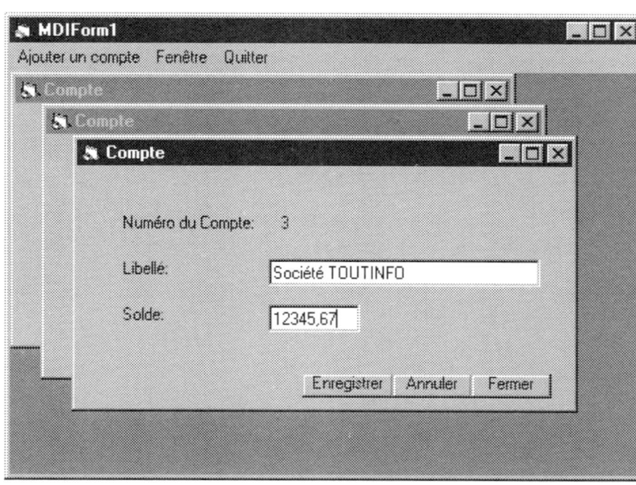

Ou bien en mosaïque horizontale :

```
' Arranger les feuilles filles en mosaïque horizontale
MDIForm1.Arrange 1
```

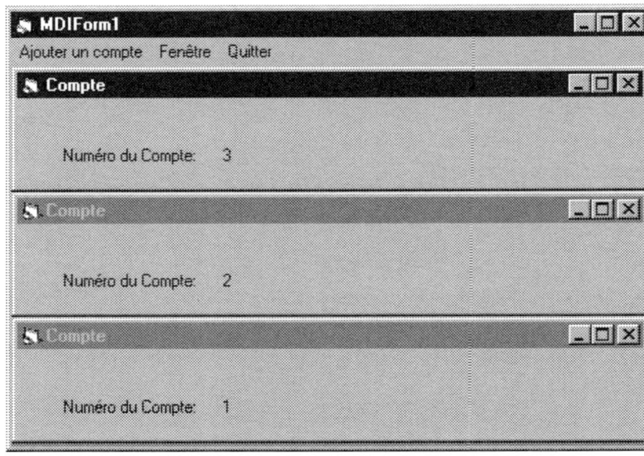

Ou encore en mosaïque horizontale :

```
' Arranger les feuilles filles en mosaïque verticale
MDIForm1.Arrange 2
```

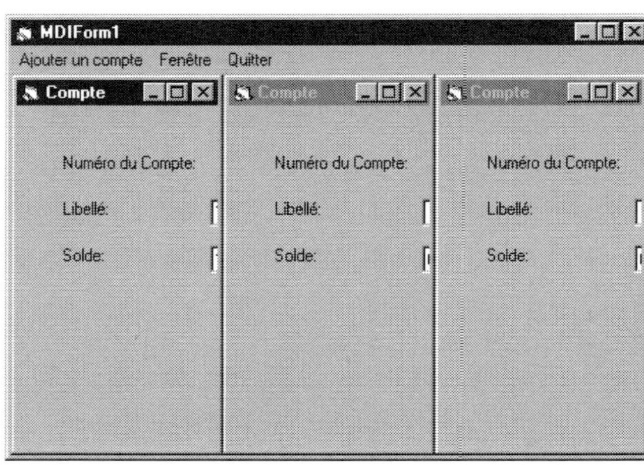

Les menus déroulants

Pourquoi des menus déroulants ?

C'est dans la fenêtre de démarrage de toute application Windows que l'utilisateur doit avoir accès aux différentes fonctions de l'application. Deux techniques sont possibles :

- si le nombre de fonctions est restreint, une dizaine au maximum, il vaut mieux donner l'accès à ces fonctions par de simples boutons, par exemple :

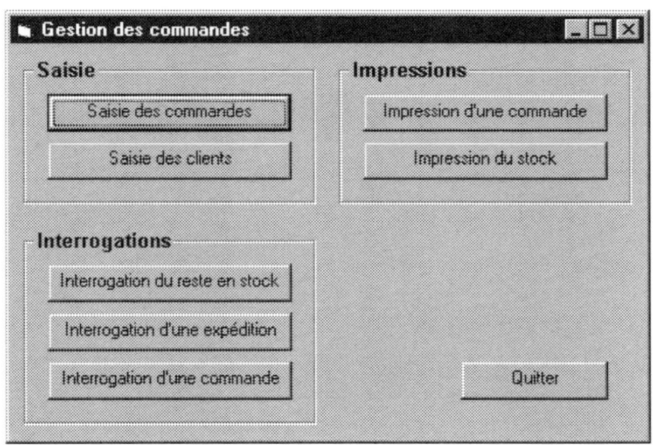

- si le nombre de fonctions est plus important, alors on voit mal une fenêtre de démarrage affichant 30 ou 50 boutons, dans ce cas le principe des menus déroulants comme ci-dessous sera mieux adapté.

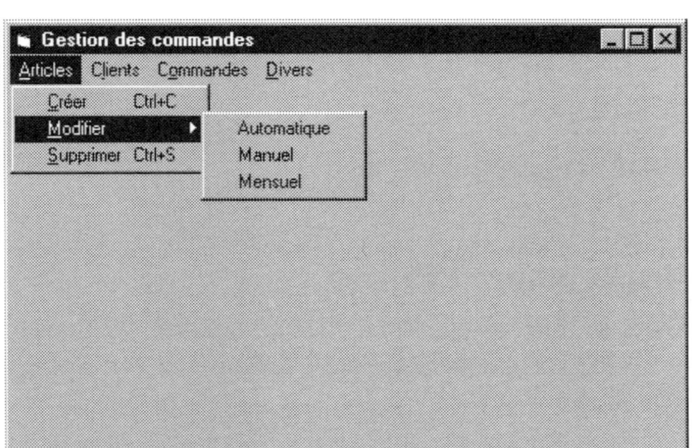

Création de menus déroulants

Précisons d'abord le vocabulaire utilisé dans les menus déroulants : nous appellerons **menu déroulant** le rectangle qui s'ouvre à l'écran dès que l'on clique sur l'un des mots écrits en haut de la feuille.

Par exemple, nous avons ci-dessus quatre menus déroulants : "Articles", "Clients", "Commandes" et "Divers". Lorsqu'un menu déroulant est... déroulé, apparaissent ce que nous appellerons des **options de menus déroulants**. Ainsi le menu "Articles" contient les trois options "Créer", "Modifier" et "Supprimer".

Pour créer des menus déroulants, vous êtes totalement assisté par le "Créateur de menus" intégré à Visual Basic. Pour l'appeler, cliquez sur l'option "Créateur de menu" du menu "Outils". Voici ce qui apparaît une fois les menus saisis :

Pour créer un menu, procédons par étapes.

Première étape : conception du menu

Cette étape doit être réalisée sur papier au moment de l'analyse de l'application.

Deuxième étape : propriété Caption

Saisissez la liste de tous les menus et de leurs options, éventuellement dans le désordre. Ne remplissez que la propriété *Caption*, elle correspond au nom qui sera réellement affiché.

Troisième étape : mise en ordre

Cliquez sur les quatre boutons de déplacement pour agencer les noms de menus et d'options comme vous l'entendez.

Ajoutez si nécessaire des traits horizontaux séparateurs entre plusieurs groupes d'options d'un même menu. Il suffit d'insérer une ligne à l'endroit voulu, puis de taper un tiret – un seul – dans la propriété *Caption*.

Quatrième étape : autres propriétés

Pour chaque menu et chaque option :

- spécifiez une touche d'accès direct – Alt et un caractère – en tapant simplement le caractère "&" avant la lettre qui servira d'accès direct ; comme nous l'avons déjà vu dans les boutons et les zones de texte, cette lettre apparaîtra soulignée,
- remplissez la propriété *Name* en reprenant de préférence le nom que vous avez indiqué dans la propriété *Caption* précédé du mot "Menu" ou "Option" selon le cas (par exemple "MenuSaisie" ou "OptionCommande") ; n'oubliez pas que la propriété *Name* des traits séparateurs doit aussi être remplie,
- si vous le désirez, choisissez une touche de raccourci pour les options de menu, mais pas pour les menus eux-mêmes ; cependant, les touches de raccourci ne sont pas indispensables car elles font double emploi avec les touches d'accès direct.

Validez la fenêtre du "Créateur de menus" en cliquant sur le bouton "OK".

Cinquième étape : créer les procédures des options

Pour créer une procédure liée à une option d'un menu déroulant, rien de plus simple : passez dans la fenêtre de programmation de votre feuille, choisissez dans la liste des objets le nom de l'option désirée :

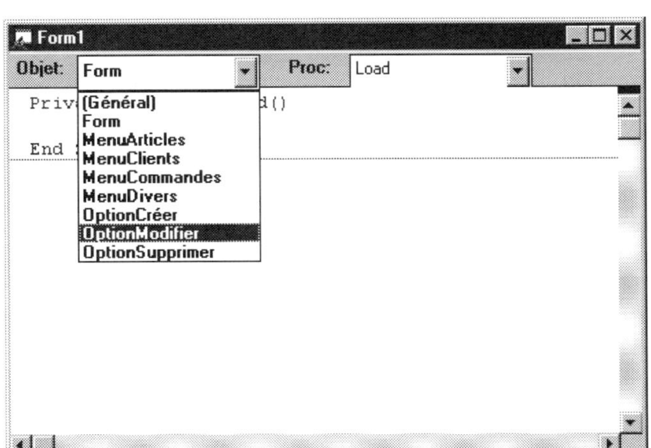

Programmez votre procédure qui, généralement, va commencer par l'ouverture d'une fenêtre modale avec la méthode *Show* assortie du paramètre "1".

Options de menu à cocher

Vous souhaitez peut-être qu'une option de menu puisse être cochée ou non, par exemple pour faire apparaître en permanence une feuille particulière comme Visual Basic le fait avec la fenêtre Boîte à outils. C'est la propriété *Checked* de cette option qu'il faudra mettre à *True* ou à *False* selon le cas.

Le passage de la valeur *True* à la valeur *False* de cette propriété n'est pas automatique. Il faut le gérer soi-même. Voici un premier moyen de le faire :

```
Private Sub OptionClient_Click()
  If OptionClient.Checked = True Then
    OptionClient.Checked = False
  Else
    OptionClient.Checked = True
  End If
End Sub
```

Et voici exactement la même chose, en plus rusé !

```
Private Sub OptionClient_Click()
    'Inversion de la valeur logique
    OptionClient.Checked = Not OptionClient.Checked
End Sub
```

Options grisées ou invisibles

Si vous désirez qu'une option ou qu'un menu ne soit pas disponible et apparaisse en grisé, agissez simplement sur sa propriété *Enabled* :

```
OptionStock.Enabled = False
```

Si vous désirez qu'une option ou qu'un menu ne soit pas visible du tout dans la feuille, et que les options situées en dessous apparaissent décalées vers le haut, donnez la valeur *False* à sa propriété *Visible* :

```
OptionClient.Visible = False
```

Les menus contextuels flottants (PopupMenu)

Voici un autre genre de menus qui devient très à la mode. A priori invisible, un menu contextuel n'apparaît que lorsque vous cliquez sur le bouton droit de la souris. Le programmeur peut faire dépendre la liste des options de ce menu de l'endroit où était placé la souris lors du clic.

Ci-dessous un menu contextuel à deux options apparaît dès lors que l'on clique sur le bouton droit de la souris au dessus du champ "Adresse". S'il l'on avait cliqué au dessus du champ "Nom", un menu différent serait apparu.

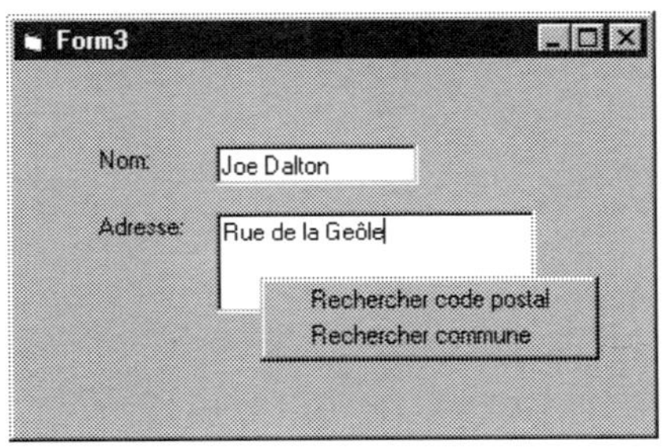

Au niveau de la programmation, voici ce qu'il faut faire :

- créez les menus contextuels désirés et toutes leurs options dans la feuille concernée, comme on le fait pour un menu normal ; ne cochez pas la propriété *Visible* de ces menus, sinon ils apparaîtraient en haut de la feuille à la manière des menus classiques,
- dans les procédures d'événement *MouseDown* des contrôles où vous voulez que se déclenchent les menus contextuels, ou même dans la procédure d'événement *MouseDown* de la feuille elle-même, programmez la méthode *PopupMenu* comme ci-dessous.

PopupMenu est une méthode de l'objet feuille. Il faut donc en principe la faire précéder du nom de la feuille comme ceci : "Form3.PopupMenu". Cependant, ici, le nom de la feuille est facultatif car il n'y a pas d'ambiguïté.

```
' Événement clic au-dessus de la zone de texte "Nom"
Sub Nom_MouseDown(Button As Integer, Shift As Integer, ✂
X As Single, Y As Single)
   ' Si clic sur le bouton droit
   If Button = 2 Then Form3.PopupMenu MenuContexte1
End Sub
```

```
' Événement clic au-dessus de la zone de texte "Adresse"
Sub Adresse_MouseDown(Button As Integer, Shift As Integer, ✂
X As Single, Y As Single)
```

```
    ' Si clic sur le bouton droit
    If Button = 2 Then Form3.PopupMenu MenuContexte2
End Sub
```

8

Les controles de base

Introduction aux contrôles

Comme cela a déjà été évoqué, Visual Basic met à la disposition du programmeur des classes prédéfinies d'objets visuels : ce sont les *contrôles*. Ils se trouvent tous dans la "boîte à outils", qu'il est possible, rappelons-le, d'enrichir. Dans d'autres langages, ces contrôles sont appelés *widgets*, abréviation de *Windows Gadgets*.

Pour l'instant, nous n'allons passer en revue que quelques-uns de ces contrôles, ceux qui vous permettront de démarrer avec Visual Basic. Les autres contrôles seront étudiés plus loin dans d'autres chapitres.

Nous nous limiterons à l'étude de leurs possibilités courantes dans le cadre d'une application de gestion. Nous délaisserons en particulier certaines propriétés graphiques qui ne sont pas utilisées en gestion. Vous trouverez entre parenthèses le nom anglais de chaque contrôle.

Le contrôle Étiquette (Label)

Description

Le contrôle Étiquette, ou Label en anglais, est le plus simple de tous les contrôles : il permet d'afficher un texte dans une fenêtre. Ce texte ne sera **pas modifiable** par l'utilisateur, car il ne peut pas recevoir le focus. Il pourra cependant être modifié par votre programme si vous écrivez une instruction qui change le contenu de sa propriété *Caption*.

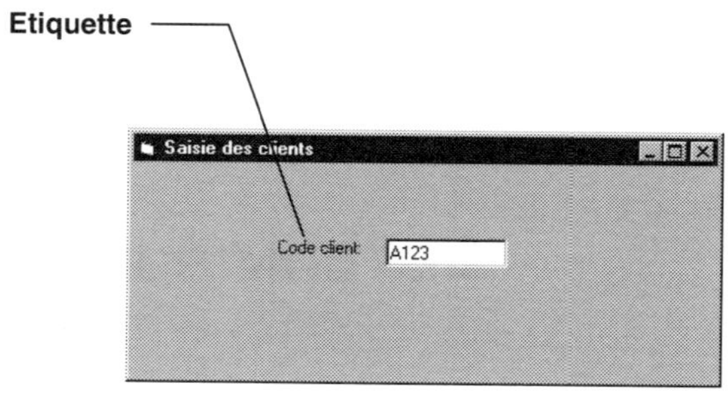

Plusieurs utilisations des contrôles Étiquette sont possibles :

- en tant qu'étiquette placée à gauche d'un champ de saisie (comme ci-dessus),
- comme ci-dessous pour placer un commentaire dans une feuille (étiquette 1),
- en tant que titre (étiquette 2),
- pour afficher une donnée résultat non modifiable (étiquette 3).

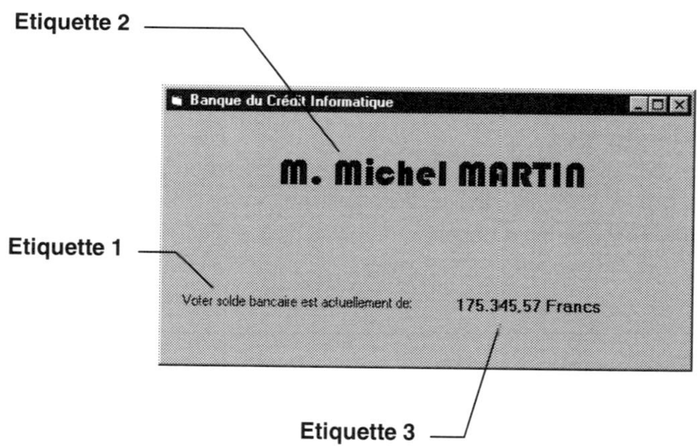

Propriétés usuelles du contrôle Étiquette

Propriété	*Valeur*	Description
Alignment	*0*	Aligné à gauche (pour du texte)
	1	Aligné à droite (pour des nombres)
	2	Centré
Caption	*Texte*	Texte qui sera affiché dans le contrôle
Enabled	*True ou False*	Affichage en grisé si faux

FontBold	*True ou False*	Gras
FontItalic	*True ou False*	Italique
FontName		Nom de la police de caractères : par défaut "MS Sans Serif"
FontSize		Taille de la police : par défaut 8
FontStrikethru	*True ou False*	Barré (peu ou pas d'utilité)
FontUnderline	*True ou False*	Souligné
Name	*Texte*	Nom du contrôle Étiquette
Visible	*True ou False*	Invisible à l'affichage si faux

Style d'écriture

Le style d'écriture d'une étiquette est modifiable par l'intermédiaire des propriétés *FontName, FontSize, FontBold, FontItalic, FontUnderline, FontStrikethru.*

Cependant il est préférable, en gestion, d'éviter les fantaisies et de conserver la police choisie par défaut : MS sans sérif, corps de 8, non gras, non souligné, non italique.

Nom du contrôle

Visual Basic donne automatiquement à la propriété *Name* la valeur "Label1" puis "Label2"... Il est inutile de la modifier pour la rendre plus explicite si vous ne comptez pas utiliser le nom de l'étiquette dans vos programmes, c'est-à-dire si vous ne comptez pas modifier le texte de l'étiquette.

Bordure et couleurs

Les propriétés concernant un éventuel encadrement de l'étiquette et une modification de couleur d'écriture ou de fond ne sont pas mentionnées ici, bien qu'elles soient disponibles. En effet, la normalisation Windows veut que seuls les champs où l'utilisateur peut saisir des données soit encadrés et que les étiquettes soient écrites sans encadrement en couleur noire sur la couleur de fond de la feuille (en principe gris ou blanc).

Propriété par défaut

Pour abréger l'écriture de vos programmes, vous pouvez omettre la propriété *Caption* car c'est la propriété par défaut du contrôle Étiquette. Ainsi, les deux écritures ci-dessous sont donc rigoureusement équivalentes :

```
Etiq1.Caption = "N° de Fax : "
Etiq1 = "N° de Fax : "
```

Propriétés DataSource et DataField

Ces propriétés, qui permettent d'assurer un lien automatique avec une base de données, seront étudiées au Chapitre 11 concernant les bases de données.

Le contrôle Zone de texte (TextBox)

Description

Les zones de texte ressemblent fort aux étiquettes, avec une différence fondamentale toutefois : leur contenu est **modifiable** par l'utilisateur. Les données saisies peuvent être aussi bien numériques qu'alphanumériques.

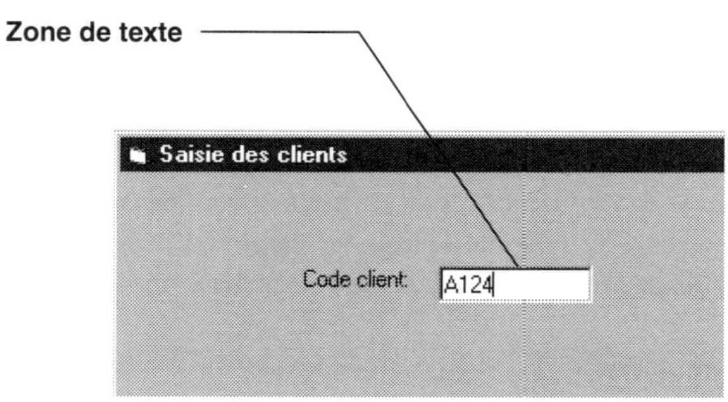

Propriétés usuelles du contrôle Zone de texte

Propriété	Valeur	Description
Alignment	*0*	Aligné à gauche (pour du texte)
	1	Aligné à droite (pour des nombres)
	2	Centré
BorderStyle	*0*	Pas de bordure
	1	Bordure simple
Enabled	*True ou False*	Affichage en grisé si faux
FontBold	*True ou False*	Gras
FontItalic	*True ou False*	Italique

FontName		Nom de la police de caractères : par défaut "MS Sans Serif"
FontSize		Taille de la police : par défaut 8
FontStrikethru	*True ou False*	Barré (peu ou pas d'utilité)
FontUnderline	*True ou False*	Souligné
MaxLength	*Nombre*	Nombre maximal de caractères qui pourront être saisis dans la zone de texte
Multiline	*True ou False*	Autorise plusieurs lignes dans une zone de texte
Name	*Texte*	Nom du contrôle Zone de texte
PasswordChar	*1 caractère*	Caractère affiché dans un mot de passe
ScrollBars	*0*	Pas de barre de défilement
	1	Barre de défilement horizontale
	2	Barre de défilement verticale
	3	Les deux barres de défilement
TabIndex	*Nombre*	Numéro du champ dans l'ordre des tabulations
TabStop	*True ou False*	Arrêt sur la zone de texte ou non en cas de tabulation
Text		Ce qui sera affiché dans le contrôle
Visible	*True ou False*	Invisible à l'affichage si faux

Style d'écriture

Le style d'écriture se modifie de la même façon que pour les étiquettes. Et là aussi, il est fortement conseillé de conserver le style standard proposé par Microsoft.

Encadrement

La règle veut que les zones de texte aient un fond blanc et qu'elles soient encadrées d'une bordure rectangulaire fine (propriété *BorderStyle* égale à 1 au lieu de 0). Cela afin que l'utilisateur identifie instantanément les champs qu'il a la responsabilité de remplir. S'il vous plaît, pour son confort, respectez cette règle !

Multiligne

Les zones de texte permettent de saisir des textes longs, jusqu'à 2 048 caractères si la propriété *MultiLine* vaut *False*. Mais si vous donnez la valeur *True* à la propriété *MultiLine*, l'utilisateur pourra saisir jusqu'à 32 000 caractères. Dans ce cas, il faut prévoir l'affichage d'un ascenseur dans la zone de texte. Mettez la valeur "2" dans la propriété *ScrollBars* pour que s'affiche automatiquement un ascenseur vertical.

Une petite remarque pour l'utilisateur : s'il veut passer à la ligne suivante à l'intérieur d'une zone de texte multiligne, il lui faudra taper sur la touche "Entrée". Normal, me direz-vous, mais qu'en sera-t-il si l'un des boutons de la fenêtre est déjà associé à la touche "Entrée", ce qui sera le cas si la propriété *Default* de l'un des boutons de la feuille vaut *True* ?

Dans ce cas, l'utilisateur devra taper :

- simultanément sur "Ctrl" et sur "Entrée" s'il veut passer à la ligne suivante à l'intérieur de sa zone de texte,
- simplement sur "Entrée" s'il veut simuler un clic sur le bouton par défaut.

Finalement, une zone de texte multiligne ressemble à un mini-traitement de texte (limité toutefois à 32.000 caractères) que l'on peut très facilement intégrer dans n'importe quelle feuille. On peut même y ajouter un menu avec les options *copier-couper-coller* moyennant quelque peu de programmation supplémentaire.

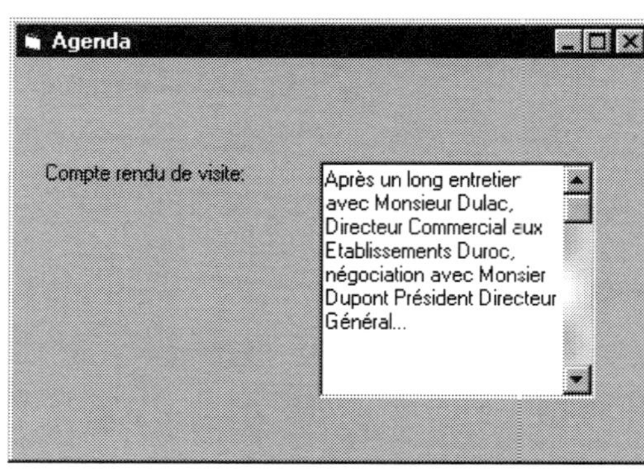

Longueur maximale

Grâce à la propriété *MaxLength*, vous pouvez limiter le nombre de caractères que l'utilisateur saisira dans une zone de texte. Fort utile pour la saisie d'une référence d'article limitée à quatre caractères par exemple, ou pour limiter le nombre de caractères saisis dans un nom de client.

Un petit conseil : afin que votre zone de texte ait la largeur suffisante pour que l'on puisse y voir tous les caractères saisis, remplissez à titre de test votre zone de texte avec une série de caractères "W", c'est le caractère le plus large de l'alphabet.

Ci-dessous, on voit que la zone de texte est trop courte pour contenir un nom de dix caractères :

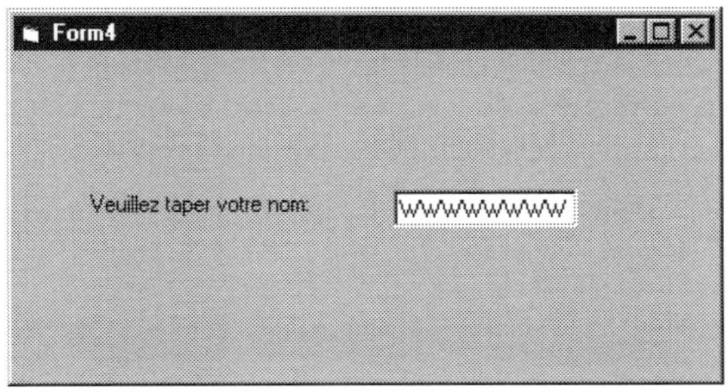

Tabulations

Si votre feuille comporte plusieurs contrôles sur lesquels l'utilisateur peut agir (zones de texte, boutons, listes, cases à cocher...), la touche de tabulation permet de passer d'un contrôle au contrôle suivant ou au précédent, si on la combine avec la touche majuscule.

Voilà une fonctionnalité extrêmement utile dans le domaine de la gestion où il est fréquent de faire de la saisie intensive rapide, les cadences atteignant souvent 10 000 caractères à l'heure, soit 3 caractères à la seconde ! Dans ce contexte, il est évident que l'on ne peut pas demander à l'utilisateur d'utiliser sa souris pour pointer l'une après l'autre les zones de texte à saisir. La touche de tabulation va donc être utilisée de façon courante.

Dans Visual Basic, tout contrôle – sauf les contrôles non interactifs comme les étiquettes – est doté de deux propriétés qui permettent de gérer la tabulation : *TabIndex* et *TabStop*.

La propriété *TabIndex* contient le numéro d'ordre du contrôle dans la séquence de tabulation. En principe, l'ordre naturel de tabulation auquel s'attend tout utilisateur correspond au sens de lecture en vigueur dans la culture de son pays. Dans nos pays européens : de haut en bas et de gauche à droite. Cependant, Visual Basic affecte une valeur par défaut à la propriété *TabIndex* : le premier contrôle – chronologiquement – créé dans la feuille porte le numéro 1, le second porte le numéro 2... Alors, n'oubliez pas de rétablir l'ordre de tabulation correct en modifiant vous-même le contenu de *TabIndex*.

Dans certains cas particuliers, on aura intérêt à optimiser la vitesse de saisie en sautant certains contrôles dans l'ordre des tabulations. Par exemple, les boutons ou certaines zones de texte rarement saisies. Pour sauter un contrôle, il suffit de donner la valeur *False* à sa propriété *TabStop* pour qu'il n'y ait pas d'arrêt sur ce contrôle.

Notez que vous pouvez même modifier dynamiquement ces deux propriétés par programme, en fonction par exemple de ce qui vient d'être saisi.

Désactivation

Une zone de texte peut être activée ou désactivée selon que sa propriété *Enabled* prend la valeur *True* ou *False*. En général, une zone de texte est activée, mais si elle ne l'est pas (propriété *Enabled* à *False*), elle s'affichera en couleur grisée et il sera impossible à l'utilisateur d'accéder au champ pour y saisir une donnée. De nombreux autres contrôles disposent de cette même propriété.

Voici un exemple montrant une étiquette et une zone de texte désactivées... et pour cause :

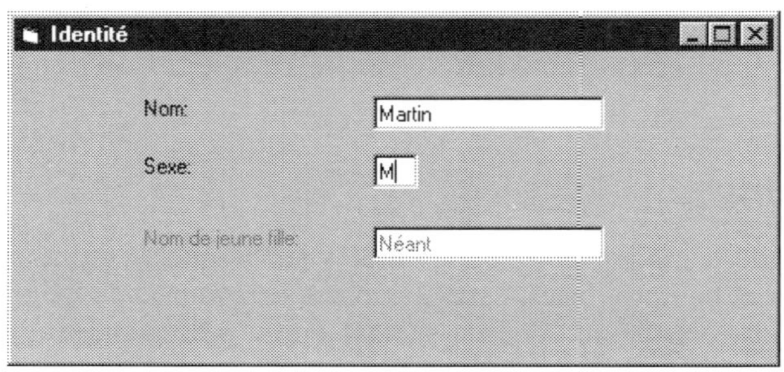

Mot de passe

Vous pouvez utiliser un contrôle Zone de texte pour saisir un mot de passe qui ne doit être vu de personne : tous les caractères que l'utilisateur saisira dans cette zone de texte seront systématiquement affichés sous forme du caractère "*", si toutefois le programmeur a donné la valeur "*" à la propriété *PasswordChar*. Ce qui donnera, par exemple :

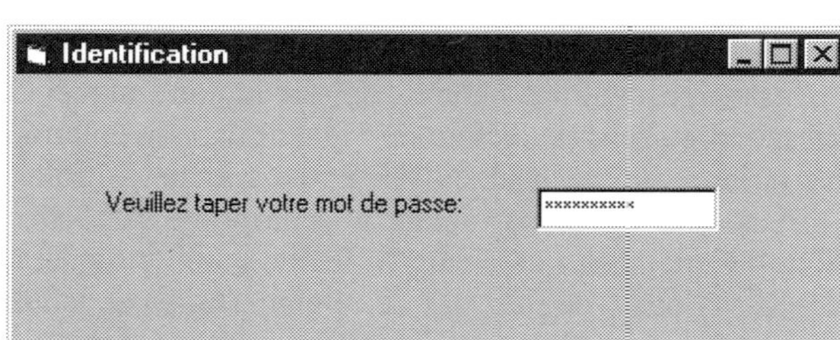

Touches d'accès direct

Autre possibilité des zones de texte : vous pouvez permettre à l'utilisateur de placer directement le curseur dans telle ou telle zone de texte sans avoir besoin de la souris. Cette technique, fort appréciée par ceux qui ont la phobie des souris, s'appelle la technique des *touches d'accès direct*. A toute zone de texte, vous allez associer une lettre de l'alphabet qu'il suffira de taper au clavier en même temps que la touche "Alt" pour y placer directement le curseur. Ci-dessous, on pourra taper "Alt P" pour placer le curseur dans le champ "Prénom" :

Pour programmer cette touche d'accès, il suffit d'insérer le caractère "&" dans la propriété *Caption* de l'étiquette qui précède la zone de texte dans l'ordre des tabulations. La lettre en question apparaîtra soulignée à l'écran, comme ci-dessus les lettres "I", "N" et "P".

Rappelons que vous pouvez agir sur l'ordre de tabulation des zones de texte et des étiquettes en modifiant leur propriété *TabIndex*.

Propriétés DataSource, DataField et DataChanged

Ces propriétés, qui permettent d'assurer un lien automatique avec une base de données, seront étudiées dans le Chapitre 11 concernant les bases de données.

Le contrôle Bouton de commande (CommandButton)

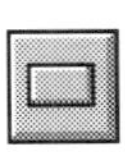

Description

C'est le contrôle fétiche, celui qui a fait le succès des interfaces graphiques depuis l'ère du Macintosh ! Il est d'une simplicité extrême à déclarer dans une feuille et aussi à programmer. Voici un exemple des deux boutons les plus communs :

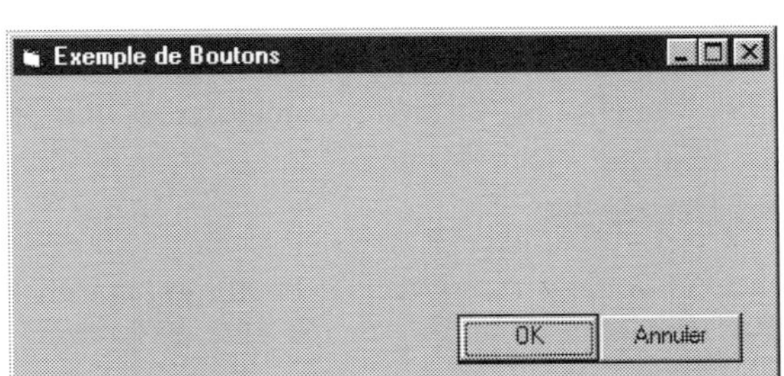

Une petite remarque : parmi ces deux boutons, l'un a le "focus". C'est-à-dire qu'il est sélectionné, c'est le bouton "OK". Le focus est repérable par le rectangle en pointillé qui entoure le texte. Si l'utilisateur appuie sur la touche "Entrée" du clavier, sans utiliser la souris, cela équivaudra à un "clic" sur le bouton qui a le focus, le bouton "OK".

Propriétés usuelles du contrôle Bouton de commande

Propriété	Valeur	Description
Cancel	*True ou False*	Si vrai, la touche "Echap" équivaut à un clic sur ce bouton
Caption	*Texte*	Le texte qui sera affiché dans le bouton
Default	*True ou False*	Si vrai, la touche "Entrée" équivaut à un clic sur ce bouton
Enabled	*True ou False*	Si faux, le bouton est désactivé et affiché en grisé
FontBold	*True ou False*	Gras
FontItalic	*True ou False*	Italique
FontName		Nom de la police de caractères du texte dans le bouton : par défaut "MS Sans Serif"
FontSize		Taille de la police : par défaut 8
FontStrikethru	*True ou False*	Barré (peu ou pas d'utilité)
FontUnderline	*True ou False*	Souligné
Name	*Texte*	Nom du contrôle Bouton
TabIndex	*Nombre*	Numéro du contrôle dans l'ordre des tabulations
TabStop	*True ou False*	Arrêt sur le bouton ou non en cas de tabulation
Visible	*True ou False*	Invisible à l'affichage si faux

Nom du bouton

Pour ne pas multiplier inutilement les noms, il est conseillé de choisir comme nom de bouton (propriété *Name*) le mot qui s'affichera dans le bouton lui-même (propriété *Caption*). N'oubliez pas de mettre en majuscule l'initiale de ce mot.

Contenu des boutons

La police de caractères du texte inscrit dans le bouton est modifiable ainsi que sa taille et sa couleur, mais mieux vaut ne pas trop faire de fantaisie et se contenter des valeurs par défaut. Quant à la couleur de fond du bouton, c'est simple : il est impossible de la modifier.

Les images ou icônes dans les boutons sont possibles et même recommandables à condition d'être plus faciles à déchiffrer que du texte. Vous pouvez, de la sorte, améliorer l'aspect intuitif de l'interface utilisateur : "un bon dessin vaut mieux qu'un long discours" ou une bonne icône vaut souvent mieux qu'un ou plusieurs mots écrits dans un bouton.

Application : d'après vous, lequel de ces deux boutons l'utilisateur décodera-t-il le plus rapidement ?

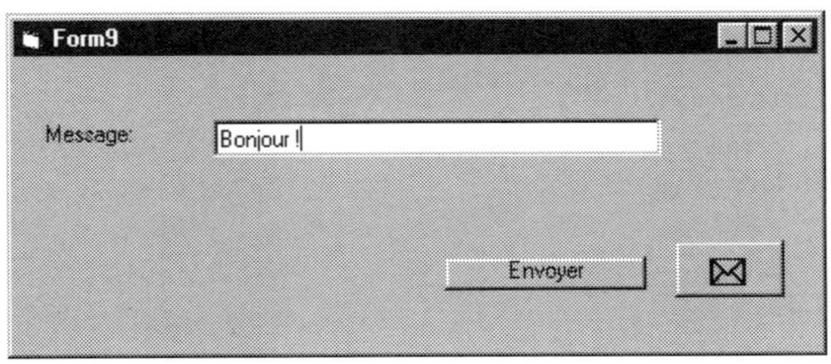

La petite enveloppe a été réalisée tout simplement en tapant le caractère "*" en police *Windings* de taille 14. D'autres graphismes existent dans cette police.

Vous pouvez même placer des images **animées** dans les boutons. Je ne peux malheureusement pas vous en faire la présentation dans un livre ! Mais ce n'est pas très grave car ce gadget, s'il est assez spectaculaire, n'est pas forcément très utile.

Touches d'accès direct

Autre remarque, le premier "n" du mot "Annuler" est souligné. Cela signifie la présence d'une touche d'accès direct : au lieu de cliquer sur le bouton "Annuler", l'utilisateur pourra, s'il le préfère, appuyer sur les touches "Alt" et "N". Comme pour les zones de texte, lorsque vous saisirez le mot "Annuler" (dans la propriété *Caption* du contrôle Bouton de Commande), tapez simplement le caractère "&" avant la lettre qui sert de touche d'accès direct ; on a donc tapé ici "A&nnuler".

Boutons par défaut

Et pour en terminer avec ce contrôle, voici deux propriétés que je vous recommande particulièrement d'utiliser :

- ***Cancel*** : si, pour l'un des boutons de votre feuille, vous donnez la valeur *True* à sa propriété *Cancel*, la touche "Echap" équivaudra à un clic sur le bouton en question,

- ***Default*** : si, pour l'un des boutons de votre feuille, vous donnez la valeur *True* à sa propriété *Default*, la touche "Entrée" équivaudra à un clic sur le bouton en question.

Sachant que tout utilisateur de logiciels Windows a, consciemment ou non, le réflexe d'appuyer sur "Echap" pour abandonner une action en cours et sur "Entrée" pour la valider, vous n'avez guère le choix : donnez toujours la valeur *True* à la propriété *Cancel* du bouton "Annuler" et la valeur *True* à la propriété *Default* du bouton "OK".

Le contrôle Case à cocher (CheckBox)

Description

Ce contrôle permet à l'utilisateur de saisir d'un simple clic une donnée booléenne, c'est-à-dire une donnée qui peut être soit **vraie**, soit **fausse**. En réalité, ce contrôle peut prendre non pas deux mais trois valeurs :

- la valeur **vraie** qui est symbolisée par une petite marque,
- la valeur **fausse** qui est symbolisée par la case vide,
- la valeur **"je ne sais pas"** symbolisée par une marque grisée dans la case.

Voici trois exemples de cases à cocher.

Vous voyez ci-dessous que la case "Permis de conduire" est cochée, tandis que la case "Imprimer" ne l'a pas été et la case "Effacer" est restée à l'état "je ne sais pas" :

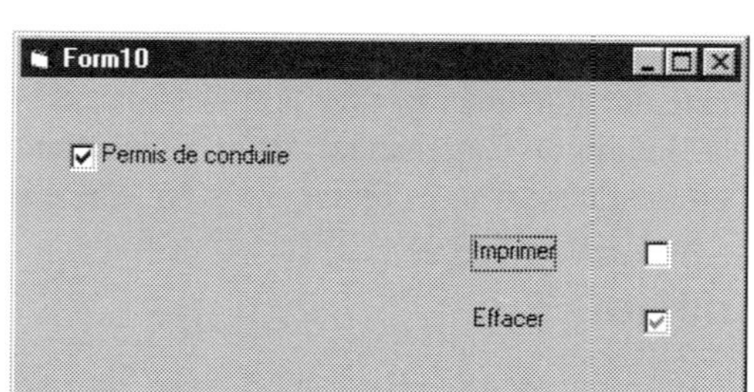

Propriétés usuelles du contrôle Case à cocher

Propriété	Valeur	Description
Alignment	*0*	La case à cocher est à gauche du texte
	1	La case à cocher est à droite du texte
Caption	*Texte*	Ce qui sera affiché à côté de la case
Enabled	*True ou False*	Si faux : désactivé et affichage en grisé
FontBold	*True ou False*	Gras
FontItalic	*True ou False*	Italique
FontName		Nom de la police de caractères du texte affiché : par défaut "MS Sans Serif"
FontSize		Taille de la police : par défaut 8
FontStrikethru	*True ou False*	Barré (peu ou pas d'utilité)
FontUnderline	*True ou False*	Souligné
Name	*Texte*	Nom du contrôle Case à cocher
TabIndex	*Nombre*	Numéro du contrôle dans l'ordre des tabulations
TabStop	*True ou False*	Arrêt sur le contrôle ou non en cas de tabulation
Value	*0*	La case n'est pas cochée
	1	La case est cochée d'une croix
	2	La case est grisée
Visible	*True ou False*	Invisible à l'affichage si faux

Texte associé

Notez bien que le texte associé fait partie intégrante du contrôle (ce n'est donc pas un contrôle Étiquette qui aurait été ajouté). La case à cocher peut être positionnée à droite ou à gauche du texte selon la valeur de la propriété *Alignment* : "0 - à gauche" et "1 - à droite".

Dans l'exemple ci-dessus, la propriété *Alignment* de la première case à cocher vaut "0" et "1" pour les deux autres.

Propriétés DataSource, DataField et DataChanged

Ces propriétés, qui permettent d'assurer un lien automatique avec une base de données seront étudiées dans le Chapitre 11 concernant les bases de données.

Le contrôle Case d'option (OptionButton)

Description

Voici encore un contrôle qui permet de saisir une donnée booléenne vraie ou fausse. La différence par rapport aux cases à cocher, c'est que si vous dessinez plusieurs cases d'option dans la même fenêtre, **une et une seule** de ces cases d'option pourra être choisie par l'utilisateur. Elles sont donc exclusives l'une de l'autre. Les cases d'option sont aussi appelées *boutons radio.*

Dans l'exemple ci-dessous, la couleur peut être soit bleue, soit rouge, soit jaune. L'utilisateur ne pourra pas sélectionner plusieurs couleurs à la fois.

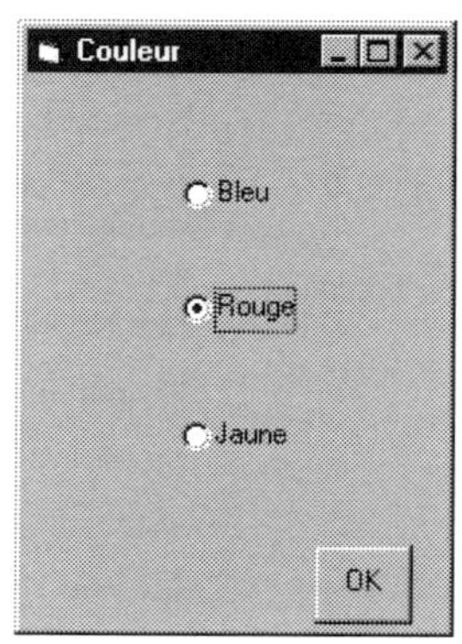

Dans vos programmes, vous saurez quelle case a été choisie en testant le contenu de la propriété *Value* de chacune des cases d'option. Elle sera égale à *True* si la case a été choisie et à *False* sinon.

Voici un exemple de programmation où les trois cases d'option s'appellent "CouleurBleue", "CouleurRouge" et "CouleurJaune". Puisque la propriété par défaut d'une case d'option est la propriété *Value*, on peut alléger l'écriture en remplaçant "CouleurBleue.Value" par "CouleurBleue" :

```
Private Sub OK_Click()
  If CouleurBleue Then
    MsgBox "Vous avez choisi le bleu."
  ElseIf CouleurRouge Then
    MsgBox "Vous avez choisi le rouge."
  ElseIf CouleurJaune Then
    MsgBox "Vous avez choisi le jaune."
  End If
End Sub
```

Attention aux choix figés

Lorsque vous concevez des groupes de cases d'options dans vos feuilles, assurez-vous que le nombre de choix possibles est **strictement figé**. Car si dans la vie de votre application, il est nécessaire à un moment donné de modifier l'une des trois couleurs (dans notre exemple) ou bien d'en ajouter une quatrième, il faudra faire appel au programmeur ! Ce qui signifie que votre programme ne sera pas indépendant des données : c'est un véritable sacrilège car le grand principe informatique de l'indépendance des données par rapport aux programmes n'est plus respecté.

En conséquence, réservez la convivialité indiscutable des cases d'options lorsque vous avez par exemple un choix du genre Homme/Femme, qui ne risque pas d'évoluer avant longtemps...

Propriétés usuelles du contrôle Case d'option

Propriété	Valeur	Description
Alignment	*0*	La case d'option est à gauche du texte
	1	La case d'option est à droite du texte
Caption	*Texte*	Ce qui sera affiché à côté de la case
Enabled	*True ou False*	Si faux : désactivé et affichage en grisé
FontBold	*True ou False*	Gras
FontItalic	*True ou False*	Italique
FontName		Nom de la police de caractères du texte affiché : par défaut "MS Sans Serif"
FontSize		Taille de la police : par défaut 8
FontStrikethru	*True ou False*	Barré (peu ou pas d'utilité)
FontUnderline	*True ou False*	Souligné
Name	*Texte*	Nom du contrôle Case d'option
TabIndex	*Nombre*	Numéro du contrôle dans l'ordre des tabulations
TabStop	*True ou False*	Arrêt sur le contrôle ou non en cas de tabulation
Value	*True*	L'option est validée
	False	L'option n'est pas validée
Visible	*True ou False*	Invisible à l'affichage si faux

Ces propriétés sont les mêmes que celles des cases à cocher, à l'exception de la propriété *Value* qui ne peut prendre que les valeurs *True* et *False* et non plus les valeurs "0", "1" et "2".

Le contrôle Cadre (Frame)

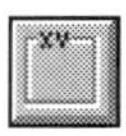

Description

Le contrôle Cadre est un contrôle qui est surtout utilisé avec les cases d'option. Il est indispensable lorsque, dans une même feuille, on veut placer plusieurs groupes de cases d'option qui doivent être **indépendants**.

Supposons que l'on demande à l'utilisateur de sélectionner **une et une seule** couleur parmi plusieurs couleurs et **une et une seule** taille parmi plusieurs tailles. Dans ce cas, vous devrez entourer chaque ensemble de cases d'options par un rectangle : c'est ce rectangle qui s'appelle un contrôle Cadre. C'est un contrôle à part entière de Visual Basic. En l'absence de ce contrôle, l'utilisateur aurait pu choisir n'importe quoi, par exemple 1 couleur et 2 tailles ou encore 2 couleurs et 0 taille.

Ci-dessous, les mots "Couleur" et "Taille" ne sont pas des contrôles Étiquette rajoutés, mais ils font partie intégrante du contrôle Cadre.

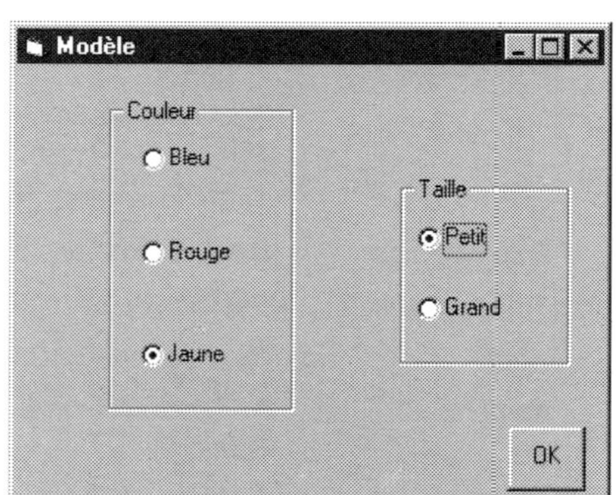

Autre utilisation des contrôles Cadre : ils peuvent être utilisés à titre purement décoratif. Le contrôle Cadre servira alors simplement à permettre une lecture plus aisée de la feuille, celle-ci étant structurée en plusieurs parties. Une feuille contenant de très nombreux champs gagnera à être décomposée visuellement ainsi en plusieurs sous-ensembles.

Propriétés usuelles du contrôle Cadre

Propriété	Valeur	Description
Caption	*Texte*	Ce qui sera affiché en haut à gauche du cadre
FontBold	*True ou False*	Gras
FontItalic	*True ou False*	Italique
FontName		Nom de la police de caractères du texte affiché : par défaut "MS Sans Serif"
FontSize		Taille de la police : par défaut 8
FontStrikethru	*True ou False*	Barré (peu ou pas d'utilité)
FontUnderline	*True ou False*	Souligné
Name	*Texte*	Nom du contrôle Cadre
Visible	*True ou False*	Invisible à l'affichage si faux

Les contrôles Barres de défilement horizontal et vertical (HorizontalScrollBar et VerticalScrollBar)

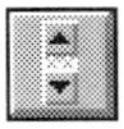

Relativement peu utilisées dans le domaine de la gestion, les barres de défilement permettent à l'utilisateur de déplacer un curseur. Le résultat dans le programme sera la propriété *Value* qui contiendra un nombre compris dans la fourchette 0 à 32 768, proportionnellement au déplacement du curseur. Cette fourchette peut être modifiée par les propriétés *Min* et *Max*.

Le contrôle Forme (Shape)

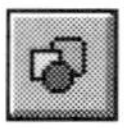

Pour améliorer la présentation de vos feuilles, voici de quoi dessiner des carrés, des rectangles, avec coins arrondis ou non, ainsi que des cercles et des ovales. L'épaisseur du trait ainsi que le remplissage sont réglables à volonté...

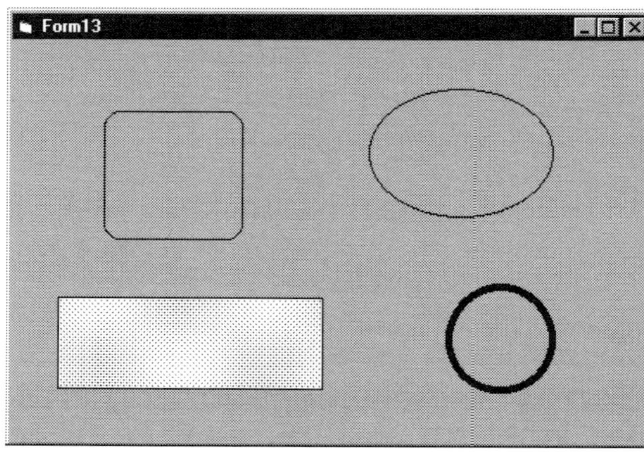

Le contrôle Ligne (Line)

Voici encore un contrôle qui sert à améliorer la présentation. Lignes droites, obliques, pleines, pointillées sont possibles.

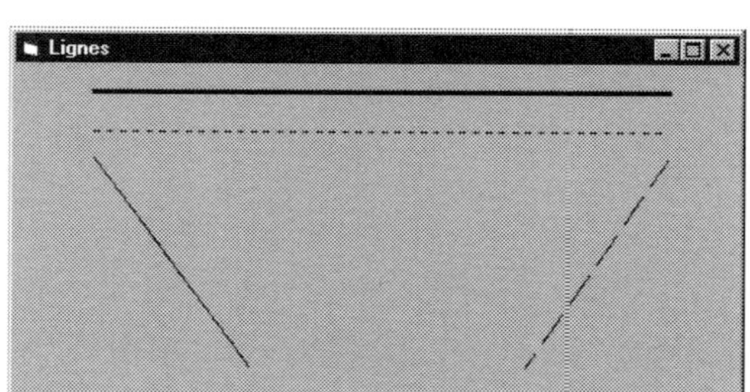

Les contrôles Dessin et Zone d'image (PictureBox et Image)

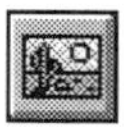

Fort peu utilisés en gestion, voici deux contrôles qui permettent d'afficher des graphismes à l'écran. On peut éventuellement les utiliser pour afficher le logo de l'entreprise au moment de l'ouverture de la feuille principale de l'application. Mais il faut savoir que cela prend de la place en mémoire et aussi du temps de chargement : de l'ordre d'une ou deux secondes, ce qui n'est pas négligeable. Les différences entre ces deux contrôles sont assez subtiles et ne présentent pas d'intérêt par rapport à l'objectif de ce livre qui est de traiter d'applications de gestion.

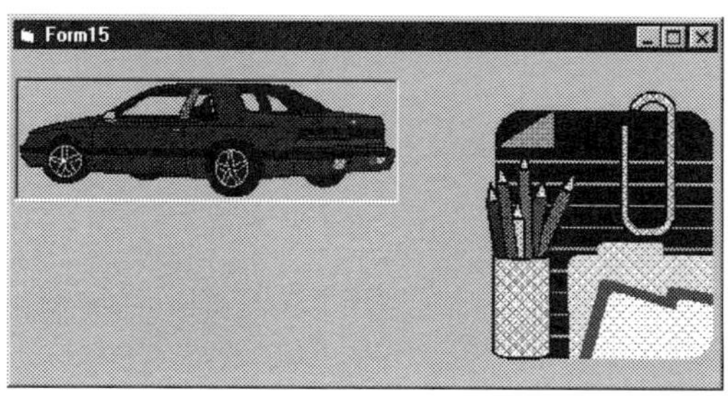

9

LES CONTROLES LISTE MODIFIABLE ET ZONE DE LISTE

Le contrôle Liste modifiable (ComboBox)

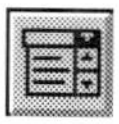

Voici un contrôle très puissant. Il permet à l'utilisateur de choisir un élément dans une liste. L'exemple ci-dessous permet de choisir une couleur.

Si l'utilisateur clique sur le bouton contenant la flèche orientée vers le bas, la liste des choix disponibles se déroule automatiquement comme ci-dessous.

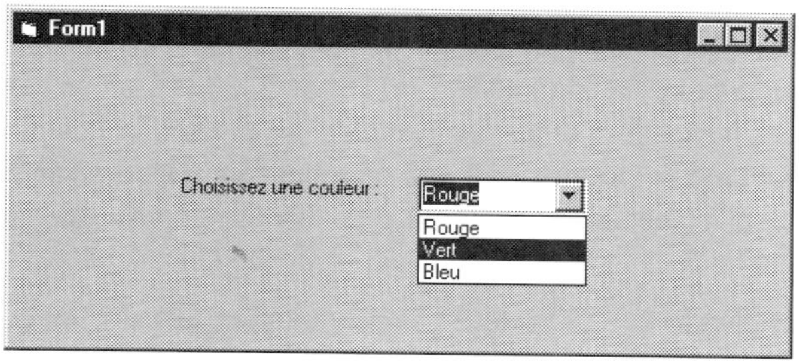

Si la liste est trop longue pour être déroulée dans la fenêtre, un ascenseur vertical s'affichera non moins automatiquement.

Côté programmation, il faudra préalablement charger la liste déroulante avec des constantes ou même des variables. Il suffira d'écrire les lignes suivantes, par exemple dans la procédure *DropDown* du contrôle Liste modifiable baptisé "LM" :

```
Sub LM_DropDown ()
    LM.AddItem "Rouge"
    LM.AddItem "Vert"
    LM.AddItem "Bleu"
End Sub
```

Vous voyez que ce n'est pas surhumain ! Tout contrôle Liste modifiable a, en fait, plusieurs styles, ou plusieurs variantes si vous préférez.

- Le "Style 0", appelé "Liste modifiable déroulante", permet à l'utilisateur, si aucun élément de la liste ne lui convient, de saisir au clavier une valeur qui n'est pas dans la liste, d'où le terme de *liste modifiable*. Mais attention, ce terme peut aussi être trompeur, car la liste ne sera pas pour autant modifiée lors du prochain appel ! Elle ne contiendra pas le nouvel élément saisi.
- Avec le "Style 1", appelé "Liste modifiable simple", on peut aussi choisir un élément de la liste ou alors saisir soi-même une donnée. La différence par rapport au "Style 0" réside dans l'absence du bouton avec la petite flèche vers le bas. Alors, me direz-vous, comment va faire l'utilisateur pour visualiser les différents choix possibles ? Il devra utiliser les touches "flèche vers le bas" et "flèche vers le haut" de son clavier pour afficher une à une les différentes valeurs chargées dans la liste. Moins commode, à mon avis, que le "Style 0".
- Avec le "Style 2", on obtient une liste déroulante non modifiable : ce sera donc comme le "Style 0" mais l'utilisateur devra se contenter des possibilités offertes dans la liste ; il lui sera donc impossible de saisir au clavier une valeur à lui. On a donc affaire à une liste modifiable... non modifiable. Sacré Bill Gates !

Mais en contrepartie de la "directivité" du "Style 2", l'utilisateur bénéficiera d'un petit gadget bien agréable, s'il tape un caractère au clavier, la liste se positionnera automatiquement sur le premier élément commençant par le caractère tapé. Très commode pour effectuer un choix dans une liste longue de quelques centaines d'éléments !

En résumé, les "Style 0" et "Style 2" seront souvent utilisés, mais, attention, il sera très important de choisir entre les deux : allez-vous permettre à l'utilisateur de saisir une valeur qui n'est pas dans la liste ?

Vous pouvez voir ci-dessous que le style 1 n'a pas de bouton.

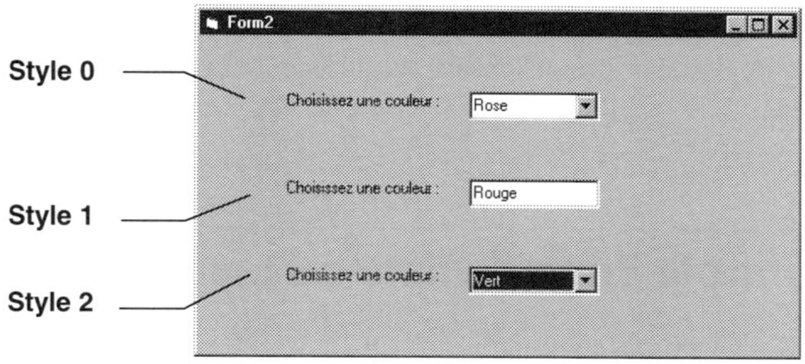

Le contrôle Zone de liste (ListBox)

Ce contrôle est encore un autre moyen de choisir dans une liste. Impossible dans ce contrôle de saisir au clavier une donnée non prévue dans la liste.

En revanche, il est possible d'effectuer un choix multiple. Dans le premier exemple ci-dessous, seule la valeur "Bleu" a été choisie, alors que dans le deuxième exemple, les valeurs "Jaune" "Violet" et " Blanc" ont pu être choisies grâce à la propriété *Multiselect* qui vaut 2 dans cet exemple.

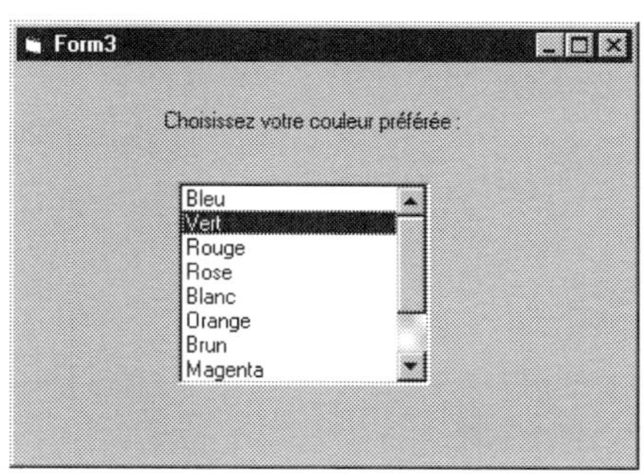

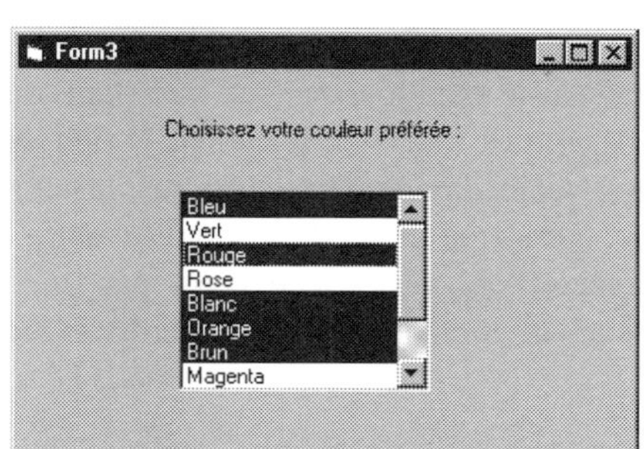

Les zones de liste ne disposent pas d'un bouton avec flèche. Au minimum deux ou trois valeurs doivent être affichées, ce qui occupera forcément plus de place dans la feuille.

Remplir un contrôle Zone de liste ou Liste modifiable

Le remplissage d'une liste modifiable se fera :

- ou bien au niveau de la feuille lors d'un événement *Load* ou *Activate*,
- ou bien au niveau de la liste déroulante lors d'un événement *DropDown*.

Le remplissage d'une zone de liste ne devra se faire qu'au niveau de la feuille lors d'un événement *Load* ou *Activate*.

Pour remplir une liste, il suffit de lui ajouter des lignes à l'aide de la méthode *AddItem*. On pourra remplir la liste avec des constantes ou bien avec des données issues d'une table d'une base de données. Ne pas oublier de vider la liste avec la méthode *Clear* avant de la remplir à nouveau :

```
Sub List1_DropDown ()
  List1.Clear
  BD.RecordSource = "Select * from Livres where Auteur = 'Toto' "
  BD.Refresh
  Do While BD.Recordset.EOF = False
    List1.AddItem BD.Recordset("Titre")
    BD.Recordset.MoveNext
  Loop
End Sub
```

Vérifier une donnée saisie dans une liste modifiable de style 0

Il reste un petit problème de vérification à régler avec les listes modifiables de style 0. En effet, pour saisir une donnée dans une liste modifiable de style 0, l'utilisateur a deux possibilités : ou bien il choisit la donnée voulue en cliquant dans la liste, ou bien il saisit directement la donnée au clavier. Dans le second cas, il est possible que, par erreur de saisie, la donnée saisie ne figure pas dans la liste. Il est donc **impératif** de vérifier ce point par une petite procédure de validation qui se déclenchera lorsque le contrôle perdra le focus.

En voici un exemple ci-dessous, la liste modifiable s'appelle "ListeM", "i" est un compteur d'itérations :

```
Sub ListeM_LostFocus ()
    i = 0
    ' Recherche de ListeM.Text dans la liste
    Do While ListeM.List(i) <> ListeM.Text And i < ListeM.ListCount
        i = i + 1
    Loop
    ' Si pas trouvé dans la liste, alors message
    If i >= ListeM.ListCount Then
        MsgBox "Pas trouvé!"
        ListeM.SetFocus
    End If
End Sub
```

Affecter une valeur à un contrôle Liste modifiable

Si la liste modifiable est de **style 0**, il est très simple de lui affecter une valeur initiale par une instruction :

```
ListeM.Text = "Monsieur"
```

En revanche, si l'on a affaire à une liste modifiable de **style 2**, le problème est plus délicat car l'instruction ci-dessus est interdite. C'est normal, car une liste modifiable de style 2 est en réalité une liste non modifiable !

Il faudra donc passer par une petite procédure, comme ci-dessous, pour initialiser la liste modifiable "ListeM" à la valeur "ValeurInit". On est obligé de balayer la liste pour y rechercher "ValeurInit". On arrête le balayage dès que l'on a trouvé la ligne recherchée. A ce moment, on positionne la liste sur la ligne trouvée.

```
i = 0
Do While ListeM.List(i) <> ValeurInit And i < ListeM.ListCount
    i = i + 1
Loop
ListeM.ListIndex = i
```

Remplir une liste en cliquant dans une autre liste

Connaissez-vous le principe des vases communicants ? C'est ce même principe qu'il est parfois utile de mettre en pratique dans une application Visual Basic.

Vous avez deux listes dans une même feuille, généralement deux contrôles de type Zone de liste. L'utilisateur doit pouvoir sélectionner une ligne d'une liste, puis la copier ou la déplacer dans l'autre liste. Voici un exemple :

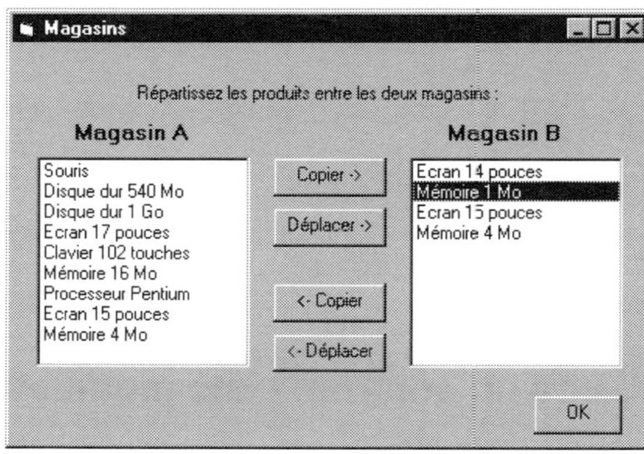

La programmation des boutons de copie et de déplacement est élémentaire :

```
Private Sub CopierAB_Click()
  MagasinB.AddItem MagasinA
End Sub
```

```
Private Sub DéplacerAB_Click()
  MagasinB.AddItem MagasinA
  MagasinA.RemoveItem MagasinA.ListIndex
End Sub
```

```
Private Sub CopierBA_Click()
  MagasinA.AddItem MagasinB
End Sub
```

```
Private Sub DéplacerBA_Click()
  MagasinA.AddItem MagasinB
  MagasinB.RemoveItem MagasinB.ListIndex
End Sub
```

10

LE CONTROLE GRILLE

Le principe des grilles

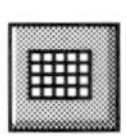

Le contrôle Grille permet d'afficher, dans une feuille, un tableau à plusieurs lignes et à plusieurs colonnes. Si le tableau est plus grand que l'emplacement que vous lui réservez dans la feuille, des ascenseurs se mettront en place automatiquement. Notez que les colonnes du tableau peuvent avoir des largeurs différentes.

Petit défaut du contrôle Grille : il est impossible d'y faire directement de la saisie au clavier, comme on le fait avec un tableur. Il faudra donc un peu de programmation pour le faire. Nous y reviendrons plus loin.

Autre défaut si vous n'utilisez pas la version 32 bits de Visual Basic, le contenu d'une grille ne doit pas dépasser 64 Kilo-octets, comme c'est le cas dans beaucoup d'autres contrôles. Ceci s'avère parfois insuffisant.

Le contrôle Grille fait partie des contrôles personnalisés, il faut donc l'ajouter à votre projet : cliquez sur le menu "Outils", option "Contrôles personnalisés", puis cochez "Microsoft Grid Control".

Voici un exemple de grille :

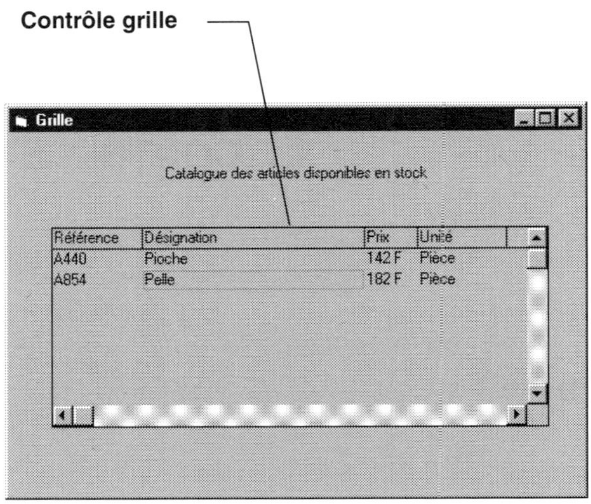

Propriétés des grilles

Les propriétés des grilles peuvent être modifiées par l'intermédiaire de la liste des propriétés figurant dans la fenêtre "Propriétés" ou alors, plus facilement, en sélectionnant la propriété *Custom* de cette même fenêtre des propriétés.

Nombre de lignes et de colonnes

Le nombre de lignes et de colonnes d'une grille est fixé par les propriétés *Rows* et *Cols* de la grille. Ces propriétés sont accessibles aussi bien dans la phase de programmation que dans la phase d'exécution. Toutes deux valent initialement 2.

Par exemple, pour indiquer pendant l'exécution que la grille nommée "Grille3" doit comporter 100 lignes et 8 colonnes, il faudra programmer :

```
Grille3.Rows = 100
Grille3.Cols = 8
```

Une autre façon d'ajouter une ligne à une grille consiste à utiliser la méthode *AddItem*, comme dans les zones de liste. Il faut obligatoirement y spécifier le contenu de la nouvelle ligne par une chaîne de caractères (constante ou variable). La ligne s'ajoutera en fin de grille si le numéro de ligne n'est pas spécifié.

```
Grille3.AddItem "Nom" & Chr(9) & NomSalarié, 12
```

L'instruction ci-dessus insère une ligne **avant** la ligne numéro 12. La première case de cette ligne contiendra la constante "Nom", la deuxième case contiendra la variable NomSalarié. Notez qu'il faut concaténer le caractère de tabulation (code Ascii = 9) pour passer d'une case à la suivante.

D'autre part, la méthode *RemoveItem* permet de supprimer la ligne dont le numéro est spécifié ; ci-dessous, on supprime la ligne 23.

```
Grille3.RemoveItem 23
```

Attention : la première ligne d'une grille porte le numéro 0 et non pas 1, ainsi que la première colonne !

Lignes et colonnes de titres

Il est possible de définir zéro, une ou plusieurs lignes de titre en haut de la grille. Ces lignes apparaîtront en grisé à l'écran. De plus il ne sera pas possible d'activer les cases situées dans ces lignes. C'est dans la propriété *FixedCols* d'un contrôle Grille que vous pouvez fixer le nombre de lignes de titre.

Le même principe existe pour fixer zéro, une ou plusieurs colonnes à gauche de la grille avec la propriété *FixedRows.*

Une grille doit toujours contenir au moins une ligne de plus que le nombre de lignes de titre fixées. Et ce sera bien sûr la même chose pour les colonnes :

- *Rows > FixedRows*
- *Cols > FixedCols*

Affichage et épaisseur des traits de quadrillage de la grille

Pour rendre invisible le quadrillage d'une grille, donnez la valeur *False* à sa propriété *GridLines*. Par défaut le quadrillage est visible, mais comme il a la même couleur grise que le fond de grille on ne le voit pas, sauf pour les lignes et colonnes de titre.

Vous pouvez modifier la propriété *GridLinesWidth* pour augmenter l'épaisseur des lignes de quadrillage. L'esthétique en sera fort douteuse...

Largeur d'une colonne et hauteur d'une ligne en Twips

Pour modifier la largeur d'une colonne ou la hauteur d'une ligne, vous avez accès aux propriétés *ColWidth* et *RowHeight*, mais uniquement dans les programmes et non pas dans la fenêtre Propriétés du contrôle Grille :

```
Grille1.ColWidth(3) = 125
Grille1.RowHeight(7) = 200
```

La dimension est indiquée en **twips**. Un twip est égal à un 567ième de centimètre.

La taille d'un twip est indépendante des dimensions en pixels de l'écran. Un pixel est le point le plus petit qui puisse être affiché sur l'écran. Par exemple, un écran utilisant le mode d'affichage VGA contient 640 pixels en largeur et 480 pixels en hauteur.

Pour spécifier la largeur et la hauteur de toutes les lignes et les colonnes d'une grille, on doit passer par une structure répétitive de type *For Next*. Voici un exemple pour une grille de 1 000 lignes et 20 colonnes :

```
Sub Form_Load ()
  'Ajustage de la hauteur des 1 000 lignes
  For i = 1 To 1000
    Grille.RowHeight(i) = 250
  Next

  'Ajustage de la largeur des 20 colonnes
  For i = 1 To 20
    Grille.ColWidth(i) = 800
  Next
End Sub
```

Choix de la case courante

Dans une grille, n'importe quelle case – sauf les cases de titre – peut être sélectionnée soit par un clic de l'utilisateur, soit par le programme. Cette case s'appelle la *case courante*.

Pour choisir la case courante dans un programme, il suffit de spécifier ses coordonnées dans les propriétés *Row* et *Col* de la grille (attention, ces propriétés n'ont pas de "s", cette fois-ci). Exemple :

```
Grille.Row = 5
Grille.Col = 3
```

Contenu de la case courante

C'est la propriété *Text* qui donne accès au contenu de la case courante. Cette propriété est accessible en lecture comme en écriture. On peut y transférer une constante comme une variable. Les trois instructions suivantes sont donc valides :

```
Grille3.Text = "Prénom"
Grille3.Text = Salaire
Nom = Grille3.Text
```

Alignement dans une colonne

Il est possible d'aligner les données d'une colonne entière – et non d'une ligne – vers la gauche, la droite ou au centre. Il suffit de donner la valeur :

- 0 : aligné à gauche (convient pour des données de type texte),
- 1 : aligné à droite (convient pour des données numériques),
- 2 : centré (convient pour des en-têtes de colonne),

aux propriétés :

- *FixedAlignment* pour la partie titre de la colonne,
- *ColAlignment* pour le reste de la colonne.

Voici un exemple d'utilisation de ces propriétés :

```
Sub Form_Load ()
  Grid1.Rows = 10
  Grid1.Cols = 10

  Grid1.Col = 1
  Grid1.Row = 0
  Grid1.Text = "AB"

  Grid1.Row = 1
  Grid1.Text = "CD"

  Grid1.FixedAlignment(1) = 0
  Grid1.ColAlignment(1) = 1
End Sub
```

Et voici le résultat :

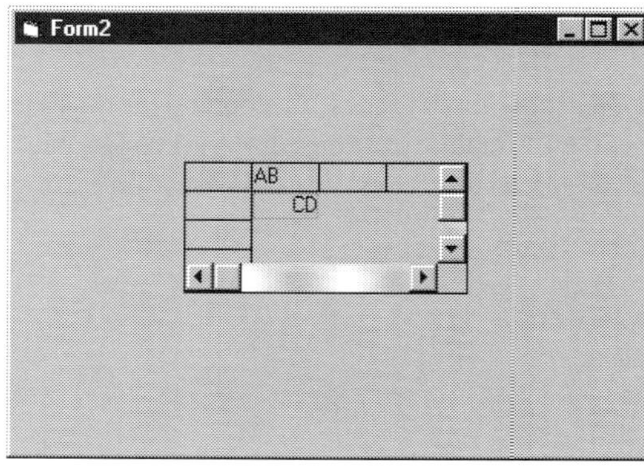

Positionnement de l'affichage sur une case donnée

Vous pouvez choisir par programme quelle case apparaîtra en haut à gauche de la grille. En d'autres termes, il s'agit de gérer par programme le défilement des ascenseurs de lignes et de colonnes. Si vous désirez positionner l'affichage de la grille à partir de la centième ligne et de la N^{ième} colonne, écrivez simplement :

```
Grille3.TopRow = 100
Grille3.LeftCol = N
```

Événements des grilles

Les événements les plus intéressants qui sont interceptés par Visual Basic dans un contrôle Grille sont les suivants :

Événement	Description
Click	L'utilisateur a cliqué dans l'une des cases de la grille.
DblClick	L'utilisateur a double-cliqué dans l'une des cases de la grille.
RowColChange	La case active a changé de ligne ou de colonne.
KeyPress	L'utilisateur a appuyé sur une touche du clavier, le code Ascii de cette touche est disponible dans le paramètre *KeyAscii* de la procédure d'événement.

Dans toutes les procédures associées à ces événements, les coordonnées de la case courante sont disponibles dans les propriétés *Row* et *Col*.

Nous avons évoqué plus haut le fait que la saisie d'une donnée dans une case n'était pas possible sans un petit peu de programmation. Voici le "petit peu" de programmation nécessaire :

```
Private Sub Grid1_DblClick()
  Grid1 = InputBox("")
End Sub
```

Ce n'est pas plus compliqué que cela. On charge le résultat de la fonction *InputBox* (qui permet de saisir une donnée dans une boîte de dialogue prédéfinie) dans la case courante de la grille nommée "Grid1". On aurait pu écrire "Grid1.Text" au lieu de "Grid1", mais la propriété *Text* est la propriété par défaut, alors ce n'est pas la peine de se fatiguer à l'écrire !

Deux exemples d'utilisation d'une grille

Exemple 1 : Afficher une table dans une grille

Une des utilisations les plus classiques d'une grille consiste à la remplir avec les données d'une table d'une base de données. Il est vrai que le contrôle DBGrid – que nous étudierons plus loin – le permet aussi et beaucoup plus facilement, cependant son automatisme ne permet pas de tout faire. Le contrôle Grille se révèle donc souvent indispensable. De plus le contrôle Grille est beaucoup plus rapide à l'exécution que le contrôle DBGrid.

Voici un exemple de chargement d'une table de base de données. Il a été programmé dans l'événement *Activate* de la feuille et non dans l'événement *Load* car celui-ci se produit trop tôt, avant que le contrôle Donnée nommé "Data1" ne soit chargé en mémoire.

C'est dans la structure répétitive *Do While... Loop* que vont se remplir une à une les lignes de la grille.

```
Sub Form_Activate ()
  'Choix des dimensions de la grille
  Grid1.Rows = 2
  Grid1.Cols = 2
  Grid1.FixedRows = 1
  Grid1.FixedCols = 0
  Grid1.ColWidth(0) = 3000
  Grid1.ColWidth(1) = 1400
```

```
    'Chargement du titre de la grille dans la première ligne
    Grid1.Row = 0
    Grid1.Col = 0
    Grid1.Text = "Titre du livre"
    Grid1.Col = 1
    Grid1.Text = "N°ISBN"

    'Chargement de la table
    Do While Not Data1.Recordset.EOF
       Titre = Data1.Recordset("Title")
       Numéro = Data1.Recordset("ISBN")
       Grid1.AddItem Titre & Chr(9) & Numéro
       Data1.Recordset.MoveNext
    Loop

    'Suppression de la ligne numéro 1 qui est toujours vide
    Grid1.RemoveItem 1
End Sub
```

Remarquez que l'on est obligé de supprimer en fin de programme la deuxième ligne (dont le numéro est égal à 1) restée vide. Ceci est dû à l'obligation d'avoir un écart d'une unité au moins entre *FixedRows* et *Rows*. L'affichage qui résulte de ce court programme donne ceci :

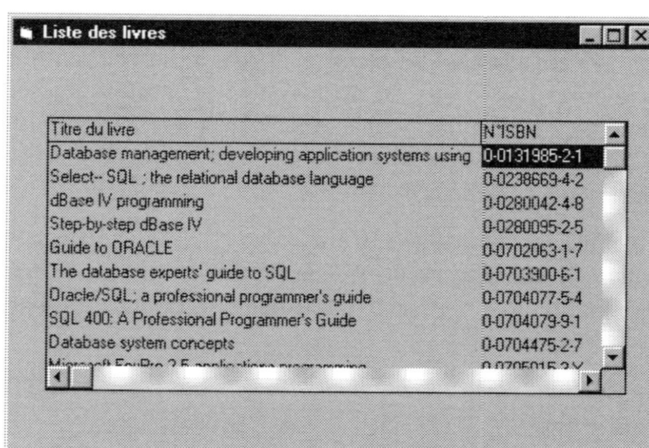

Exemple 2 : Un tableur simple

Voici un autre exemple où l'on a programmé un tableur simple mais efficace.

Il recalcule automatiquement les totaux dès que le contenu d'une case est saisi par un utilisateur. Ce qui sous-entend que ce programme permet de saisir le contenu d'une case directement au clavier.

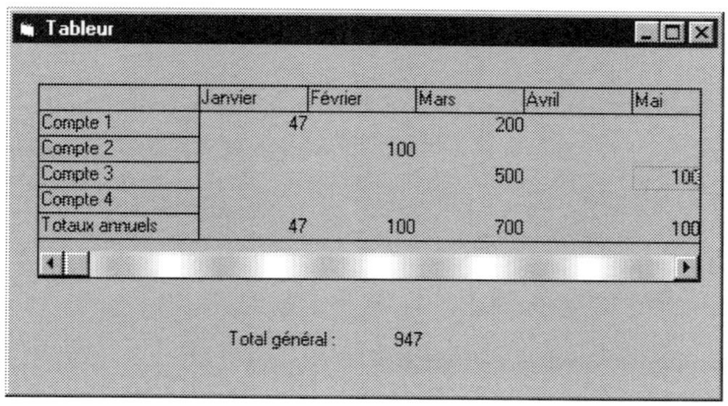


```
Sub Form_Activate ()
  'Dimensionnement initial de la grille
  Grid1.Rows = 6
  Grid1.Cols = 13
  Grid1.ColWidth(0) = 1500
  For i = 1 To 12
    Grid1.ColWidth(i) = 1000
    Grid1.ColAlignment(i) = 1
  Next

  'Chargement des en-têtes de ligne et de colonne
  Grid1.Row = 0
  Grid1.Col = 1
  Grid1 = "Janvier"
  Grid1.Col = Grid1.Col + 1
  Grid1 = "Février"
  Grid1.Col = Grid1.Col + 1
  Grid1 = "Mars"
  Grid1.Col = Grid1.Col + 1
  Grid1 = "Avril"
  Grid1.Col = Grid1.Col + 1
  Grid1 = "Mai"
  Grid1.Col = Grid1.Col + 1
  Grid1 = "Juin"
  Grid1.Col = Grid1.Col + 1
  Grid1 = "Juillet"
  Grid1.Col = Grid1.Col + 1
```

```
    Grid1 = "Août"
    Grid1.Col = Grid1.Col + 1
    Grid1 = "Septembre"
    Grid1.Col = Grid1.Col + 1
    Grid1 = "Octobre"
    Grid1.Col = Grid1.Col + 1
    Grid1 = "Novembre"
    Grid1.Col = Grid1.Col + 1
    Grid1 = "Décembre"

    Grid1.Col = 0
    For i = 1 To 4
      Grid1.Row = i
      Grid1 = "Compte " & i
    Next
    Grid1.Row = 5
    Grid1 = "Totaux annuels"
    TotGén = 0
    'Positionnement en début de grille
    Grid1.Row = 1
    Grid1.Col = 1
End Sub
```

```
Sub Grid1_DblClick ()
  ' Si l'on double-clique sur l'une des cases de la grille, on appelle
  ' le programme de saisie
  Call Saisie
End Sub
```

```
Sub Grid1_KeyPress (KeyAscii As Integer)
  ' Si l'on appuie sur une touche
  Select Case KeyAscii
  Case 13
    'Si l'on a appuyé sur Entrée, on appelle le programme de saisie
    Call Saisie
  Case 8
    'Si l'on a appuyé sur la touche Retour, on recalcule les totaux
    Call Calcul("")
  End Select
End Sub
```

```
Sub Saisie ()
  'Si l'on n'a pas choisi la ligne des totaux
  If Grid1.Row <> 5 Then
    'Saisie du nombre dans une InputBox
    Nombre = InputBox("Veuillez taper un nombre.")
    'Si l'utilisateur n'a pas appuyé sur Cancel à la fin de la saisie
```

```
      If Nombre <> "" Then
         'Si la donnée saisie est bien numérique
         If IsNumeric(Nombre) Then
            ' Appel du programme de recalcul des totaux
            Call Calcul(Nombre)
         Else
            MsgBox "Vous n'avez pas tapé un nombre."
         End If
      End If
   End If
End Sub
```

```
Sub Calcul (Nombre As Variant)
   ' Sauvegarde du numéro de ligne et du contenu de la case
   SauveRow = Grid1.Row
   SauveNombre = Grid1
   ' On écrit dans la case courante le nombre saisi
   Grid1 = Nombre
   Grid1.Row = 5
   ' Le nouveau total du mois est égal à l'ancien total du mois
   ' diminué de l'ancienne case et augmenté de la donnée saisie
   Grid1 = Val(Grid1) - Val(SauveNombre) + Val(Nombre)
   ' Même calcul pour le total général en bas de la feuille
   Form1.TotGén = Form1.TotGén - Val(SauveNombre) + Val(Nombre)
   ' On se repositionne dans la grille là où l'on était
   Grid1.Row = SauveRow
End Sub
```

11

GERER LES BASES DE DONNEES SANS PROGRAMMER

Principe de gestion des bases de données avec Visual Basic

Le moteur de bases de données JET

Avant la version 3 de Visual Basic, il était quasiment impossible d'utiliser ce langage pour manipuler des données de gestion. En effet, seuls les fichiers texte délimités d'accès séquentiel et les fichiers binaires d'accès relatif, étaient disponibles comme au temps des premiers langages Basic. Impossible donc de travailler correctement sur une base de données, ni même sur un simple fichier indexé sur une clé.

Heureusement, en sortant la version 3, Microsoft a fait un prodigieux bond en avant, car désormais Visual Basic dispose d'un système de gestion de bases de données complet qui offre sans restriction toutes les fonctionnalités des bases de données les plus modernes. Les performances de ce système sont excellentes, tant par les temps de réponse que par la taille des bases de données qui peut atteindre plusieurs giga-octets.

De plus, dans la version 4 de Visual Basic, Microsoft a entièrement renouvelé son système de gestion de bases de données (souvent appelé "moteur de base de données") pour améliorer encore les temps de réponse. Combiné avec une architecture client-serveur en réseau, Visual Basic entre réellement en concurrence dans les entreprises avec les systèmes classiques basés sur des mini-ordinateurs ou sur des main-frames.

Ouvrons le capot de ce "moteur" qui n'est en fait qu'un ensemble de sous-programmes stockés dans des DLL. Il s'appelle Jet et il est commun à Access et à Visual Basic. Après les versions 1.0, 1.1, 2.0, c'est maintenant la version 2.5 du moteur Jet qui est livrée avec Visual Basic 4 en mode 16 bits et la version 3.0 en mode 32 bits.

Une base de données gérée par Jet se compose d'un fichier disque unique qui porte l'extension ".MDB". Absolument toutes les données d'une base de données et toutes leurs descriptions seront contenues dans ce fichier unique, ce qui simplifiera la manipulation de la base de données. Par exemple, pour sauvegarder ou restaurer la base de données, il n'y aura qu'un seul fichier à recopier.

D'autres moyens de gérer des données

L'utilisation du moteur Jet est la méthode native, donc la plus simple, pour programmer une application de gestion de base de données. Cependant avec le moteur Jet et même sans ce moteur, Visual Basic met à votre disposition au total sept façons de gérer des données. Vous en trouverez ci-après un panorama complet.

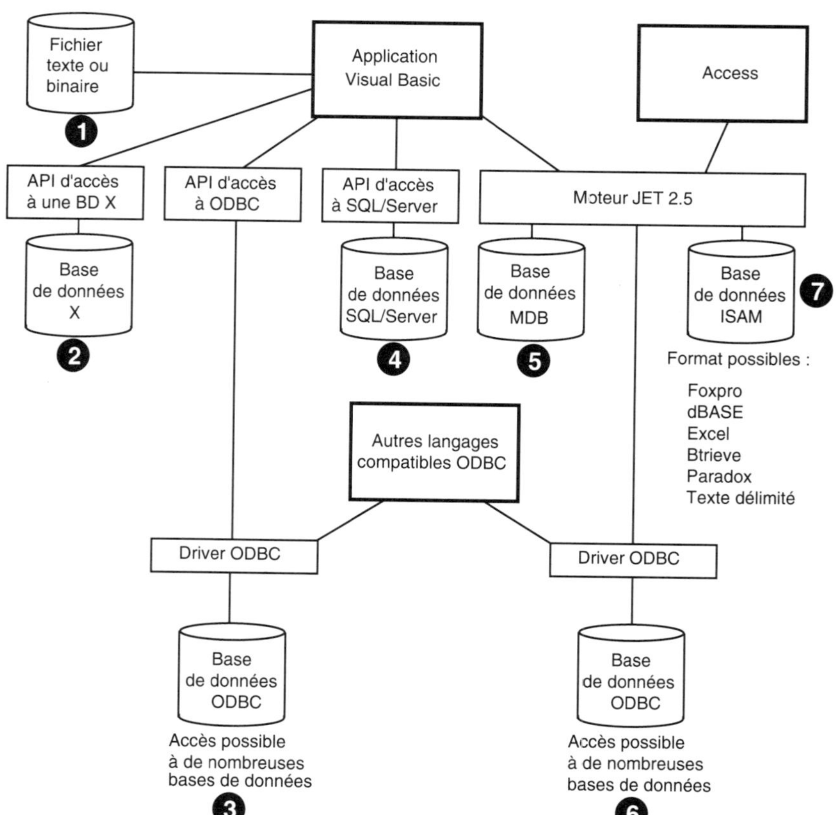

1 - Les fichiers texte ou binaires

C'est la méthode la plus rudimentaire. Les fichiers ne sont pas organisés en bases de données. Seules les instructions *Open*, *Print #*, *Write #* et *Input #* sont disponibles. La recherche d'un enregistrement d'après une clé est impossible. Cette méthode de gestion de données, apparue avec les premiers langages Basic, n'est absolument pas satisfaisante pour gérer des données. En revanche, il sera conseillé de l'utiliser pour lire et écrire des petits fichiers texte séquentiels, par exemple des fichiers ".INI" si vous décidez d'en utiliser un dans votre application (voir comment faire au Chapitre 18).

2 - Bases de données X

On entend ici par "base de données X", une base de données dont la structure a été conçue par un éditeur quelconque X de logiciels. Si cet éditeur a développé des API (Application Program Interface) c'est-à-dire des sous-programmes écrits généralement en langage C, qui sont stockés dans des DLL, et qui peuvent être appelées depuis Visual Basic, alors il sera possible d'utiliser ces sous-programmes dans vos programmes Visual Basic pour accéder à ce type de bases de données.

3 - Bases de données ODBC au travers d'API ODBC

Il s'agit comme dans la solution précédente d'accéder à une base de données en utilisant les API spécifiques à ce type de bases de données. La particularité par rapport à la solution précédente réside dans le fait que les bases de données ODBC sont des bases de données génériques. Vous en aurez l'explication au prochain paragraphe.

4 - Bases de données SQL Server au travers d'API SQL Server

SQL Server est un système de gestion de base de données qui fonctionne en mode client-serveur sur une machine serveur installée dans un réseau. Il est possible d'appeler, dans vos programmes Visual Basic, des sous-programmes sous forme d'API spécifiques à SQL Server, pour accéder à une base de données stockée sur un serveur. Ces API sont regroupées dans une bibliothèque appelée "DB-Library", fournie avec SQL Server et accessible au travers d'un contrôle Visual Basic spécial nommé VBSQL.

5 - Bases de données MDB

Voici la façon de loin la plus simple et la plus naturelle de gérer des données sous Visual Basic. Elle utilise le moteur Jet en lien direct avec à une base de données MDB. C'est cette méthode que nous utiliserons dans la suite de ce livre. Notez que les bases de données MDB sont aussi utilisables directement par le logiciel Access de Microsoft.

6 - Bases de données ODBC au travers du moteur JET

Cette solution ressemble à la solution 3, seulement le programmeur profite de la facilité de programmation du moteur Jet alors que la base de données est à un autre format. Mais... l'utilisateur souffrira peut-être d'un temps d'accès plus long qu'avec les API d'accès direct à ODBC.

7 - Bases de données ISAM

En plus des bases de données MDB et ODBC, le moteur Jet supporte des formats de bases de données classiques dits ISAM (Indexed Sequential Access Method) issus d'autres logiciels : FoxPro de Microsoft, dBase de Borland (les fichiers ".DBF"), Excel de Microsoft, Btrieve de Novell, Paradox de Borland et enfin des fichiers texte délimités par n'importe quel délimiteur (virgule, point-virgule ou autre).

Ces fichiers texte délimités représentent certes une façon très rudimentaire d'utiliser le moteur Jet, cependant c'est par ce moyen que vous pourrez relire n'importe quel fichier ou base de données issu de n'importe quel ordinateur, c'est tout de même intéressant.

Cependant, si vous disposez d'une base de données ISAM, il sera plus intéressant de la transformer en base de données MDB et d'utiliser la méthode 5, plus directe, plus rapide et plus sûre.

Les drivers ODBC

ODBC est un nouveau concept développé par Microsoft pour introduire une normalisation d'accès aux bases de données pour le monde des applications client-serveur. ODBC signifie "Open DataBase Connectivity". En clair, l'objectif est de pouvoir utiliser n'importe quel type de bases de données, à partir d'une application compatible ODBC, comme le sont Visual Basic et Access. L'intérêt de ce concept réside dans le fait que les instructions de programmation nécessaires à la manipulation de la base de données seront rigoureusement inchangées, quel que soit le type de base de données utilisée.

Par exemple, vous concevez une application Visual Basic qui exploite une base de données MDB stockée sur un simple PC en monoutilisateur. Puis, supposons que le besoin se fasse sentir d'accéder à cette base de données en mode multi-utilisateur, vous pourrez, sans modifier une seule ligne de votre application Visual Basic, déplacer votre base de données sur un serveur de réseau accessible à tous. Ce serveur pourra être géré par le logiciel SQL Server par exemple, ou par Oracle, ou bien le serveur peut être une machine de type IBM AS/400, ou encore d'autres gros systèmes. La seule condition pour pouvoir accéder à une base de données par la norme ODBC est de disposer du driver ODBC adapté à ce type de base de données. Un driver ODBC n'est autre qu'un sous-programme intermédiaire entre le moteur Jet (solution 6) ou les API ODBC (solution 3) et la base de données. De nombreux types de drivers ODBC sont aujourd'hui disponibles sur le marché.

Voici un schéma qui montre un exemple de relations entre tous les composants d'une application client-serveur reposant sur une architecture ODBC :

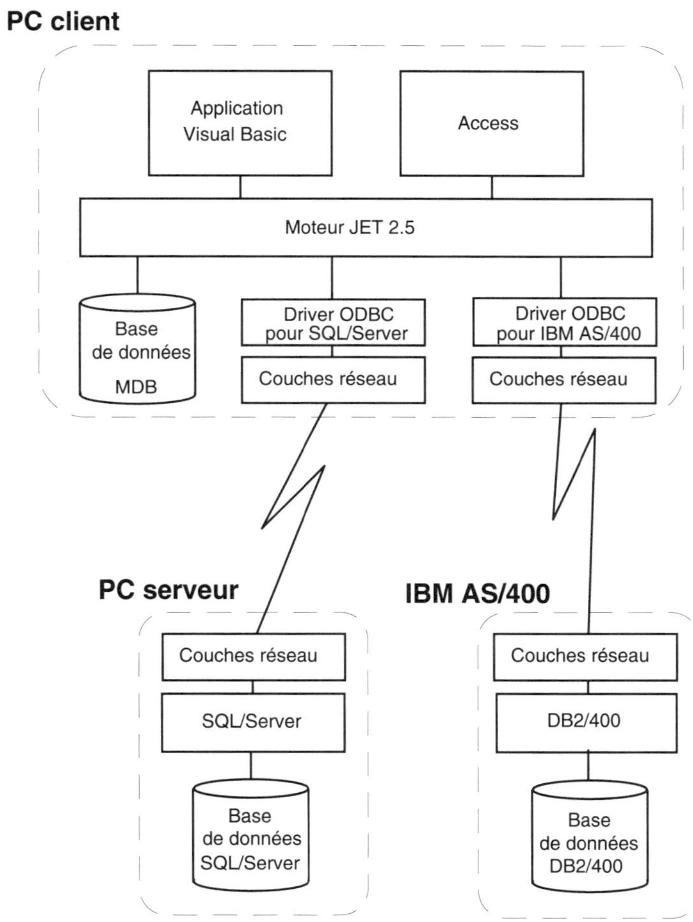

Mais, pour être tout à fait honnête à propos de la norme ODBC lorsqu'elle est utilisée au travers d'un réseau d'ordinateurs, il faut avouer qu'elle implique la traversée de nombreuses couches logicielles supplémentaires. Conséquences inévitables : une augmentation très sensible des temps de réponse et la nécessité de disposer de beaucoup de mémoire vive pour stocker toutes les couches logicielles.

Créer une base de données

Dans la suite de ce livre, nous nous limiterons aux bases de données MDB classiques.

Étudions comment créer la structure de la base de données, c'est-à-dire son contenant seulement, sans les données. Il faudra partir de la description de la base de données obtenue à l'issue de l'analyse de l'application que vous avez, je n'en doute pas, méticuleusement réalisée (voir le Chapitre 3 sur l'analyse).

Rappelons quelques règles fondamentales et définitions concernant la structure d'une base de données relationnelle :

- **les tables** : une base de données de type relationnelle est constituée d'une ou de plusieurs tables,
- **les enregistrements** : chaque table comporte zéro, une ou plusieurs lignes de données appelées enregistrements,
- **les champs** : chaque enregistrement comporte une ou plusieurs colonnes appelées champs (ou encore rubriques),
- **les clés d'index** : parmi les champs, certains, appelés clés d'index, peuvent servir d'index comme dans un livre dans le but soit d'accélérer la recherche d'une valeur de ce champ, soit de pouvoir relire les enregistrements dans l'ordre de ce champ,
- **les clés d'index uniques** : parmi les clés d'index, certaines d'entre elles pourront être déclarées uniques, c'est-à-dire sans doublons, le système de gestion de la base de données vérifiera alors à chaque ajout d'enregistrement qu'il n'existe pas déjà dans la table un autre enregistrement ayant la même clé,
- **la clé primaire** : il ne peut y en avoir qu'une seule par table, elle est facultative mais recommandée, c'est une clé d'index unique (cf. définition ci-dessus) qui servira à identifier de façon unique n'importe quel enregistrement de la table (par exemple un numéro d'immatriculation INSEE ou une référence de produit).

Choix des noms des champs

Attention : il est extrêmement important à ce niveau de choisir des noms de tables et de champs judicieux. L'expérience a maintes fois prouvé que des maladresses dans le choix des noms se paie très cher en corrections et en maintenance dans les programmes par la suite !

Alors quelques conseils :

- évitez de donner des noms de plus d'une quinzaine de caractères, car n'oubliez pas que c'est vous qui devrez les saisir un certain nombre de fois dans vos programmes !
- n'exagérez pas dans l'autre sens en donnant des noms trop courts, car il est extrêmement important que les noms choisis soient assez parlants pour ne pas rendre quasi impossible la maintenance ultérieure de votre application,
- pour améliorer la lisibilité, mettez en majuscule l'initiale de chaque mot et non pas tout le mot, comme ceci : *CodeArticle, PrixVente*,
- respectez toujours les accents sur les voyelles : *NuméroTéléphone* ; et rappelez-vous que *Rôle* et *Role* sont deux noms différents pour Visual Basic.

Data Manager ou Access ?

Pour créer votre base de données, vous disposez de deux logiciels :

- le logiciel "Data Manager" fourni par Microsoft avec Visual Basic (c'est le programme "DATAMGR.EXE" rangé dans le dossier de Visual Basic),
- le logiciel Access de Microsoft, si toutefois vous en disposez ; ce dernier est nettement préférable car beaucoup plus souple.

Et il faut mentionner une dernière solution, infiniment plus complexe : si vous possédez Edition professionnelle de Visual Basic, vous pouvez utiliser l'instruction *CreateDatabase* qui, placée dans une procédure Visual Basic, permet de développer des programmes qui créent des bases de données. C'est vraisemblablement ainsi qu'a été réalisé le "Data Manager" cité ci-dessus.

Comment utiliser Data Manager ?

Appelez l'option "Gestionnaire de données" du menu "Compléments" ou encore indépendamment de Visual Basic, depuis l'explorateur de Windows, double-cliquez sur le programme "DATAMGR.EXE" du dossier où est stocké Visual Basic.

En manipulant les boutons et les options des menus vous pouvez :

- créer une nouvelle base de données,
- créer des tables et des champs,
- modifier la structure d'une base de données existante, c'est-à-dire modifier et supprimer des tables et des champs (bouton "Modifier"),
- dans chaque table, mettre en place des index et la clé primaire,
- attacher une table d'un format non MDB (ODBC par exemple) à une base de données MDB (bouton "Tables jointes"),

- créer des relations entre les tables (bouton "Relations") afin d'automatiser la gestion de l'intégrité référentielle,
- crypter, compacter et réparer une base de données,
- et enfin saisir directement des données dans les tables, ce qui est fort commode pour mettre des données d'essai dans les tables (bouton "Ouvrir").

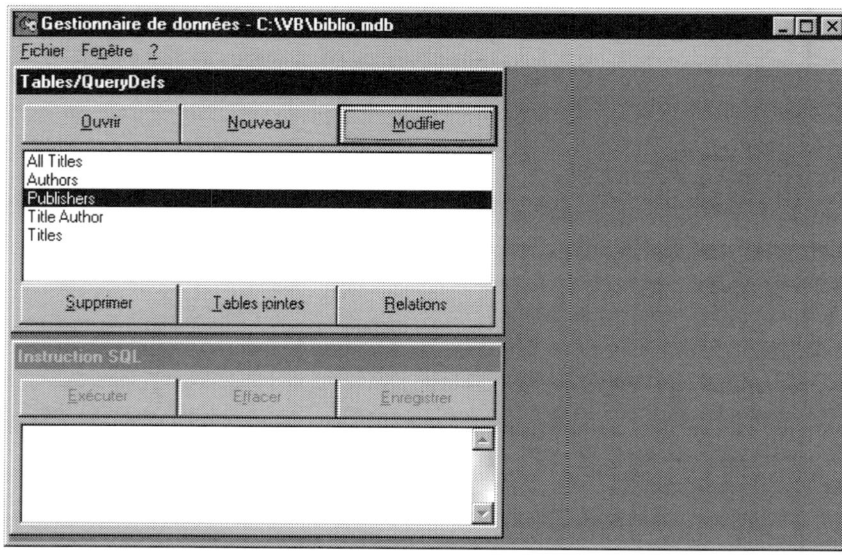

Les types de champs

Les types de champs que vous pouvez déclarer dans une base de données Jet sont les suivants :

Texte

Convient pour tout type de données alphanumériques jusqu'à 255 caractères : libellés, codes, numéros de téléphone...

Date/Heure

Permet de stocker une date et/ou une heure. Ce type de données sera très utilisé en gestion car il simplifiera considérablement les vérifications habituellement complexes de validité de date ainsi que les additions et soustractions de dates.

Oui/Non

Convient à toute donnée booléenne ne pouvant prendre que deux valeurs, par exemple "Oui/Non", "Vrai/Faux".

Mémo

Convient pour tout type de données alphanumériques allant jusqu'à 1,2 giga-octets. Un champ de type mémo ne peut pas être indexé. La gestion des champs mémo par le moteur Jet étant très lourde, il faut préférer les champs texte aux champs mémo si leur longueur ne risque pas de dépasser 255 caractères.

Financier

Encore appelé "monétaire", c'est un type de données numériques à virgule fixe ayant 4 chiffres après la virgule et 15 avant la virgule, ce qui est largement suffisant, même pour la gestion des plus grosses banques ! Ce type convient aussi bien pour des montants (prix de vente, chiffre d'affaires...) que pour des données non financières comme des quantités (quantité en stock, comptages...).

Numérique entier court

Limité aux nombres entiers compris entre -32768 et +32767. N'occupe que 2 octets.

Numérique entier long

Convient pour les nombres entiers compris entre -2 147 483 648 et 2 147 483 647. Occupe 4 octets.

Numérique réel simple

Ce type de donnée permet de stocker des nombres réels en virgule flottante qui sont compris entre $-3{,}402823 \times 10^{38}$ et $3{,}402823 \times 10^{38}$. Un nombre de ce type occupe 4 octets. Cela ne convient que pour des calculs scientifiques et peut provoquer des erreurs d'arrondis dans des données de gestion.

Numérique réel long

Permet de stocker des nombres réels en virgule flottante qui sont compris entre les valeurs $-1{,}79769313486232 \times 10^{308}$ et $1{,}79769313486232 \times 10^{308}$. Un nombre de ce type occupe 8 octets. Ne convient que pour des calculs scientifiques et risque de provoquer des erreurs d'arrondis dans des données de gestion.

Compteur

Un champ de type compteur est un champ numérique entier long. Il a la particularité de s'incrémenter automatiquement d'une unité à chaque création d'enregistrement. Il pourra donc servir à numéroter les enregistrements sans aucune programmation. Très utile pour les numéros de facture, par exemple !

Si vous désirez établir une relation entre un champ compteur et un champ d'une autre table, ce dernier devra être de type numérique entier long.

OLE

Un champ de ce type contient un objet créé par un autre logiciel compatible avec la norme OLE, cet objet encapsulé sous le format standard OLE contient la référence au logiciel qui l'a créé.

Byte

Peut contenir un nombre entier compris entre 0 et 255. Un champ de ce type n'occupe qu'un octet. Il sera rarement utilisé en gestion.

Image binaire

Sert à stocker des données quelconques au format binaire. La longueur maximale est de 1,2 giga-octets.

Longueur maximale des enregistrements

Attention, la longueur effective des données d'un enregistrement ne doit pas dépasser la taille d'une "page", c'est-à-dire 2 048 octets. C'est relativement peu en gestion. Au cas où vous dépasseriez cette limite, il faudrait créer deux tables au lieu d'une. Ce qui compliquerait très sensiblement la programmation !

Utilisation simple d'une base de données sans programmation

Dans un premier temps, nous allons étudier comment utiliser une base de données MDB sans écrire une seule ligne de programmation. Mais d'ores et déjà, une petite réserve, la méthode que nous allons utiliser ne permet pas d'effectuer absolument toutes les opérations de gestion de base de données. C'est pourquoi nous étudierons dans les chapitres suivants d'autres méthodes qui permettent, elles, de tout faire sur une base de données, mais... avec de la programmation.

Étudions par la pratique cette première méthode simple en suivant les quelques étapes ci-dessous. Nous allons utiliser le contrôle Donnée d'une part, et des contrôles dits "dépendants des données" d'autre part.

1 - Créez un contrôle Donnée (ce contrôle est disponible dans la boîte à outils) dans une feuille vierge :

Ce contrôle porte par défaut le nom "Data1".

2 - Remplissez les deux plus importantes de ses propriétés :

- ***DataBaseName*** : indiquez le chemin d'accès du fichier contenant la base de données que vous souhaitez utiliser (ayant l'extension ".MDB"),

- ***RecordSource*** : spécifiez le nom de la table que vous désirez utiliser dans la base de données, ou alors cliquez à droite de la case de propriété pour choisir dans la liste des tables disponibles.

3 - Créez un contrôle de type Zone de texte en lui affectant les propriétés suivantes :

- ***DataSource*** : indiquez le nom du contrôle Donnée que vous avez associé à la base de données, en principe "Data1" si vous ne l'avez pas modifié,

- ***DataField*** : saisissez le nom du champ de la base de données que vous désirez afficher dans le contrôle Zone de texte, ou alors cliquez à droite de la case de propriété pour choisir dans la liste des champs disponibles.

C'est tout !

Testez votre chef d'oeuvre : lancez l'application et faites défiler les enregistrements à l'aide des boutons du contrôle Donnée. Vous pouvez même modifier directement les données dans la zone de texte. Malheureusement, il est impossible pour le moment de créer et de supprimer des enregistrements par ce moyen.

Essayez maintenant de donner la valeur "2" (*AddNew*) à la propriété *EOFAction* (action en fin de fichier) du contrôle Donnée, alors vous verrez que vous pourrez créer de nouveaux enregistrements, simplement en vous déplaçant à la fin de la table. Cependant, il restera définitivement impossible de supprimer des enregistrements.

Mais ne soyons pas trop exigeant, car n'oublions pas que nous venons de créer un programme de mise à jour de table sans écrire une seule ligne de programmation !

Les contrôles dépendants

Nous venons de manipuler le contrôle Zone de texte que nous avons rendu "dépendant" – sous-entendu "dépendant d'une base des données" – simplement en remplissant les deux propriétés *DataSource* et *DataField*. Il existe en fait plusieurs autres contrôles qui peuvent être rendus dépendants ou alors qui sont naturellement dépendants.

Les contrôles dépendants doivent se référer à un contrôle Donnée **situé dans la même feuille** que ce contrôle dépendant. Si vous utilisez déjà une table dans une autre feuille, et que vous désirez accéder à cette même table par un contrôle dépendant situé dans une autre feuille, vous ne pouvez pas vous servir du contrôle Donnée de la première feuille. Il vous faut malheureusement créer un autre contrôle Donnée dans la feuille qui va contenir le contrôle dépendant.

Les contrôles dépendants simples

Le contrôle dépendant Étiquette

Pour rendre une étiquette dépendante, il suffit de remplir ses deux propriétés :

- *DataSource* : nom du contrôle Donnée associé (doit être dans la même feuille),
- *DataField* : nom du champ du Recordset pris dans le contrôle Donnée.

Une étiquette dépendante affichera le champ désiré de l'enregistrement en cours relatif au contrôle Donnée qui lui est lié. Cet affichage est automatique et ne nécessite aucune programmation. Le passage à un autre enregistrement, par quelque moyen que ce soit, rafraîchira automatiquement l'affichage de l'étiquette.

Le contrôle dépendant Zone de texte

Pour les zones de texte dépendantes, les propriétés à renseigner sont les mêmes que pour les étiquettes. La différence réside dans le fait que l'utilisateur peut modifier le contenu de la zone de texte, et – point fondamental – que ses modifications sont ensuite répercutées automatiquement dans la base de données.

Le contrôle dépendant Case à cocher

Ici aussi, c'est le simple fait de remplir les propriétés *DataSource* et *DataField* qui transforme une case à cocher normale en case à cocher dépendante d'un contrôle Donnée.

Le contrôle dépendant Image

Les contrôles Dessin et Zone d'image peuvent être rendus dépendants d'une base de données dans laquelle on aurait créé un champ binaire pour y stocker des images.

Les contrôles dépendants Liste modifiable et Zone de liste

Au lieu de charger vous-même, par programme, une liste à partir d'une table, vous pouvez utiliser les contrôles dépendants Liste modifiable et Zone de liste afin de le faire automatiquement. Il n'y a rien à programmer et cela fonctionne parfaitement.

Ce sont deux nouveaux contrôles qui viennent en plus des contrôles classiques Liste modifiable et Zone de liste que nous avons étudié plus haut.

Vous devez :

- placer comme d'habitude dans votre feuille le contrôle Donnée de la table que vous voulez lister,
- affecter les propriétés *DatabaseName* et *RecordSource* de ce contrôle Donnée,
- dessiner un contrôle de liste dépendant (Liste modifiable ou Zone de liste),
- mettre le nom du contrôle Donnée dans la propriété *RowSource* de ce contrôle,
- mettre le nom du champ à lister dans la propriété *ListField* du contrôle dépendant.

Attention, ne faites pas la confusion d'utiliser les propriétés *DataSource* et *DataField*. Ces deux propriétés servent en effet à spécifier le champ de la table dans laquelle la donnée choisie par l'utilisateur dans la liste dépendante sera stockée. Ce qui n'est pas le cas de *RowSource* et de *ListField* qui servent à spécifier à partir de quel champ d'une table la liste dépendante sera alimentée par toutes les valeurs existantes de ce champ.

Voici un exemple contenant une zone de liste dépendante à gauche et une liste modifiable dépendante à droite :

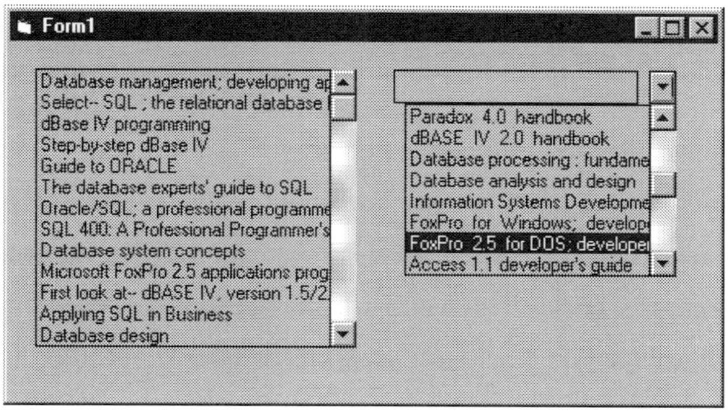

Le contrôle dépendant Grille (DBGrid)

Beaucoup plus fort encore, le contrôle dépendant Grille, baptisé DBGrid, est l'une des grandes nouveautés de Visual Basic 4.0. Vous allez pouvoir, sans aucune programmation :

- afficher le contenu des champs d'une table dans une grille,
- permettre à l'utilisateur l'ajout d'un enregistrement dans la table,

- permettre à l'utilisateur la modification d'un enregistrement dans la table,
- permettre à l'utilisateur la suppression d'un enregistrement dans la table.

Le contrôle dépendant Grille fait partie des contrôles personnalisés. Il faut donc le rapatrier dans le projet : menu "Outils", option "Contrôles personnalisés", contrôle "Microsoft Data Bound Grid".

Après avoir créé un contrôle Donnée, puis paramétré ses propriétés *DatabaseName* et *RecordSource*, il suffit de remplir la propriété *DataSource* du contrôle DBGrid pour que tout fonctionne tout seul.

Ce qui vous donne une grille de ce type :

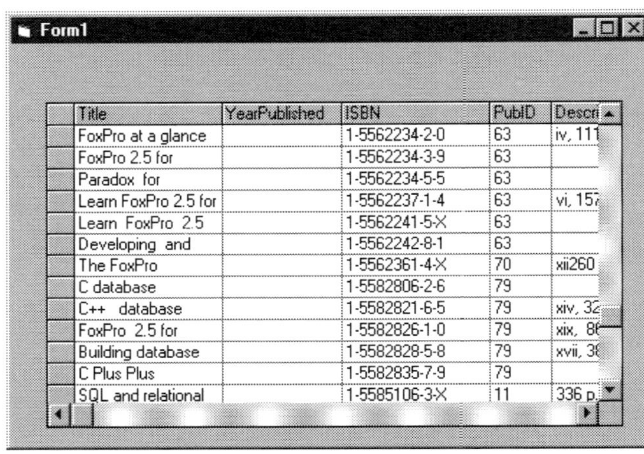

Puis vous pouvez fignoler en modifiant les propriétés suivantes :

- *AllowAddNew* : si égal à *True*, autorise l'ajout de nouveaux enregistrements,
- *AllowDelete* : si égal à *True*, autorise la suppression d'enregistrements,
- *AllowUpdate* : si égal à *True*, autorise la modification d'enregistrements.

Enfin, en cliquant sur la propriété *Custom*, vous pouvez spécifier le format de chacune des colonnes de la grille.

12

LE LANGAGE SQL

Sélectionner un jeu d'enregistrements

Notion de Recordset

Sans le savoir, nous avons eu accès, au chapitre précédent, à un objet très particulier, le *Recordset*, par l'intermédiaire du contrôle Donnée. Le terme Recordset se traduit en français par "jeu d'enregistrements" ou "ensemble d'enregistrements". C'est sur ce jeu d'enregistrements que nous avons déjà travaillé et que nous allons encore le faire.

Il existe en fait trois types de Recordset, selon le choix que l'on fait dans la propriété *RecordsetType* du contrôle Donnée :

- les Recordset de type Table,
- les Recordset de type Dynaset,
- les Recordset de type Snapshot.

Bien que ce soit seulement le second type que nous utiliserons par la suite, passons les trois en revue.

Recordset de type Table

C'est un moyen tellement classique d'accéder aux données qu'on pourrait presque le qualifier d'ancestral. En effet, un Recordset de type Table contient systématiquement tous les enregistrements de la table, sans aucune sélection. Ces enregistrements apparaîtront classés dans l'ordre spécifié par le programmeur dans la propriété *Index* du Recordset. Les enregistrements seront amenés un par un en mémoire. Ils seront accessibles en accès séquentiel ou bien en accès direct.

L'accès sera certes très rapide, mais on ne pourra pas bénéficier de la formidable puissance des instructions du langage SQL que nous allons voir bientôt.

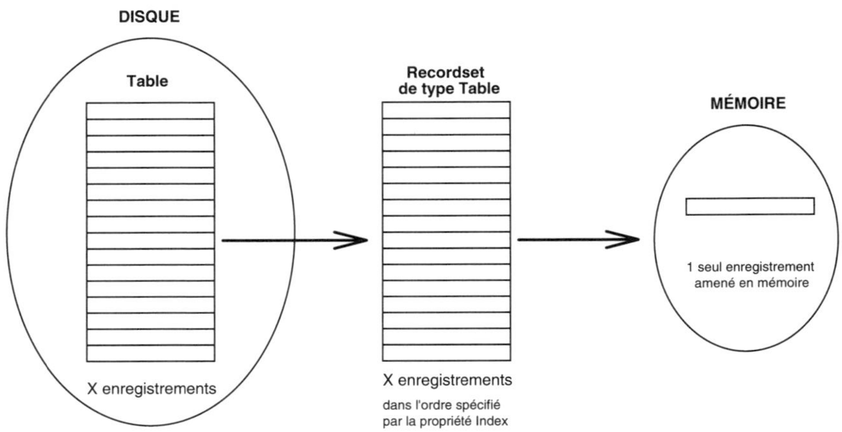

Recordset de type Dynaset

Le mot Dynaset résulte de la compression des deux mots "Dynamic" et "Set". Un Recordset de type Dynaset est une **sélection** dynamique des enregistrements de la table selon les critères spécifiés par le programmeur et que nous allons voir. Dynamique, cela signifie que les mises à jour de données seront possibles, ce qui ne sera pas le cas dans le type SnapShot que nous verrons un peu plus loin.

Cette sélection peut contenir tous les enregistrements de la table, ou seulement une partie, voire un seul enregistrement ou même zéro enregistrement. Le critère de sélection sera rédigé dans la propriété *RecordSource* du contrôle Donnée à l'aide d'un langage de requêtes universel : le langage SQL. Cette requête SQL prendra donc la place du nom de table que nous avions indiqué jusqu'à présent dans la propriété *RecordSource.*

Une requête SQL servira en fait de filtre pour n'afficher que certains enregistrements dans les contrôles dépendants de type Liste ou Grille.

Mais ce n'est pas tout car, au total, une requête de sélection en langage SQL permettra de :

- **sélectionner** des enregistrements dans une table selon des critères éventuellement complexes,
- **classer** les enregistrements dans l'ordre du ou des champs choisis par le programmeur,
- **regrouper** éventuellement les enregistrements sur certains critères ; par exemple, dans un fichier de produits vendus, regrouper l'ensemble de tous les produits par catégorie de façon à n'avoir dans le Recordset qu'un seul enregistrement par catégorie, cet enregistrement contenant le chiffre d'affaires total de la catégorie.

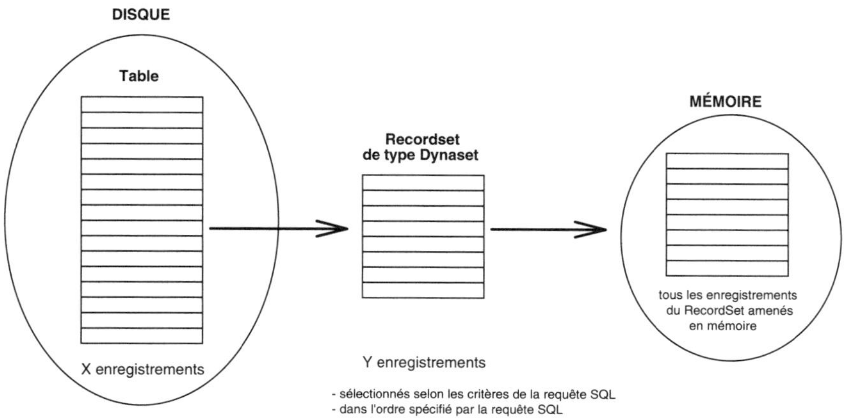

A l'inverse des Recordset de type Table, tous les enregistrements du Recordset seront amenés en mémoire, tout au moins virtuellement car la mémoire n'aura peut-être pas la capacité de les accueillir tous.

Pour classer les enregistrements, les Recordset de type Dynaset n'ont pas forcément besoin que des tables d'index préexistent, ce qui n'était pas le cas dans les Recordset de type Table. En effet les tables d'index jouent seulement le rôle **d'accélérateurs facultatifs** de requêtes. Si elles existent, elles seront automatiquement utilisées de façon totalement transparente par le moteur Jet pour accélérer les requêtes.

Et pour vous mettre définitivement l'eau à la bouche, le langage SQL autorise d'autres sortes de requêtes que les requêtes de sélection. Ce sont les **requêtes action** qui permettent de créer, de modifier, de supprimer des ensembles complets d'enregistrements. Nous verrons plus loin comment écrire, en une seule ligne magique SQL, une procédure qui peut augmenter du pourcentage désiré tous les salaires du personnel se trouvant dans la catégorie "Informaticiens" !

Recordset de type Snapshot

Nous ne nous attarderons pas sur ce type de Recordset qui présente peu d'intérêt. Snapshot signifie en anglais "photographie instantanée", impliquant une idée de situation figée. Ce type de Recordset est très voisin des Dynaset, la seule différence réside dans le fait que les enregistrements d'un Snapshot ne sont pas modifiables, d'où l'idée de situation figée. Cette limitation trouve sa contrepartie dans un accès plus rapide aux données.

Requêtes de sélection en langage SQL

Nous venons de voir que les Recordset de type Dynaset étaient construits par le moteur Jet à partir de requêtes en langage SQL rédigées par le programmeur. Il nous faut donc apprendre les éléments de base de ce langage.

Le langage SQL, que le moteur Jet est capable de comprendre, est à 99 % celui de la norme SQL ANSI 89 Niveau 1. Ce langage est devenu universel et incontournable puisqu'on le retrouve dans tous les systèmes actuels de gestion de bases de données du marché.

La forme la plus simple

Nous allons travailler sur un exemple. Supposons que nous désirions accéder à la base de données nommée "PRODUCT.MDB" d'une entreprise de production d'articles de quincaillerie. Cette base de données se trouve dans le dossier "C:\PRO". Elle comprend la table des produits fabriqués par l'entreprise. Cette table, qui se nomme "Produits", contient les champs suivants :

Nom du champ	Description
CodeProduit	Référence du produit
Libellé	Nom du produit
PrixVente	Prix de vente du produit
Catégorie	Catégorie de produit

D'abord, il nous faut créer un contrôle Donnée, baptisé simplement "Data1". Nous saisirons "C:\PRO\PRODUCT.MDB" dans sa propriété *DatabaseName*.

Si nous désirons obtenir tous les enregistrements de la table et tous ses champs dans le Recordset, nous avons deux solutions :

- soit ne pas utiliser de requête SQL et spécifier simplement le nom de la table dans la propriété *RecordSource* du contrôle Donnée,
- soit utiliser une requête SQL en la saisissant dans la propriété *RecordSource* du contrôle Donnée.

Utilisons cette deuxième solution. La syntaxe de la requête SQL sera simplement la suivante :

```
Select * from Produits
```

Ce qui veut dire en clair et en français : "Sélectionner tous les champs de la table Produits". En effet, "*" signifie "tous les champs" et d'autre part l'absence de la clause de filtrage d'enregistrements (la clause "*Where*" que nous allons étudier plus loin) implique que ce sont tous les enregistrements de la table qui feront partie du Recordset.

Notez que le moteur Jet ne fait pas de différence entre les caractères majuscules et minuscules.

Si nous ne désirons mettre dans le Recordset que les champs CodeProduit et PrixVente de la table, la syntaxe deviendra tout simplement la suivante :

```
Select CodeProduit, PrixVente from Produits
```

SQL n'est-il pas un langage quasi naturel ?

Rédiger une requête SQL à l'intérieur d'une procédure Visual Basic

La phrase de requête SQL peut être saisie dans la fenêtre des propriétés du contrôle Donnée, mais elle peut aussi est affectée, dans une procédure, à la propriété *RecordSource* du contrôle Donnée, comme ceci :

```
Sub Form_Load()
   Data1.RecordSource = "Select * from Produits"
   Data1.Refresh
End Sub
```

La phrase *Select* devient une chaîne de caractères, comme une autre, que l'on affecte à la propriété *RecordSource* du contrôle Donnée "Data1". Il faut donc l'écrire entre deux caractères doubles quotes.

Mais attention, le simple remplissage de la propriété *RecordSource* ne suffit pas pour recalculer le résultat de la requête. Il ne faut jamais oublier de "rafraîchir" le contrôle Donnée en exécutant la méthode *Refresh* de ce contrôle immédiatement après.

La clause de sélection Where

La clause *Where* d'une requête SQL sert à spécifier la condition de sélection des enregistrements. Par exemple :

```
Sub Form_Load()
   Data1.RecordSource = "Select * from Produits where PrixVente > ✂
   1000"
```

```
   Data1.Refresh
End Sub
```

Traduisez : "Sélectionner tous les champs des enregistrements de la table Produits dont le prix de vente est supérieur à 1 000 F".

Facile ! Mais attention, si le critère de sélection contient une constante de type texte, il faudra impérativement écrire la constante entre deux caractères **simple quote**, comme ceci :

```
Sub Form_Load()
   Data1.RecordSource = "Select * from Produits where Catégorie = ✂
   'BOU' "
   Data1.Refresh
End Sub
```

Retenez bien cette règle qui vous sera très utile par la suite :

- les constantes en langage **SQL** doivent être encadrées par des **simples quotes**,
- les constantes en langage **Visual Basic** doivent être encadrées par **des doubles quotes**.

Les opérateurs dans la clause Where

Le langage SQL admet les mêmes opérateurs de comparaison que Visual Basic : "=", ">", "<", ">=", "<=", "<>" et *Like*.

Il admet aussi les opérateurs logiques *And*, *Or* et *Not* ainsi que les parenthèses de regroupement de conditions. Les requêtes suivantes sont donc valides :

```
Select * from Produits where Catégorie = 'BOU' or Catégorie = 'VIS'
```

```
Select * from Produits where Catégorie = 'BOU' and PrixVente < 500
```

```
Select * from Produits where Catégorie not = 'BOU' and PrixVente < 500
```

```
Select * from Produits where ( Catégorie = 'BOU' or Catégorie = 'VIS' )✂
 and PrixVente < 500
```

```
Select * from Produits where Libellé like '*hexagonal*'
```

Introduire des variables dans une requête SQL

Passons à la vitesse supérieure. Dans la condition de la clause *Where*, si l'on veut comparer un champ de la base de données avec – non plus une constante comme 1000 ou 'BOU' – mais avec une donnée préalablement stockée dans une variable mémoire de Visual Basic, comment faire ?

Cas d'une donnée variable de type numérique

Supposons que l'on veuille sélectionner tous les produits dont le prix de vente est supérieur à la variable mémoire nommée "PrixMini" (issue d'une zone de texte saisie par l'utilisateur) et qui appartiennent à la catégorie "BOU".

Dans la requête SQL ci-dessous, qui n'est autre qu'une chaîne de caractères encadrée par deux caractères doubles quotes, rappelons-le, il va falloir remplacer les quatre caractères "1000" par le contenu de la variable PrixMini.

```
Data1.RecordSource = "Select * from Produits where ✂
PrixVente > 1000 and Catégorie = 'BOU' "
```

Suivez bien, nous allons faire de la chirurgie fine. Nous allons découper la requête SQL en trois parties et nous allons les recoller à l'aide de l'opérateur de concaténation. Nous en avons parfaitement le droit et cela continuera à fonctionner parfaitement de la même façon.

```
Data1.RecordSource = "Select * from Produits where ✂
PrixVente > " & "1000" & " and Catégorie = 'BOU' "
```

Êtes-vous d'accord ? Non ? Alors cherchez encore une fois à comprendre ou bien téléphonez-moi, car si vous bloquez ici, vous aurez beaucoup de mal à aller plus loin.

Notre problème consiste maintenant à remplacer la chaîne de caractères "1000" (j'ai bien dit la chaîne des quatre caractères "1", "0", "0", "0" et non pas le nombre 1000) par une chaîne de caractères représentant le contenu de PrixMini. Rien de plus simple : PrixMini étant une donnée numérique de type *Currency*, nous allons la convertir en une chaîne de caractères par la fonction de conversion *CStr* :

```
Data1.RecordSource = "Select * from Produits where ✂
PrixVente > " & CStr(PrixMini) & " and Catégorie = 'BOU' "
```

Cas d'une donnée variable de type texte

Dernière épreuve, la plus dure : et si la donnée variable n'est plus de type numérique mais de type texte ? Supposons qu'au lieu de comparer le prix par rapport à un prix variable, nous voulions comparer la catégorie par rapport à une catégorie variable stockée dans une variable mémoire appelée "CatSaisie".

Nous allons à nouveau découper la requête SQL de base en trois parties, légèrement différemment, et nous allons recoller ces trois parties à l'aide de l'opérateur de concaténation :

```
Data1.RecordSource = "Select * from Produits where ✂
PrixVente > 1000 and Catégorie = '" & "BOU" & "'"
```

Vous avez certainement du mal à faire la différence entre les quotes simples et les quotes doubles lorsqu'elles sont accolées comme ci-dessus, pourtant c'est bien comme cela qu'il faut écrire.

Cependant, pour améliorer la lisibilité et par là-même votre compréhension du problème, voici exactement la même expression à laquelle on a artificiellement ajouté des espaces soulignés entre les quotes simples et les quotes doubles. Mais attention, ne tapez surtout pas ces espaces soulignés, vous iriez tout droit à l'erreur de syntaxe.

```
Data1.RecordSource = "Select * from Produits where ✂
PrixVente > 1000 and Catégorie =  '_" & "BOU" & "_'_"
```

Comprenez-vous mieux ? Nous n'avons à nouveau rien fait d'autre que de tronçonner la chaîne de caractères en trois parties. Remplaçons maintenant la constante "BOU" par la variable CatSaisie. Pas besoin de conversion ici, car c'est déjà une chaîne de caractères. Ce qui donne en définitive, toujours avec les espaces soulignés :

```
Data1.RecordSource = "Select * from Produits where ✂
PrixVente > 1000 and Catégorie =  '_" & CatSaisie & "_'_"
```

Retirez les espaces soulignés et testez par vous-même pour vérifier que vous avez bien compris comment imbriquer les deux langages Visual Basic et SQL.

La clause de classement Order by

Pour obtenir un Recordset classé dans l'ordre voulu, utilisez la clause *Order by* comme ci-dessous :

```
Select * from Produits where PrixVente > 1000 order by Libellé
```

Si vous voulez spécifier deux critères de classement : un critère majeur et un critère mineur, séparez-les par une virgule. Pour que les produits apparaissent classés par catégorie, puis, à l'intérieur de chaque catégorie, classés par libellé :

```
Select * from Produits where PrixVente > 1000 order by Catégorie, Libellé
```

Pour classer par ordre décroissant, ajoutez le mot "desc" comme "descending" :

```
Select * from Produits order by PrixVente desc
```

La clause de regroupement Group by

SQL permet de regrouper en un seul enregistrement tous les enregistrements ayant un champ identique. Supposons que la table Produits contienne les enregistrements suivants :

CodeProduit	Libellé	PrixVente	Catégorie
A34RT2	Vis diamètre 12	12	VIS
B24RF5	Vis diamètre 14	13	VIS
B24RF6	Vis diamètre 16	19	VIS
B24RG1	Vis diamètre 18	22	VIS
C20AA2	Écrou carré	3	ECR
C20AB2	Écrou rond	5	ECR
C20AC2	Écrou hexagonal	9	ECR
D11DT5	Clou lg 45	4	CLO
F23C45	Clou lg 50	6	CLO
F45D70	Clou lg 55	7	CLO
F46D71	Clou lg 60	9	CLO
F47D71	Clou lg 20	2	CLO

Si nous désirons connaître le prix de vente moyen des produits de chacune des trois catégories, écrivons la requête SQL :

```
Select Catégorie, avg(PrixVente) as MoyennePV from Produits group by Catégorie
```

En français, ce qui équivaut à : "Sélectionner le champ Catégorie et la moyenne du champ PrixVente (qui sera baptisée MoyennePV) à partir de tous les enregistrements de la table Produits regroupés par Catégorie".

Le Recordset résultant se présentera comme ceci :

Catégorie	**MoyennePV**
VIS	16
ECR	6
CLO	5

L'utilisation de cette clause *Group by* implique une règle très importante : la liste des champs qui est spécifiée juste après le verbe *Select* ne doit contenir que des champs concernant le groupe. C'est-à-dire :

- ou bien le nom du ou des champs utilisés comme critères de regroupement, comme "Catégorie" dans l'exemple,
- ou bien des fonctions SQL de regroupement, comme "*Avg(PrixVente)*" dans l'exemple.

Voici les fonctions de regroupement utilisables dans le langage SQL :

Fonction	**Description**
Avg	Moyenne, pour tous les enregistrements du groupe, du champ dont le nom est spécifié entre parenthèses.
Sum	Somme, pour tous les enregistrements du groupe, du champ dont le nom est spécifié entre parenthèses.
Count	Nombre d'enregistrements du groupe pour lesquels le champ spécifié entre parenthèses est différent de la valeur *Null*.
Min, Max	Pour tous les enregistrements du groupe, la plus petite ou la plus grande des valeurs du champ dont le nom est spécifié entre parenthèses.
StDev ou StDevP	Écart type, pour tous les enregistrements du groupe, du champ dont le nom est spécifié entre parenthèses. Fonction uniquement utilisée dans le domaine des statistiques.
Var ou VarP	Variance, pour tous les enregistrements du groupe, du champ dont le nom est spécifié entre parenthèses. Fonction uniquement utilisée dans le domaine des statistiques.

Attention, ces fonctions de regroupement sont bien des fonctions du langage SQL, il ne faut donc pas les utiliser dans des instructions Visual Basic car elles ne seraient pas reconnues.

La clause de sélection de groupes Having

Voici encore une clause qui permet d'opérer une sélection parmi des enregistrements. Mais elle ne fait pas double emploi avec la clause *Where*, car celle-ci servait à sélectionner des enregistrements simples. Or la clause *Having* sert à sélectionner des **groupes d'enregistrements**. Elle va permettre de formuler sans difficulté des requêtes qui auraient nécessité des journées entières de programmation.

Par exemple, pour obtenir la liste des catégories comportant plus de 3 produits, il suffit d'écrire :

```
Select Catégorie from Produits group by Catégorie ✂
having count(CodeProduit) > 3
```

Ou bien pour avoir la liste des Catégories dont le produit le plus cher vaut entre 10 Francs et 12 Francs :

```
Select Catégorie from Produits group by Catégorie ✂
having max(PrixVente) >= 10 and max(PrixVente) <= 12
```

La condition *Having* ne doit faire intervenir que des champs concernant le groupe, ce qui est le cas de la fonction *max*.

Requêtes action en langage SQL

Le langage SQL permet de faire, non seulement des requêtes de sélection qui ne modifient pas le Recordset d'origine, mais aussi des requêtes dites **requêtes action** qui opèrent des changements dans les données. Il en existe de trois sortes :

- les requêtes de modification d'enregistrements,
- les requêtes de suppression d'enregistrements,
- les requêtes d'ajout d'enregistrements.

Requêtes de modification

Pour majorer de 5% tous les prix de vente des produits de la catégorie "VIS", il suffit d'exécuter cette requête action :

```
Dim Nombre As Long
Data1.Database.Execute "Update Produits ✂
Set PrixVente = PrixVente * 1.05 ✂
where Catégorie = 'VIS' "
Nombre = Data1.Database.RecordsAffected
```

C'est donc la méthode *Execute* de l'objet base de données qui est utilisée. L'objet base de données est représenté ici par la propriété *Database* de son contrôle Donnée, qui s'appelle "Data1" dans cet exemple.

La variable mémoire "Nombre" dans laquelle on stocke la propriété *RecordsAffected* n'est pas indispensable. Elle est cependant fort intéressante car elle permet de savoir, après l'exécution de la requête, le nombre d'enregistrements qui ont été modifiés.

Requêtes de suppression

C'est dans la même logique que l'on peut, en une instruction SQL, supprimer tous les enregistrement dont le prix de vente est inférieur à 100 Francs, on obtiendra leur nombre dans la variable "Nombre" :

```
Dim Nombre As Long
Data1.Database.Execute "Delete from Produits where PrixVente > 100 "
Nombre = Data1.Database.RecordsAffected
```

Requêtes d'ajout

Ce sera un peu plus compliqué pour ajouter de nouveaux enregistrements car il faut en préciser la source. Vous avez deux possibilités : soit vous désirez ajouter un seul enregistrement, soit plusieurs.

Ajouter un seul enregistrement

Il faut, dans ce cas, préciser le contenu des champs du nouvel enregistrement à l'aide de la propriété *Values* comme ci-dessous :

```
Data1.Database.Execute "Insert into ✂
Produits (CodeProduit, Libellé, PrixVente, Catégorie) ✂
Values ('A45GT', 'Vis diamètre 45', 12.40, 'VIS') "
```

Ajouter plusieurs enregistrements

Pour ajouter plusieurs enregistrements à une table en une seule requête, il faut que la source des nouveaux enregistrements soit une autre table. Voici comment procéder pour ajouter les produits les plus chers de la table "Produits" dans une autre table baptisée "ProduitsChers" :

```
Dim Nombre As Long
Data1.Database.Execute "Insert into ProduitsChers ✂
Select CodeProduit , Libellé , PrixVente , Catégorie from Produits ✂
where PrixVente > 1000 "
Nombre = Data1.Database.RecordsAffected
```

La variable "Nombre" contiendra le nombre d'enregistrements créés et pourra être affichée à l'écran pour que l'utilisateur puisse vérifier le bon déroulement de l'opération.

Jointures entre deux tables

Principe des jointures internes

Voici maintenant une fonctionnalité fort appréciable inhérente aux bases de données relationnelles. C'est la possibilité de relier deux ou plusieurs tables ayant une relation logique entre elles, et ceci automatiquement, sans programmation.

Imaginez que vous travaillez avec deux tables :

- la table des produits de l'entreprise, nommée "Produits",
- la table des catégories de produits, nommée "Catégories".

Voici un exemple de ce que peut contenir la table "Produits" :

CodeProduit	Libellé	Prix	Catég
C20AA2	Écrou carré	5	ECR
D11DT5	Clou lg 45	9	CLO
C20AB2	Écrou rond	3	ECR
F23C45	Clou lg 50	6	CLO
F45D70	Clou lg 55	7	CLO
M2020	Marteau	18	OUT
C20AC2	Écrou hexagonal	9	ECR

A34RT2	Vis diamètre 12	10	VIS
B24RF5	Vis diamètre 14	13	VIS
B24RF6	Vis diamètre 16	19	VIS
B24RG1	Vis diamètre 18	22	VIS
F46D71	Clou lg 60	9	CLO
F47D71	Clou lg 20	2	CLO

Et voici un exemple de la table "Catégories" :

Catég	LibCatég
CLO	Clous
DAL	Dalles
ECR	Écrous
VIS	Visserie

Remarquez que la table "Produits" contient un produit de la catégorie "OUT", or cette catégorie n'existe pas dans la table des catégories. C'est donc une erreur que j'ai volontairement glissé dans la table "Produits" pour voir comment réagissent les jointures à ce genre d'erreurs.

En revanche, la table "Catégories" contient le code "DAL" qui n'a pas de correspondant dans la table "Produits". Ceci n'est pas une erreur car une catégorie peut tout à fait être vide.

Imaginez maintenant que vous désiriez réaliser un programme de consultation de tous les champs de la table "Produits". Vous aimeriez aussi voir apparaître en face de chaque produit le libellé de sa catégorie. Celui-ci est stocké dans la table "Catégories". Avec les jointures, rien de plus simple !

Vous créez un contrôle Donnée dans une feuille vierge. Vous remplissez sa propriété *DatabaseName*, comme d'habitude. Dans sa propriété *RecordSource*, vous tapez cette requête SQL de **jointure entre les deux tables** :

```
Select * from Produits, Catégories where Produits.Catég = Catégories.Catég
```

Puis vous créez dans votre feuille des contrôles Étiquettes comme ci-dessous. Vous rendez dépendants de la base de données les quatre contrôles de droite en remplissant leurs propriétés *DataSource* et *DataField*. Et voilà, le tour est joué, ça marche : vous accédez aux deux tables simultanément.

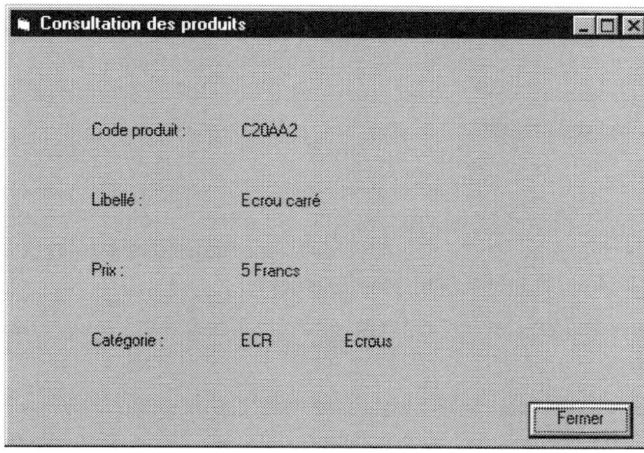

Revenons à la requête SQL.

Première particularité : la clause *From* contient deux noms de tables séparés par des virgules. Si vous désirez réaliser une jointure entre trois tables, spécifiez les trois noms de tables séparés par deux virgules.

Deuxième particularité : la clause *Where* contient ce que l'on appelle le critère de jointure. Il est obligatoire dans une jointure. Il spécifie la condition pour que deux enregistrements des deux tables jointes soient mis en correspondance. Cette condition porte ici sur l'égalité entre la catégorie de la table "Produits" (notée "Produits.Catég" dans la requête SQL) et la catégorie de la table "Catégories" (notée "Catégories.Catég" dans la requête SQL).

Voici le Recordset résultant de la requête de jointure :

Code Produit	**Libellé**	**Prix**	**Produits. Catég**	**Catégories. Catég**	**LibCatég**
C20AA2	Écrou carré	5	ECR	ECR	Ecrous
D11DT5	Clou lg 45	9	CLO	CLO	Clous
C20AB2	Écrou rond	3	ECR	ECR	Ecrous
F23C45	Clou lg 50	6	CLO	CLO	Clous
F45D70	Clou lg 55	7	CLO	CLO	Clous
C20AC2	Écrou hexa	9	ECR	ECR	Ecrous
A34RT2	Vis diam. 12	10	VIS	VIS	Visserie
B24RF5	Vis diam. 14	13	VIS	VIS	Visserie
B24RF6	Vis diam. 16	19	VIS	VIS	Visserie
B24RG1	Vis diam. 18	22	VIS	VIS	Visserie
F46D71	Clou lg 60	9	CLO	CLO	Clous
F47D71	Clou lg 20	2	CLO	CLO	Clous

Ayant demandé tous les champs (caractère "*" après le verbe *Select*), nous obtenons un Recordset contenant tous les champs des **deux** tables. Les champs portant le même nom sont différenciés par un qualificatif qui n'est autre que le nom de leur table d'origine.

Notez bien qu'il n'est pas nécessaire que les champs joints soient des champs indexés pour que cela fonctionne. Cela ira cependant plus vite avec des champs indexés, surtout si les tables sont volumineuses.

Toutefois, les champs joints doivent être de même type pour que la jointure puisse se faire.

Le genre de jointure que nous venons de voir est une jointure dite "interne" ou "Inner Join" en anglais ou encore "équi-jointure". À ce propos, on aurait pu utiliser une autre forme de syntaxe SQL, qui exprime peut-être mieux la jointure interne, elle aurait donné rigoureusement le même résultat :

```
Select * from Produits Inner Join Catégories ✂
on Produits.Catég = Catégories.Catég
```

Jointures externes

Cette autre forme de jointure est plus rarement utilisée, elle se nomme "Outer Join" en anglais. Elle permet de joindre deux tables A et B en sélectionnant **absolument tous** les enregistrements de la table A et en les associant, quand c'est possible, aux enregistrements de la table B qui lui correspondent. Quand il n'y a pas de correspondance, les champs de la table B existent mais restent vides.

Rappelons que la jointure interne, elle, ne sélectionnait **que** les enregistrements des tables A et B qui étaient en correspondance et n'incluait pas du tout les autres.

Concrétisons ceci par un exemple.

Nous reprendrons la table "Produits" et la table "Catégories". Si nous voulons cette fois-ci que le produit "M2020" qui n'a pas de catégorie, rappelons-le, figure dans le Recordset résultant de la jointure, il nous faut utiliser une jointure externe.

La requête SQL de jointure externe aura la forme suivante :

```
Select * from Produits Left Join Catégories ✂
on Produits.Catég = Catégories.Catég
```

Le Recordset résultant fera apparaître une ligne supplémentaire :

Code Produit	Libellé	Prix	Produits.Catég	Catégories.Catég	LibCatég
C20AA2	Écrou carré	5	ECR	ECR	Ecrous
D11DT5	Clou lg 45	9	CLO	CLO	Clous
C20AB2	Écrou rond	3	ECR	ECR	Ecrous
F23C45	Clou lg 50	6	CLO	CLO	Clous
F45D70	Clou lg 55	7	CLO	CLO	Clous
M2020	Marteau	18	OUT		
C20AC2	Écrou hexa	9	ECR	ECR	Ecrous
A34RT2	Vis diam. 12	10	VIS	VIS	Visserie
B24RF5	Vis diam. 14	13	VIS	VIS	Visserie
B24RF6	Vis diam. 16	19	VIS	VIS	Visserie
B24RG1	Vis diam. 18	22	VIS	VIS	Visserie
F46D71	Clou lg 60	9	CLO	CLO	Clous
F47D71	Clou lg 20	2	CLO	CLO	Clous

On peut aussi s'amuser à effectuer la jointure externe symétrique de celle que nous venons de réaliser. C'est-à-dire que nous allons maintenant partir de la tables des catégories et rechercher tous les produits de chaque catégorie.

Voici la requête SQL :

```
Select * from Catégories Left Join Produits ✂
on Produits.Catég = Catégories.Catég
```

Le Recordset résultant sera celui-ci :

Code Produit	Libellé	Prix	Produits.Catég	Catégories.Catég	LibCatég
C20AA2	Écrou carré	5	ECR	ECR	Ecrous
D11DT5	Clou lg 45	9	CLO	CLO	Clous
C20AB2	Écrou rond	3	ECR	ECR	Ecrous
F23C45	Clou lg 50	6	CLO	CLO	Clous
F45D70	Clou lg 55	7	CLO	CLO	Clous
C20AC2	Écrou hexa	9	ECR	ECR	Ecrous
A34RT2	Vis diam. 12	10	VIS	VIS	Visserie

B24RF5	Vis diam. 14	13	VIS	VIS	Visserie
B24RF6	Vis diam. 16	19	VIS	VIS	Visserie
B24RG1	Vis diam. 18	22	VIS	VIS	Visserie
				DAL	Dalles
F46D71	Clou lg 60	9	CLO	CLO	Clous
F47D71	Clou lg 20	2	CLO	CLO	Clous

13

GERER LES BASES DE DONNEES EN PROGRAMMANT

Revenons à la programmation

Dans les deux chapitres qui précèdent, nous avions abandonné la programmation. Voyons à présent comment assurer toutes les fonctions de gestion d'une base de données autrement qu'avec le langage SQL, donc en programmant dans le langage Visual Basic. Il nous faudra rédiger le détail de toutes les actions de lecture, de création, de modification et de suppression des enregistrements, comme cela se fait toujours en informatique classique.

C'est encore à l'intérieur du Recordset du contrôle Donnée que nous allons travailler, mais en rendant cette fois le contrôle Donnée invisible à l'écran car ses boutons de défilement ne nous seront plus utiles (mettre la propriété *Visible* à *False*).

Lire séquentiellement des enregistrements

Lectures séquentielles

Pour se déplacer vers le bas ou vers le haut dans le Recordset (on dit aussi que l'on déplace le pointeur d'enregistrement), vous disposez des quatre méthodes de l'objet Recordset ci-après.

Méthode	Description
MoveNext	Aller à l'enregistrement suivant
MovePrevious	Aller à l'enregistrement précédent
MoveFirst	Aller au premier enregistrement du Recordset
MoveLast	Aller au dernier enregistrement du Recordset

Dans l'exemple qui suit, on a simplement programmé les boutons "Suivant" et "Précédent" pour qu'ils déplacent le pointeur d'enregistrement :

```
Private Sub Précédent_Click()
   Data1.Recordset.MovePrevious
End Sub
```

```
Private Sub Suivant_Click()
   Data1.Recordset.MoveNext
End Sub
```

La feuille aura l'apparence suivante :

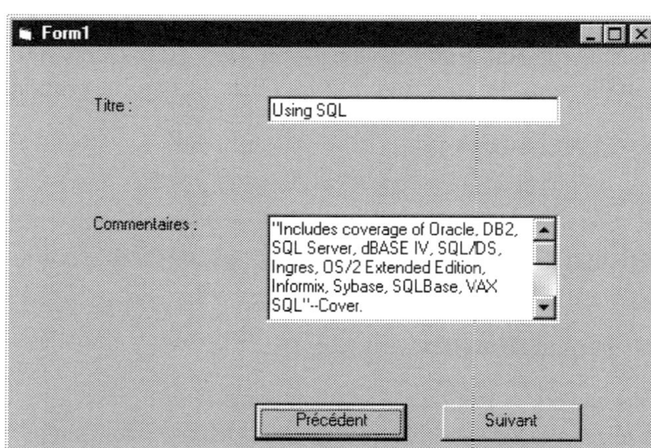

Accès aux données de l'enregistrement pointé

Le fait d'être positionné sur un enregistrement implique deux choses :

- les contrôles dépendants du contrôle Donnée sont réaffichés avec le contenu de l'enregistrement nouvellement pointé,

- les champs de l'enregistrement sont accessibles dans les instructions Visual Basic.

Mais par quelle syntaxe ces champs sont-ils accessibles ? Et bien, pour mettre le libellé du produit dans la variable mémoire nommée "Lib", il vous faudra utiliser la syntaxe ci-dessous, même si elle peut vous paraître un peu lourde :

```
Lib = Data1.Recordset("Libellé")
```

Attention en utilisant cette syntaxe : si la zone réceptrice (comme ci-dessus "Lib") est une variable mémoire de type *String* ou, ce qui est plus courant, si cette zone est une zone de texte d'une feuille, vous devez vous assurer que le champ de la table – comme ci-dessus "Data1.Recordset("Libellé")" – ne contient pas la valeur particulière *Null.* Si c'était le cas vous recevriez à coup sûr le message d'erreur "Invalid use of Null".

Pour l'éviter, il n'y a pas d'autre moyen que de tester au préalable si le champ lu dans la table ne vaut pas *Null* :

```
If IsNull(Data1.Recordset("Libellé")) Then
    Lib = ""
Else
    Lib = Data1.Recordset("Libellé")
End If
```

Ce qui peut d'ailleurs s'écrire de façon un peu plus concise si vous utilisez la fonction de test immédiat (Immediate If) *IIf* :

```
Lib = IIf(IsNull(Data1.Recordset("Libellé")),"", Data1.Recordset("Libellé"))
```

Détection du début ou de la fin du Recordset

Autre point important, dès lors que l'on fait des lectures séquentielles, il faut toujours penser à ce qui se passe lorsque l'on atteint la fin du Recordset (si l'on fait des *MoveNext*) ou le début du Recordset (si l'on fait des *MovePrevious*).

Pour détecter la fin ou le début du Recordset, il faut utiliser ses deux propriétés : *Eof* et *Bof* qui signifient "End Of File" et "Beginning Of File" :

- la propriété *Eof* prend la valeur *True* lorsque, étant positionné sur le dernier enregistrement du Recordset, on exécute la méthode *MoveNext*.
- la propriété *Bof* prend la valeur *True* lorsque, étant positionné sur le premier enregistrement du Recordset, on exécute la méthode *MovePrevious*.

C'est ainsi que nous allons compléter la programmation des deux boutons "Suivant" et "Précédent" :

```
Private Sub Précédent_Click()
  Data1.Recordset.MovePrevious
  ' Si début du Recordset : message et repositionnement
  ' sur le premier enregistrement
  If Data1.Recordset.BOF Then
    MsgBox "Vous avez atteint le début du fichier."
    Data1.Recordset.MoveFirst
  End If
End Sub
```

```
Private Sub Suivant_Click()
  Data1.Recordset.MoveNext
  ' Si fin du Recordset : message et repositionnement
  ' sur le dernier enregistrement
  If Data1.Recordset.EOF Then
    MsgBox "Vous avez atteint la fin du fichier."
    Data1.Recordset.MoveLast
  End If
```

Après avoir dépassé la "borne" du dernier ou du premier enregistrement, le repositionnement par un *MoveLast* ou un *MoveNext* est obligatoire si l'on veut pouvoir utiliser les données de ce dernier ou premier enregistrement.

Les messages de fin et de début de fichier ne sont pas indispensables (ils peuvent même gêner l'utilisateur), mais ils ont le mérite de vous montrer l'endroit où l'on peut programmer des actions à réaliser en fin ou début de Recordset.

Lire un enregistrement de base de données en accès direct

En plus de l'accès séquentiel, Visual Basic permet bien sûr de rechercher en accès direct un enregistrement dans un Recordset. C'est essentiellement la méthode *FindFirst* suivie d'un critère de recherche qui va nous le permettre.

```
Compta.Recordset.FindFirst "Compte = '_" & CpteSaisi & "_'_"
```

Le critère de recherche doit être formulé exactement comme dans la clause *Where* des requêtes SQL, mais sans le mot *Where* (voir le Chapitre 12 sur le langage SQL).

Les caractères "blanc souligné" visibles ci-dessus ont été ajoutés dans ce livre pour bien distinguer les simples quotes des doubles quotes lorsque celles-ci sont accolées. Il ne faut donc surtout pas les taper dans vos programmes !

Voici d'autres exemples :

```
' Comparaison avec une constante alphanumérique
Compta.Recordset.FindFirst "Compte = '41100'_"
' Comparaison avec une constante numérique
Compta.Recordset.FindFirst "Crédit > 10000"
' Comparaison avec une variable numérique
Compta.Recordset.FindFirst "Crédit > " & CStr(Mini)
' Comparaison avec deux conditions
Compta.Recordset.FindFirst "Compte like '41*' and Crédit > " & CStr(Mini)
```

Tout comme dans les requêtes SQL, la présence d'un index n'est pas obligatoire pour que l'accès direct aboutisse. S'il n'y a pas d'index, la recherche sera faite séquentiellement par Jet. Les index jouent ici aussi le rôle "d'accélérateurs facultatifs".

Si l'enregistrement recherché n'existe pas

Pour savoir si la recherche a abouti, vous disposez de la propriété *NoMatch* du Recordset. Elle vaudra :

- *True* si l'enregistrement n'a pas été trouvé,
- *False* si l'enregistrement a été trouvé.

Voici un exemple de programmation :

```
Compta.Recordset.FindFirst "Compte = '_" & CpteSaisi & "_'_"
If Compta.Recordset.NoMatch Then
   MsgBox "Le compte " & CpteSaisi & " n'existe pas."
End If
```

Les méthodes FindNext, FindPrevious, FindLast

La méthode *FindFirst*, que nous venons d'utiliser, recherche dans le Recordset le premier enregistrement qui correspond au critère spécifié. Mais si, dans la suite du Recordset, d'autres enregistrements correspondent également au critère spécifié, ils pourront être atteints par la méthode *FindNext* assortie du même critère.

De la même façon, on pourra utiliser la méthode *FindPrevious* pour atteindre l'enregistrement précédent qui correspond toujours au critère de recherche.

Enfin la méthode *FindLast* permet d'atteindre le dernier enregistrement qui correspond au critère de recherche.

Créer un enregistrement de base de données

Pour créer un nouvel enregistrement dans un Recordset, il faut obligatoirement passer par les trois étapes suivantes :

- ouvrir en mémoire un buffer vierge pour le nouvel enregistrement grâce à la méthode *AddNew*,
- remplir les champs de ce buffer avec les données désirées,
- sauvegarder le buffer sur disque à l'aide de la méthode *Update*.

```
Sub Création_Click ()
    ' Ouverture d'un buffer en mémoire pour le nouvel
    ' enregistrement
    Donnée1.Recordset.AddNew

    ' Chargement des champs désirés dans le buffer
    Donnée1.Recordset("EMPR") = Texte1.Text
    Donnée1.Recordset("NOME") = Texte2.Text

    ' Sauvegarde du buffer sur disque
    Donnée1.Recordset.Update
End Sub
```

Mettre à jour un enregistrement de base de données

Mettre à jour un enregistrement d'une table, c'est modifier un ou plusieurs de ses champs. Pour ce faire, vous devez :

- rechercher l'enregistrement à modifier, par exemple par la méthode *FindFirst*,
- copier l'enregistrement en cours dans le buffer de mise à jour situé en mémoire par la méthode *Edit*,
- modifier les champs désirés dans le buffer,
- sauvegarder le buffer dans la base de données sur disque à l'aide de la méthode *Update*.

Voici une séquence complète de mise à jour de deux champs d'un enregistrement :

```
' Recherche de l'enregistrement à modifier
Compta.Recordset.FindFirst "Compte = '_" & CpteSaisi & "_'_"

' L'enregistrement a-t-il été trouvé ?
If Compta.Recordset.NoMatch Then
   MsgBox "Le compte " & CpteSaisi & " n'existe pas."
Else

   ' Copie de l'enregistrement dans le buffer de mise à jour
   Compta.Recordset.Edit

   ' Modification du contenu des champs désirés
   Compta.RecordSet("Crédit") = Compta.RecordSet("Crédit") + 100
   Compta.RecordSet("Débit") = Compta.RecordSet("Crédit") - 100

   ' Sauvegarde sur disque du buffer modifié
   Compta.RecordSet.Update
End If
```

Supprimer un enregistrement

Pour supprimer un enregistrement, il suffit de :

- rechercher cet enregistrement dans le Recordset,
- supprimer cet enregistrement à l'aide de la méthode *Delete*.

Voici un exemple :

```
' Recherche de l'enregistrement à supprimer
Compta.Recordset.FindFirst "Compte = '_" & CpteSaisi & "_'_"

' L'enregistrement a-t-il été trouvé ?
If Compta.Recordset.NoMatch Then
   MsgBox "Le compte " & CpteSaisi & " n'existe pas."
Else

   ' Suppression de l'enregistrement
   Compta.Recordset.Delete
End If
```

14

GESTION AVANCEE DES BASES DE DONNEES

Vérifications automatiques

Vérification automatique du contenu d'un champ

Le moteur Jet est capable d'effectuer un certain nombre de vérifications sur les données qu'il enregistre dans ses bases de données. Alors, usez et abusez de cette fonctionnalité.

Elle est très simple à mettre en oeuvre. À partir du Data Manager, comme ci-dessous, ou à partir d'Access, définissez les contrôles à effectuer :

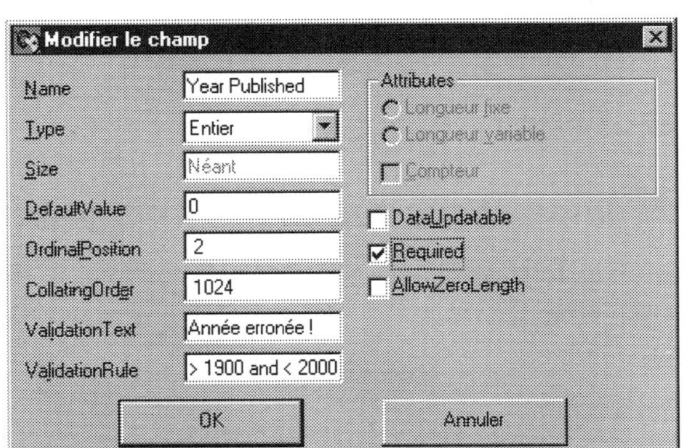

Dans l'exemple ci-dessus, on a vérifié que l'année de publication de l'ouvrage est compris entre 1900 et 2000. En cas d'erreur de saisie, on a demandé à ce que le message "Année erronée !" s'affiche.

Puis, dans n'importe quel programme Visual Basic, si l'utilisateur tape une année erronée, il recevra automatiquement et sans aucune programmation ce message :

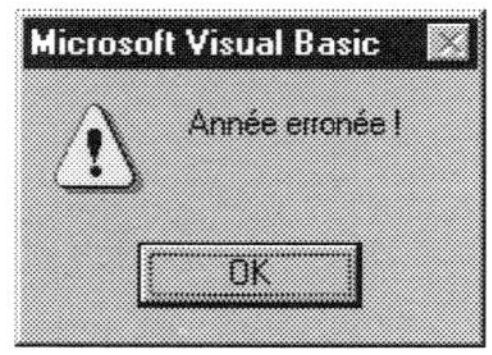

Vérification automatique des doublons

Si vous indexez un champ d'une table en rendant la clé d'index unique, le moteur Jet va bien sûr vérifier que vous n'introduisez pas de doublons dans la table. Mais voyez le message que va recevoir l'utilisateur, on ne peut pas dire qu'il soit très parlant pour un non-informaticien !

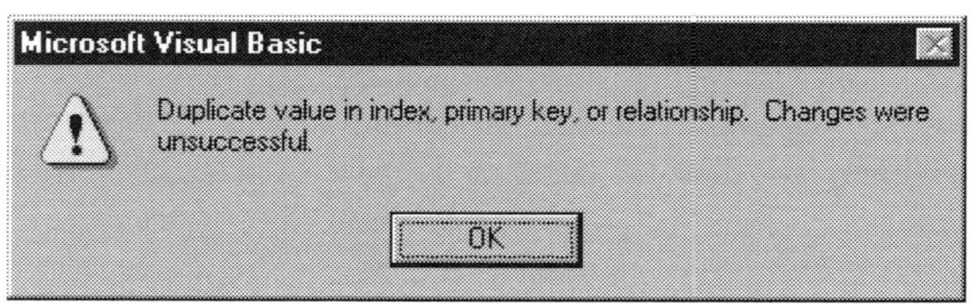

A vous de voir s'il ne vaut pas mieux programmer vous-même une vérification anti-doublons. Cette vérification consistant simplement à rechercher s'il existe déjà dans la table un enregistrement ayant la même clé, puis à afficher un message clair le cas échéant.

Vérification automatique des champs obligatoires

Si vous rendez obligatoire le remplissage d'un champ, voici le message que va recevoir votre utilisateur :

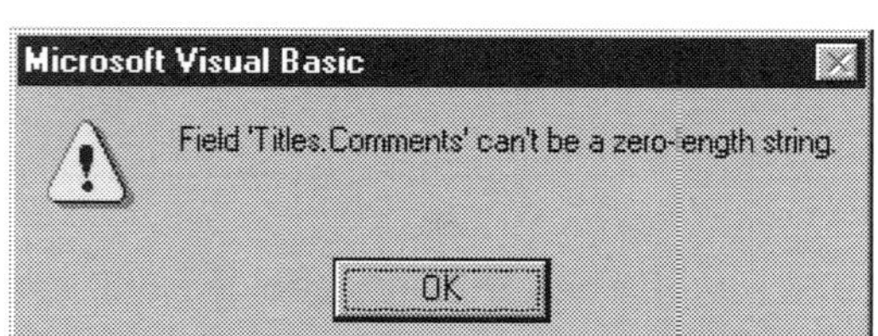

C'est donc aussi à déconseiller pour la même raison de manque de clarté.

Vérification automatique de l'intégrité référentielle

Le moteur Jet vérifie en permanence l'intégrité référentielle de votre base de données. Il faut pour cela que vous l'ayez explicitement demandé lorsque vous avez établi une relation entre deux tables dans le Data Manager ou dans Access.

Le moteur Jet vérifiera que :

- vous ne créez pas d'enregistrement fils dont la référence au père n'existerait pas (exemple : créer un enregistrement article dont le champ "Catégorie" n'existerait pas dans la table "Catégories"),
- vous ne supprimez pas un enregistrement père qui aurait encore des fils rattachés (exemple : supprimer un enregistrement de la table "Catégories" alors qu'il reste des articles appartenant à cette catégorie).

Cette vérification automatique est bien commode, mais une fois encore le message d'erreur obtenu est plutôt abscons pour le néophyte :

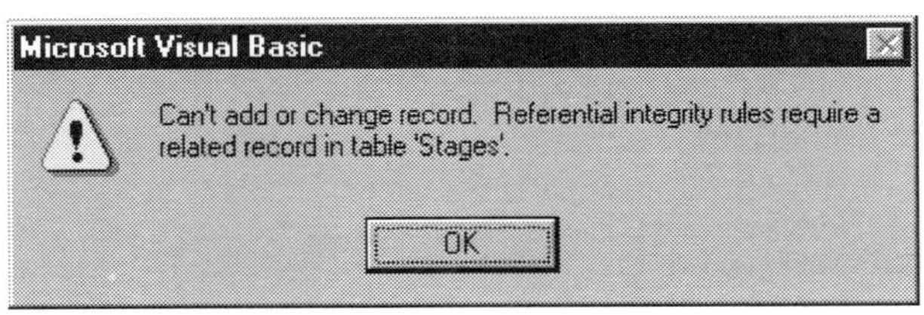

Là aussi, préférez une vérification réalisée par programme plutôt que cet automatisme. Votre vérification s'effectuera en deux endroits :

- avant la création ou la modification d'un enregistrement fils, faites une lecture directe de l'enregistrement père afin de vérifier s'il existe bien,
- avant la suppression d'un enregistrement père, vérifiez par lecture directe de la table fils qu'il n'y existe plus d'enregistrements relatifs au père.

Validation différée des transactions par CommitTrans et Rollback

Sans validation différée

Nous allons étudier une possibilité fort intéressante du moteur Jet de Visual Basic : comment s'assurer qu'une transaction comprenant la mise à jour successive de plusieurs tables s'est bien terminée ?

Prenons un exemple. Supposons un programme de comptabilité dans lequel un utilisateur saisit des écritures comptables. Chaque écriture comptable est composée de deux opérations : le débit d'un compte X d'un montant M et le crédit d'un compte Y du même montant M. Il faut que ces deux opérations soient réalisées pour que la balance comptable reste en permanence équilibrée, impératif légal auquel aucun comptable ne peut se soustraire.

Voici la table des comptes avant l'enregistrement d'une écriture comptable, elle est bien équilibrée puisque l'on a 800 F de chaque côté :

Compte	Débit	Crédit
20000	200	0
34000	400	500
41000	0	300
42000	200	0

Voici la procédure d'enregistrement d'une écriture comptable : le débit du compte X et le crédit du compte Y s'enchaînent dans la même procédure. Donc en principe si l'un est fait, l'autre aussi.

```
' Débit du compte X
Compta.Recordset.FindFirst "Compte = " & X
Compta.Recordset.Edit
Compta.Recordset("Solde") = Compta.Recordset("Débit") - M
Compta.Recordset.Update
'Crédit du compte Y
Compta.Recordset.FindFirst "Compte = " & Y
Compta.Recordset.Edit
Compta.Recordset("Solde") = Compta.Recordset("Crédit") + M
Compta.Recordset.Update
```

Et après un débit de 100 F du compte 20000 et un crédit de 100 F du compte 42000, on obtient bien une balance qui est encore équilibrée :

Compte	Débit	Crédit
20000	300	0
34000	400	500
41000	0	300
42000	200	100

Mais que se passe-t-il si une coupure de courant se produit entre les deux ordres *Update* de mise à jour des comptes ? Tout simplement une catastrophe comptable, en effet le compte 20000 aura été débité mais le compte 42000 n'aura pas été crédité. La balance comptable ne sera donc plus équilibrée :

Compte	Débit	Crédit
20000	300	0
34000	400	500
41000	0	300
42000	200	0

Avec la validation différée

Heureusement, tous les systèmes de gestion de bases de données dignes de ce nom disposent d'une fonction dite de validation différée des transactions. Bien sûr, Visual Basic avec son moteur de base de données Jet est de ceux-là. Le mécanisme en est très simple, Il suffit qu'avant la première mise à jour, celle du compte X, le programmeur ait momentanément "débrayé" l'enregistrement physique sur disque (normalement automatique) des modifications de données dans la base de données.

Pour "débrayer", le programmeur aura dû placer un ordre ***BeginTrans*** avant la première mise à jour, indiquant ainsi le début d'une transaction. Toutes les mises à jour de données s'empileront alors en mémoire en attendant que le programme ait exécuté l'instruction ***CommitTrans***. C'est cette instruction qui enregistrera réellement sur disque toutes les mises à jour des données puis qui "réembrayera", c'est-à-dire remettra en fonction l'enregistrement automatique sur disque des mises à jour ultérieures de la base de données.

```
'Déclaration de début de transaction
' = "débrayage" des modifications sur disque
BeginTrans

' Débit du compte X
Compta.Recordset.FindFirst "Compte = " & X
Compta.Recordset.Edit
Compta.Recordset("Solde") = Compta.Recordset("Débit") - M
Compta.Recordset.Update
'Crédit du compte Y
Compta.Recordset.FindFirst "Compte = " & Y
Compta.Recordset.Edit
Compta.Recordset("Solde") = Compta.Recordset("Crédit") + M
Compta.Recordset.Update
```

```
'Déclaration de fin de transaction ("réembrayage" des modif. sur disque)
CommitTrans
```

Vous imaginez certainement maintenant ce qui va se passer dans notre programme de comptabilité si une coupure de courant se produit entre les deux ordres *Update*. C'est très simple : aucune des deux mises à jour n'est enregistrée sur disque et la balance comptable restera parfaitement équilibrée.

Dans la pratique, la validation de transaction sera surtout intéressante si un programme demande une intervention à l'utilisateur à un moment où la base de données n'est pas dans un état cohérent, entre deux mises à jour. Et ce moment peut durer... un certain temps car le temps d'attente d'une réponse de l'utilisateur (au minimum quelques secondes) est incomparablement plus long que le temps séparant deux opérations de mise à jour des comptes enchaînées sans interruption dans un programme (quelques centièmes de secondes).

Et là, la probabilité de panne ou de coupure de courant, qui est proportionnelle à la durée, sera au moins 100 fois plus élevée. Cela devient alors une probabilité non négligeable de problème grave. Le développeur sérieux que vous êtes se doit d'assurer la cohérence des données en utilisant la technique de validation des transactions que vous avez, je l'espère, parfaitement comprise désormais.

Utilisation volontaire de RollBack

Enfin, ce système de validation de transaction permet encore une autre possibilité intéressante : le programme peut demander, à l'aide d'une instruction *RollBack*, d'annuler toutes les mises à jour qui sont en attente en mémoire depuis le dernier ordre *BeginTrans*.

Alors, comme dans le cas de la coupure de courant, aucune des mises à jour n'aura été faite et la balance restera équilibrée. Illustrons par un exemple où l'ordre *RollBack* sera bien utile. Étant toujours dans notre comptabilité, supposons que le programme ait été conçu pour vérifier l'existence de chaque compte juste avant de mettre son solde à jour. Imaginons que le premier compte existe bien dans la base de données, sa mise à jour se fera donc, mais par malchance, le deuxième compte n'existe pas, le programme annulera, grâce à un simple ordre *RollBack*, la mise à jour déjà effectuée sur le premier compte.

```
'Déclaration de début de transaction
' = "débrayage" des modif. sur disque
BeginTrans
' Recherche du compte X
Compta.Recordset.FindFirst "Compte = " & X
' Le compte X existe-t-il ?
If Not Compta.Recordset.NoMatch Then
   ' Débit du compte X
```

```
        Compta.Recordset.Edit
        Compta.Recordset("Débit") = Compta.Recordset("Débit") - M
        Compta.Recordset.Update
        ' Recherche du compte Y
        Compta.Recordset.FindFirst "Compte = " & Y
        ' Le compte Y existe-t-il ?
        If Not Compta.Recordset.NoMatch Then
           ' Crédit du compte Y
           Compta.Recordset.Edit
           Compta.Recordset("Crédit") = Compta.Recordset("Crédit") + M
           Compta.Recordset.Update
           ' Fin de transaction ("réembrayage" des modif. sur disque)
           CommitTrans
        Else
           ' Annulation du débit du compte X
           RollBack
        EndIf
     EndIf
```

Remarque : si plusieurs bases de données sont ouvertes, les ordres *BeginTrans*, *CommitTrans* et *RollBack* s'appliquent à l'ensemble de toutes les bases de données qui sont ouvertes. Je veux dire qu'il n'est pas possible de ne les appliquer qu'à une seule table ou à une seule base de données.

Un petit exercice

Voici un exemple que vous pouvez réaliser vous-même à titre d'exercice.

Créez un fichier des commandes des clients. Ce fichier contiendra les champs suivants : Numéro de commande, Référence article, Prix. Vous le remplirez avec les données suivantes :

N° commande	Référence	Prix
C1	A4	450
C1	A7	800
C1	A9	300
C2	A1	100
C2	A4	450
C3	A5	600
C3	A6	400
C3	A9	300
C4	A5	600

On veut éliminer de ce fichier toutes les commandes de faible importance. Écrivez un programme qui supprime toutes les lignes de commandes pour lesquelles le montant total de la commande est inférieur à 1 000 F.

Pour l'exemple de données ci-dessus, les commandes C2 et C4 seront supprimées. Sans la technique des *BeginTrans*, *CommitTrans* et *RollBack* vous seriez obligé, pour chaque commande, de lire toutes les lignes de la commande tout en totalisant les prix, puis, à la fin de la commande, si le montant n'atteint pas 1 000 F, vous seriez obligé de vous repositionner en début de commande, et de balayer une deuxième fois toutes les lignes de la commande afin de les supprimer.

Maintenant, cela va être beaucoup plus simple : vous allez lire une seule fois les lignes de chaque commande tout en les totalisant et en les supprimant (mais si, osez !).

Puis en fin de commande, si le montant dépasse 1 000 F, vous exécuterez un ordre *RollBack* pour que les suppressions des commandes importantes ne soient pas réellement appliquées sur disque.

Réparer et compacter la base de données

Réparer la base de données

Le moteur Jet contient son propre médecin ! En effet, en cas de coupure de courant, de panne hardware ou de bug, les écritures en cours ont pu être incomplètement faites ou bien les index non mis à jour. Alors, votre base de données peut être détériorée avec pour conséquence l'impossibilité complète de la relire. Fâcheux, n'est-ce pas ?

Il est donc souhaitable de fournir à l'utilisateur la possibilité de réparer lui-même sa base de données en lui offrant une option de menu intitulée "Réparer la base de données".

Cette option appellera tout simplement la méthode *RepairDatabase* de l'objet *DBEngine*. On la fera suivre par le nom de la base de données à réparer avec son chemin d'accès comme ci-dessous :

```
Private Sub Réparer_Click()
   If MsgBox("Voulez-vous réparer votre base de données ?", 1) = 1 Then
      DBEngine.RepairDatabase "C:\VB\BIBLIO.MDB"
   End If
End Sub
```

Il faut que la base de données à réparer soit fermée pour pouvoir la réparer. L'opération dure de l'ordre d'une minute pour une base de données d'un méga-octet.

Compacter la base de données

A chaque fois que vous modifiez, supprimez, ajoutez des données dans votre base de données, le fichier MDB correspondant se rallonge et se fragmente. Au bout de plusieurs centaines d'utilisations, il devient un véritable gruyère. Il faut donc régulièrement le compacter. Cela réduira sa taille et accélérera légèrement les temps d'accès aux données.

Le moteur Jet dispose d'un utilitaire de compactage qui est disponible sous la forme d'une méthode de l'objet *DBEngine*, c'est la méthode *CompactDatabase*. Elle s'utilise comme dans l'exemple suivant :

```
DBEngine.CompactDatabase "C:\VB\BIBLIO.MDB" , "C:\VB\BIBLIO2.MDB"
```

Cette méthode *CompactDatabase* effectue une copie de la base de données spécifiée ("BIBLIO.MDB") vers une nouvelle base de données qui sera compactée ("BIBLIO2.MDB"). Il faudra donc que l'espace disque soit suffisant pour contenir à la fois la base de données à compacter et la base de données compactée résultante.

Notons que lorsqu'une base de données a été réparée par la méthode *RepairDatabase*, il est souhaitable de la compacter pour défragmenter le fichier.

La base de données à compacter doit être fermée pour que l'opération puisse se faire.

Il faudra penser, après le compactage, à supprimer l'ancienne base de données. Voici un exemple de procédure très sécurisée où l'on conserve toujours une ancienne version de la base de données :

```
Private Sub Compacter_Click()
  If MsgBox("Voulez-vous compacter la base de données ?", 1) = 1 Then
    ' Compactage de BIBLIO vers BIBLIO2
    DBEngine.CompactDatabase ✂
    "C:\VB.BIBLIO.MDB","C:\VB\BIBLIO2.MDB"
    ' Suppression de l'ancienne version N-2
    Kill "C:\VB\BIBLIO.BAK"
    ' On renomme la version N-1
    Name "C:\VB\BIBLIO.MDB" As "C:\VB\BIBLIO.BAK"
    ' On renomme la version N (version actuelle compactée)
    Name "C:\VB\BIBLIO2.MDB" As "C:\VB\BIBLIO.MDB"
  End If
End Sub
```

Accès aux bases de données ODBC

Nous avons vu dans le Chapitre 11 les avantages des drivers ODBC. Voyons maintenant concrètement comment les utiliser. Pour se connecter à une base de données ODBC, il faut que les trois conditions suivantes soient remplies :

- le fichier ODBCINST.INI est correctement configuré,
- le fichier ODBC.INI est correctement configuré,
- vous disposez de toutes les DLL nécessaires au driver ODBC relatif à la base de données à atteindre.

Le fichier ODBCINST.INI

Il s'agit d'un fichier texte d'initialisation intitulé "ODBCINST.INI", il doit être placé dans le dossier de Windows. Vous pouvez le modifier au choix :

- en utilisant un éditeur de texte (le "Bloc-note" de Windows par exemple),
- en utilisant le programme de configuration des drivers ODBC et des sources de données ODBC, ce programme est accessible par l'icône ODBC du panneau de configuration de Windows.

Voici un exemple de ce fichier qui contient la déclaration de deux drivers ODBC. L'un sert pour atteindre des bases de données SQL Server et l'autre pour des bases de données Watcom :

```
[ODBC Drivers]
SQL Server=Installed
WATCOM SQL=Installed

[SQL Server]
Driver=C:\WINDOWS\SYSTEM\sqlsrvr.dll
Setup=C:\WINDOWS\SYSTEM\sqlsrvr.dll

[WATCOM SQL]
Driver=C:\WINDOWS\SYSTEM\wsqlodbc.dll
Setup=C:\WINDOWS\SYSTEM\wsqlodbc.dll
```

Ce fichier contient trois sections qui peuvent être dans un ordre quelconque.

La première section se nomme "ODBC DRIVERS", elle liste tous les drivers installés. Puis nous trouvons une section pour chaque driver. Chaque section contient les noms des deux DLL nécessaires, celle du driver lui-même et celle qui permet de configurer des sources de données.

Un driver ODBC est donc une DLL qu'il suffit de mentionner dans le fichier "ODBCINST.INI".

Le fichier ODBC.INI

Un second fichier d'initialisation est nécessaire. Tout comme le précédent, il doit être dans le dossier de Windows et il pourra être modifié par un éditeur de texte ou bien par le programme de configuration ODBC du panneau de configuration.

Ce fichier "ODBC.INI" sert à décrire ce que l'on appelle les *sources de données*. Une source de données est une référence complète à une base de données précise.

Dans le fichier ci-dessous, on trouve trois sources de données dont les noms figurent dans la première section, chaque source est associée au nom du driver ODBC qu'elles utilisent. Ce nom de driver doit être déclaré dans le fichier "ODBCINST.INI".

Puis, on trouve une section par source de données. Chaque section contient les paramètres nécessaires pour accéder à une base de données précise. La nature et le nombre de ces paramètres dépend du type de driver ODBC utilisé.

Ces paramètres peuvent être :

- la description (facultative) de la source données, à titre de commentaire,
- le nom et le mot de passe de l'utilisateur,
- le nom et l'adresse sur le réseau du serveur.

Mais dans tous les cas, il faudra spécifier le nom de la base de données.

```
[ODBC Data Sources]
Articles=WATCOM SQL
Commandes clients=SQL Server
Livraisons clients=SQL Server

[Articles]
Database=c:\pb3\pbartic.db
UID=dba
PWD=sql
Driver=f:\applic\windows\wsqlodbc.dll
Description=Base de données des articles
Start=db32w -d %d

[Commandes Clients]
Driver=C:\WINDOWS\sqlsrvr.dll
Description=
Server=SERVSQL3
```

```
Address=126.0.0.87,5000
Language=
OemToAnsi=No
Database=Commandes
LastUser=sa

[Livraisons Clients]
Driver=C:\WINDOWS\sqlsrvr.dll
Description=Livraisons effectuées
Server=SERVSQL3
Address=126.0.0.87,5000
Language=
OemToAnsi=No
Database=LivC
LastUser=sa
```

Les propriétés du contrôle Donnée pour une base de données ODBC

Il reste maintenant à faire le lien entre la source de données et votre projet Visual Basic. Vous allez créer un contrôle Donnée comme d'habitude.

Ne remplissez pas sa propriété *DatabaseName*. Remplissez plutôt sa propriété *Connect* en y mettant la chaîne de caractères suivante dans le cas d'une base de données SQL Server :

```
ODBC;DSN=Livraisons Clients;UID=Martin;PWD=sésame
```

Ces paramètres sont à saisir accolés dans la propriété *Connect* et séparés par des point-virgules.

Le paramètre "ODBC" signifie évidemment que l'on a affaire à une base de données ODBC.

Le paramètre "DSN" contient le *Data Source Name*, c'est-à-dire le nom de la source de donnée référencée dans le fichier "ODBC.INI".

Les paramètres "UID" et "PWD" contiennent le nom d'utilisateur et son mot de passe. Si ces paramètres ne sont pas mentionnés ici, ils seront demandés à chaque ouverture de la base de données.

Pour une base de données Watcom, il suffira de préciser seulement ceci :

```
ODBC;DSN=Articles
```

Une fois la propriété *Connect* remplie, vous pouvez déjà tester si l'accès à votre base de données se passe bien : cliquez simplement dans la propriété *RecordSource*, si la connexion est bonne, la liste des tables disponibles dans la base de données s'affichera.

Si la liste des tables s'affiche correctement, alors votre connexion ODBC est bonne, sinon vous allez obtenir une erreur ODBC et il faudra revoir la cohérence de la propriété *Connect* et des deux fichiers ".INI".

15

L'IMPRESSION D'ETATS

Comment imprimer des états ?

Tout d'abord, qu'appelle-t-on un "état" en informatique de gestion ? Un état, encore appelé "listing", est un document imprimé qui contient des données de gestion. Voici des exemples courants d'états : la liste des articles en stock, les statistiques mensuelles de ventes, un bon de commande, une facture, un bulletin de paie, la liste des adresses des clients imprimée sur étiquettes auto-adhésives. Et la liste (...c'est le cas de le dire) pourrait être longue.

Un état contient donc essentiellement du texte (lettres et chiffres), peu de graphismes, sauf si l'on souhaite imprimer un logo d'entreprise ou si l'on veut améliorer la présentation en traçant des lignes horizontales ou verticales. Un état peut avoir jusqu'à plusieurs centaines de pages.

En règle générale, lorsque vous concevez vos états, vérifiez bien qu'ils contiennent les éléments de base suivants :

- un **titre** définissant très clairement le contenu de l'état (pas de titre vague du genre "Liste" ou "État N°8"), placé en haut de la première page de l'état,
- en haut de la page, le **nom de l'émetteur** de l'état, habituellement le nom de l'entreprise ou son logo,
- la **date d'impression** (et l'heure dans certains cas particuliers) en haut à droite,
- un **numéro de page** placé généralement en bas de chaque page,
- des **en-têtes de colonnes** bien explicites.

Sous Windows, il n'y aura pas à se soucier du type d'imprimante utilisé, ni du sens d'impression (mode portrait ou mode paysage). C'est au niveau du panneau de configuration que le choix sera fait. Les polices de caractères seront de préférence des polices vectorielles de type *True Type*, donc des polices dont la taille peut varier sans perdre de qualité.

Malgré cela, la réalisation de programmes d'impression sous Windows est, reconnaissons-le, une tâche assez délicate. Nettement plus délicate, en tous cas, que sur les anciens ordinateurs fonctionnant en mode caractères. Ici encore, le mode graphique se paie cher. Mais quelle différence de résultat ! Les anciens listings rébarbatifs des années 70 n'ont plus rien à voir avec les petites merveilles que vous allez bientôt produire avec Visual Basic...

Mais au lieu de rêver de résultats futurs, entrons dans la technique. Il existe en fait trois façons d'imprimer avec Visual Basic :

- recopier simplement sur papier le contenu de la feuille active à l'écran,
- imprimer des états à l'aide de l'objet *Printer*,
- imprimer des états à l'aide du générateur d'états fourni avec Visual Basic : Crystal Report.

Imprimer simplement le contenu d'une feuille

C'est la méthode la plus simple. Il s'agit tout simplement de demander gentiment à Visual Basic d'envoyer le contenu intégral d'une feuille sur l'imprimante. Il suffit pour cela d'utiliser la méthode *Printform* de n'importe quelle feuille. Ci-dessous, une procédure que l'on ne peut pas imaginer plus simple permettra d'imprimer la feuille "form3" dès que l'on cliquera sur le bouton "Command1" :

```
Sub Command1_Click ()
    form3.PrintForm
End Sub
```

La feuille spécifiée peut être la feuille en cours ou bien toute autre feuille chargée en mémoire (par *Load* ou *Show*) ou même non chargée en mémoire.

La méthode *PrintForm* peut répondre à quelques besoins particuliers, mais n'est pas adaptée pour imprimer de vrais états. En effet, la qualité d'impression n'est pas extraordinaire car il s'agit d'une copie pixel par pixel de l'écran sur l'imprimante. Il n'y a donc pas d'adaptation possible de l'image à la définition de telle ou telle l'imprimante.

Imprimer des états à l'aide de l'objet Printer

Voici une deuxième technique qui donnera des états d'excellente qualité, mais qui va être plus complexe à programmer. On utilisera un objet très particulier, c'est l'objet *Printer* ou imprimante, en français. C'est en envoyant à cet objet des méthodes qui seront paramétrées par des propriétés que nous allons positionner textes et graphismes là où nous le voudrons sur l'imprimante. Notons que cet objet ne dispose pas d'événements.

Imprimer des chaînes de caractères

C'est exclusivement la méthode *Print* de l'objet *Printer* qui permet d'imprimer des chaînes de caractères. Elle est très simple à utiliser :

```
Printer.Print "Voici une très bonne impression !"
```

Commander le déclenchement réel de l'impression

Peut-être allez vous vérifier tout de suite que ce que je vous raconte est vrai, alors je vous dois une information de la plus haute importance avant de continuer. La voici : pour que l'état que vous avez préparé soit effectivement envoyé sur l'imprimante ou dans la file d'attente du gestionnaire d'impression (selon votre choix dans le panneau de configuration de l'imprimante), il faut exécuter la méthode *EndDoc*. Si vous oubliez de le faire, votre état restera en attente en mémoire jusqu'à la fin de l'exécution de votre programme. Ce sera seulement à ce moment qu'il daignera s'imprimer. En effet Visual Basic générera de lui-même une méthode *EndDoc* lorsque vous quitterez votre programme. Sachez aussi qu'après l'exécution de cette méthode, le compteur de page (géré par Windows dans la propriété *Page* que nous verrons bientôt) sera automatiquement réinitialisé à un.

Tester l'impression sans imprimer

Pour effectuer vos tests d'impression, vous ne désirez peut-être pas contribuer à la déforestation de la planète en consommant moultes feuilles de papier. Si c'est le cas, vous devrez exécuter la méthode *Print*, non pas de l'objet *Printer*, mais la méthode *Print* d'un simple objet feuille normal.

Le plus simple sera d'ajouter dans votre projet une feuille provisoire à laquelle vous donnerez le nom, par exemple, de "TestPrinter" dans sa propriété *Name* et aussi dans sa propriété *Caption*. Puis, dans la (ou les) procédure(s) d'impression, remplacez le mot "Printer" par le mot "TestPrinter", et ainsi tout ce que vous voulez imprimer pendant vos tests sera dirigé sur la feuille "TestPrinter" et non sur l'objet *Printer*. Et lorsque vous voudrez imprimer réellement sur papier : il vous suffira de faire un remplacement automatique du mot "TestPrinter" par le mot "Printer". Pour que la feuille "TestPrinter" apparaisse agrandie au maximum sur votre écran, donnez la valeur "2" à sa propriété *WindowState* et avant de placer quoi que ce soit dans la feuille, n'oubliez pas de l'afficher par la méthode *Show* comme ci-dessous :

```
TestPrinter.Show
TestPrinter.Print "Société DUPONT"
TestPrinter.Print "Facture numéro " & NumFacture
etc...
```

Passer à la ligne suivante

Ce paragraphe devrait plutôt s'intituler : "Comment **ne pas** passer à la ligne suivante". En fait, un ordre *Print* ne passe pas à la ligne suivante s'il a été précédé d'un autre ordre *Print* se terminant par le caractère ";".

Concrètement, voici deux exemples, le premier sans ";" :

```
Printer.Print  "Anticons"
Printer.Print "titutionnellement"
```

Le résultat à l'imprimante :

```
Anticons
titutionnellement
```

Et le second avec ";" :

```
Printer.Print  "Anticons";
Printer.Print "titutionnellement"
```

Le résultat à l'imprimante :

```
Anticonstitutionnellement
```

Imprimer des lignes ou des rectangles

C'est très simple. Par exemple, pour imprimer une ligne entre un point d'abscisse 100 twips et d'ordonnée 200 twips et un autre point d'abscisse 2 500 twips et d'ordonnée 1 200 twips, appelez la méthode *Line* comme ci-dessous. Rappelons qu'un *twip* représente 1/567e de centimètre logique.

```
Printer.Line (100, 200)-(2500, 1200)
```

Voici le résultat à l'imprimante :

Pour tracer une ligne horizontale ou verticale, il suffira bien sûr de donner respectivement la même ordonnée ou la même abscisse aux deux points extrêmes de la ligne :

```
' Ligne horizontale : même ordonnée
Printer.Line (100, 200)-(2500, 200)
' Ligne verticale : même abscisse
Printer.Line (5000, 200)-(5000, 1200)
```

Voici les deux lignes imprimées :

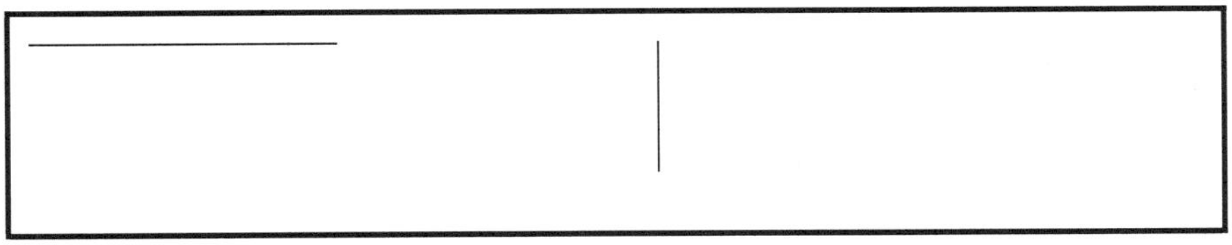

Et une variante, ou plutôt deux variantes :

- on a ajouté une instruction qui affecte 5 à la propriété *DrawWidth*, ce qui a pour effet de tracer une ligne de 5 pixels (et non 5 twips),
- on a ajouté le paramètre "B" (précédé de deux virgules car c'est un paramètre positionnel) afin d'indiquer que ce n'est pas une ligne qu'il faut tracer entre les

deux points indiqués, mais un rectangle ayant le premier point comme coin supérieur gauche et le second point comme coin inférieur droit.

```
Printer.DrawWidth = 5
Printer.Line (100, 200)-(2500, 1200), , B
```

Et le résultat à l'imprimante :

Connaître les dimensions de la page

Vous désirez certainement imprimer sur un papier de format A4, mais vous savez aussi qu'aucune imprimante, quelle que soit sa technologie – laser, jet d'encre, matricielle – , n'est capable d'imprimer jusqu'aux limites extrêmes du bord de la feuille. Il reste toujours quatre marges sur lesquelles il est impossible d'imprimer : en haut, en bas, à gauche et à droite. Les dimensions de ces marges dépendent du modèle d'imprimante et varient couramment de 2 mm à 1 cm.

Mais comme il est toujours bon de savoir où l'on jette son ancre – ou son encre, si vous préférez – , il faut connaître les dimensions de la surface réellement imprimable sur votre imprimante. Pour ce faire, vous devrez effectuer un petit test qui consiste à imprimer deux carrés :

- un premier carré de 20 000 twips de côté, soit 20 000 / 567 = 35,3 cm environ, qui dépassera largement le format A4,
- un deuxième carré de 10 000 twips de côté, soit 10 000 / 567 = 17,6 cm environ, qui tiendra à l'intérieur d'un format A4.

Voici les instructions nécessaires :

```
Printer.Line (0, 0)-(10000, 10000), , B
Printer.Line (0, 0)-(20000, 20000), , B
```

Et voici le résultat :

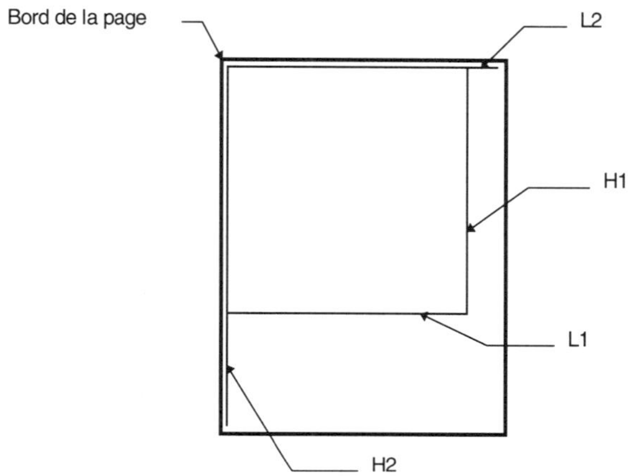

Les deux carrés sont positionnés à partir du coin en haut à gauche, ce qui fait apparaître les marges du haut et de gauche. Le grand carré n'a pas pu être imprimé en totalité, ce qui laisse apparaître les marges du bas et de droite.

Pour connaître le nombre de twips de la surface imprimable, prenez un double-décimètre, mesurez le côté L1 du petit carré (qui doit être égal à H1), vous obtenez par exemple 17,6 cm. Mesurez ensuite la partie imprimée du côté horizontal du grand carré, c'est-à-dire L2 qui donnera par exemple 20,3 mm.

Une petite règle de trois va nous donner la largeur imprimable L2 en twips :

L2 = 10 000 twips / 17,6 cm × 20,3 cm = 11 534 twips

Mesurons maintenant H2, par exemple 27,9 cm. Une deuxième règle de trois nous donne la hauteur imprimable H2 en twips :

H2 = 10 000 twips / 17,6 cm × 27,9 cm = 15 852 twips

En prenant une petite marge de sécurité pour les imprécisions des mesures, on peut considérer dans notre exemple que nous disposons d'une largeur imprimable de 11 500 twips et d'une hauteur de 15 800 twips.

Notez, même si ce ne sera pas très utile pour vous, que Visual Basic met à votre disposition les deux propriétés *Height* et *Width* de l'objet *Printer*. Ces propriétés donnent la dimension de la feuille, **marges comprises**. En format A4, elles valent respectivement 16 834 twips et 11 909 twips, ce qui est normal puisque :

16 834 twips / 567 = 29,7 cm

11 909 twips / 567 = 21 cm

Définir la position courante d'impression

Comment allons-nous spécifier à Visual Basic l'endroit précis où nous voulons imprimer ? C'est simple : avant d'imprimer des caractères par la méthode *Print*, vous spécifiez les coordonnées précises du coin supérieur gauche du rectangle qui contiendra les caractères imprimés. Ce sont les propriétés *CurrentX* et *CurrentY* de l'objet *Printer*.

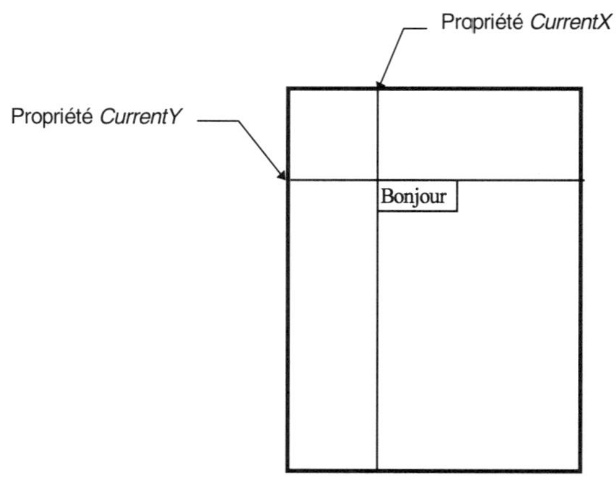

Ce qui donnera la séquence de programme suivante :

```
Printer.CurrentX = 3000
Printer.CurrentY = 3200
Printer.Print "Bonjour"
```

Remarque importante : il n'est pas indispensable de remplir la page de bas en haut, on peut descendre puis remonter dans la page à tout moment. Par exemple, on peut imprimer le titre de l'état en haut, puis le numéro de page en bas de la page, puis se repositionner vers le haut de la page pour imprimer les lignes de l'état.

En revanche, la marche arrière vers une page antérieure est impossible... surtout si elle est déjà sortie de l'imprimante.

Passer à la page suivante

La méthode *NewPage* permet de passer à la page suivante. Alors, la propriété *Page* de l'objet *Printer* sera automatiquement incrémentée d'une unité tandis que les propriétés *CurrentX* et *CurrentY* seront remises à zéro. Inutile de vous fatiguer à gérer vous-même un compteur de page pour imprimer le numéro de page de votre état puisque Visual Basic gère pour vous la propriété *Page* de l'objet *Printer*.

De plus, la méthode *NewPage* se déclenchera automatiquement si vous imprimez du texte qui descend plus bas que le bas de page. Les propriétés *CurrentX* et *CurrentY* sont systématiquement remises à zéro. Il est cependant préférable de gérer soi-même le saut de page, notamment pour garder le contrôle de l'impression de l'en-tête et du pied de page.

Mais attention, ce saut de page automatique qui se produit en cas de débordement de texte ne se produira pas pour la méthode *Line* avec laquelle les débordements sur la page suivante sont tout simplement ignorés.

Imprimer des nombres

Bien sûr, vous pouvez toujours utiliser la méthode *Print* pour imprimer des nombres, comme nous l'avons fait pour des chaînes de caractères, mais regardez l'exemple de résultat obtenu ci-dessous :

12,5	**54**
7,95	**-1250**

Inadmissible ! Car les nombres doivent toujours être cadrés à droite, de plus les virgules décimales doivent être alignées. Il y a donc là un vrai problème à résoudre.

Nous l'avons résolu ci-dessous en conjuguant deux techniques bien distinctes : le formatage des nombres et le cadrage à droite. Voici le résultat obtenu :

12,50 F	**54**
7,95 F	**-1250**

Le formatage des nombres

Il doit s'effectuer à l'aide de la fonction *Format* qui permet de spécifier un masque d'impression. Dans ce masque, vous pourrez utiliser les caractères suivants :

Caractère	Signification
0	Réserve l'emplacement d'un chiffre.
#	Réserve l'emplacement d'un chiffre s'il ne s'agit pas d'un zéro à gauche du nombre.
,	Réserve le caractère de séparation des milliers : un point en France.

.	Réserve le caractère séparant partie entière et partie décimale d'un nombre, une virgule en France.
\	Indique que les caractères qui suivent seront imprimés tels quels ; pour le "F" de "Francs", on écrira "\F".

Le cadrage à droite

Pour que les nombres soient cadrés à droite, il n'y a pas d'autre moyen que de calculer leur position de gauche :

Position de gauche = Position de droite - Largeur du nombre

Ce qui donne en Visual Basic :

Printer.CurrentX = 800 - Printer.TextWidth(Nombre)

C'est malheureusement un peu compliqué. Voici ce que cela donne pour obtenir l'exemple fourni plus haut :

```
' Chargement des données à imprimer
Prix1 = 12.5
Quantité1 = 54
Prix2 = 7.95
Quantité2 = -1520

' Formatage, calcul de la position et impression de Prix1
PrixF1 = Format(Prix1, "#,##0.00 \F")
Printer.CurrentX = 800 - Printer.TextWidth(PrixF1)
Printer.CurrentY = 100
Printer.Print PrixF1

' Formatage, calcul de la position et impression de Quantité1
QuantitéF1 = Format(Quantité1, "######")
Printer.CurrentX = 2500 - Printer.TextWidth(QuantitéF1)
Printer.CurrentY = 100
Printer.Print QuantitéF1

' Formatage, calcul de la position et impression de Prix2
PrixF2 = Format(Prix2, "#,##0.00 \F")
Printer.CurrentX = 800 - Printer.TextWidth(PrixF2)
Printer.CurrentY = 300
Printer.Print PrixF2

' Formatage, calcul de la position et impression de Quantité2
QuantitéF2 = Format(Quantité2, "######")
Printer.CurrentX = 2500 - Printer.TextWidth(QuantitéF2)
Printer.CurrentY = 300
Printer.Print QuantitéF2
```

```
' Lancement de l'impression
Printer.EndDoc
```

Impression des dates et des heures

Nous avons un problème semblable à celui des nombres pour présenter correctement une donnée de type date. Heureusement, Visual Basic nous mâche encore le travail en proposant des caractères de formatage spécifiques aux dates. Les voici :

Caractère	Signification
d	Numéro du jour sur 1 ou 2 chiffres.
dd	Numéro du jour sur 2 chiffres.
h	Heure sur 1 ou 2 chiffres.
hh	Heure sur 2 chiffres.
m	Numéro de mois sur 1 ou 2 chiffres.
mm	Numéro de mois sur 2 chiffres.
mmm	Libellé du mois sur 3 caractères.
mmmm	Libellé complet du mois.
n	Nombre de minutes sur 1 ou 2 chiffres.
nn	Nombre de minutes sur 2 chiffres.
q	Numéro du trimestre (1 à 4).
s	Nombre de secondes sur 1 ou 2 chiffres.
ss	Nombre de secondes sur 2 chiffres.
y	Numéro du jour de l'année (de 1 à 366).
yy	Année sur 2 chiffres.
yyyy	Année sur 4 chiffres.
AM/PM	Affiche la mention AM avant midi et PM après midi.

Voici deux exemples d'impression de la date système qui utilisent ces caractères de formatage :

```
Printer.Print Format(Now,"dddd, d mmmm yy")
```

Ce qui donne comme résultat :

Lundi, 23 janvier 96

Et pour les heures :

```
Printer.Print Format(Now,"hh : nn : ss")
```

Le résultat est :

15 : 57 : 03

Choisir la police, la taille, le style des caractères

Bien sûr, l'avantage d'imprimer sous un environnement graphique tel que Windows, c'est de varier les polices de caractères. Pour les choisir, vous disposez des propriétés suivantes de l'objet *Printer* :

Propriété	Signification
FontName	Contient le nom de la police : "Arial", "Times New Roman"...
FontSize	Contient un entier indiquant la taille des caractères : 8, 10, 20...
FontBold	Contient *True* pour des caractères gras ou *False* sinon.
FontItalic	Contient *True* pour des caractères en italique ou *False* sinon.
FontUnderline	Contient *True* pour des caractères soulignés ou *False* sinon.

Pour choisir le type des caractères qui seront prochainement imprimés, programmez ainsi :

```
Printer.FontName = "Times New Roman"
Printer.FontSize = 18
Printer.FontBold = True
Printer.FontItalic = True
Printer.Print "Voici un texte en Times New Roman de 18, en gras et italique."
```

Prévoir la hauteur et la largeur d'un texte imprimé

Voici un bon moyen de savoir à l'avance quelle hauteur et quelle largeur va occuper une chaîne de caractères donnée. Très utile lorsque l'on veut, par exemple, centrer un libellé dans la page ou lorsque l'on veut calculer combien de lignes tiendront en hauteur dans la page. Rappelons que les polices de caractères vectorielles (encore appelées redimensionnables) telles que les polices True Type de Windows ont des caractères de différentes largeurs : le "I" est moins large que le "W". En revanche, la hauteur réservée par les deux caractères "a" et "A" est la même.

Ce sont les méthodes *TextHeight* et *TextWidth* qui se chargent de calculer la hauteur et la largeur prévisibles d'une chaîne de caractères. Elles fournissent le résultat en twips. Exemple : pour calculer la position de gauche d'un titre que l'on veut centrer ainsi que le nombre de lignes à imprimer :

```
' Choix de la police du titre
Printer.Font = "Arial"
Printer.FontSize = 24
' Chargement du titre
Titre = "LISTE DES SALARIES LE " & DateJour
' Calcul des dimensions du titre
LargeurTitre = Printer.TextWidth(Titre)
HauteurTitre = Printer.TextHeight(Titre)
' Calcul de la position du titre pour centrage
Printer.CurrentX = (11500 - LargeurTitre ) / 2
Printer.CurrentY = 0
' Impression du titre
Printer.Print Titre

' Choix de la police des lignes de l'état
Printer.Font = "Times New Roman"
Printer.FontSize = 12
' Calcul de la hauteur d'une ligne d'état
HauteurLigne = Printer.TextHeight("A")
' Calcul du nombre de lignes imprimables sur une page
NbLignes = Int((15800 - HauteurTitre) / HauteurLigne)
' Impression des lignes pour essai
For i = 1 To NbLignes
    Printer.Print "Essai d'impression de la ligne numéro " & i
Next
Printer.EndDoc
```

Imprimer un dessin

Malheureusement, en dehors du tracé de lignes et de rectangles, Visual Basic ne permet pas d'imprimer facilement un dessin. A moins de se lancer dans la programmation de routines graphiques complexes, vous devez renoncer à ce plaisir !

Récapitulation : méthodes et propriétés de l'objet Printer

Les méthodes de l'objet Printer

Méthode	Signification
EndDoc	Commande l'impression en fin de document.
Line	Trace une ligne ou un rectangle.
NewPage	Saute à la page suivante.
Print	Imprime un texte ou un nombre formaté.
TextHeight	Renvoie la hauteur d'un texte.
TextWidth	Renvoie la largeur d'un texte.

Les propriétés de l'objet Printer

Propriété	Signification
CurrentX	Position courante horizontale en twips.
CurrentY	Position courante verticale en twips.
Height	Hauteur physique de la page en twips, en lecture à l'exécution.
Width	Largeur physique de la page en twips, en lecture à l'exécution.
Page	Numéro de page depuis le début de l'impression ou le dernier *EndDoc*, commence à 1.
FontBold	Gras.
FontItalic	Italique.
FontUnderline	Souligné.
FontName	Nom de la police de caractères.
FontSize	Taille de la police de caractères.

Exemple complet d'impression d'une liste simple

```
Private Sub Imprimer_Click()
  'Transformation du curseur en sablier
  Screen.MousePointer = 11

  Ligne = 999
  Total = 0

  'Tant qu'on n'est pas en fin de fichier
  Do While Not Auteurs.Recordset.EOF
    If Ligne > 25 Then
```

```
        Ligne = 1
        'Impression du titre
        If Printer.Page > 1 Then
            Printer.NewPage
        End If

        Printer.Font.Name = "Arial"
        Printer.Font.Size = 30
        Printer.Font.Bold = True

        Printer.CurrentX = 4000
        Printer.CurrentY = 0
        Printer.Print "LISTE DES AUTEURS"
    End If

    'Impression d'une ligne
    Printer.Font.Name = "Arial"
    Printer.Font.Size = 10
    Printer.Font.Bold = False

    Printer.CurrentX = 40
    Printer.CurrentY = Printer.CurrentY + 200
    Printer.Print Auteurs.Recordset("Au_ID");

    Printer.CurrentX = 1000
    Printer.Print Auteurs.Recordset("Author");

    Printer.CurrentX = 10000
    Printer.Print Auteurs.Recordset("Year Born")

    Total = Total + 1
    Ligne = Ligne + 1
    Auteurs.Recordset.MoveNext
Loop

'Impression du Total
Printer.CurrentX = 1000
Printer.CurrentY = Printer.CurrentY + 200
Printer.Print "Total :";

Printer.CurrentX = 1000
Printer.Print Total

'Fin d'impression
Printer.EndDoc

'Restauration du curseur de la souris
Screen.MousePointer = 0
```

```
End Sub
```

Imprimer des états à l'aide de Crystal Report

Et voici la "Rolls" de l'impression d'états : le générateur automatique d'états. Toute la programmation que nous venons de voir va être automatique. Alors pourquoi avoir tant sué sur l'objet *Printer* ? Tout simplement parce qu'une "Rolls" n'est pas une voiture tout terrain. En clair, vous ne pourrez pas **tout** faire avec Crystal Report.

Généralités sur Crystal Report

Crystal Report est un logiciel complémentaire à Visual Basic. Il est fourni avec Visual Basic, mais il en est indépendant. D'ailleurs, Crystal Report peut être acheté séparément.

Il permet de concevoir très facilement des états sophistiqués :

- des listes simples avec ruptures, totaux et sous-totaux,
- des tableaux croisés,
- des étiquettes pour faire des mailings.

Une fois l'état conçu, on pourra l'imprimer au choix depuis Crystal Report ou bien depuis une application Visual Basic.

La structure d'un état

Avant de passer à la pratique, rappelons quelques principes théoriques concernant la structure d'un état. Nous allons voir que tous les d'états, quels qu'ils soient, ont une structure semblable.

Les états simples

Prenons une simple liste de clients. Elle sera structurée en trois grandes parties :

- l'en-tête de l'état,
- le corps de l'état, lui-même composé de plusieurs lignes de détail,
- le pied de l'état.

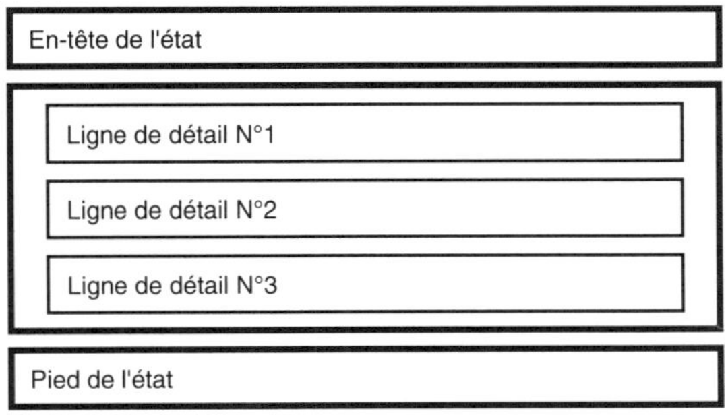

Notons au passage qu'une liste d'étiquettes autocollantes ne sera qu'un cas particulier où l'en-tête et le pied de page seront inexistants :

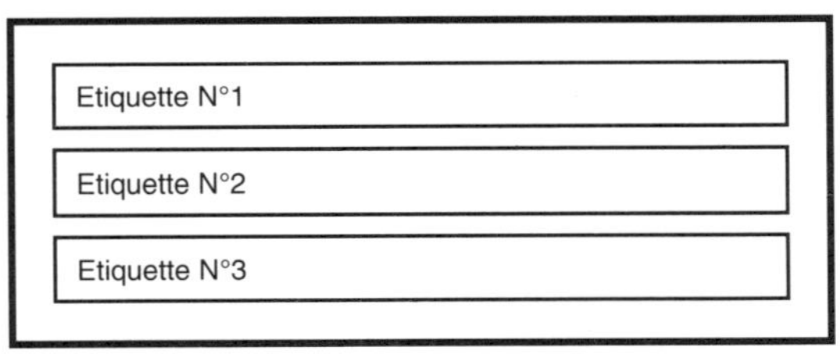

Toutefois, si l'on imprime plusieurs étiquettes de front comme ci-dessous, la programmation pourra se compliquer :

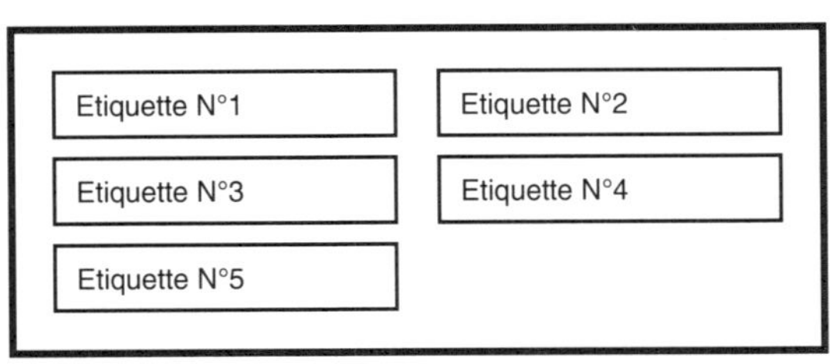

Les états avec rupture

Revenons aux états classiques. Si nous désirons que notre liste de clients soit classée par département avec un titre au début de chaque département et un sous-total à la fin de chaque département. La structure de l'état deviendra la suivante :

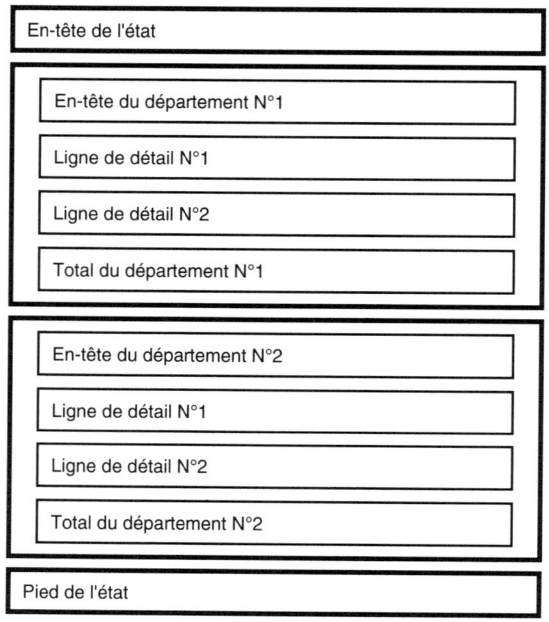

Puis, on peut imaginer que chaque département se décompose en plusieurs secteurs. Il nous faudra donc ajouter un en-tête de secteur au début de chaque secteur et un sous-total en fin de chaque secteur. Et ainsi de suite...

Généralisons. Nous appellerons *groupe* un ensemble tel qu'un département ou un secteur. Ce sera un terme générique qui désigne aussi un bien un sous-ensemble qu'un sous-ensemble d'un sous-ensemble, etc.

Tout état se décompose finalement en :

- **en-tête d'état** : il contient le titre de l'état, la date d'impression, le nom de l'émetteur, le nom du destinataire,
- **en-tête de groupe** : il contient le nom, c'est-à-dire l'identification du groupe,
- **ligne de détail** : elle contient les données détaillées, mais pas le nom du groupe,
- **pied de groupe** : il contient des totaux, des comptages, des lignes blanches ou un trait délimiteur de groupe,
- **pied d'état** : il contient des totaux et des comptages généraux, marque de fin d'état.

Et en plus de cette structure, vient se superposer une autre structure, celle du découpage physique de l'état en pages. Il faudra donc penser à remplir :

- **l'en-tête de page** : il contient les en-têtes de colonnes,
- **le pied de page** : il contient le numéro de page.

Conception d'un état

Pour concevoir un état, il suffit d'utiliser la grande convivialité de Crystal Report. Vous lancerez ce logiciel qui s'appelle "CRW32.EXE" et qui est stocké dans le sous-dossier "REPORT" du dossier contenant Visual Basic.

Une fois la conception terminée, tous les paramètres de définition d'état que vous aurez fournis seront sauvegardés dans un fichier qui aura l'extension ".RPT". C'est ce fichier qui pourra être appelé depuis Visual Basic.

La conception d'un état nécessite de passer par les étapes suivantes.

Sélectionner la base de données à traiter

Appelez le menu "Fichier" et sélectionnez l'option "Nouveau" puis l'option "État".

Une boîte de dialogue vous demande quel type d'état vous désirez, choisissez pour l'instant "État". Cette même boîte de dialogue vous demande l'origine de vos données, choisissez "Fichier de données".

Une autre boîte de dialogue vous demande ensuite où se trouve votre base de données et quel est son nom.

Lier les tables

Vous pouvez éventuellement avoir besoin de lier des tables. En fait, il s'agit tout simplement de déclarer une jointure entre tables de façon à ce que Crystal Report puisse générer une requête SQL de jointure.

Créer la structure de l'état

Par défaut, Crystal Report vous crée un en-tête de page, une ligne de détail et un pied de page. Mais vous pouvez bien sûr ajouter autant de groupes que vous le désirez.

Choisissez l'option "Section de groupe" du menu "Insérer".

Malheureusement, avec Crystal Report, il n'est pas possible d'imprimer un en-tête d'état (unique pour tout l'état), il faudra se contenter d'un en-tête de page (qui apparaît en haut de chaque page).

Quant au pied d'état, vous devrez déclarer un total général (même si vous n'en n'avez pas besoin) pour bénéficier d'une section de pied d'état qui sera baptisée "Total général". Sélectionnez un champ numérique de la section "Détail", puis appelez le menu "Insertion" et l'option "Total général".

Remplir chaque section

Par de simples "glisser-déplacer", placez vos champs où vous le désirez. Ca, c'est le grand moment de plaisir de Crystal Report, comparé au calcul des twips étudié précédemment !

Ajoutez des champs calculés, dits "champs formule".

Double-cliquez sur le champ que vous venez de dessiner pour en préciser les caractéristiques et le format d'impression.

Choisissez la police, la bordure et le cadrage de chaque champ avec la barre de boutons de Crystal Report.

Dessinez des lignes séparatrices.

Insérer des sous-totaux, des comptages...

Très simple à faire, puisqu'il suffit de sélectionner un champ dans la section "Détails", puis d'appeler l'option "Total partiel" ou "Résumé" du menu "Insérer", et enfin de placer au bon endroit ce nouveau champ.

Saisir les critères de classement

Votre état sera classé dans l'ordre des groupes que vous avez éventuellement définis. Cependant, à l'intérieur même d'un groupe, vous pouvez souhaiter que les lignes ne soient pas dans le désordre, mais soient classées selon un certain critère.

Demandez-le dans l'option "Ordre de tri des enregistrements" du menu "État".

Saisir les critères de sélection d'enregistrements et de groupes

Peut-être ne désirez-vous pas imprimer **tous** les enregistrements du fichier. Dans ce cas, vous pouvez indiquer à Crystal Report quels enregistrements sélectionner.

Vous pouvez même poser des conditions sur des groupes. Par exemple : sélectionner tous les départements dont le chiffre d'affaires total de tous les clients est supérieur à 1 000 000 F.

Tester l'état

Cliquez simplement sur le bouton d'aperçu pour afficher le résultat de votre chef-d'œuvre à l'écran. Ou bien sur le bouton d'impression si vous désirez l'immortaliser sur papier.

Impression d'un état

Pour imprimer l'état depuis votre application en vous passant de Crystal Report, quittez Crystal Report et revenez dans Visual Basic.

Créez dans l'une de vos feuilles un contrôle Crystal Report que vous aurez préalablement inséré dans la boîte à outils de Visual Basic, car c'est un contrôle personnalisé. Rassurez-vous, l'icône de ce contrôle restera invisible à l'exécution.

Donnez lui un nom, par exemple "État", dans sa propriété *Name*.

Faites le lien entre ce contrôle nommé "État" et le fichier d'extension ".RPT" qui contient la définition de l'état que vous avez préalablement conçu. Spécifiez pour cela son nom dans la propriété *ReportFileName*.

Créez un bouton "Imprimer" dans votre feuille.

Programmez l'événement *Click* de ce bouton "Imprimer" comme ci-dessous :

```
Private Sub Imprimer_Click()
  Etat.Action = 1
End Sub
```

Testez en cliquant sur le bouton "Imprimer", l'impression doit se faire immédiatement. De plus, avant d'imprimer, rien ne vous empêche de remplir judicieusement les propriétés suivantes du contrôle Crystal Report :

Propriété	Description
GroupSelectionFormula	Condition de sélection des groupes.
SelectionFormula	Condition de sélection des lignes de détail.
Destination	Sortie de l'état dans une fenêtre (par défaut), sur imprimante ou dans un fichier disque.
CopiesToPrinter	Nombre d'exemplaires à imprimer.

Paramétrage d'un état

Voyons maintenant comment paramétrer de façon variable un état.

Supposons que l'on dispose d'un fichier des clients et que l'on souhaite imprimer de temps en temps une liste des clients de tel ou tel département. L'utilisateur devra d'abord saisir le numéro de département voulu dans une zone de texte baptisée par exemple "Dépa", puis il cliquera sur le bouton "Imprimer".

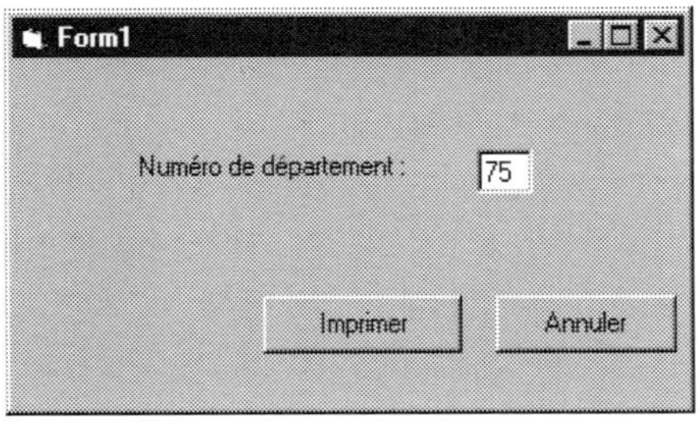

Comment indiquer à Crystal Report qu'il ne doit imprimer que les clients du département voulu ? Très simple : remplissez la propriété *SelectionFormula* comme ci-dessous.

Si le champ "Département" de la base de données est de type numérique, on aura cette syntaxe :

```
Private Sub Imprimer_Click()
   Etat.SelectionFormula = "{Clients.Département} = " & Dépa
   Etat.Action = 1
End Sub
```

En revanche, si le champ "Département" de la base de données est de type texte, on aura cette autre syntaxe :

```
Private Sub Imprimer_Click()
   Etat.SelectionFormula = "{Clients.Département} = '_" & Dépa & "_'_"
   Etat.Action = 1
End Sub
```

Attention, les caractères blancs soulignés ont été ajoutés ici pour bien marquer la différence entre les quotes simples et les quotes doubles. Ils ne doivent en aucun cas être saisis !

Notez que les noms des champs doivent être spécifiés entre accolades et non entre crochets.

16

LES LIAISONS AVEC L'EXTERIEUR

Sortir de Visual Basic

Sont répertoriés dans ce chapitre quelques moyens de "sortir" de Visual Basic :

- comment accéder aux fichiers stockés sur disque dur, disquette ou encore CD-ROM ?
- comment appeler des sous-programmes venant d'API externes ?
- comment établir simplement une liaison OLE ?
- comment programmer le port série ?

Choisir un disque, un dossier, un fichier

Le contrôle Zone de liste d'unités (DriveListBox)

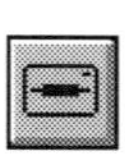

Ce contrôle permet à l'utilisateur de choisir une unité de disque ou de disquettes parmi celles qui sont disponibles sur le PC. Le nom du disque sélectionné sera accessible dans la propriété *Drive* du contrôle *DriveListBox*.

Ci-dessous, on a simplement placé un contrôle Étiquette et un contrôle Zone de liste d'unités dans la feuille :

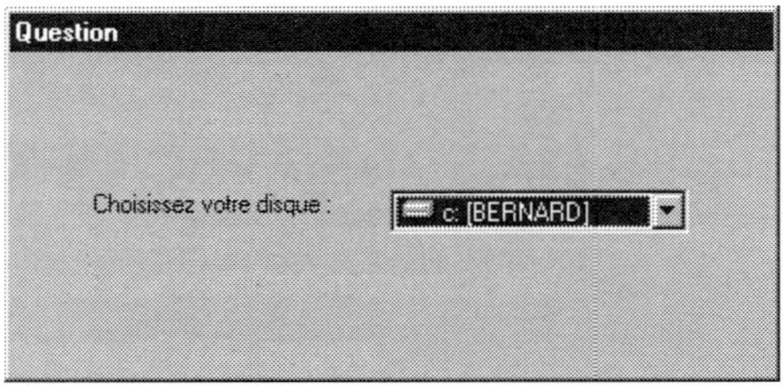

Et si l'on tire sur la "tirette", voici ce qui apparaît :

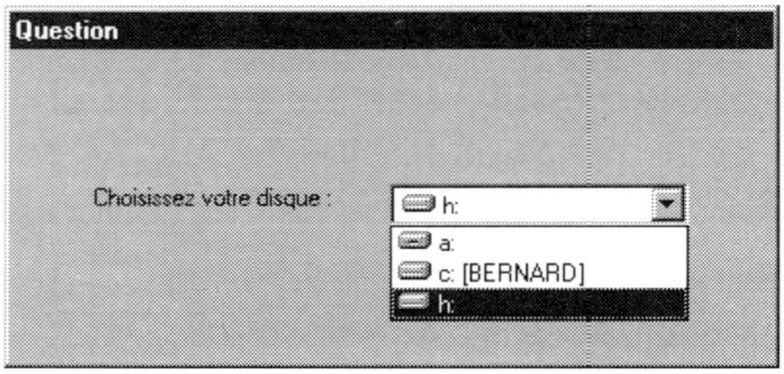

Associé aux deux contrôles que nous allons voir ci-après, concernant le choix d'un dossier et d'un fichier, ce contrôle nous permettra de "naviguer" sur le disque dur, sur une disquette, sur un CD-ROM ou même sur le serveur du réseau local afin de choisir l'origine d'un fichier à charger ou la destination d'un fichier à sauvegarder.

Le contrôle Zone de liste de répertoires (DirectoryListBox)

De la même façon que l'on peut choisir un disque avec le contrôle Zone de liste d'unités, voici le moyen de sélectionner un dossier. Rappelons que, dans la terminologie de Windows 95, le mot "dossier" équivaut au mot "répertoire".

Le programme peut récupérer le nom du dossier sélectionné dans la propriété *Path* de ce contrôle de type *DirectoryListBox*.

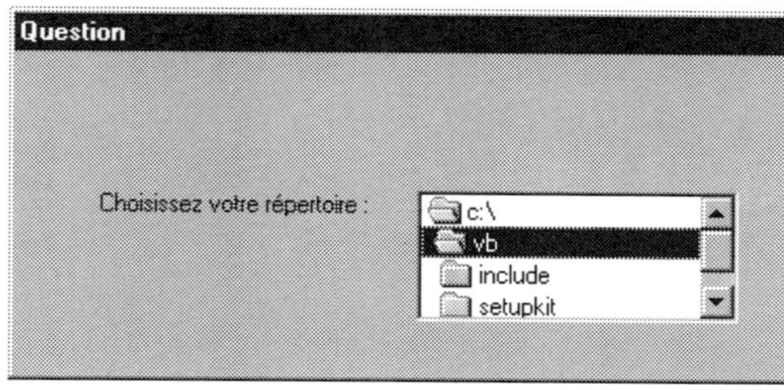

Le contrôle Zone de liste de fichiers (FileListBox)

Enfin, pour permettre à l'utilisateur de sélectionner un fichier, vous disposez de ce contrôle. C'est dans la propriété *FileName* du contrôle de type FileListBox que le programme reçoit le nom du fichier sélectionné par l'utilisateur.

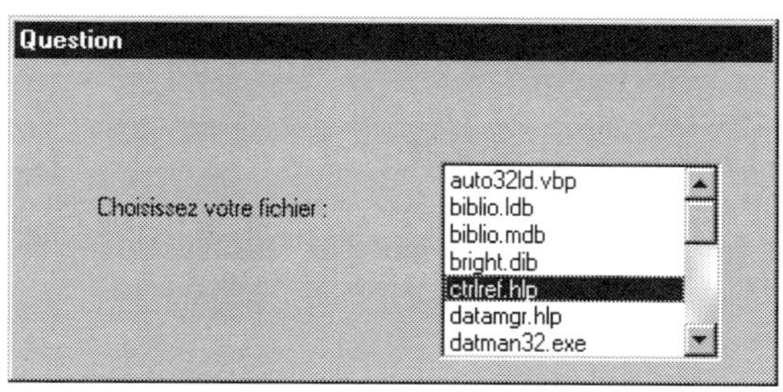

Gérer les dossiers et les fichiers

Visual Basic met à votre disposition quelques fonctions et instructions pour gérer en direct les dossiers et les fichiers sur disque.

Dir

Cette fonction sert à analyser le contenu d'un dossier. Par exemple, vous pouvez obtenir, comme ci-après, une zone de liste contenant les fichiers ayant l'extension ".DLL" et qui sont stockés dans le dossier "C:\WINDOWS".

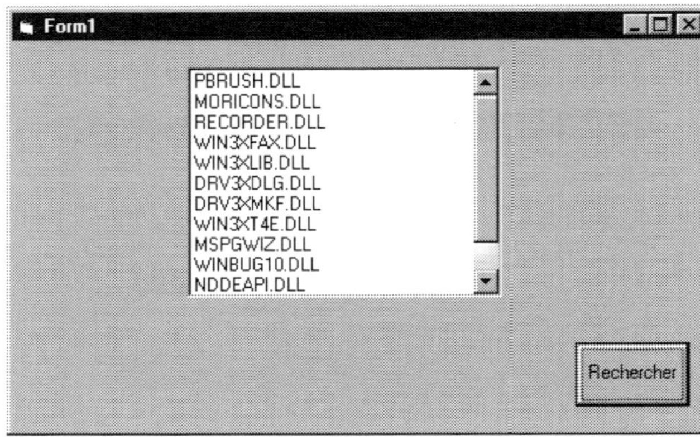

Il suffit de programmer cette boucle :

```
Private Sub Command1_Click()
   Dim Nombre As Long, Fichier As String
   Nombre = 0
   ' Dans le premier appel de la fonction Dir, on spécifie le nom de fichier
   Fichier = Dir("C:\windows\*.dll")
   Do While Fichier <> ""
      Nombre = Nombre + 1
      List1.AddItem Fichier
      ' Dans les appels suivants, il ne faut plus spécifier le nom de fichier
      Fichier = Dir
   Loop
End Sub
```

CurDir

Pour obtenir, dans un programme Visual Basic, le nom du dossier courant :

```
Label1 = CurDir
```

ChDir

Pour changer de dossier courant :

```
ChDir  "c:\excel"
```

MkDir

Pour créer un nouveau dossier nommé "c:\essai" sur disque, tapez l'instruction suivante :

```
MkDir "c:\essai"
```

RmDir

Pour supprimer un dossier (qui doit être vide) :

```
RmDir "c:\essai"
```

ChDrive

Vous pouvez changer de disque courant :

```
ChDrive "a:"
```

FileCopy

Vous pouvez copier un fichier disque comme on le fait avec l'ordre *Copy* de MS-DOS. Il suffit d'indiquer le nom du fichier d'origine "C:\COMPTES\COMPTA.MDB" et le nom du fichier de destination "F:\SAUVE\COMPTA.BAK" :

```
FileCopy "C:\COMPTES\COMPTA.MDB" , "F:\SAUVE\COMPTA.BAK"
```

Les noms de fichiers peuvent aussi être représentés par des variables comme ceci :

```
FichSource = "C:\COMPTES\COMPTA.MDB"
FichDest = "F:\SAUVE\COMPTA.BAK"
FileCopy FichSource , FichDest
```

Si vous désirez copier un fichier de votre disque dur sur disquette et que ce fichier est plus grand que la capacité de la disquette, vous devrez appeler le programme "Backup.exe" qui est un utilitaire de Windows 95. Ce programme assure la compression du fichier destination.

Vous en trouverez un exemple d'utilisation un peu plus loin dans ce livre, dans le Chapitre 17 concernant la finalisation d'une application.

Kill

Pour supprimer un ou plusieurs fichiers exécutez l'instruction :

```
Kill "a:\*.doc"
```

Ici aussi l'utilisation d'un nom de fichier variable est possible :

```
Suppr = "a:\*.doc"
Kill Suppr
```

Name

Pour renommer un fichier sur disque :

```
Name "C:\AUTOEXEC.BAT" As "C:\AUTOEXEC.BAK"
```

Command

Cette fonction retourne les paramètres éventuels qui ont été fournis lors de l'appel du programme Visual Basic.

```
Label1 = Command
```

Environ

Pour "récupérer" le contenu d'une variable d'environnement de MS-DOS, par exemple la variable PATH, vous pouvez écrire :

```
Chemin = Environ("PATH")
```

Ou une variante, pour récupérer le contenu de la troisième variable d'environnement, écrivez ceci :

```
Chemin = Environ(3)
```

Vous obtiendrez une chaîne de caractères qui vaudra, par exemple, "PATH=C:\WINDOWS".

Vous savez certainement que vous pouvez vous définir vous-même vos propres variables d'environnement en utilisant l'ordre *SET* du langage MS-DOS. Cet ordre peut être placé dans n'importe quelle procédure batch MS-DOS.

L'appel des API externes

Qu'est-ce qu'une API ?

Les API (Application Program Interface), que nous avons déjà évoquées dans ce livre, sont des sous-programmes généralement écrits en langage C. Ce sont des outils que le programmeur appellera dans ses propres programmes rédigés en langage C, Visual Basic ou autre. Les API proviennent d'éditeurs de logiciels multiples. Par exemple, Microsoft fournit de nombreuses API pour Windows. IBM, par ailleurs, en fournit d'autres pour faire communiquer un PC sous Windows avec un AS/400 ; nous en verrons quelques-unes dans le Chapitre 19 consacré au mode client-serveur avec l'AS/400.

Les DLL (Dynamic Loadable Libraries), quant à elles, sont des bibliothèques contenant une, ou plus généralement plusieurs fonctions API. Elles ont la particularité de pouvoir être appelées dynamiquement pendant l'exécution du programme. C'est ainsi que la liaison entre le programme Visual Basic et les DLL qu'il appelle ne se fait pas dans la phase d'édition de liens qui suit la compilation, mais se fait dynamiquement pendant l'exécution.

Comment appeler une API ?

La déclaration de l'API

Avant d'appeler une API dans une procédure Visual Basic, il faut obligatoirement l'avoir déclarée auparavant. Cette déclaration se fait par une instruction *Declare* placée dans un module.

Voici un exemple de déclaration de l'une des API Windows prise au hasard. Elle se dénomme *RoundRect* et sert à tracer un rectangle à coins arrondis dans une feuille. Cette API est disponible dans une DLL fournie avec Windows qui se nomme "c:\windows\system\gdi32.dll".

```
'Déclaration de l'API Windows nécessaire pour tracer un rectangle
Declare Function RoundRect Lib "c:\windows\system\gdi32.dll" ✂
(ByVal IdCT As Integer, ByVal XA As Integer, ByVal YA As Integer, ✂
ByVal XB As Integer, ByVal YB As Integer, ByVal Xarr As Integer, ✂
ByVal Yarr As Integer) As Integer
```

Attention à spécifier correctement les majuscules dans le nom de la fonction, sinon elle ne serait pas reconnue.

L'API *RoundRect* a besoin de sept paramètres pour fonctionner. Il faut **tous** les déclarer dans l'instruction *Declare*. Dans cet exemple, tous les paramètres sont de type *Integer*. Cependant, d'autres fonctions API utilisent des paramètres de types différents. Pour savoir quels sont les paramètres à déclarer et de quel type ils sont, il est indispensable de disposer soit du programme source en langage C de la fonction API, soit de sa documentation dans laquelle ce genre de renseignements doit être fourni.

Les noms des paramètres peuvent être choisis librement, même s'ils sont déjà baptisés dans la documentation. Pour plus de clarté, il est toutefois préférable de conserver les mêmes noms.

Notons au passage que la fonction *RoundRect* est elle-même de type *Integer*, c'est-à-dire que le résultat de la fonction sera un entier.

L'appel de l'API

Dans la procédure ci-dessous, il faut d'abord initialiser les sept paramètres avant d'appeler la fonction. Notez que le premier paramètre, noté "IdCT", est initialisé avec la propriété *hDC* de la feuille en cours nommée "Form1". Cette propriété est souvent utilisée dans les API, on l'appelle *l'identificateur de contexte*.

```
Private Sub Tracer_Click()
  Dim Bidon As Integer
  'Chargement de l'identificateur de contexte
  IdCT = Form1.hDC
  'Chargement des coordonnées des coins du rectangle
  XA = 10
  YA = 20
  XB = 200
  YB = 150
  'Chargement des caractéristiques de l'arrondi des coins
  Xarr = 20
  Yarr = 10
```

```
    'Appel de l'API Windows pour tracer un rectangle dans la feuille
    Bidon = RoundRect(IdCT, XA, YA, XB, YB, Xarr, Yarr)
End Sub
```

Exemple d'API : connaître la version de Windows

Voici un autre exemple d'API de Windows qui permet de déterminer quelle version de Windows est en cours d'utilisation. La déclaration ci-dessous montre que cette API n'utilise pas de paramètre.

```
Declare Function GetVersion Lib "Kernel32" () As Integer
```

Avec Windows 95, l'appel donnera pour résultat le nombre 4, qui sera placé dans l'étiquette "Label1" :

```
Label1 = GetVersion()
```

Les liaisons OLE

Le contrôle OLE

Le contrôle OLE (Object Linking and Embedding) permet d'insérer des documents issus d'autres logiciels dans vos fenêtres et aussi dans vos bases de données. Par exemple, un tableau issu du tableur Excel, un texte issu de Word ou encore un dessin issu d'un logiciel de dessin peuvent être manipulés à l'aide d'un contrôle OLE. Mais attention, ce qui est très fort dans les liaisons OLE, c'est le "E" de OLE qui signifie "Embedding" ou "encapsulation" en français. C'est-à-dire qu'il suffira à l'utilisateur de cliquer deux fois sur un contrôle OLE pour rappeler automatiquement le logiciel qui encapsule votre objet.

Exemple de liaison OLE

Par exemple, voici un tableau Excel inclus dans une feuille Visual Basic :

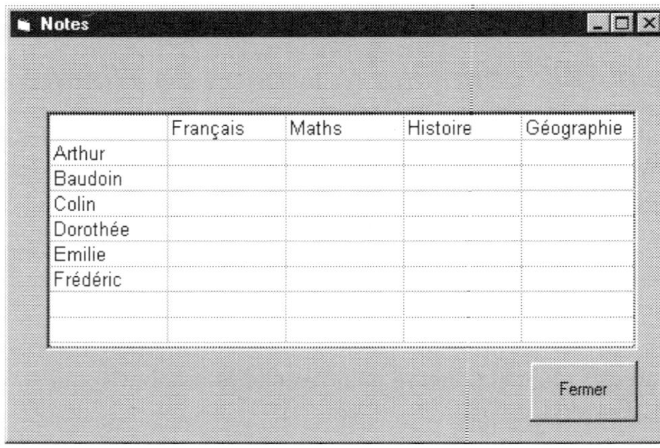

Si vous cliquez deux fois dans le tableau, vous appelez Excel sans même vous en rendre compte (hormis le temps de réponse...) et c'est alors que votre tableau devient "vivant" : c'est-à-dire que les formules d'Excel se mettent à fonctionner dès vous modifiez des nombres. Voici ci-dessous ce que cela donne après modification des nombres par l'utilisateur.

Génial, n'est-ce pas ? Et sans avoir écrit une seule ligne de programmation !

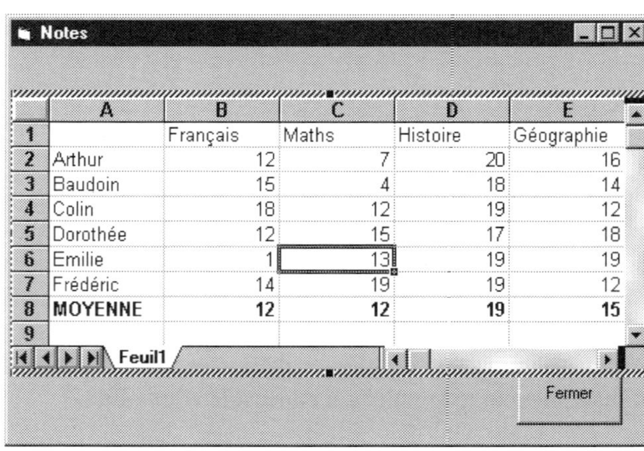

Mais il faut bien reconnaître qu'attendre 30 secondes après un double-clic sur un contrôle OLE n'est pas rare. Alors pour des cas simples, il vaut peut-être mieux se programmer son propre petit tableur (voir dans le Chapitre 10 qui traite du contrôle Grille) s'il ne doit pas être trop complexe.

Comment intégrer un contrôle OLE ?

Comment faut-il faire pour intégrer un tableau Excel déjà existant dans une feuille Visual Basic ? Il faut simplement :

- créer d'abord un tableau Excel et le sauvegarder, puis quitter Excel,
- dessiner dans la feuille un objet OLE en utilisant le contrôle OLE,
- dans la boîte de dialogue qui doit apparaître alors, spécifiez le nom du fichier Excel à encapsuler, comme ci-après.

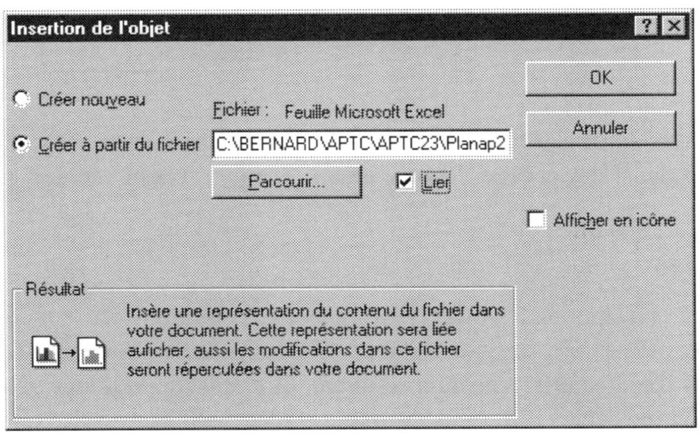

La fenêtre doit immédiatement afficher le contenu réel du tableau Excel.

Lancez votre application et double-cliquez sur le tableau, Excel va démarrer.

Programmer le port série

Le contrôle Communications (MSComm)

Le contrôle Communications permet d'accéder très facilement au port série de votre ordinateur. Ce port série peut servir à communiquer avec un autre ordinateur avec ou sans modem.

Sans modem

Sans modem, nous avons ce qu'on appelle une communication en *bande de base*, c'est-à-dire que les impulsions électriques sortant de votre ordinateur sont envoyées telles quelles à un autre ordinateur sans être converties en signal modulé. Pour chaque bit envoyé, une impulsion électrique sera émise. C'est le système de communication le plus simple car il ne nécessite qu'un simple câble de raccordement peu onéreux. Mais la distance entre les deux machines qui communiquent est limitée à quelques dizaines de mètres car ce type de signal électrique s'atténue très vite.

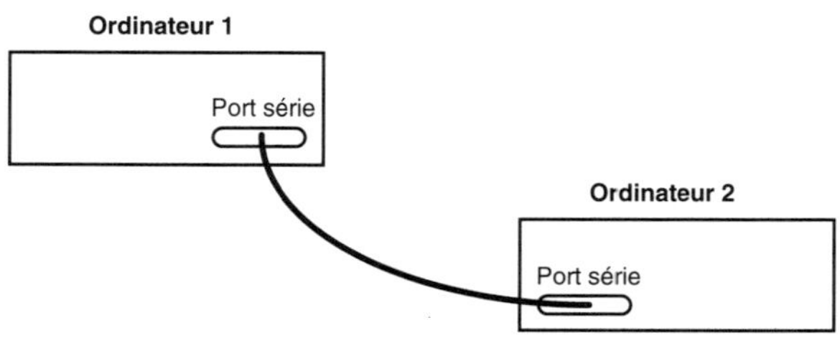

Un exemple concret d'utilisation du contrôle Communications sans modem vous est proposé dans le Chapitre 20 concernant le mode client-serveur entre PC et PC.

Avec modem

En utilisant un modem, vous allez pouvoir communiquer sur de longues distances et même faire le tour de la planète si vous le souhaitez. L'ordinateur émetteur et l'ordinateur récepteur doivent être chacun équipés d'un modem connecté comme ceci :

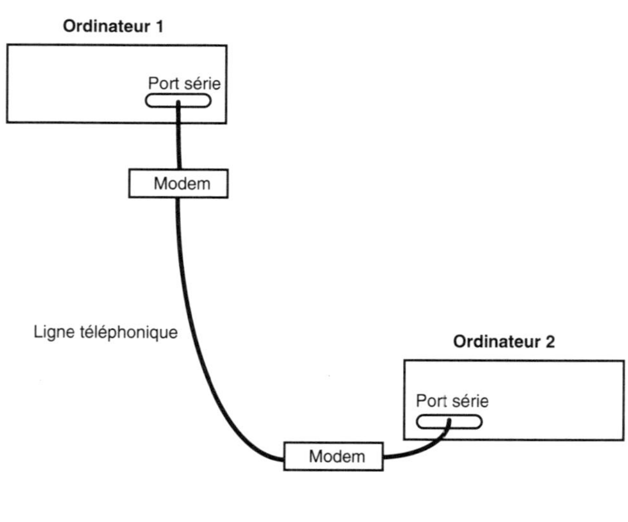

Le principe du modem est d'émettre en permanence un son aigu, un genre de sifflement appelé *porteuse*, à destination de l'autre modem auquel il est relié. Lorsque votre ordinateur envoie une impulsion électrique, le modem le convertit en une variation du son de la porteuse – le sifflement devient plus grave ou plus aigu pendant une fraction de seconde. C'est ce qui donne cette sorte de roucoulement que l'on entend lorsque l'on intercepte une communication téléphonique entre ordinateurs.

Ce type de signal est beaucoup plus résistant aux longues distances que le signal en bande de base. C'est pourquoi il voyage fort bien sur les lignes téléphoniques.

Un numéroteur téléphonique

Pour illustrer l'utilisation d'un modem avec Visual Basic, voici un petit programme numéroteur téléphonique. Il va permettre de prendre la ligne téléphonique, puis de composer un numéro. Rien ne vous empêchera par la suite de compliquer ce programme en ajoutant une gestion de répertoire téléphonique ou une fonctionnalité de transmission de fichiers.

Pour piloter un modem, on dispose aujourd'hui d'un langage : le langage Hayes. Ce langage spécifique aux modems est devenu une norme de fait qui fonctionne pratiquement sur tous les modems actuels du commerce.

Presque toutes les commandes du langage Hayes commencent par les deux lettres "AT", comme "ATTENTION". Les quelques commandes qui suivent vont nous suffire pour l'instant.

Commande	Description
ATH1	Décrocher
ATH0	Raccrocher
ATDP	Composer un numéro par impulsions
ATDT	Composer un numéro en fréquences vocales

Pour notre programme numéroteur, nous allons créer une feuille comme ceci :

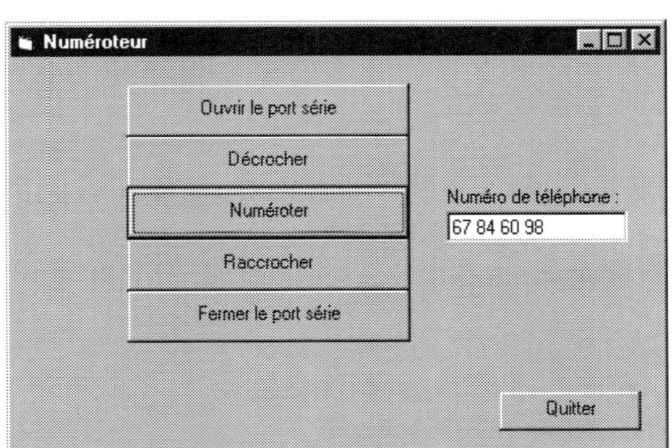

Pour ouvrir le port série, il suffit de donner la valeur *True* à la propriété *PortOpen* du contrôle Communications.

```
Sub Ouvrir_Click ()
    If Comm1.PortOpen = False Then
        Comm1.PortOpen = True
    Else
        MsgBox "Port déjà ouvert !"
    End If
End Sub
```

Pour décrocher, nous envoyons la commande Hayes intitulée "ATH1" en la chargeant dans la propriété *Output* du contrôle Communications. Il faut lui ajouter le caractère ASCII 13 d'envoi.

```
Sub Décrocher_Click ()
    If Comm1.PortOpen = True Then
        Comm1.Output = "ATH1" & Chr(13)
    Else
        MsgBox "Port fermé !"
    End If
End Sub
```

Pour décrocher, il faut envoyer la commande "ATDP" (ou "ATDT" en mode multifréquence) suivie du numéro de téléphone à composer. Ce numéro vient d'une zone de texte appelée "Numéro".

```
Sub Numéroter_Click ()
    If Comm1.PortOpen = True Then
        Comm1.Output = "ATDP" & Numéro & Chr(13)
    Else
        MsgBox "Port fermé !"
    End If
End Sub
```

Pour raccrocher la ligne, nous utilisons la commande "ATH0".

```
Sub Raccrocher_Click ()
    If Comm1.PortOpen = True Then
        Comm1.Output = "ATH0" & Chr(13)
    Else
        MsgBox "Port fermé !"
    End If
```

```
End Sub
```

Et il faut encore fermer le port.

```
Sub Fermer_Click ()
    If Comm1.PortOpen = True Then
        Comm1.PortOpen = False
    Else
        MsgBox "Port déjà fermé !"
    End If
End Sub
```

17

LA FINALISATION D'UNE APPLICATION

Déboguer un programme

Avant l'exécution d'un programme qui vous pose problème, vous pouvez spécifier les lignes sur lesquelles vous souhaitez que votre programme s'arrête. Placez le curseur sur une ligne de programme et appuyez sur la touche F9 : vous venez de déclarer un *point d'arrêt*. Pour l'enlever, appuyez à nouveau sur F9.

Pour déboguer votre programme, vous le lancez comme d'habitude et il va s'arrêter sur le premier point d'arrêt qu'il rencontre. A ce moment, vous pouvez choisir l'une des possibilités suivantes :

- ignorer simplement le point d'arrêt en demandant au programme de continuer à s'exécuter normalement : appuyez sur la touche F5,
- continuer l'exécution de votre programme instruction par instruction, c'est le mode "pas à pas" : appuyez sur la touche F8 pour avancer d'un pas,
- spécifier la prochaine instruction à exécuter si vous ne souhaitez pas que ce soit l'instruction suivante – cela peut être fort utile pour sortir d'une boucle infinie – , cliquez sur l'instruction où vous désirez aller et tapez sur les touches Ctrl + F9,

- afficher dans la fenêtre "Information immédiate" le contenu d'une variable dont vous doutez : sélectionnez la variable dans votre programme et cliquez sur le bouton représentant une paire de lunettes ; vous obtiendrez la valeur de la variable dans une fenêtre comme ci-dessous :

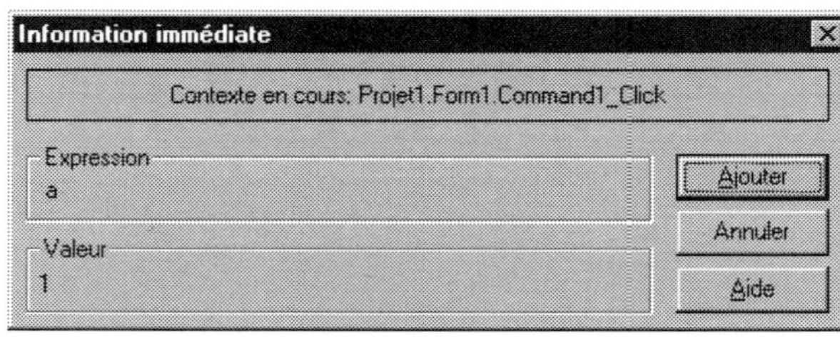

- ajouter une variable espion, c'est-à-dire ajouter une ligne permanente dans la fenêtre "Debug" où le contenu de la variable souhaitée s'affichera et sera rafraîchie à chaque modification. Ci-dessous on voit les deux variables espions "a" et "x" :

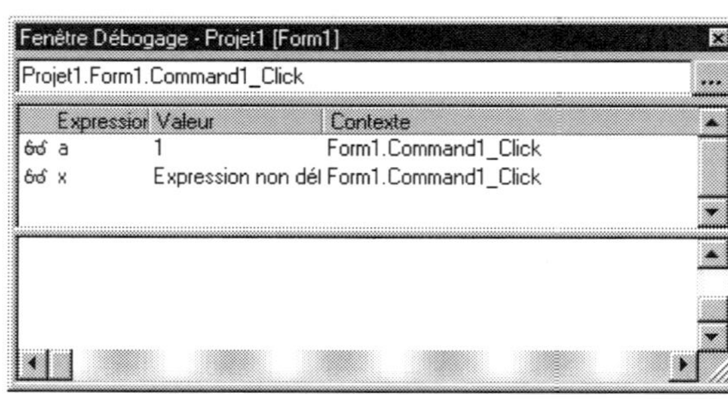

- utiliser le bas de la fenêtre "Debug" pour y taper n'importe quelle instruction Visual Basic valide, y compris l'instruction "?" qui équivaut à *Print* et qui est fort utile pour afficher immédiatement la valeur d'une variable ou d'une expression, par exemple :

- modifier le programme pendant le point d'arrêt, c'est-à-dire sans avoir arrêté le programme, ce qui est une possibilité de Visual Basic tout à fait impressionnante et intéressante.

Sécuriser l'application contre les défaillances hardware et software

Tout peut arriver !

Vos données informatiques sont fragiles, nous avons déjà évoqué les causes possibles de pertes de données :

- la panne subite et irréparable du disque dur,
- la coupure de courant pendant une écriture de la base de données : l'écriture s'est faite à moitié et la base est devenue illisible,
- le vol de l'ordinateur,
- les sinistres tels que l'incendie et le dégât des eaux,
- les virus qui détruisent les fichiers,
- les bugs dans les programmes qui corrompent les données,
- les fausses manipulations de l'utilisateur,
- la malveillance.

Allons plus loin, quelles peuvent être les conséquences d'une perte de données sur disque pour une entreprise ?

Par ordre de gravité croissante :

- GRAVITÉ 0 : la restauration de la base de données à partir d'une sauvegarde récente, puis la resaisie de toutes les données perdues (saisies entre cette dernière sauvegarde et la panne),
- GRAVITÉ 1 : si la base de données n'a fait l'objet d'aucune sauvegarde, il ne reste plus qu'à resaisir la totalité des données, à condition bien sûr d'en avoir conservé une base papier !
- GRAVITÉ 2 : en plus de la perte des données, on peut avoir perdu le logiciel, s'il n'avait pas été sauvegardé : cela devient vraiment grave,
- GRAVITÉ 3 : pire, on a perdu les données et on ne dispose d'aucun document papier pour les reconstituer,
- GRAVITÉ 4 : le licenciement de l'informaticien pour faute grave, cela arrive !

- GRAVITÉ 5 : enfin, ce qui arrive à plus de la moitié des entreprises dont l'informatique est totalement détruite : c'est l'arrêt pur et simple de l'entreprise.

Trois règles de sécurité

Pour ne pas en arriver là... je vous suggère de mettre en place un système de sauvegarde à toute épreuve. Il comprend trois règles simples.

RÈGLE N° 1 : Effectuer une sauvegarde régulièrement

Choisissez une fréquence de sauvegarde telle que la reconstitution des données perdues depuis la dernière sauvegarde soit une tâche réalisable en quelques heures. Généralement, on choisira une sauvegarde journalière.

RÈGLE N° 2 : Utiliser plusieurs supports de sauvegardes

Utiliser plusieurs jeux de disquettes ou de bandes magnétiques de façon à disposer toujours de plusieurs générations de sauvegardes. Par exemple, si vous faites des sauvegardes journalières, vous utiliserez cinq disquettes (ou cinq ensembles de disquettes si une sauvegarde nécessite plus qu'une disquette) : une pour le lundi, une pour le mardi...

De cette façon, si une panne a lieu le mardi, on restaurera les données en utilisant la sauvegarde du lundi soir. Mais imaginez que la sauvegarde du lundi soit endommagée ou bien que les données perdues avaient déjà été détruites ou corrompues avant le lundi : vous serez bien content de retrouver les sauvegardes des journées précédentes.

RÈGLE N° 3 : Mettre un jeu de sauvegarde à l'écart

Nous avons parlé des risques de vol, d'incendie et d'inondation. Dans quel état allez-vous retrouver vos bandes ou vos disquettes après un incendie si ces dernières étaient stockées à côté de l'ordinateur calciné ?

Pour les protéger, prenez la précaution de faire une sauvegarde mensuelle supplémentaire que vous rangerez dans un autre bâtiment que celui qui abrite votre ordinateur.

Comment réaliser une sauvegarde ?

Une sauvegarde n'est rien d'autre qu'une copie de fichiers, de préférence compressée. En l'occurrence, il s'agit de copier la base de données. Bien sûr vos programmes devront être sauvegardés eux aussi, mais puisqu'ils n'évoluent pas – sauf lorsque l'informaticien y fait des travaux de maintenance – il suffit de les sauvegarder une seule fois en deux exemplaires et de les stocker en deux endroits différents pour une sécurité totale.

Revenons aux données. L'ordre *FileCopy* de Visual Basic équivaut à l'ordre *Copy* de MS-DOS. Il ne permet pas de faire de copies multivolumes, ce qui est indispensable lorsque la taille de la base de données dépasse celle d'une bande ou d'une disquette. De plus cette instruction n'inclut pas d'algorithme de compression.

Pour remédier à ces deux problèmes, il est souhaitable d'utiliser l'utilitaire "BACKUP.EXE" fourni avec Windows 95.

Créez d'abord une fois pour toutes un *jeu de sauvegarde* à l'aide de cet utilitaire. Un jeu de sauvegarde, c'est une description de la sauvegarde à effectuer par le programme "BACKUP.EXE". Cela contient les noms des fichiers à sauvegarder, le type de support à utiliser, les options de sauvegarde choisies. Un jeu de sauvegarde est stocké sur disque sous la forme d'un fichier qui a l'extension ".SET".

Pour lancer une sauvegarde depuis votre application Visual Basic, programmez l'appel de l'utilitaire "BACKUP.EXE" comme ci-dessous :

```
Private Sub Sauvegarde_Click()
   Shell "C:\Program Files\Accessoires\backup.exe SauvegardeComptes.set"
End Sub
```

Le chemin d'accès du programme "BACKUP.EXE" doit être spécifié dans l'instruction *Shell*, il doit être suivi du nom du jeu de sauvegarde que vous aurez préalablement préparé.

Sécuriser l'application contre les intrusions

Les mots de passe

Vous pouvez facilement conditionner le démarrage de votre application par un mot de passe que vous demanderez au démarrage de l'application.

Ce mot de passe peut être stocké dans une des procédures ; dans ce cas il ne sera pas modifiable par l'utilisateur. Vous pouvez aussi le stocker dans une table, auquel cas il sera modifiable.

Vous pouvez aussi prévoir un algorithme de cryptage de ce mot de passe, du genre remplacer la lettre A par la lettre Z, la lettre B par la lettre Y. Il n'est pas difficile de choisir un algorithme un peu plus élaboré, et il faudra alors vraiment être un informaticien d'excellent niveau et avoir du temps à perdre pour forcer le passage !

Le cryptage de la BD

Si votre base de données n'est pas cryptée, c'est-à-dire codée, il est très facile de lire en clair (mais en désordre) les données qu'elle contient en explorant le disque sur lequel elle se trouve. Il suffit d'utiliser n'importe quel logiciel éditeur hexadécimal.

Heureusement, le moteur Jet permet de crypter les bases de données de façon qu'il soit impossible de relire les données en clair directement sur le disque.

Pour réaliser le cryptage, le plus simple est d'utiliser Access ou bien le Gestionnaire de données fourni avec Visual Basic. Tous deux disposent d'une option de cryptage et de décryptage.

Attention, cette protection n'est pas absolue, car quiconque possédant Access peut décrypter – autant que vous-même – votre base de données.

Créer des aides avec le compilateur d'aide

Visual Basic est fourni avec un programme compilateur d'aide pour Windows. C'est le programme "HC.EXE" qui est placé dans le dossier "C:\VB\HC". Le résultat de la compilation sera un fichier avec l'extension ".HLP" qui pourra être appelé directement par le programme "WINHELP.EXE". Ce programme est couramment appelé le "moteur d'aide" de Windows.

Rappelons que "WINHELP.EXE" peut être appelé depuis n'importe quelle application Windows, y compris bien sûr depuis une application Visual Basic.

Nous allons voir comment créer un fichier d'aide ".HLP". Cependant, ce système d'aide permettant de très nombreuses possibilités de renvois, d'index, etc., il faudrait un livre entier pour traiter le sujet complètement. Nous ne verrons donc ici que les principes de base qui permettent tout de même d'élaborer une aide simple, mais parfaitement utilisable.

La fabrication d'un fichier ".HLP" se fera en trois étapes. Viendra ensuite le test de l'aide, puis l'intégration dans une application Visual Basic. Voici les trois premières étapes :

- saisir le fichier de texte ".RTF",
- saisir le fichier projet ".HPJ",
- créer le fichier d'aide ".HLP".

Saisir le fichier de texte ".RTF"

Le texte même des écrans d'aide doit être saisi dans un fichier ayant un format particulier : le format RTF (Rich Text Format, en français "format de texte enrichi"). Le logiciel de traitement de texte Word permettant de sauvegarder un texte sous ce format, vous allez pouvoir saisir vos textes d'aide en l'utilisant.

Mettez en forme votre texte de façon à le rendre attrayant, en utilisant les polices, couleurs, cadrages... que vous désirez.

Mais prenez bien en compte les particularités suivantes.

Enregistrement

N'oubliez pas qu'à la fin de la saisie, il faudra enregistrer votre texte au format RTF, et non au format DOC habituel de Word : choisissez ce format dans la boîte de dialogue d'enregistrement de Word.

Séparation des rubriques d'aide

Chaque page d'aide est appelée une *rubrique d'aide*. Séparez les différentes rubriques d'aide par des sauts de page forcés en tapant sur Ctrl+Entrée.

Identifiant d'une rubrique d'aide

Avant le premier caractère de chaque rubrique d'aide, insérez une note de bas de page de la façon suivante :

- placez le curseur en début de rubrique,
- appelez le menu "Insertion" de Word, option "Note",
- indiquez dans le champ "Notation personnalisée" le caractère "#",
- dans la note elle-même, en bas d'écran, tapez le nom en un seul mot qui servira d'*identifiant* à votre rubrique d'aide par la suite.

Renvois hypertexte

Si vous désirez faire des renvois hypertexte vers d'autres rubriques d'aide :

- soulignez le mot ou le groupe de mots sur lequel l'utilisateur devra cliquer pour appeler l'aide hypertexte correspondante,
- immédiatement à la suite de ce mot ou groupe de mots, c'est-à-dire sans laisser d'espace, tapez l'identifiant de la rubrique d'aide que vous désirez appeler,
- choisissez l'attribut "Caché" pour cet identifiant (option "Caractères" du menu "Format" de Word).

Revenons sur le soulignement du mot ou du groupe de mots. Vous avez en réalité deux possibilités :

- ou bien vous désirez que l'aide s'affiche dans une fenêtre en pleine page,
- ou bien vous désirez que l'aide s'affiche dans une petite fenêtre surgissante.

Dans le premier cas, effectuez un soulignement double (option "Caractères" du menu "Format" de Word) ; dans le deuxième cas, effectuez un soulignement normal simple.

Voici un exemple de fichier RTF saisi avec Word. Observez bien les différents éléments qui le composent :

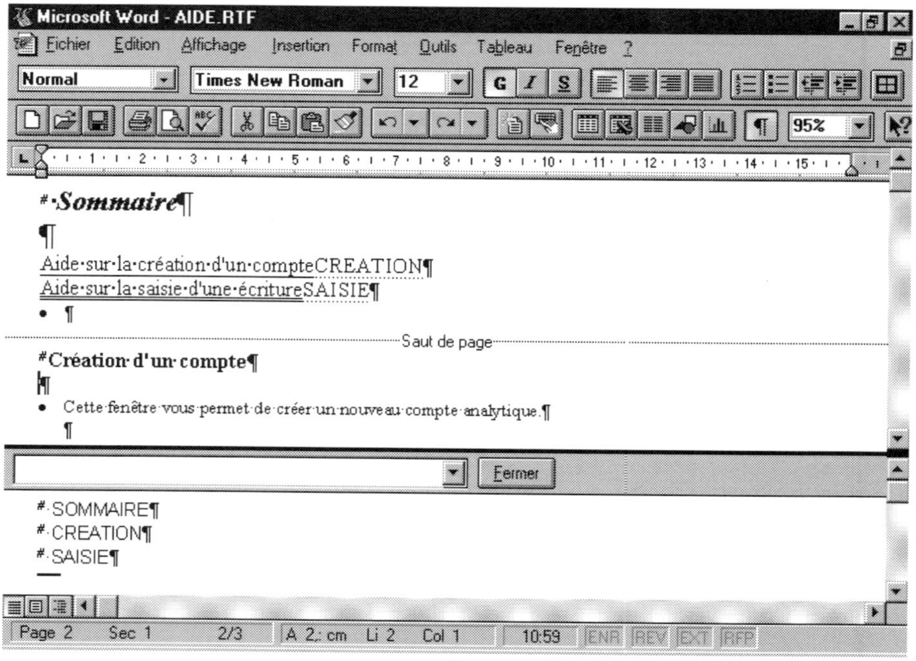

Saisir le fichier projet ".HPJ"

Ce fichier doit aussi être créé avec un traitement de texte tel que Word. Attention, celui-ci devra absolument être enregistré au format "Texte seulement" de Word. De plus, n'oubliez pas de remplacer l'extension ".DOC" par l'extension ".HPJ".

Tout comme un fichier ".INI", un fichier ".HPJ" contient plusieurs sections. En voici un exemple commenté :

```
[OPTIONS]
;Nom du fichier qui recevra les messages d'erreur de compilation
errorlog = aide.err
; Titre de la fenêtre du fichier d'aide
title = Aide de la Comptabilité
; Identificateur de la rubrique servant d'index
contents = SOMMAIRE
```

```
; Niveau de compression appliqué aux fichiers RTF
compress = false
; Niveau d'avertissement lors de la compilation
warning = 3

[FILES]
; Nom des fichiers RTF associés à ce fichier HPJ
d:\l4\exemples\aide.rtf

[MAP]
; Liste des identificateurs des rubriques d'aide pour leur associer un
; numéro de contexte d'aide qui pourra être rappelé dans les programmes
SOMMAIRE 5
CREATION 1
SAISIE 20

[WINDOWS]
; Attributs de la fenêtre principale et de la fenêtre secondaire de l'aide
main = "Aide Compta", (0,0,1023,1023 ),,, (192,192,192 )
glossary = "Aide Compta", (222,206,725,486 ),,, (192,192,192 ), 1
```

Créer le fichier d'aide ".HLP"

C'est ici que le compilateur d'aide "HC.EXE" va entrer en scène. C'est une application MS-DOS non graphique. Pour l'appeler, ouvrez une fenêtre MS-DOS et tapez "HC" suivi du nom du fichier HPJ qui doit être utilisé :

```
HC C:\EXEMPLES\AIDE.HPJ
```

Si vous avez commis des erreurs dans les fichiers de texte, elles vous seront aimablement et assez clairement indiquées à l'écran. Elles seront aussi enregistrées dans le fichier ".ERR" que vous aurez éventuellement déclaré dans le fichier ".HPJ".

Si le compilateur n'a pas détecté d'erreur, votre fichier ".HLP" a bien été créé.

Tester le fichier ".HLP"

Pour tester votre beau fichier ".HLP" tout neuf, double-cliquez simplement dessus à l'aide de l'Explorateur de Windows. Cela appellera automatiquement le programme moteur d'aide "WINHELP.EXE". Et voici ce que vous pourrez obtenir :

Appeler un fichier d'aide depuis une application Visual Basic

Depuis Visual Basic, vous disposez de deux possibilités pour que votre utilisateur puisse appeler à l'aide :

- en utilisant le contrôle Dialogue Commun,
- en appelant le moteur d'aide depuis une feuille ou un contrôle.

La première solution a déjà été détaillée dans le Chapitre 7 de cet ouvrage à propos du contrôle Dialogue Commun.

Étudions la deuxième solution, certainement plus simple à mettre en oeuvre.

Il vous faut d'abord déclarer votre fichier d'aide ".HLP" dans votre application. Appelez pour cela le menu "Outils" de Visual Basic, puis l'option "Options". Dans l'onglet "Projet", remplissez le champ "Fichier d'aide".

Puis, dans la propriété *HelpContextID* de chaque feuille et de chaque contrôle de votre application, vous pouvez spécifier le numéro de contexte d'aide souhaité. A l'exécution, la rubrique d'aide correspondant à l'objet qui a le focus s'affichera dès lors que l'utilisateur aura appuyé sur la touche F1.

18

COMMENT FAIRE POUR...

Vérifier la validité d'une donnée saisie

Quels types de vérifications effectuer ?

Lorsque l'utilisateur a saisi une donnée, il est généralement nécessaire de vérifier qu'il n'a pas commis d'erreur. On différencie habituellement les trois types de contrôles suivants.

Les contrôles sur la forme de la donnée saisie

Il s'agit de vérifier que le nombre de caractères saisis ainsi que le type de la donnée saisie sont corrects : type numérique, avec ou sans virgule, signée ou non, type date, etc.

Les contrôles de vraisemblance

On vérifie que la donnée saisie se trouve bien :

- dans une fourchette de valeurs acceptables (par exemple : numéro de mois compris entre 1 et 12),
- dans une liste de valeurs possibles figée dans le programme, "en dur" dans le programme comme disent les informaticiens dans leur jargon (par exemple : le titre d'une personne devra être "M.", "Mme" ou "Mlle"),
- dans une liste de valeurs possibles stockée non plus dans le programme mais dans une base de données (par exemple : le code article saisi devra exister dans le fichier des articles).

Les contrôles de compatibilité

Ce type de contrôle est un peu plus rare ; il sert à vérifier qu'une donnée saisie est compatible avec une ou plusieurs autres données saisies dans la même fenêtre.

Par exemple, la saisie d'un nom de jeune fille n'est acceptable que si le sexe est féminin, ou encore la clé du numéro de sécurité sociale doit être en accord avec le numéro de sécurité sociale saisi.

Quand effectuer ces vérifications ?

On peut choisir de vérifier la validité d'une donnée saisie dans un champ à l'un des trois moments suivants.

Vérification à chaque frappe d'un caractère

Dans le cas où il n'est pas nécessaire d'avoir déjà saisi tous les caractères du champ pour en contrôler la validité, un contrôle extrêmement fin peut être effectué à chaque caractère frappé dans le champ, ou plus précisément à chaque changement se produisant dans le champ.

Cet événement que l'on pourrait appeler "chaque fois qu'un changement se produit dans le champ" est l'événement *Change*. Il se produit dès que le champ est modifié, par exemple à chaque ajout, modification ou suppression de caractère dans ce champ.

Autre événement utilisable : on effectue un contrôle à chaque frappe d'une touche quelconque du clavier. On utilisera pour cela l'un des événements *KeyDown*, *KeyPress*, *KeyUp*.

Attention, tous ces événements sont de nature légèrement différente. En effet, les événements *KeyDown* et *KeyUp* fournissent le code de la touche pressée, cependant que l'événement *KeyPress* fournit le code ASCII du caractère saisi. Quant à l'événement *Change*, il ne fournit aucun renseignement sur la touche pressée.

Un exemple de programmation avec l'événement *KeyPress* :

```
Sub Numéro_KeyPress (Touche As Integer)
    ' Contrôle de la validité du caractère saisi
    If (Touche < Asc("0") Or Touche > Asc("9")) And Touche <> 8 Then
        Beep
        ' Erreur : on supprime le caractère
        Touche = 0
    End If
End Sub
```

Remarquez bien l'instruction "**Touche = 0**" qui permet d'annuler le dernier caractère frappé, dans le cas, bien sûr, où celui-ci serait erroné.

Dans cet exemple, on autorise en plus des chiffres 0 à 9 le caractère retour arrière ayant "8" pour code ASCII. Quant aux quatre flèches de déplacement du curseur, elles ne génèrent pas d'événement *KeyPress*, il est donc inutile de les gérer.

On peut "corser" cet exemple en autorisant une et une seule virgule dans le champ :

```
Sub Numéro_KeyPress (Touche As Integer)
    Static NbVirgules As Integer
    ' Comptage du nombre de virgules
    If Touche = Asc(",") Then
        NbVirgules = NbVirgules + 1
    End If

    ' Contrôle de la validité du caractère saisi
    If ((Touche < Asc("0") Or Touche > Asc("9")) And Touche <> 8 And ✂
    Touche <> Asc(",")) Or NbVirgules > 1 Then
        Beep
        ' Erreur : on supprime le caractère saisi
        Touche = 0
    End If
End Sub
```

Mais que se passe-t-il si l'on supprime la virgule à l'aide de la touche de retour arrière, pourra-t-on saisir une autre virgule ? Non, car il faudrait diminuer le compteur "NbVirgules" d'une unité si le dernier caractère saisi était une virgule. Si vous avez le temps, amusez-vous à résoudre ce petit problème qui n'est finalement pas si simple !

Et toujours en restant dans la gestion des touches du clavier, voici un petit cas particulier : pour transformer des caractères minuscules en caractères majuscules au fur et à mesure de leur saisie, écrivez simplement dans l'événement *KeyPress* :

```
KeyAscii = Asc(UCase(Chr(KeyAscii)))
```

Vérification lorsque le contrôle perd le focus

Il existe un autre moment où l'on peut opérer la vérification : c'est lors de l'événement *LostFocus*. Mais prudence, cela ne convient pas toujours. En effet, le focus peut être resté sur le champ de saisie au moment de la validation de la feuille, alors que l'on voudrait que ce champ soit contrôlé !

Vérification lorsque l'utilisateur valide toutes les données de la feuille

C'est généralement cette méthode qui sera utilisée dans les programmes Visual Basic, car c'est la plus simple à programmer, l'inconvénient étant que l'utilisateur n'est pas averti instantanément de son erreur au moment de la frappe des caractères, puisqu'il doit attendre de valider toute la fenêtre.

Le contrôle de **tous** les champs saisis sera effectué au moment du clic sur le bouton "OK" de la feuille. Les vérifications nécessaires sont bien sûr à programmer dans la procédure de l'événement *Click* de ce bouton.

Comment effectuer les vérifications ?

Vérifier le type de la donnée saisie

Vous avez à votre disposition les deux fonctions *IsDate* et *IsNumeric*. Elles permettent de vérifier qu'une donnée de type *Variant* ou de type *String* pourra être convertie ultérieurement sans erreur au type *Date* ou à l'un des types numériques.

Pour les zones de texte, qui sont de type *String*, vous n'aurez pas de difficulté à tester leur contenu comme ci-dessous :

```
If Not Isdate(DateNaissance) Then
    MsgBox("La date saisie est incorrecte")
EndIf
```

Sélectionner le champ erroné

En cas d'erreur de saisie, il est souhaitable de positionner le curseur – ou, si vous préférez, le focus – sur le champ erroné. Il faut appliquer la méthode *Setfocus* au champ erroné et, mieux encore, afficher en inversion vidéo le(s) caractère(s) erroné(s) en utilisant les méthodes *SelStart* et *SelLength*.

Ci-dessous, on vérifie que la zone de texte "Numéro" ne contient pas autre chose que des chiffres :

```
Sub Numéro_LostFocus ()
    Dim i As Integer
    Dim c As String

    ' Contrôle de la validité du caractère saisi
    For i = 1 To Len(Numéro.Text)
    c = Mid$(Numéro.Text, i, 1)
        If c < "0" Or c > "9" Then
            Beep
            ' Met en inversion vidéo le caractère erroné
            Numéro.SelStart = i - 1
            Numéro.SelLength = 1
            ' Place le focus sur numéro
            Numéro.SetFocus
            ' Sortie forcée de la boucle For Next
            Exit For
        End If
```

```
    Next
End Sub
```

Gérer les erreurs d'exécution

Pour ne pas "planter" un programme quand une erreur d'exécution se produit, il est possible d'intercepter l'erreur à l'aide de l'instruction *On Error*. Cette instruction permet de se débrancher vers un endroit du programme où une suite adéquate sera donnée. Un message sonore ou visuel pourra, par exemple, être émis. Une instruction *Resume Next* servira ensuite à revenir à l'instruction qui suit celle qui a généré l'erreur.

Il ne faudra pas oublier ensuite de désactiver l'interception de l'erreur en programmant une instruction *On Error Go To 0.*

Voici ce que cela donne dans un exemple où l'on tente de copier un champ de type *String* issu d'un contrôle Zone de texte vers un champ de type *Currency.* Bien sûr, la copie ne pourra s'effectuer sans erreur que si le champ de type *String* contient des caractères conformes au type *Currency*, c'est-à-dire des caractères numériques formant un nombre ayant au maximum 4 décimales.

Si la copie ne réussit pas, on souhaite mettre le nombre zéro dans le champ résultat.

```
Sub Bouton1_Click ()
    Dim Prix As Currency

    ' Déclaration de la volonté d'intercepter l'erreur
    On Error GoTo Erreur

    ' Mouvement de la zone saisie vers une zone déclarée Currency
    Prix = Text1
    GoTo Suite

    ' Routine d'erreur
    Erreur:
    Beep
    Msgbox "Le prix sera considéré comme égal à zéro."
    Prix = 0
    Resume Next

    Suite:
    ' Désactivation de l'interception d'erreur
    On Error Go To 0
```

```
        ' Suite de la procédure
        ...
        ...
        ...
End Sub
```

Utiliser le contrôle Onglet

Qu'est-ce que le contrôle Onglet ?

Voici un contrôle dont nous n'avons encore jamais parlé. Il permet de simuler l'affichage de plusieurs fiches superposées à l'intérieur d'une feuille. Un onglet dépasse de chaque fiche. Vous en avez déjà certainement rencontré dans les logiciels de bureautique courants. Voici ci-après un exemple contenant cinq onglets, tiré du panneau de configuration de Windows 95.

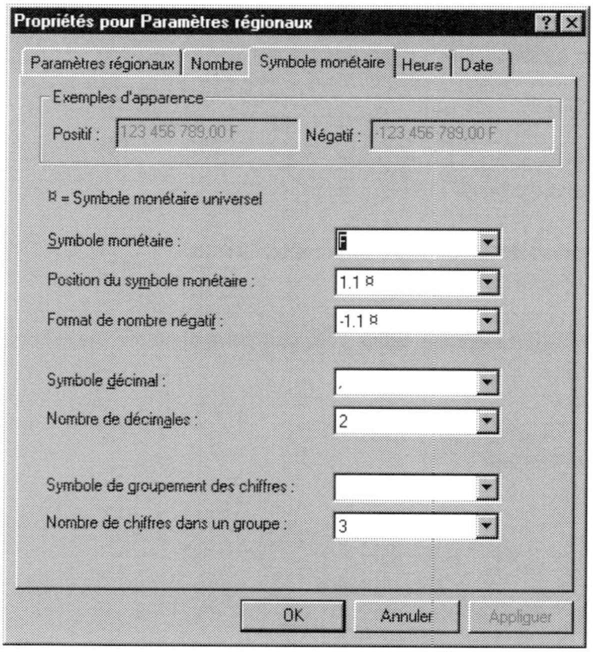

Comment créer un contrôle Onglet ?

Le contrôle Onglet est un contrôle personnalisé que vous trouverez dans le menu "Options", option "Contrôles personnalisés" sous le nom "Sheridan Tabbed Dialog Control". Après l'avoir intégré à votre projet, il suffit de le placer dans une feuille.

Voici un contrôle Onglet "en chantier" de construction :

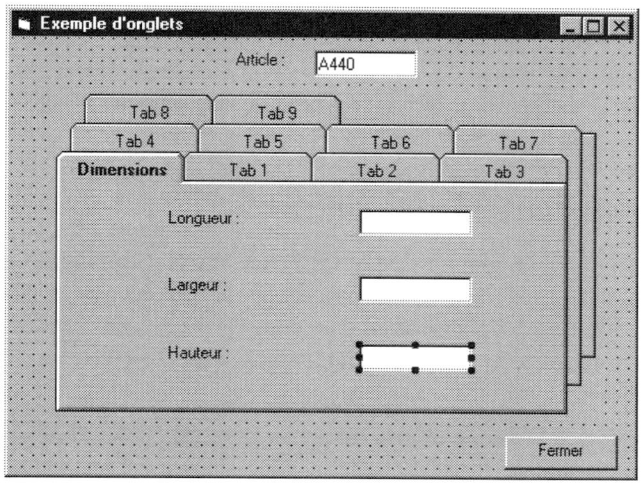

Il faut faire quelques remarques :

- la feuille qui contient le contrôle Onglet peut, en plus, contenir d'autres contrôles (ici, une étiquette, une zone de texte et un bouton),
- il n'est pas possible de faire glisser un contrôle placé en dehors des fiches à onglet vers l'une des fiches à onglets, ni le contraire, ni d'une fiche à une autre : il faudra donc utiliser à la place le couper-coller,
- les contrôles dessinés dans les fiches à onglets peuvent être tout à fait différents d'une fiche à l'autre.

Voici les principales propriétés du contrôle Onglet :

Propriété	Valeurs possibles	Description	Valeur utilisée dans l'exemple ci-dessus
Tabs		Nombre d'onglets de la boîte	10
TabsPerRow		Nombre d'onglets par ligne	4
Style		Style des onglets :	0
	0	– style Microsoft Office	
	1	– style Windows 95	

TabOrientation		Position des onglets :	0
	0	– en haut	
	1	– en bas	
	2	– à gauche	
	3	– à droite	
Caption		Texte affiché en tête de l'onglet	"Dimensions"

Notons en plus la propriété *Custom* qui permet d'accéder de façon plus conviviale aux propriétés, y compris à la police d'écriture des onglets, à leur couleur et à d'éventuelles images.

Programmer un contrôle Onglet

Une fois le contrôle Onglet dessiné et les fiches à onglets remplies des contrôles nécessaires, il reste à rédiger les procédures associées aux événements des contrôles. En fait, la programmation d'un contrôle placé dans une fiche à onglet ne diffère en aucun point de la programmation d'un contrôle placé directement dans une feuille.

Ce qui signifie que le nom d'un contrôle placé dans une fiche d'onglet ne doit pas être précédé du nom de l'onglet. On l'appellera simplement par son nom, comme d'habitude.

Une seule petite particularité de programmation : si vous désirez savoir quel onglet a le focus à un moment donné, consultez la propriété *Tab* du contrôle Onglet. Et si vous désirez activez le sixième onglet du contrôle Onglet nommé par exemple "Ong1", écrivez simplement ceci :

```
Ong1.Tab = 5
```

Attention, le premier onglet porte le numéro 0, et non pas 1 !

Accéder à plusieurs tables d'une base de données avec un contrôle Onglet

Une utilisation remarquable du contrôle Onglet consiste à gérer plusieurs tables à raison d'une par onglet. Voici un exemple où l'on gère trois tables sans avoir écrit une seule ligne de programmation !

On est ici sur la table des auteurs :

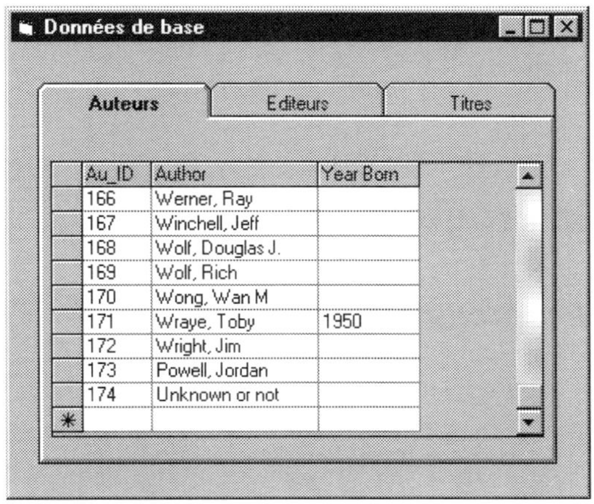

Puis d'un simple clic sur l'onglet "Titres", on obtient :

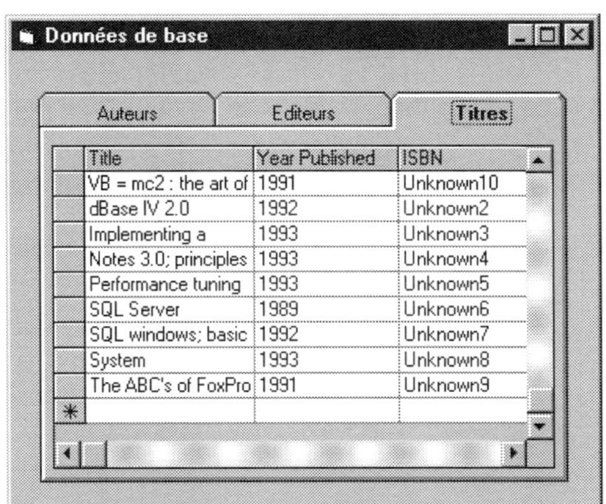

Et pour développer cette application, il a seulement suffi d'une ou deux minutes pour :

- créer la feuille,
- créer les trois contrôles Donnée et les associer aux trois tables,
- créer un contrôle Onglet,
- dessiner un contrôle DBGrid dans chaque onglet,
- associer chaque grille à l'un des trois contrôles Donnée,
- déguster le résultat !

Seul revers de la médaille, il faudra être patient au démarrage de cette application, car il faut presque une minute pour ouvrir les trois contrôles Donnée, charger en mémoire et afficher à l'écran les quelques premiers enregistrements de chacune des trois tables.

Utiliser le contrôle ProgressBar

Le contrôle ProgressBar

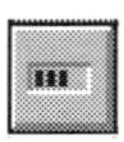

C'est ce contrôle que vous voyez souvent apparaître pendant l'installation d'un logiciel. Il permet de faire passer le temps à l'utilisateur et de le renseigner sur l'état d'avancement de la tâche d'installation en cours. Souvent d'ailleurs, le rapport de proportionnalité entre le temps déjà écoulé et la longueur de barre affichée est loin d'être exact. Vous allez comprendre pourquoi lorsque nous passerons à la programmation de cette barre.

Voici un exemple d'affichage que l'on peut très facilement obtenir.

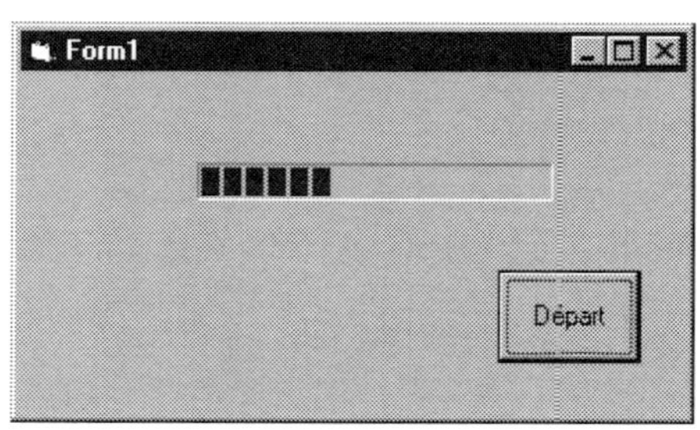

Programmer un contrôle ProgressBar

Le contrôle *ProgressBar* dispose de trois propriétés principales :

- sa valeur minimum: propriété *Min*,
- sa valeur maximum: propriété *Max*,
- sa valeur courante: propriété *Value*.

Pour faire évoluer l'affichage de la barre, il suffit de faire varier la propriété *Value* du contrôle entre ses deux limites *Min* et *Max*. C'est donc très simple.

Supposons que dans une application, un simple clic sur le bouton "Départ" déclenche la mise à jour de centaines ou de milliers d'enregistrements. Le traitement risquera d'être très long et l'affichage d'un contrôle *ProgressBar* s'impose.

Ci-dessous, on fait évoluer la barre en fonction du nombre de mises à jour déjà effectuées.

```
Private Sub Départ_Click()
  'Initialisation des valeurs minimum et maximum de la barre
  ProgressBar1.Min = 0
  ProgressBar1.Max = NombreMAJ
  ProgressBar.Visible = True
  'Début du traitement long
  For i = 1 To NombreMAJ
    'Evolution de l'affichage de la barre
    ProgressBar1.Value = i
    'Mise à jour d'un enregistrement
    ...
    ...
    ...
  Next
  'Fin du traitement long
  ProgressBar.Visible = False
End Sub
```

Mais dans certains cas, il sera beaucoup plus difficile de faire évoluer la barre proportionnellement au temps écoulé. Par exemple, pendant la recopie d'un ensemble de plusieurs gros fichiers, votre programme n'a la "main" qu'entre deux fichiers, c'est-à-dire qu'il ne peut pas intervenir en permanence pour modifier la propriété *Value* du contrôle *ProgressBar*. Impossible alors de faire évoluer la barre correctement !

Utiliser le contrôle Minuterie

Le contrôle Minuterie (Timer)

Voici un contrôle qui sera peu utilisé en gestion. C'est en tout cas un objet plutôt atypique : ce n'est pas un objet visuel, on ne le verra donc pas dans la feuille au moment de l'exécution du programme. Il sert seulement à déclencher une procédure donnée à un instant choisi.

Exemple : afficher un message d'alerte toutes les 10 minutes pour informer l'utilisateur qu'un article urgent est en rupture de stock, ceci tant qu'une commande n'a pas été passée.

Le fonctionnement est simple : à intervalles de temps réguliers et réglables par la propriété *Interval*, l'événement *Timer* du contrôle Minuterie se déclenche. Il suffit donc de programmer l'action souhaitée dans la procédure *Timer* d'un contrôle Minuterie. Ce qui peut donner ceci :

```
Sub Minuterie1_Timer ()
    MsgBox "Veuillez commander d'urgence l'article " & Réf_Article
End Sub
```

Malheureusement, la durée maximale d'attente du Timer est de 65,536 secondes, soit un peu plus d'une minute. Donc si vous voulez déclencher une action après une attente de 10 minutes, par exemple, il vous faudra programmer la relance automatique du Timer dix fois de suite.

Programmer des info-bulles

Une info-bulle est un court texte explicatif qui s'affiche au-dessous d'un bouton dans une petite fenêtre jaune. L'info-bulle n'apparaît que lorsque le pointeur de souris reste immobile plus d'une seconde au-dessus d'un bouton.

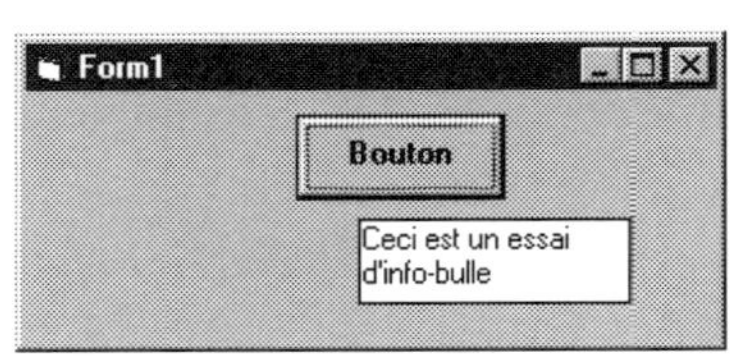

Cela s'avère un moyen d'apprentissage très agréable pour l'utilisateur.

Malheureusement, cela va demander un peu de programmation car il faut tout de même un contrôle Minuterie (Timer) et trois petites procédures pour programmer une info-bulle.

L'info-bulle ne sera rien d'autre qu'un contrôle Étiquette contenant un petit texte explicatif. Cette étiquette n'aura sa propriété *Visible* à *True* que lorsque le curseur de souris sera resté plus d'une seconde sur le bouton.

La propriété *Interval* de la minuterie sera réglée à 700 millisecondes.

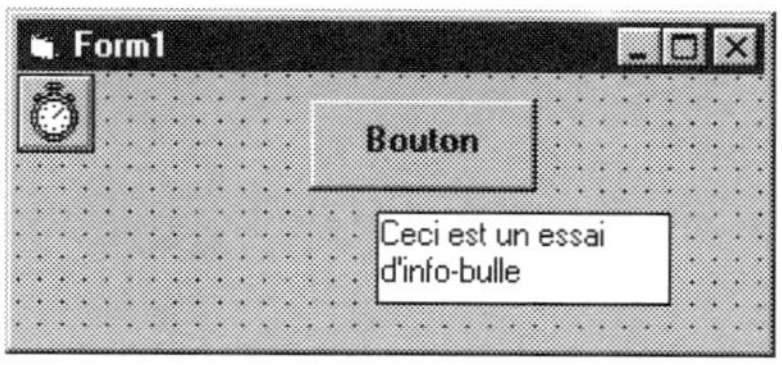

Tout d'abord, il faut démarrer la minuterie aussitôt que le curseur de souris arrive sur le bouton :

```
Private Sub Bouton_MouseMove(Button As Integer, Shift As Integer, ✂
X As Single, Y As Single)
   Timer1.Enabled = True
End Sub
```

A la fin de l'échéance de la minuterie, c'est-à-dire 700 millisecondes après son démarrage, l'étiquette contenant le texte explicatif doit être rendue visible :

```
Private Sub Timer1_Timer()
   Label1.Visible = True
End Sub
```

Enfin, dès que le curseur de souris quitte le bouton pour aller ailleurs sur la feuille, on rend l'étiquette invisible et on désactive la minuterie :

```
Private Sub Form_MouseMove(Button As Integer, Shift As Integer, ✂
X As Single, Y As Single)
   Label1.Visible = False
   Timer1.Enabled = False
End Sub
```

Exécuter un programme en tâche de fond

Un programme qui s'exécute en tâche de fond ne montre rien de visible à l'écran. Il n'utilise donc aucune feuille.

Nous allons créer un petit programme qui compte de 1 à 5 000 000 en tâche de fond. Je sais, il y a plus utile comme programme, mais il faut bien débuter avec quelque chose ! Avant et après le comptage, ce programme émettra un petit bip sonore pour avertir de son début et de sa fin.

Voici ce qu'il faut faire :

- créez un nouveau projet,
- supprimez sa fenêtre "Form1" à l'aide de l'option "Supprimer le fichier" du menu "Fichier",
- créez un module en appelant l'option "Module" du menu "Insérer",
- créez une procédure que vous devrez obligatoirement baptiser "Main()",
- tapez le programme ci-dessous,
- dans les options d'exécution du projet disponibles dans le menu "Outils", choisissez de démarrer le projet par la procédure "Sub Main",
- exécutez votre projet.

```
Sub Main()
    Beep
    For i = 1 To 5000000
        Next i
    Beep
End Sub
```

Et là, nous sommes en vrai fonctionnement multitâche, car pendant que le programme tourne en tâche de fond, vous pouvez parfaitement exécuter une ou plusieurs autres tâches. Essayez.

Gérer des fichiers texte de type ".INI"

Les fichiers texte

Il est possible d'écrire et de lire des fichiers texte sur disque avec des programmes écrits en Visual Basic. Ce sera bien sûr très rudimentaire par rapport à tout ce que nous avons vu à propos des bases de données.

Les modes d'accès possibles aux fichiers texte sont :

- l'accès aléatoire (encore appelé accès direct) à des enregistrements d'après leur numéro d'ordre seulement, à condition que ces enregistrements soient de longueur fixe,
- l'accès séquentiel qui est le seul possible pour des fichiers de données dont les enregistrements ont une longueur quelconque.

C'est seulement ce deuxième type de fichiers que nous allons étudier ici.

Le programmeur Visual Basic aura parfois besoin de gérer ce genre de fichiers texte, notamment s'il veut sauvegarder sur disque des paramètres de son application tels que les noms des quatre derniers fichiers utilisés, le dernier numéro de facture imprimée, ou encore le nom de l'entreprise qui utilise l'application.

Celui qui a déjà installé des logiciels sous Windows est habitué à ces fichiers texte qui portent le plus souvent l'extension ".INI". Pourquoi ne pas utiliser le même principe dans nos applications Visual Basic ?

Comment créer un fichier texte

Voyons d'abord comment créer un fichier texte séquentiel sur disque. C'est l'ordre *Open #* qui va être utilisé. Dans un programme, cet ordre doit toujours être placé avant la première utilisation d'un fichier texte. Son rôle est :

- d'ouvrir le fichier si celui-ci existe déjà,
- de créer d'abord le fichier puis de l'ouvrir, si celui-ci n'existe pas encore.

Avant d'arrêter le programme, il faudra penser à fermer le fichier par un ordre *Close*. Voici la syntaxe à respecter pour créer un fichier qui s'appellera par exemple "FACTURES.INI" :

```
' Création du fichier texte
Open "c:\factures.ini" For Output As #1
' Traitements sur le fichier
...
...
...
' Fermeture du fichier texte
Close #1
```

Remarquez que "#1" va être l'identificateur du fichier dans les instructions suivantes.

Comment écrire des enregistrements dans un fichier texte

Écrivons deux lignes dans notre fichier texte, l'une contiendra par exemple le nom de la société, et l'autre le dernier numéro de facture. Il suffit d'écrire :

```
' Ouverture du fichier texte en mode Output
Open "c:\factures.ini" For Output As #1
' Écriture de la première ligne
Enregistrement = "Société = " & NomSociété
Print #1, Enregistrement
```

```
' Écriture de la deuxième ligne
Enregistrement = "Dernier numéro de facture = " & CStr(DernièreFacture)
Print #1, Enregistrement
' Fermeture du fichier texte
Close #1
```

Nous pouvons vérifier le bon fonctionnement de cette procédure en affichant le contenu du fichier "FACTURES.INI" à l'aide du bloc-notes de Windows :

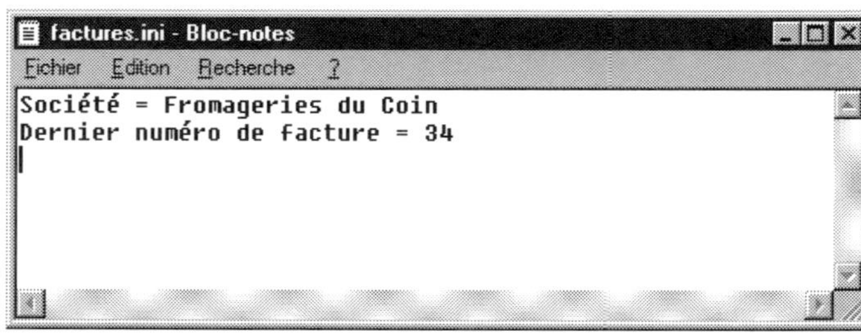

Comment relire un fichier texte dans un programme

Les enregistrements contenus dans un fichier texte séquentiel ne peuvent être lus que séquentiellement du premier au dernier. Il ne sera pas possible de faire de l'accès direct ou de lire en marche arrière.

Voici la procédure de lecture :

```
' Ouverture du fichier texte en mode Input
Open "c:\factures.ini" For Input As #1
' Répétitive tant que l'on n'est pas en fin de fichier
Do While Not EOF(1)
    ' Lecture de l'enregistrement suivant
    Input #1, Enregistrement
    ' Traitement de l'enregistrement lu
    ...
    ...
    ...
Loop
' Fermeture du fichier texte
Close #1
```

Comment modifier un fichier texte

Il n'est pas possible de modifier directement un fichier texte séquentiel. La solution consistera plutôt à effectuer les étapes suivantes :

- lire un par un tous les enregistrements de l'ancien fichier texte,
- modifier au passage le contenu l'enregistrement à changer,
- écrire au fur et à mesure les enregistrements dans un nouveau fichier texte séquentiel,
- supprimer l'ancien fichier texte,
- renommer le nouveau fichier en lui donnant le nom de l'ancien.

Voici un exemple. En fin du programme de facturation, on désire mettre à jour le dernier numéro de facture :

```
' Ouverture du fichier texte d'origine en mode Input
Open "c:\factures.ini" For Input As #1
' Ouverture du fichier texte de destination en mode Output
Open "c:\factures.new" For Output As #2
' Répétitive tant que l'on n'est pas en fin de fichier
Do While Not EOF(1)
    ' Lecture de l'enregistrement suivant
    Input #1, Enregistrement
    ' Test et traitement de l'enregistrement à modifier
    If Mid(Enregistrement, 1, 28) = "Dernier numéro de facture = " Then
        Enregistrement = "Dernier numéro de facture = " & ✂
        CStr(DernièreFacture)
    End If
    ' Réécriture de l'enregistrement en sortie
    Print #2, Enregistrement
Loop
' Fermeture des deux fichiers texte
Close #1
Close #2
' Suppression du fichier d'origine
Kill "c:\factures.ini"
' Changement de nom du fichier de destination
Name "c:\factures.new" As "c:\factures.ini"
```

19

Les architectures client-serveur

Historique

Avant 1960 Pas d'ordinateurs : c'était la "préhistoire" !

1960 à 1970 Traitements exclusivement par lots, c'est-à-dire en batch, sur un ordinateur central, mais pas encore de terminaux permettant la communication en temps réel de l'homme avec l'ordinateur. C'était le royaume de la carte perforée.

1970 à 1980 Arrivée des traitements interactifs effectués sur les ordinateurs centraux à partir de terminaux passifs ; ces terminaux n'étaient dotés d'aucune intelligence.

1980 à 1990 Arrivée massive des micro-ordinateurs, mais avec le gros handicap de fonctionner en mode isolé, interdisant le partage de données communes, hormis la technique rudimentaire dite du "lancer de disquette".

1990 à ...? Trois phénomènes se produisent, tout s'accélère.

Un : le remplacement progressif des terminaux passifs par des micro-ordinateurs. Ceux-ci peuvent fonctionner en émulation de terminal passif, mais permettent aussi l'accès aux nombreux et puissants logiciels de bureautique.

Deux : le développement rapide des réseaux locaux de micro-ordinateurs, d'un coût très inférieur à celui des mainframes (mini et gros ordinateurs). Ceci permet maintenant de faire de la bureautique communiquante, et surtout d'utiliser sur son micro des logiciels de gestion qui partagent une même base de données entre plusieurs utilisateurs sur le serveur du réseau. Plus besoin de mainframe pour faire de la gestion.

Trois : mainframes, le retour ! Stocker une base de données partageable sur le serveur d'un réseau, c'est bien, mais quand la base de données devient trop grosse ou trop complexe à gérer, un simple serveur de fichiers sur micro ne suffit plus. Il faudrait maintenant que le serveur assure, en plus, la gestion de la base de données. C'est ce qu'on appelle l'architecture client-serveur. Elle nécessite une grosse puissance au niveau du serveur, dans certains cas, ce sont les mainframes qui vont jouer ce rôle...

Définition du mode client-serveur

Il est difficile de donner aujourd'hui une définition du mode client-serveur qui soit acceptée par tout le monde. Ce nouveau concept à la mode est quelquefois dévoyé par des sociétés qui veulent profiter de la vague, mais qui n'offrent pas toujours de vrais produits client-serveur.

Cependant, voici comment on définit habituellement le mode client-serveur :

Est appelé mode client-serveur un modèle de fonctionnement informatique où les traitements sont répartis entre deux ordinateurs :

- **l'un est l'ordinateur client, il exécute un logiciel client,**
- **l'autre est l'ordinateur serveur, il exécute un logiciel serveur et il renferme la base de données,**
- **le client et le serveur communiquent en s'échangeant des messages,**
- **le client demande au serveur un service de consultation ou de mise à jour de données en lui envoyant une "requête",**
- **le serveur exécute la requête et renvoie au client les données désirées ainsi qu'un compte rendu d'exécution,**
- **le serveur a pour vocation de servir plusieurs clients simultanément et indépendamment.**

En mode client-serveur, les traitements informatiques sont donc répartis entre deux ordinateurs qui coopèrent en échangeant des messages. C'est pourquoi on parle souvent de **traitement coopératif** à propos des architectures client-serveur.

Au niveau hardware, les ordinateurs client et serveur sont souvent de type différent. Les clients sont presque toujours des ordinateurs de type PC, quelquefois des Macintosh. Le serveur peut être :

- soit un gros PC,
- soit une station de travail fonctionnant sous Unix,
- soit un mini-ordinateur de type IBM AS/400,
- soit encore un gros système (ou mainframe).

Les ordinateurs sont reliés entre eux par un réseau local ou, à plus longue distance, par un réseau public comme le réseau téléphonique commuté ou le réseau Transpac.

Finalement, ce qu'il faut bien comprendre c'est que les architectures client-serveur sont les seules architectures à conjuguer les avantages des micro-ordinateurs et les avantages des mainframes, c'est-à-dire :

- bénéficier de l'excellente ergonomie des micro-ordinateurs grâce au processeur local qui est disponible pour assurer la **convivialité de l'interface utilisateur,**
- utiliser pleinement les fonctionnalités des **bases de données centralisées** sur un serveur commun à tous.

Autre avantage : le client-serveur permet une démarche de "downsizing", c'est-à-dire de diminution de la taille des machines... et de leur coût !

La structure type d'un système informatique

Pour aller plus loin, il nous faut analyser la structure type d'un système informatique. N'importe quel système informatique, son matériel et son logiciel, peut être découpé en cinq composants :

1 - Le matériel de l'interface utilisateur

C'est le clavier et l'écran proprement dits. En plus, selon la sophistication de l'interface utilisateur, on peut trouver une souris, des haut-parleurs, un microphone... sans aller jusqu'au casque et aux gants de réalité virtuelle.

2 - La gestion de l'interface utilisateur

C'est ce logiciel qui gère l'interface graphique, c'est-à-dire le déplacement du pointeur de la souris, les fenêtres, les icônes... Dans la plupart des cas, c'est Windows qui assure cette fonction sur un PC. Sous Unix, on pourra utiliser un logiciel similaire qui répond à une norme spécifique à Unix, intitulée X-Window.

3 - La logique des traitements de l'application

Ce sont les traitements proprement dits que l'application doit réaliser : contrôle de validité des données saisies, calculs sur les données, traitements répétitifs, traitements conditionnels, etc.

4 - La gestion de la base de données

De nos jours, les données d'une application de gestion sont presque toujours stockées dans une base de données et non plus dans de simples fichiers. Il faut donc un logiciel de gestion de cette base de données pour assurer l'intégrité de la base de données et organiser son stockage. C'est le "système de gestion de la base de données" ou SGBD.

5 - Le stockage des données

Cette partie ne concerne que l'enregistrement physique pur et simple, au niveau matériel, des données sur disque sans se préoccuper de l'organisation logique de ces données, celle-ci ayant été traitée par le SGBD.

Six architectures informatiques

Nous allons maintenant considérer tour à tour six configurations informatiques, celles qui sont actuellement les plus répandues dans les entreprises. Pour analyser chacune d'elles, nous nous servirons du découpage en cinq composants vu au paragraphe précédent.

Nous verrons que seules les configurations n°5 et n°6 fonctionnent réellement en client-serveur. La première configuration n'est pas du tout client-serveur. Quant aux configurations n°2, n°3 et n°4, elles sont parfois appelées abusivement architectures client-serveur.

Passons en revue ces six configurations.

1 - Ordinateur monoposte autonome

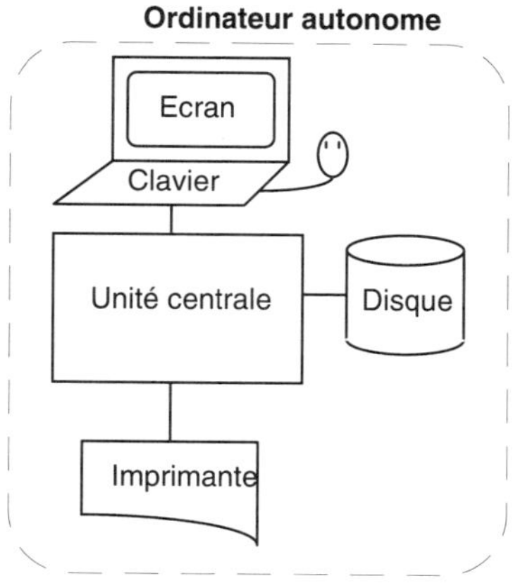

C'était déjà le mode de fonctionnement des premiers gros (surtout au niveau du volume...) ordinateurs des années 60, hormis l'écran et la souris qui n'existaient pas encore. C'est aussi le mode de fonctionnement de tous les PC – et ils sont nombreux – qui ne sont pas connectés à un réseau.

Dans cette architecture, c'est l'ordinateur qui gère à lui seul les cinq composants cités plus haut :

- l'écran, le clavier, la souris,
- l'interface utilisateur,
- la logique de l'application (calculs, décisions en fonction des données),
- la base de données,
- les lectures et écritures effectives sur le disque (fonction stockage).

Exemple

Ordinateur de type PC, fonctionnant sous le système d'exploitation Windows, avec une application sous Visual Basic utilisant le système de bases de données Jet ; la base de données est stockée sur le disque même de l'ordinateur.

2 - Ordinateur multiposte avec terminaux passifs

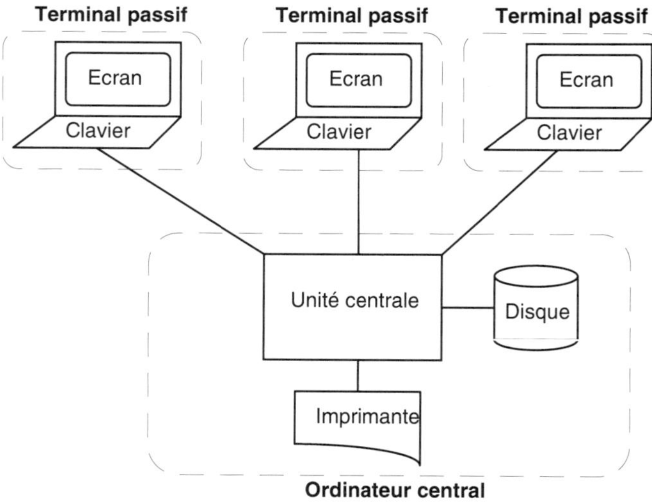

Cette configuration comprend un seul ordinateur (appelé ordinateur central) auquel sont reliés des terminaux en nombre extrêmement variable : de deux à plusieurs milliers.

Un terminal se compose simplement d'un écran, d'un clavier et d'un dispositif électronique de communication avec l'unité centrale. Ce n'est pas un ordinateur, c'est pourquoi on l'appelle *terminal passif* ou encore *terminal bête*. Il n'a ni processeur, ni mémoire RAM, ni disque et ne peut donc exécuter aucun programme.

Il est important de noter qu'un terminal passif ne pourra jamais fonctionner en mode graphique, ni disposer de souris, puisqu'il n'a pas de processeur pour gérer les graphismes de l'écran. Il faudra donc toujours se contenter du vieux mode caractère.

Les terminaux peuvent être très éloignés de l'ordinateur central ; dans ce cas on utilise des lignes de transmission publiques, par exemple le réseau téléphonique habituel, dit réseau téléphonique commuté (RTC), ou encore des réseaux spécialisés tels que Transpac, Transfix ou le réseau entièrement numérique Numéris qui peut aussi transporter la voix, les données et l'image.

Le système d'exploitation de l'ordinateur central aura obligatoirement deux caractéristiques essentielles :

- il doit être **multitâche**, c'est-à-dire être capable de partager le temps du processeur en intervalles de temps très courts, chaque intervalle étant alloué successivement à chacune des tâches actives, à raison d'une tâche par terminal,

- il doit être **multiposte**, donc être capable de gérer plusieurs postes de travail. Notez qu'un système d'exploitation peut être multitâche sans être multiposte, c'est le cas de Windows 95, Windows NT ou OS/2 par exemple.

Les systèmes d'exploitation multitâches et multipostes les plus courants sont : Unix, OS/400 sur IBM AS/400, MVS sur mainframe IBM, GCOS sur Bull, Prologue sur Bull.

Revenons à notre découpage en cinq composants. Ici, l'ordinateur central gère :

- la logique des traitements de l'application : calculs, décisions en fonction des données,
- la base de données,
- le stockage des données : lectures et écritures physiques dans les fichiers sur disque,
- et, en plus, le partage du temps du processeur entre les tâches des différents utilisateurs.

Chaque terminal ne représente qu'un seul composant : le hardware de l'interface utilisateur.

Exemples

- Unité centrale AS/400 avec des terminaux passifs de type IBM 5250.
- Unité centrale fonctionnant sous Unix avec des terminaux passifs de type VT100.
- Serveur Minitel avec des terminaux Minitel.
- Ordinateur central avec des terminaux spécialisés : composteurs SNCF, terminaux bancaire, terminaux point de vente, terminaux industriels...

3 - Ordinateur multiposte avec terminaux passifs émulés

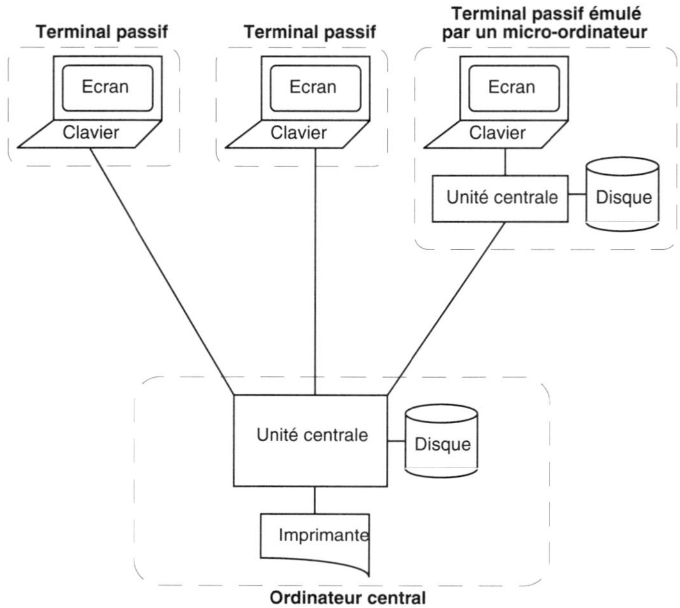

Comme dans la configuration précédente, on utilise un ordinateur central multiposte, mais on a remplacé un ou plusieurs terminaux par un ou plusieurs micro-ordinateurs qui *émulent* (c'est-à-dire simulent) le fonctionnement d'un terminal passif. On utilise donc l'intelligence du micro pour simuler un terminal bête. Pour les humains, on appelle cela "faire le bête" !

Pour l'ordinateur central, il n'y a rigoureusement rien de changé ; la simulation est si parfaite qu'il ne peut même pas se rendre compte que le terminal qui lui est connecté est un terminal émulé. Mais, bien que le poste de travail soit maintenant un micro-ordinateur, on ne bénéficie toujours pas de l'interface graphique puisque, fonctionnellement, on se trouve toujours devant un terminal passif.

L'ordinateur central gère :

- la logique des traitements à effectuer : calculs, décisions en fonction des données,
- la base de données,
- les lectures et les écritures physiques dans les fichiers sur disque,
- et aussi, le partage du temps du processeur entre les tâches des différents utilisateurs.

Chaque terminal prend en charge :

- le hardware de l'interface utilisateur en mode caractères (clavier, écran),

- l'émulation (la simulation) par logiciel d'un terminal passif.

Il faut noter que l'intérêt principal de cette architecture est de donner la possibilité au micro-ordinateur de récupérer des données de l'ordinateur central. Ces données pourront ensuite être traitées localement sur le micro-ordinateur par des outils de bureautique tels que Excel ou Word.

Exemples

- Émulation de terminal IBM AS/400 sur un PC, avec le logiciel PCS, Client Access ou Rumba/400.
- Émulation de terminal Minitel sur un PC, en utilisant par exemple le programme utilitaire "Hyper Terminal" inclus dans Windows 95.
- Émulation de terminal Unix en mode caractère, couramment appelé Telnet (et non pas en mode graphique X-Window, que nous verrons plus loin).

4 - Partage de fichiers et d'imprimantes sur un réseau local de micro-ordinateurs

Cette configuration ne comprend que des micro-ordinateurs. Ils peuvent être de type PC ou Macintosh. Ces ordinateurs sont reliés par un réseau de câbles d'une longueur maximale de quelques centaines de mètres. Les deux cas de figure commentés ci-dessous sont possibles.

Réseau local avec serveur dédié

Dans ce cas, l'un des ordinateurs du réseau sera totalement **dédié** à la fonction de serveur. Il ne pourra pas être à la disposition directe des utilisateurs, impossible donc d'y faire du traitement de texte par exemple.

Attention, un *serveur* de réseau local est très différent d'un serveur utilisé dans le mode client-serveur, qui sera le sujet du paragraphe suivant.

Tous les autres ordinateurs du réseau pourront accéder en lecture et en écriture au disque du serveur dédié (à condition d'y être autorisé). Mais ils ne pourront en aucun cas accéder aux disques des autres ordinateurs du réseau.

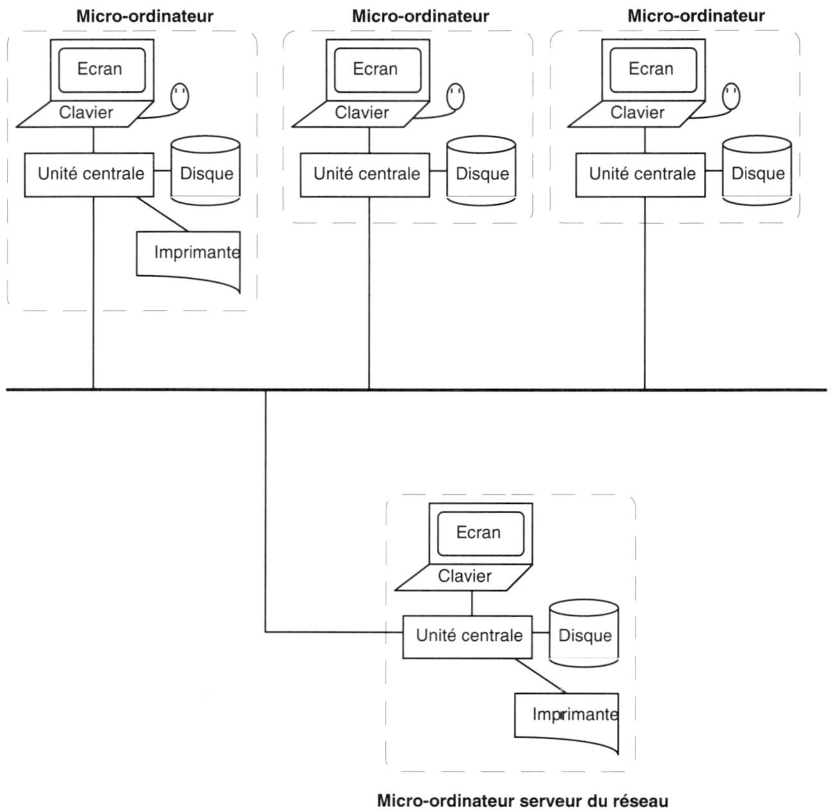

Réseau local "poste à poste"

Dans ce cas, il n'y a pas de serveur dédié, on parlera alors de réseau "poste à poste". Chaque poste de travail peut accéder en lecture et en écriture aux disques de tous les postes de travail du réseau, à condition encore une fois d'y être autorisé.

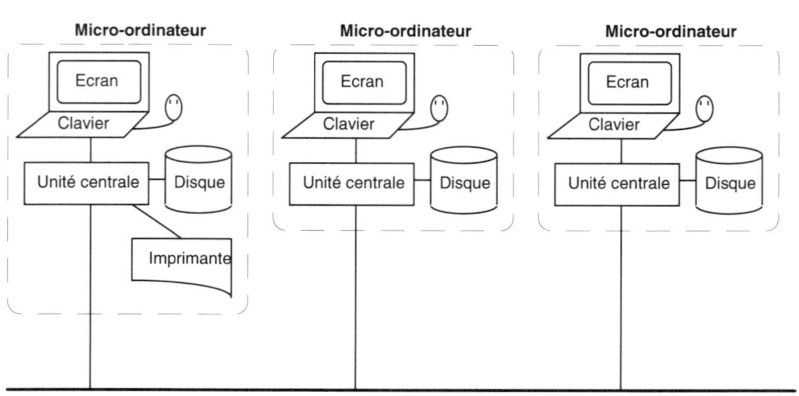

Dans chacun de ces deux types de réseau, il n'y a pas que le disque qui peut être partagé, il y a aussi la (ou les) imprimante(s). Chaque poste de travail peut envoyer un document à imprimer sur l'imprimante de n'importe quel autre poste de travail ou sur celle du serveur dédié, s'il en existe un.

La répartition des tâches entre les différents composants d'un tel système est la suivante. Chaque poste de travail gère :

- son interface utilisateur, qui peut être de type graphique,
- la logique des traitements à effectuer,
- la base de donnée,
- la communication avec le réseau.

Le serveur dédié gère :

- la communication avec le réseau,
- les lectures et écritures physiques sur disque demandées par les postes de travail,
- accessoirement les files d'attente de demandes d'impression issues des postes de travail.

Exemples

- Réseau avec serveur dédié : Novell Netware 4.1.
- Réseau "poste à poste" : Windows For Workgroups, Windows 95, Windows NT, Lan Manager, Novell Personal Netware.

5 - Serveur de données et client

Nous voici maintenant arrivés aux vraies architectures client-serveur, là où le traitement est dit *coopératif*, c'est-à-dire réellement réparti entre plusieurs ordinateurs.

La seule différence par rapport au cas précédent concerne la gestion de la base de données. Elle va être assurée non plus par chaque poste de travail, mais par le serveur. Le logiciel SGBD sera donc installé sur le serveur. Il sera unique et centralisé.

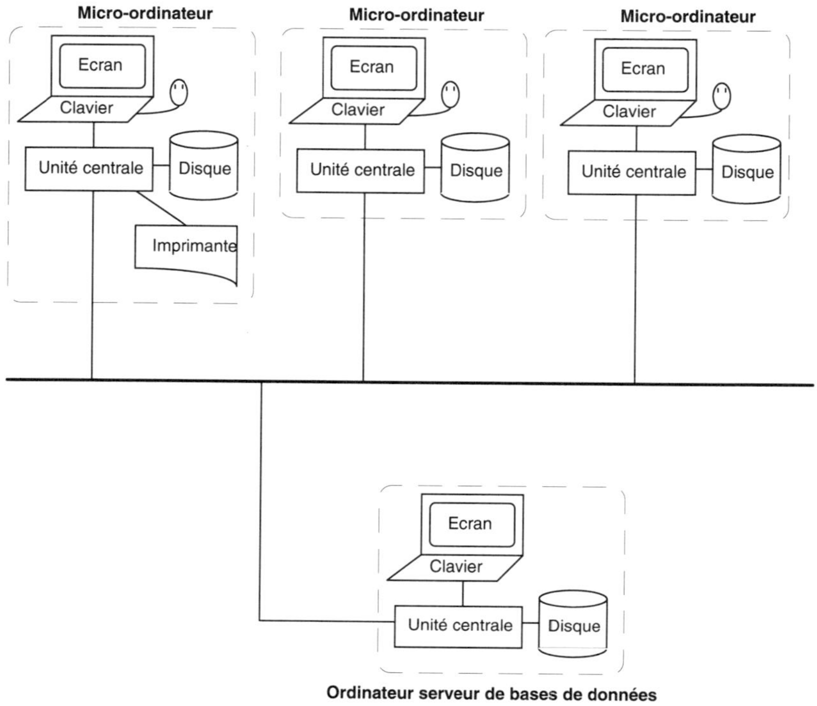

Le client

Chaque poste de travail est appelé "client". Lorsqu'un client a besoin d'un service auprès du serveur de données, il lui adresse une requête au travers du réseau. Cette requête est formulée dans un langage proche du langage courant : c'est le langage SQL (Structured Query Langage), devenu un standard de fait dans toutes les applications client-serveur.

La requête peut être une requête de recherche de données (requête de sélection) ou bien une requête en vue de mettre à jour la base de données (requête action). Pour que cela fonctionne, il faut que le langage de programmation du logiciel client soit capable d'envoyer des requêtes SQL.

Le serveur

Le serveur est en permanence à l'écoute des requêtes que lui adressent les clients sur le réseau. Dès qu'il reçoit une requête, il l'exécute puis retourne sa réponse au client. Cette réponse comprendra :

- les données demandées par le client, si toutefois il s'agissait d'une requête de recherche de données,
- un code de retour indiquant si tout s'est bien passé.

Le logiciel serveur de données doit en outre gérer les aspects suivants :

- les contraintes d'intégrité de la base de données, notamment l'intégrité référentielle,
- le verrouillage d'enregistrement, dans le cas où plusieurs postes clients veulent modifier le même enregistrement, chacun à sa façon,
- les *triggers*, qui sont des procédures automatiques qui se déclenchent sur le serveur suite à un événement, par exemple : impression d'une demande de réapprovisionnement d'un article dès que son stock passe sous le seuil de sécurité,
- la vérification de l'intégrité des données au redémarrage après incident, une coupure de courant par exemple.

Le logiciel qui gère la base de données sur le serveur est appelé "SGBD serveur".

Exemples

Les SGBD serveur les plus courants sont actuellement :

- Oracle de Oracle Corporation (version 7) sous Unix, MS-DOS,...
- SQL Server de Sybase sur Solaris (Sun), Aix (IBM), OS/2, Windows NT...
- SQL Server de Microsoft sous Windows NT,
- Informix sous Unix,
- CA-Open Ingres de Computer Associates sous Unix,
- DB2/400 sur IBM AS/400,
- DB2 sur les gros systèmes IBM.

Du côté du client, il existe à ce jour une cinquantaine de langages de développement sous Windows. Voici une sélection des plus courants :

- Visual Basic,
- Langage C ou C++,
- Power Builder de Powersoft,
- SQL Forms d'Oracle Corporation (inclus dans le package Developer/2000),
- NS/DK de Nat Systems,
- Delphi de Borland,
- et pourquoi pas Access, Excel ou Word.

6 - Serveur d'affichage et client

Voici enfin un cas très particulier d'architecture client-serveur. On ne le trouve que sur les ordinateurs fonctionnant sous Unix en mode graphique. C'est l'ordinateur central qui gère tout, sauf une chose : l'affichage en mode graphique sur le poste de travail terminal. Celui-ci, le terminal, n'a donc plus à gérer que l'affichage des fenêtres – position, taille, ouverture, fermeture – et les déplacements de la souris.

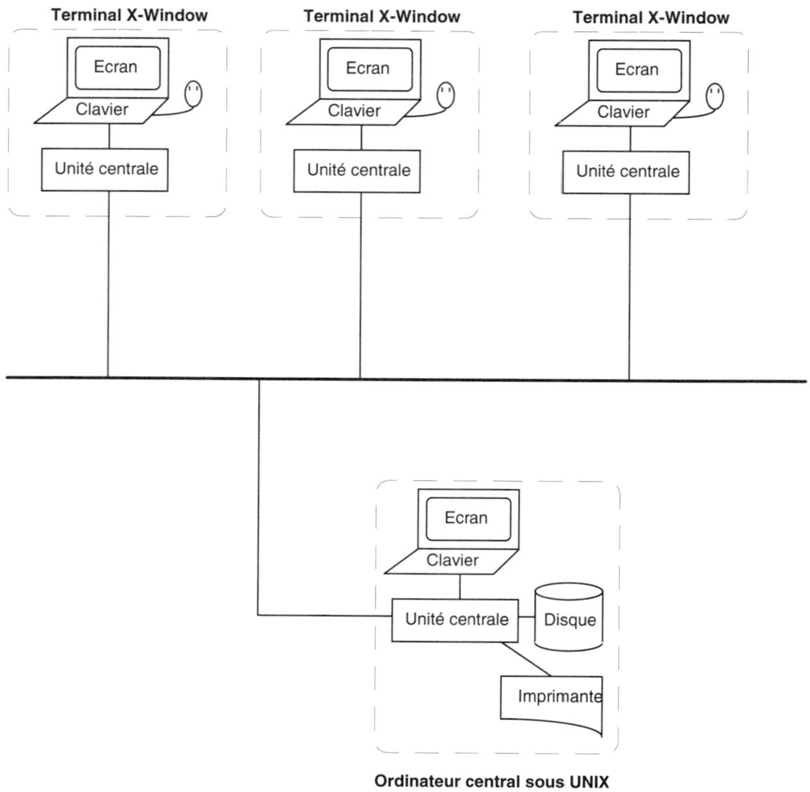

Exemple

Les terminaux graphiques sous Unix constituent le seul exemple courant de ce type de configuration. On les appelle "terminaux X-Window", du nom de la norme de l'interface graphique utilisée.

Récapitulation

Récapitulons ces six configurations sur un tableau comparatif. On peut y repérer à chaque fois la répartition des cinq composants déjà cités :

- le hardware de l'interface utilisateur,
- la gestion logicielle de l'interface utilisateur,
- la logique des traitements de l'application,

- la gestion de la base de données,
- le stockage des données.

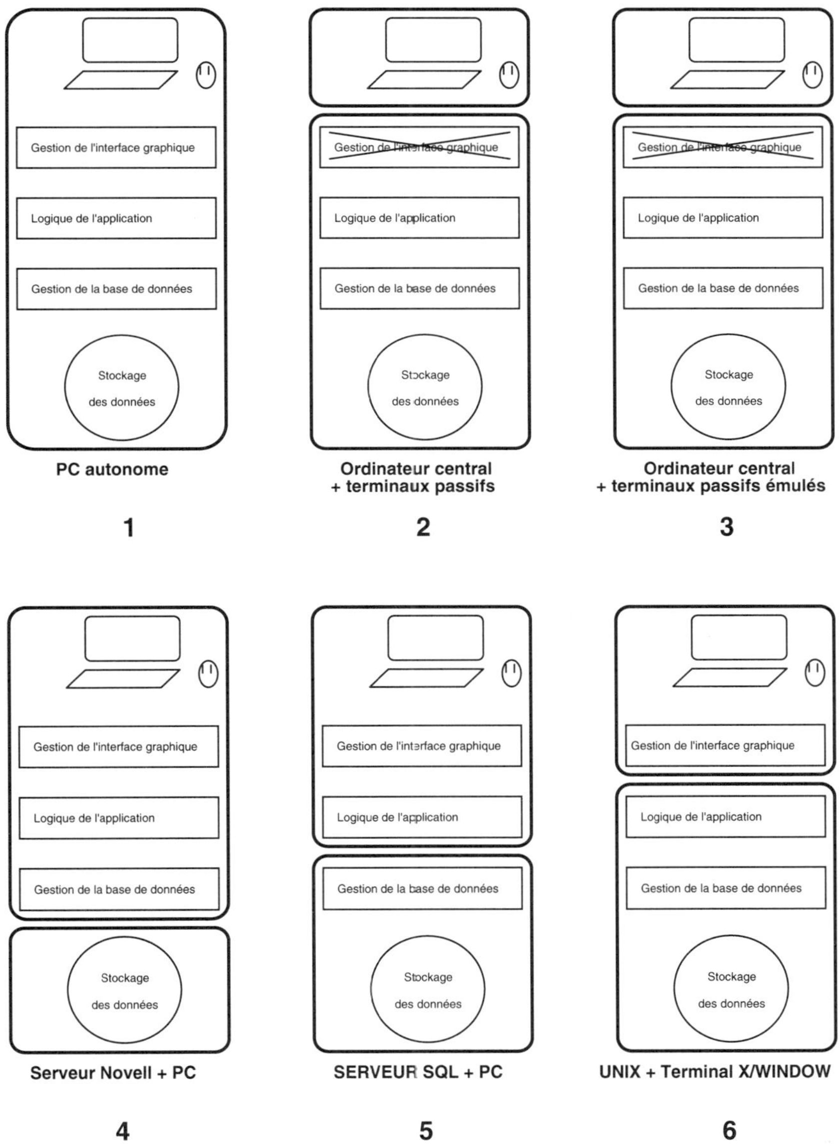

20

Le mode client-serveur entre PC et PC

Principe de l'application

Nous allons voir comment réaliser aisément un petit système client-serveur avec Visual Basic, une maquette en quelque sorte. Le client et le serveur de données seront deux PC reliés entre eux par un simple câble série du commerce entre leurs deux ports série.

Attention, pour que cela puisse marcher, il faut que les deux PC aient chacun **deux** ports série puisque la souris occupe déjà elle-même un port série.

Notre futur système client-serveur devra fonctionner de la façon suivante :

- l'utilisateur du PC client saisit la référence d'un article dont il veut consulter le libellé, puis il clique sur le bouton "Rechercher",
- la procédure "Rechercher_Click" du PC client envoie cette référence au PC serveur au travers de la liaison série, puis se met en attente d'une réponse, qui doit être le libellé de l'article,
- le programme du PC serveur, qui était en attente d'un message, reçoit la référence, consulte le fichier des articles qui est stocké sur son disque dur, puis retourne au PC client le libellé de l'article ou bien la mention "Non trouvé" si la référence n'existe pas dans le fichier,
- le programme client, qui est resté en attente d'une réponse, reçoit le libellé de l'article et l'affiche sur l'écran.

Pour pouvoir échanger tous ces messages entre les deux machines, il faudra placer un contrôle Communications dans le programme Visual Basic de chacune des deux machines. Ce sont ces contrôles qui assureront, tant du côté client que du côté serveur, la gestion de l'interface entre le programme Visual Basic et le port série.

Le programme client

La feuille principale du programme client se présentera comme ceci :

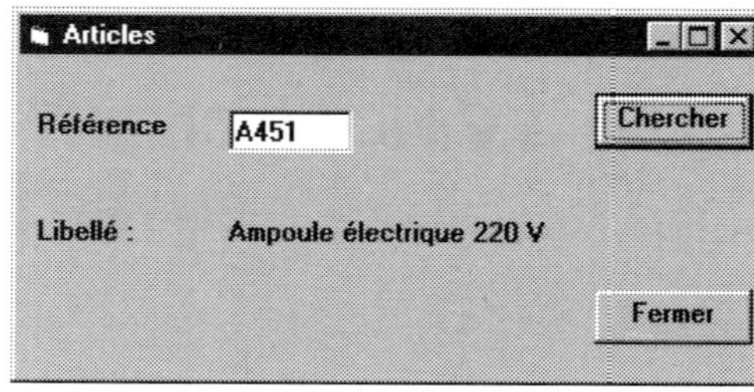

Elle comporte en plus un contrôle qui est invisible pendant l'exécution, c'est le contrôle Communications (MSComm).

Voici la procédure de l'événement *Chercher_Click* :

```
Sub Chercher_Click()
    'Ouverture du port de communication série
    Comm1.PortOpen = True
    'Envoi de la référence au serveur
    Comm1.Output = Référence
    'Attente des 20 caractères de la réponse
    Comm1.InputLen = 0
    Do
        DoEvents
    Loop Until Comm1.InBufferCount >= 20
    Libellé = Comm1.Input
    'Fermeture du port de communication série
    Comm1.PortOpen = False
End Sub
```

Quelques commentaires :

- le contrôle Communications s'appelle "Comm1",
- la référence de l'article aura été saisie dans la zone de texte nommée "Référence",
- le bouton de demande du libellé s'appelle "Chercher",
- le contrôle Étiquette contenant la réponse s'appelle "Libellé",
- ce libellé a une longueur de 20 caractères.

Le programme serveur

Le programme serveur n'a rien de particulier à afficher. On peut donc prévoir une simple feuille comme ci-dessous où le bouton en haut à droite servira à arrêter le serveur :

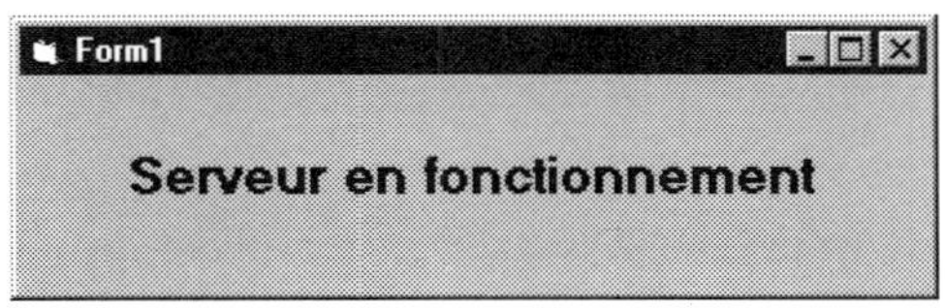

Voici maintenant le programme serveur :

```
Sub Form_Activate()
    'Ouverture du port de communication série
    Comm1.PortOpen = True
    'Boucle sans fin de traitement des demandes de libellé
    Do While True
        'Attente de réception d'une référence
        Comm1.InputLen = 0
        Do
            DoEvents
        Loop Until Comm1.InBufferCount >= 4
        'Recherche de l'article dans la table
        Donnée1.RecordSource = "select * from Articles where ✂
        Référence = '" & Comm1.Input & "'"
        Donnée1.Refresh
        'Envoi du libellé au client
        If Donnée1.Recordset.EOF Then
            Comm1.Output = "Non trouvé          "
        Else
            Comm1.Output = Donnée1.Recordset("Libellé")     & ✂
            Space(20 - Len(Donnée1.Recordset("Libellé")))
        End If
    Loop
End Sub
```

Dans cette procédure :

- le contrôle Communications du programme serveur s'appelle "Comm1", comme dans le programme client, pourquoi pas ?
- la référence de l'article a toujours quatre caractères de long,

- le contrôle Donnée représentant la base de données s'appelle "Donnée1",
- la table des articles s'appelle "Articles",
- les deux champs qui nous intéressent s'appellent tout naturellement : "Référence" et "Libellé".

La chaîne de caractères à retourner au client doit comporter obligatoirement 20 caractères, car celui-ci en attend exactement 20. S'il n'a pas son compte, il restera indéfiniment en attente.

Donc, si le libellé fait moins de 20 caractères, il faudra compléter avec des espaces.

Si l'article n'est pas trouvé dans la table, on renvoie au client le texte "Non trouvé" (complété à 20 caractères) en lieu et place du libellé de l'article.

21

LE MODE CLIENT-SERVEUR ENTRE PC ET AS/400

Objectif de l'application

L'objectif est de réaliser une petite application client-serveur qui permettra un accès aux bases de données d'un IBM AS/400 à partir d'un simple PC. Cette application sera simple mais suffisamment performante pour une utilisation dans un contexte réel d'entreprise.

L'ordinateur serveur sera donc un IBM AS/400, ordinateur très répandu dans les entreprises puisqu'on en dénombre actuellement 25 000 en France. L'ordinateur client sera un PC programmé bien sûr en Visual Basic.

Matériel nécessaire

Pour réaliser cette application il faut disposer du matériel et des logiciels suivants :

- un AS/400,
- un PC de type 386 ou supérieur,
- un réseau Ethernet ou Token Ring qui relie l'AS/400 au PC,
- le logiciel PCS/400 installé sur l'AS/400,
- le logiciel d'interface réseau pour Ethernet ou Token Ring sur le PC,
- le logiciel PCS/400 installé sur le PC, y compris les fonctions de gestion des Data Queue et l'interface avec Windows,
- le langage Visual Basic 3, 3 Pro, 4 ou 4 Pro installé sur le PC.

Thème de l'application

Il s'agit d'assurer la mise à jour d'un fichier ARTICLES d'une entreprise de production. Ce fichier ARTICLES sera situé sur un disque de l'AS/400.

L'utilisateur final travaillera sur un PC sous Windows avec une application développée en Visual Basic. L'utilisateur devra pouvoir créer, modifier, supprimer et interroger les articles.

Chaque enregistrement du fichier ARTICLES sera composé des quatre champs suivants :

Code du champ	Champ	Description
REFA	Référence de l'article	5 caractères alphanumériques
LIBE	Libellé de l'article	20 caractères alphanumériques
QSTO	Quantité en stock de l'article	6 chiffres sans décimale
REAP	Code de réapprovisionnement automatique	1 caractère alphanumérique égal à 1 si vrai et à 0 si faux

Comment communiquer entre un AS/400 et un PC ?

Côté client, le programme Visual Basic va devoir écrire et lire les enregistrements du fichier ARTICLES, non pas dans un fichier ".MDB" géré par le moteur de bases de données Jet, mais dans un fichier classique de la base de données de l'AS/400.

La technique de communication que nous allons utiliser entre les deux machines sera celle des Data Queue de l'AS/400. Cette technique des Data Queue, que nous allons expliquer, avait été initialement conçue par IBM pour la communication interne de données entre deux programmes de l'AS/400, sans sortir de l'AS/400.

Mais, la communication avec les PC devenant un réel besoin, IBM a fourni des fonctions API (Application Program Interface) d'accès aux Data Queue de l'AS/400 à partir d'un PC. Ces API sont vendues par IBM avec le logiciel qui permet la communication entre un AS/400 et un PC. Ce logiciel s'appelle PC/Support, ou PCS en abrégé.

Le principe des Data Queue

Dans cette technique de communication, l'émetteur et le récepteur n'ont pas besoin d'être synchronisés. Comparons avec le réseau téléphonique :

- en communication téléphonique normale, vous ne pouvez intercepter une communication que si vous êtes présent chez vous,
- avec un répondeur téléphonique, l'émetteur peut déposer des messages sur le répondeur quand il le veut, et vous pouvez écouter ensuite ces messages quand vous le voulez aussi.

Il y a donc désynchronisation entre l'envoi d'un message et son interception. Bien que non indispensable, cette caractéristique de désynchronisation est particulièrement avantageuse lorsque ce sont deux ordinateurs qui communiquent, car on n'a plus à se soucier de la disponibilité du récepteur lorsque l'émetteur veut émettre.

Elle nécessite forcément un stockage intermédiaire des messages. Dans un répondeur téléphonique, cette fonction est assurée le plus souvent par une petite cassette audio. Dans le courrier transmis en France par les services de La Poste, ce sont les boîtes aux lettres des particuliers qui font office de tampon de stockage. Dans l'AS/400, le stockage des messages en attente sera assuré dans des objets particuliers : les Data Queue. Ces objets, qui sont de type "*DTAQ", sont stockés sur le disque de l'AS/400.

Les Data Queues constituent en fait un excellent moyen d'échange de données entre ordinateurs. Car vous qui êtes utilisateur de l'AS/400 mais aussi de PC connectés à cet AS/400, vous allez disposer de trois moyens différents pour accéder à une même Data Queue de l'AS/400 :

- **depuis un terminal de l'AS/400**, à l'aide d'instructions écrites dans des programmes en langage CL, RPG ou Cobol,
- **depuis un PC**, à l'aide de commandes saisies sur la ligne de commande du MS-DOS,
- **depuis un PC**, à l'aide d'instructions placées dans un langage de programmation sous Windows, tel que Visual Basic.

Dans ce projet client-serveur, nous n'utiliserons intensivement que la première et la troisième méthode, la deuxième ne servant qu'occasionnellement pour tester le contenu d'une Data Queue.

Étudions en détail les modalités d'accès aux Data Queue par chacune de ces trois méthodes.

Comment utiliser une Data Queue à partir de l'AS/400 ?

Créer une Data Queue à partir d'un terminal de l'AS/400

Pour créer une Data Queue, il faut utiliser une commande du langage CL de l'AS/400. Le langage CL est le langage de contrôle du système d'exploitation de l'AS/400. Cette commande pourra être tapée directement sur la ligne de commande d'un terminal de l'AS/400 ou bien être intégrée dans un programme CL. Elle est intitulée CRTDTAQ et elle s'utilise de la façon suivante :

```
CRTDTAQ DTAQ(BIB3/MADATAQ) MAXLEN(100)  SEQ(*FIFO)
```

On a créé ainsi la Data Queue nommée "MADATAQ" dans la bibliothèque "BIB3" de l'AS/400. Cette Data Queue est un objet AS/400 à part entière, de type "*DTAQ".

On a choisi dans l'exemple de limiter la longueur de chaque message à 100 caractères. L'ordre dans lequel seront lus les messages dans la Data Queue sera l'ordre "FIFO", soit en anglais "First In, First Out" et en français "Premier entré, premier sorti". C'est habituellement cet ordre que l'on utilise, mais il existe aussi l'ordre "LIFO", "Dernier entré, premier sorti". D'ailleurs le paramètre SEQ(*FIFO) est facultatif car il est pris par défaut.

Supprimer une Data Queue à partir de l'AS/400

Pour supprimer complètement un objet Data Queue du disque de l'AS/400, avec tous les messages qui y sont éventuellement restés, il suffit de taper la commande CL selon l'exemple ci-dessous :

```
DLTDTAQ  DTAQ(BIB3/MADATAQ)
```

Cette commande CL supprime l'objet Data Queue nommé "MADATAQ" de la bibliothèque "BIB3" de l'AS/400.

Envoyer un message à partir de l'AS/400

Pour envoyer un message dans une Data Queue depuis l'AS/400, il n'existe pas de commande dans le langage CL. Il faut utiliser le sous-programme QSNDDTAQ. Ce sous-programme devra être appelé à partir d'un programme écrit en RPG, en Cobol ou même en langage CL.

Voici un exemple d'envoi de message à partir d'un programme RPG :

```
I*********** DECLARATION DU MESSAGE A ENVOYER ***************
IDONNEE       DS
I                               1  20      NOM
```

```
I                         21 25     QTE
I                         26 55     LIEU
C*
C********** DEBUT DE LA PROCEDURE ***********************************
C            .
C            .
C            .
C*
C********* CHARGEMENT DES DONNEES DANS LE MESSAGE *******
C            MOVEL    'ABCDE'      NOM      20
C            Z-ADD    123          QTE       5 0
C            MOVEL    'MNOP'       LIEU     30
C*
C******** REMPLISSAGE DES PARAMETRES DE QSNDDTAQ ********
C            MOVEL    'MADATAQ'    NOMDQ    10
C            MOVEL    'BIB3'       NOMLIB   10
C            Z-ADD    55           LONG      5 0
C*
C******* APPEL DE QSNDDTAQ *******************************************
C            CALL     'QSNDDTAQ'
C            PARM                  NOMDQ
C            PARM                  NOMLIB
C            PARM                  LONG
C            PARM                  DONNEE
C*
C****** SUITE DE LA PROCEDURE **************************************
C            .
C            .
C            .
```

Commençons par la fin, c'est-à-dire par les cinq dernières lignes qui constituent la section intitulée "Appel de QSNDDTAQ". Hormis l'ordre CALL, vous y trouvez les quatre paramètres de QSNDDTAQ qui sont obligatoires.

Voici leurs descriptions. On peut leur donner n'importe quels noms, mais ils doivent obligatoirement être énumérés dans le bon ordre, et leur type et leur longueur doivent être respectés :

Paramètre	Type de donnée	Longueur	Description
Paramètre 1	Alphanumérique	10 caractères	Nom de la Data Queue dans l'AS/400
Paramètre 2	Alphanumérique	10 caractères	Nom de la bibliothèque de l'AS/400 contenant la Data Queue

Paramètre 3	Numérique condensé	5 chiffres sans décimale	Longueur du message en octets
Paramètre 4	Alphanumérique	Égale au contenu du paramètre 3	Message à envoyer dans la Data Queue de l'AS/400

Prenons maintenant les trois instructions qui suivent le commentaire "Remplissage des paramètres de QSNDDTAQ". Elles servent à remplir les trois premiers paramètres. On y suppose que la Data Queue destinatrice de nos messages s'appellera "MADATAQ" dans la bibliothèque "BIB3" et que les messages auront une longueur de 55 octets.

Prenons ensuite les deux premières lignes de ce programme, dans la section "Déclaration du message à envoyer". Elles servent à déclarer la structure du message qui sera envoyé dans la Data Queue. Dans cet exemple, la variable mémoire contenant le message s'appelle "DONNEE" et on a décidé de la structurer en trois parties :

- NOM de 20 caractères alphanumériques,
- QTE de 5 chiffres sans décimales,
- LIEU de 30 caractères alphanumériques.

Dans la section intitulée "Chargement des données dans le message", on charge le message proprement dit. A titre d'exemple, on a mis "ABCDE" dans NOM, le nombre 123 dans QTE et la chaîne "MNOP" dans LIEU.

Recevoir un message depuis l'AS/400

Il n'existe pas non plus de commande CL pour recevoir un message stocké dans une Data Queue. Il faudra utiliser le sous-programme QRCVDTAQ. De la même manière que le sous-programme QSNDDTAQ, il devra être appelé à partir d'un programme écrit en RPG, en Cobol ou en langage CL.

Voici un exemple de réception de message réalisé dans un programme RPG :

```
I*********** DECLARATION DU MESSAGE A RECEVOIR ****************
IDONNEE       DS
I                              1  20    NOM
I                             21  25    QTE
I                             26  55    LIEU
C*
C********** DEBUT DE LA PROCEDURE ***********************************
C             .
C             .
C             .
C*
C******** REMPLISSAGE DES PARAMETRES DE QRCVDTAQ ********
```

```
C                  MOVEL    'MADATAQ'    NOMDQ    10
C                  MOVEL    'BIB3'       NOMLIB   10
C                  Z-ADD    55           LONG      5 0
C*
C******* APPEL DE QRCVDTAQ ******************************************
C                  CALL     'QRCVDTAQ'
C                  PARM                  NOMDQ
C                  PARM                  NOMLIB
C                  PARM                  LONG
C                  PARM                  DONNEE
C                  PARM                  ATTENTE
C*
C***** SUITE DE LA PROCEDURE ***************************************
C                  .
C                  .
C                  .
```

Si vous avez bien compris le programme précédent, vous n'aurez aucun mal à comprendre celui-ci qui en est la réciproque. Seule différence, le sous-programme QRCVDTAQ nécessite un paramètre de plus que QSNDDTAQ.

Voici les descriptions des cinq paramètres :

Paramètre	Type de donnée	Longueur	Description
Paramètre 1	Alphanumérique	10 caractères	Nom de la Data Queue dans l'AS/400
Paramètre 2	Alphanumérique	10 caractères	Nom de la bibliothèque de l'AS/400 contenant la Data Queue
Paramètre 3	Numérique condensé	5 chiffres sans décimale	Longueur du message en octets
Paramètre 4	Alphanumérique	Égale au contenu du paramètre 3	Variable mémoire qui contiendra le message reçu
Paramètre 5	Numérique condensé	5 chiffres sans décimale	Voir l'explication ci-dessous

Le cinquième paramètre indique au programme QRCVDTAQ ce qu'il doit faire s'il n'y a aucun message en attente dans la Data Queue.

Vous avez trois possibilités de remplissage de ce paramètre :

- si vous y mettez un nombre entier négatif, l'AS/400 va rester dans le programme QRCVDTAQ pour attendre un message ; c'est-à-dire que si aucun message n'arrive dans la Data Queue, il ne rendra jamais le contrôle au programme RPG appelant,

- si vous y mettez le nombre zéro, le sous-programme QRCVDTAQ regarde si la Data Queue contient un message, le copie le cas échéant dans le paramètre "DONNEE", l'efface de la Data Queue et se termine ; le contrôle revient donc immédiatement au programme RPG appelant, même s'il n'y avait aucun message dans la Data Queue,
- si vous y mettez un nombre entier positif, le sous-programme attend que le nombre spécifié de secondes s'écoule, puis si, à la fin de ce temps, il n'y a toujours pas de message dans la Data Queue, il s'arrête et rend le contrôle au programme RPG appelant ; dans le cas où un message est en attente ou arrive pendant le temps d'attente spécifié, il le copie dans le paramètre "DONNEE", l'efface de la Data Queue et rend immédiatement le contrôle au programme RPG.

Comment utiliser une Data Queue à partir d'un PC sous MS-DOS ?

IBM fournit, avec PCS, un certain nombre de commandes accessibles depuis MS-DOS pour gérer les Data Queue. Ces commandes peuvent être au choix :

- tapées directement sur la ligne de commande MS-DOS,
- intégrées dans les procédures batch de MS-DOS, les fichiers ".BAT".

Vous pouvez accéder à la ligne de commande MS-DOS soit en quittant Windows, soit en appelant le programme "COMMAND.COM" depuis Windows. Dans ce dernier cas, il vous suffira de taper la commande *EXIT* pour revenir à Windows.

Configurer le PC

Pour accéder aux Data Queue d'un AS/400 à partir d'un PC, il faut au préalable que :

- le logiciel PCS soit installé sur l'AS/400,
- le logiciel de communication entre le PC et le réseau – Ethernet ou Token Ring – soit installé sur le PC,
- la partie PC de PCS soit installée sur le disque dur de votre PC.

Une fois ces installations sur disque réalisées, il faut charger dans la mémoire du PC les programmes qui assurent les fonctions des différentes couches du modèle OSI afin de permettre l'accès aux Data Queue de l'AS/400. Ces programmes sont stockés sur le disque du PC suite à l'installation de PCS mentionnée ci-dessus.

Voici la liste de ces programmes pour un réseau de type Ethernet. Il faut les spécifier comme ceci dans le fichier "CONFIG.SYS" :

```
DEVICE=PROTMAN.EXE
DEVICE=ELNKII.DOS
DEVICE=DXMA0MOD.SYS 001
DEVICE=DXME0MOD.SYS
```

Puis, dans le fichier "AUTOEXEC.BAT", avant de lancer Windows, il faut charger :

- NETBIND pour assurer la connexion avec le réseau,
- PCSXI pour permettre à PCS de travailler avec la mémoire étendue du PC,
- STARTRTR qui est le programme routeur de l'AS/400,
- LOADDQ pour permettre les fonctions de gestion des Data Queue,
- PCSWIN /B=16 pour accéder aux fonction de PCS depuis l'environnement Windows.

Si toutes ces couches logicielles sont correctement chargées en mémoire, on peut enfin accéder aux Data Queue de l'AS/400 depuis un PC.

Créer une Data Queue depuis MS-DOS

Pour créer une Data Queue dans l'AS/400, il faut passer la commande suivante depuis le prompt MS-DOS :

```
CRTDTAQ DQ1 /L=BIB1 /M=200
```

Dans cet exemple, le nom de la Data Queue est "DQ1", le nom de sa bibliothèque est "BIB1", la longueur maximum d'un message est de 200 caractères.

Supprimer une Data Queue depuis MS-DOS

Passez la commande suivante pour supprimer la Data Queue "DQ1" de la bibliothèque "BIB1" :

```
DLTDTAQ DQ1 /L=BIB1
```

Envoyer des messages dans une Data Queue depuis MS-DOS

Vous pouvez déposer un ou plusieurs messages dans une Data Queue existante en pratiquant comme ceci :

```
SNDDTAQ DQ1 /L=BIB1
Ceci est le premier message
Ceci est le deuxième message
Ceci est le dernier message
(Ctrl + Z)
```

Après avoir validé la commande SNDDTAQ par la touche Entrée, vous devez saisir dans la foulée au clavier le texte du message à envoyer. A la fin de chaque ligne de message, appuyez sur la touche "Entrée". A la fin de tous les messages, appuyez sur les touches "Ctrl" et "Z" pour revenir au prompt MS-DOS.

Recevoir des messages dans une Data Queue depuis MS-DOS

Pour lire un message reçu dans la Data Queue "DQ1" de la bibliothèque "BIB1", tapez :

```
RCVDTAQ DQ1 /L=BIB1 /W=2
```

Attention, cette commande lit le message et l'**élimine** aussitôt de la Data Queue. Vous pouvez réexécuter cette commande jusqu'au vidage complet de la Data Queue.

Le paramètre "/W=2" indique ce que doit faire la commande s'il n'y a aucun message en attente dans la Data Queue :

- si W est négatif, la commande RCVDTAQ reste en attente d'un message,
- si W est nul, la commande RCVDTAQ se termine et le contrôle revient au MS-DOS,
- si W est positif, la commande RCVDTAQ attend W secondes, puis s'il n'y a toujours pas de message dans la Data Queue, elle s'arrête et rend le contrôle au MS-DOS.

Supprimer tous les messages d'une Data Queue depuis MS-DOS

Cette commande supprime tous les messages que contient la Data Queue, mais ne supprime pas la Data Queue elle-même :

```
CLRDTAQ DQ1 /L=BIB1
```

Comment utiliser une Data Queue à partir d'un PC sous Visual Basic ?

Utiliser les API dans les DLL

Voici la troisième et dernière méthode d'accès aux Data Queue de l'AS/400. Elle fait appel aux fonctions API fournies par IBM pour accéder à l'AS/400 à partir d'un PC. Ces fonctions sont stockées dans des DLL.

Créer une Data Queue depuis Visual Basic

Puisque nous allons utiliser l'API de PCS nécessaire à la création d'une Data Queue, il va falloir d'abord déclarer cette API dans notre programme Visual Basic. Cette déclaration peut se placer en tête d'un module ".BAS".

Voici la déclaration de l'API de création d'une Data Queue :

```
Declare Function EHNDQ_Create Lib "c:\pcs\EHNDQW.DLL" ✂
(ByVal hWnd As Integer, ✂
ByVal lpszQueueName As String, ✂
ByVal lpszQueueLocation As String, ✂
ByVal lMaxLength As Long, ✂
ByVal nSequence As Integer, ✂
ByVal nForce As Integer, ✂
ByVal nAuthority As Integer, ✂
ByVal nSenderID As Integer, ✂
ByVal lpszText As String) As Integer
```

Elle ne nécessite pas moins de neuf paramètres dont voici le rôle :

Paramètre	Description
hWnd	numéro de la fenêtre Windows d'où se fait l'appel de la fonction, c'est ce qu'on appelle, en langage C, le "Handle" de la fenêtre
lpszQueueName	nom de la Data Queue et de sa bibliothèque
lpszQueueLocation	numéro de série de l'AS/400 (équivaut à son numéro d'immatriculation)
lMaxLength	longueur maximum des messages qui seront stockés dans la Data Queue
nSequence	égal à 0 si LIFO et à 1 si FIFO (mettre 1 dans tous les cas)
nForce	égal à 1 pour forcer l'écriture de la Data Queue sur le disque (pour renforcer la sécurité) et égal à 0 sinon
nAuthority	autorisations d'accès à la Data Queue (mettre toujours 0)
nSenderID	identification de l'émetteur des messages (mettre 0)
lpszText	description en clair de la Data Queue (facultatif)

Cette fonction, comme toutes les fonctions, retourne un résultat. Il est de type *Integer*. Après l'exécution de la fonction, il contient l'une des valeurs suivantes :

- 0 : si la fonction a abouti
- 1 : si la fonction n'a pas abouti à cause d'une erreur de communication,
- 2 : si la fonction n'a pas abouti à cause d'une erreur sur l'AS/400,
- 3 : si la fonction n'a pas abouti à cause d'une erreur sur le PC (allocation de mémoire, par exemple).

Il faut tester ce code retour afin d'être sûr que la transaction a bien abouti.

Voici comment on peut utiliser la fonction de création d'une Data Queue :

```
Private Sub Créer_Click()
   Dim P1 As Integer
   Dim P2 As String
   Dim P3 As String
   Dim P4 As Long
   Dim P5 As Integer
   Dim P6 As Integer
   Dim P7 As Integer
   Dim P8 As Integer
   Dim P9 As String
   Dim R As Integer

   P1 = CLIENT.hWnd
   P2 = "BIB1/MADATAQ"
   P3 = "S1234567"
   P4 = 100
   P5 = 1
   P6 = 0
   P7 = 0
   P8 = 0
   P9 = "Essai de Data Queue"
   R = EHNDQ_Create(P1, P2, P3, P4, P5, P6, P7, P8, P9)
   If R <> 0 Then MsgBox "Problème de création : " & CStr(R)
End Sub
```

Le paramètre P1 contient l'identification de la feuille en cours ; elle s'appelle "Client" dans cet exemple. Le paramètres P3 contient le numéro de série de l'AS/400.

Supprimer une Data Queue depuis Visual Basic

Pour supprimer une Data Queue, vous devrez utiliser la fonction qui se déclare de la façon suivante :

```
Declare Function EHNDQ_Delete Lib "c:\pcs\EHNDQW.DLL" ✂
(ByVal hWnd As Integer, ✂
ByVal lpszQueueName As String, ✂
ByVal lpszQueueLocation As String) As Integer
```

Les trois paramètres utilisés sont les suivants :

Paramètre	Description
hWnd	numéro de la fenêtre Windows d'où se fait l'appel de la fonction, le "Handle" en langage C
lpszQueueName	nom de la Data Queue à supprimer et de sa bibliothèque
lpszQueueLocation	numéro de série de l'AS/400

Voici comment l'appeler :

```
Private Sub Supprimer_Click()
  Dim P1 As Integer
  Dim P2 As String
  Dim P3 As String
  Dim R As Integer

  P1 = CLIENT.hWnd
  P2 = "BIB1/MADATAQ"
  P3 = "S1234567"
  R = EHNDQ_Delete(P1, P2, P3)
  If R <> 0 Then MsgBox "Problème de suppression : " & CStr(R)
End Sub
```

Sélectionner la conversion d'ASCII en EBCDIC depuis Visual Basic

Vous savez certainement que les caractères manipulés par les PC sont codés en ASCII, mais que les caractères manipulés par l'AS/400 sont codés en EBCDIC. Ces deux codifications étant tout à fait différentes, IBM livre avec PCS une API de conversion.

Cette API doit être exécutée avant tout échange. Mais il suffit de l'exécuter une seule fois en début de session pour que tous les échanges de la session bénéficient de la conversion automatique.

Cette fonction se déclare de la façon suivante :

```
Declare Function EHNDQ_SetMode Lib "c:\pcs\EHNDQW.DLL" ✂
(ByVal hWnd As Integer, ✂
ByVal IpszQueueLocation As String, ✂
ByVal IMode As Long) As Integer
```

Les paramètres nécessaires à cette fonction sont :

Paramètre	Description
hWnd	numéro de la fenêtre Windows d'où se fait l'appel de la fonction
IpszQueueLocation	numéro de série de l'AS/400
IMode	égal à 0 si on ne désire pas de conversion, égal à 1 dans le cas contraire (mettre toujours 1)

Voici un exemple de procédure de demande de conversion :

```
Private Sub Form_Load()
   'Demande de conversion ASCII-EBCDIC
   Dim P1 As Integer
   Dim P2 As String
   Dim P3 As Long
   Dim R As Integer

   P1 = Client.hWnd
   P2 = "S1234567"
   P3 = 1
   R = EHNDQ_SetMode(P1, P2, P3)
   If R <> 0 Then MsgBox "Problème d'initialisation : " & CStr(R)
End Sub
```

Envoyer un message dans une Data Queue depuis Visual Basic

Pour envoyer un message, vous devez déclarer l'API suivante avec ses cinq paramètres :

```
Declare Function EHNDQ_Send Lib "c:\pcs\EHNDQW.DLL" ✂
(ByVal hWnd As Integer, ✂
ByVal IpszQueueName As String, ✂
ByVal IpszQueueLocation As String, ✂
ByVal IpachDataBuffer As String, ✂
ByVal IDataLength As Long) As Integer
```

Les paramètres de la fonction API sont les suivants :

Paramètre	Description
hWnd	numéro de la fenêtre Windows d'où se fait l'appel de la fonction
lpszQueueName	nom de la Data Queue et de sa bibliothèque
lpszQueueLocation	numéro de série de l'AS/400
lpachDataBuffer	chaîne de caractères contenant le message à envoyer
lDataLength	nombre de caractères du message

Voici un exemple de procédure d'envoi d'un message :

```
Private Sub Envoi_Click()
   Dim P1 As Integer
   Dim P2 As String
   Dim P3 As String
   Dim P4 As String
   Dim P5 As Long
   Dim R As Integer

   P1 = Client.hWnd
   P2 = "BIB1/MADATAQ"
   P3 = "S1234567"
   P4 = T1
   P5 = Len(T1)
   R = EHNDQ_Send(P1, P2, P3, P4, P5)
   If R <> 0 Then MsgBox "Problème d'envoi : " & CStr(R)
End Sub
```

Recevoir un message d'une Data Queue depuis Visual Basic

Pour recevoir un message d'une Data Queue... et l'autodétruire (ne l'oubliez pas), déclarez la fonction suivante :

```
Declare Function EHNDQ_Receive Lib "c:\pcs\EHNDQW.DLL" ✂
(ByVal hWnd As Integer, ✂
ByVal lpszQueueName As String, ✂
ByVal lpszQueueLocation As String, ✂
ByVal lWaitTime As Long, ✂
ByVal nSenderID As Integer, ✂
ByVal lpachDataBuffer As String, ✂
```

```
lplLengthRecord As Long, ✂
ByVal lpachSenderIDInfo As String) As Integer
```

Attention, le paramètre *lplLengthRecord* n'est pas précédé du mot clé *Byval* : ce n'est pas un oubli par distraction de l'auteur. C'est parce qu'il n'y a pas recopie – comme avec le mot clé *Byval* – du contenu d'une zone mémoire du programme appelant vers une zone mémoire du programme appelé. Au contraire, le programme appelé ira directement "piocher" dans la zone mémoire du programme appelant. Il lui faudra tout de même connaître l'adresse de cette zone mémoire, c'est l'objet de ce passage de paramètre sans le mot clé *Byval*.

Cette fonction nécessite les paramètres :

Paramètre	Description
hWnd	numéro de la fenêtre Windows d'où se fait l'appel de la fonction
lpszQueueName	nom de la Data Queue réceptrice et de sa bibliothèque
lpszQueueLocation	nom de l'AS/400
lWaitTime	permet de spécifier ce qui doit se passer s'il n'y a pas de message en attente dans la Data Queue : – si négatif, la fonction reste en attente d'un message, – si nul, la fonction se termine et le contrôle revient à l'instruction suivante, – si positif, la fonction attend le nombre de secondes spécifiées, puis s'il n'y a toujours pas de message arrivé dans la Data Queue, elle s'arrête et rend le contrôle à l'instruction suivante
nSenderID	demande l'identification de l'émetteur des messages (mettre 0)
lpachDataBuffer	chaîne de caractères qui contiendra le message reçu
lplLengthRecord	longueur du message reçu
lpachSenderIDInfo	fournit des informations sur l'émetteur du message : le nom du job, le nom de l'utilisateur, le numéro de job, le profil utilisateur (ne fonctionne que si *nSenderID* vaut 1)

Voici un exemple de réception de message :

```
Private Sub Réception_Click()
   Dim P1 As Integer
   Dim P2 As String
   Dim P3 As String
   Dim P4 As Long
   Dim P5 As Integer
```

```
    Dim P6 As String
    Dim P7 As Long
    Dim P8 As String
    Dim R As Integer

    P1 = Client.hWnd
    P2 = "BIB1/MADATAQ"
    P3 = "S1234567"
    P4 = 1
    P5 = 0
    P6 = Space(100)
    P7 = Len(P6)
    P8 = ""

    R = EHNDQ_Receive(P1, P2, P3, P4, P5, P6, P7, P8)
    If R <> 0 Then
        MsgBox "Problème de réception : " & CStr(R)
    Else
        T2 = P6
        T1.SetFocus
    End If
End Sub
```

Le paramètre P7 contient la longueur du message à recevoir ; on y mettra en principe un nombre égal à la longueur indiquée lors de la création de la Data Queue.

Supprimer tous les messages d'une Data Queue depuis Visual Basic

Pour effacer tous les messages d'une data Queue, déclarez la fonction :

```
Declare Function EHNDQ_Clear Lib "c:\pcs\EHNDQW.DLL" ✂
(ByVal hWnd As Integer, ✂
ByVal lpszQueueName As String, ✂
ByVal lpszQueueLocation As String) As Integer
```

Les paramètres sont les suivants :

Paramètre	Description
hWnd	numéro de la fenêtre Windows d'où se fait l'appel de la fonction
lpszQueueName	nom de la Data Queue à vider et de sa bibliothèque
lpszQueueLocation	numéro de série de l'AS/400

Appelez la fonction comme ci-dessous :

```
Private Sub Vider_Click()
  Dim P1 As Integer
  Dim P2 As String
  Dim P3 As String
  Dim R As Integer

  P1 = CLIENT.hWnd
  P2 = "BIB1/MADATAQ"
  P3 = "S1234567"
  R = EHNDQ_Clear(P1, P2, P3)
  If R <> 0 Then MsgBox "Problème de vidage : " & CStr(R)
End Sub
```

La technique d'échange de données entre le PC et l'AS/400

Revenons sur les communications que nous allons mettre en oeuvre dans notre application client-serveur. Le schéma ci-dessous montre les différents composants software et hardware qui interviendront. Nous y trouvons :

- l'application Visual Basic cliente,
- les API (Application Program Interface) fournies par IBM pour communiquer avec les Data Queue à partir d'un programme Visual Basic sous Windows,
- le programme résident en mémoire nommé LOADDQ. Ce programme fourni par IBM doit être lancé avant Windows ; il charge en mémoire les modules d'interface nécessaires aux Data Queue,
- le routeur de communication entre le PC et l'AS/400 qui permet d'acheminer des messages du PC vers l'AS/400 et réciproquement,
- le programme de gestion du réseau local Ethernet ou Token Ring,
- la carte contrôleur de réseau du PC, enfichée dans l'un des slots du PC,
- la carte contrôleur de réseau installée dans l'AS/400,
- le programme de gestion des communications APPC (Application Program to Program Communications),
- le programme serveur de fichiers qu'il faudra écrire en langage RPG.

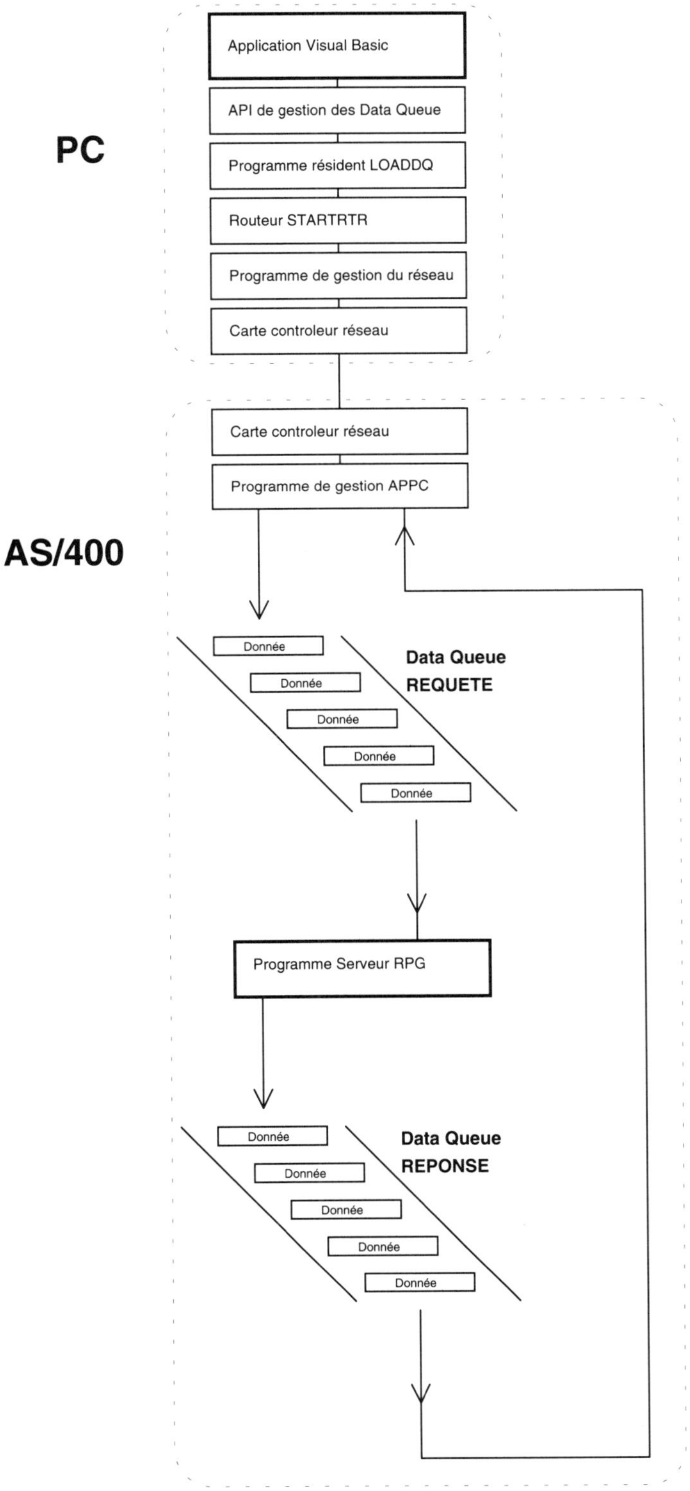
PC
Application Visual Basic
API de gestion des Data Queue
Programme résident LOADDQ
Routeur STARTRTR
Programme de gestion du réseau
Carte controleur réseau
AS/400
Carte controleur réseau
Programme de gestion APPC
Donnée
Donnée
Donnée
Donnée
Donnée
Data Queue
REQUETE
Programme Serveur RPG
Donnée
Donnée
Donnée
Donnée
Donnée
Data Queue
REPONSE

Dans ce schéma, on montre les deux Data Queue contenant chacune plusieurs messages. Effectivement, il y aura bien plusieurs messages qui transiterons dans ces Data Queue. Cependant, à un instant donné, il ne pourra y avoir au maximum qu'un seul message, et seulement dans l'une des deux Data Queue.

On sera toujours dans l'une des trois situations suivants :

- un message dans la Data Queue REQUETE et zéro message dans la Data Queue REPONSE pendant l'instant très bref où le PC aura envoyé sa requête et où l'AS/400 ne l'aura pas encore lue ni traitée,
- zéro message dans la Data Queue REQUETE et un message dans la Data Queue REPONSE pendant l'instant très bref où l'AS/400 aura envoyé sa réponse et où le PC ne l'aura pas encore lue,
- zéro message dans la Data Queue REQUETE et zéro message dans la Data Queue REPONSE pendant tout le reste du temps, c'est-à-dire la très grande majorité du temps.

Le contenu des Data Queue dans cette application client-serveur

Dans notre application client-serveur, il va bien falloir convenir de règles communes au client et au serveur pour qu'ils puissent communiquer entre eux. Ces règles, qui sont définies arbitrairement par le programmeur, vont concerner le contenu des messages qui seront déposés dans les Data Queue pour pouvoir assurer la fonction de client et celle de serveur. C'est cet ensemble de règles de bonne entente que l'on appelle un *protocole de communication*.

Dans ce protocole, nous utiliserons deux Data Queue :

- une première Data Queue que nous appellerons REQUETE, dans laquelle le PC pourra déposer une requête de traitement concernant le fichier ARTICLES,
- une deuxième Data Queue que nous appellerons REPONSE, dans laquelle l'AS/400 devra déposer sa réponse à la requête qui avait été formulée dans la Data Queue REQUETE.

Toute requête pour effectuer un traitement sur le fichier ARTICLES donnera lieu au dépôt par le PC d'une chaîne de caractères dans la Data Queue REQUETE, cette chaîne de caractères sera le résultat de la concaténation des informations suivantes :

- le code requête sur 4 caractères,
- la référence de l'article,
- le libellé de l'article,

- la quantité en stock de l'article,
- le code réapprovisionnement.

Le code requête servira à indiquer à l'AS/400 s'il s'agit d'une requête de :

Type de requête	Code requête
Création	"CREA"
Modification	"MODI"
Suppression	"SUPR"
Interrogation	"INTE"

L'AS/400, dès qu'il recevra une requête, la traitera, puis renverra dans tous les cas sa réponse dans la Data Queue REPONSE sous forme d'une chaîne de caractères égale au résultat de la concaténation des informations suivantes :

- code retour de la requête (longueur : 1 caractère),
- référence de l'article,
- libellé de l'article,
- quantité en stock de l'article,
- code réapprovisionnement de l'article.

Le code retour prendra la valeur "O" si la requête a pu être satisfaite, et "N" dans le cas contraire.

Voyons cas par cas chacun des types de requêtes.

Création d'un enregistrement

Pour créer un nouvel article, le PC devra placer, dans la Data Queue REQUETE, une chaîne de caractères composée des éléments ci-dessous :

- code requête égal à "CREA",
- référence de l'article à créer,
- libellé de l'article à créer,
- quantité en stock de l'article à créer,
- code réapprovisionnement de l'article à créer.

Recevant cette requête de création, l'AS/400 va vérifier si, par hasard, l'article à créer n'existerait pas déjà. Si ce n'est pas le cas, il crée l'article dans sa base de données.

En retour, l'AS/400 enverra au PC sa réponse dans la Data Queue REPONSE :

- code retour égal à "O" si la création a bien été faite ou "N" si l'article existait déjà,
- référence de l'article à blanc,
- libellé de l'article à blanc,
- quantité en stock de l'article à zéro,
- code réapprovisionnement de l'article à blanc.

Interrogation d'un enregistrement

Le PC formulera sa requête de la façon suivante :

- code requête égal à "INTE",
- référence de l'article à interroger,
- libellé à blanc,
- quantité en stock à zéro
- code réapprovisionnement à blanc.

L'AS/400 effectuera une lecture du fichier ARTICLES puis retournera sa réponse comme ci-dessous :

- code retour égal à "O" si l'article existe ou "N" sinon,
- référence de l'article interrogé,
- libellé de l'article si le code retour vaut "O" ou blanc si le code retour vaut "N",
- quantité en stock de l'article si le code retour vaut "O" ou zéro si le code retour vaut "N",
- code réapprovisionnement de l'article si le code retour vaut "O" ou blanc si le code retour vaut "N".

Modification d'un enregistrement

Le PC formulera sa requête de la façon suivante :

- code requête égal à "MODI",
- référence de l'article à modifier,
- nouveau libellé de l'article,
- nouvelle quantité en stock de l'article,
- nouveau code de réapprovisionnement.

L'AS/400 recherchera l'enregistrement à modifier. S'il existe, il copiera les nouvelles données à la place des anciennes, puis réécrira l'enregistrement sur disque. Il retournera sa réponse comme ci-dessous :

- code retour égal à "O" si l'article a bien été modifié ou "N" s'il n'existait pas,
- référence de l'article à blanc,
- libellé de l'article à blanc,
- quantité en stock de l'article à zéro,
- code réapprovisionnement à blanc.

Suppression d'un enregistrement

Le PC formulera sa requête de la façon suivante :

- code requête égal à "SUPR",
- référence de l'article à supprimer,
- libellé de l'article à blanc,
- quantité en stock de l'article à zéro,
- code réapprovisionnement à blanc.

L'AS/400 recherchera l'enregistrement à supprimer. S'il existe, il le supprimera. Il retournera sa réponse au PC comme ci-dessous :

- code retour égal à "O" si l'article a bien été supprimé ou "N" s'il n'existait pas,
- référence de l'article à blanc,
- libellé de l'article à blanc,
- quantité en stock de l'article à zéro,
- code réapprovisionnement à blanc.

Analyse du programme client en Visual Basic

Ce programme ne comportera qu'une feuille, elle s'affichera au démarrage comme ci-dessous :

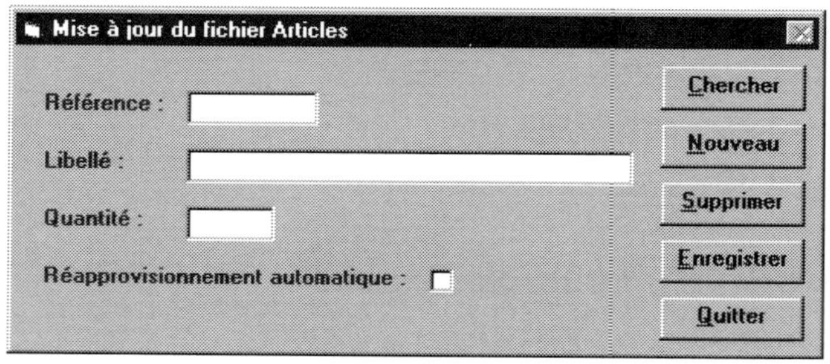

Au lancement du programme, les trois zones de texte seront à blanc ainsi que la case à cocher. Seul le bouton "Supprimer" sera désactivé et apparaîtra donc en grisé (propriété *Enabled* à *False*), les autres boutons seront donc actifs.

Une variable mémoire nommée "SauveRéf", dont l'utilité sera expliquée plus loin, sera mise à blanc.

Clic sur le bouton "Chercher"

En cliquant sur le bouton "Chercher", l'utilisateur provoquera les opérations suivantes :

- l'affichage d'un message d'erreur dans une *MsgBox* si la zone de texte "Référence" n'a pas été saisie ; l'action sera alors abandonnée,
- l'envoi à l'AS/400 d'une requête d'interrogation concernant l'article dont la référence a été saisie,
- la réception de la réponse à la requête,
- si l'article n'a pas été trouvé dans la base de données de l'AS/400, un message d'erreur dans une *MsgBox*,
- si l'article a été trouvé, l'affichage de ses caractéristiques,
- la sauvegarde de sa référence dans la variable mémoire intitulée "SauveRéf",
- l'activation de tous les boutons.

L'utilisateur pourra alors modifier le libellé, la quantité ou le code réapprovisionnement s'il le souhaite en cliquant sur le bouton "Enregistrer". Il pourra même supprimer l'enregistrement.

Clic sur le bouton "Nouveau"

En cliquant sur le bouton "Nouveau", l'utilisateur provoquera :

- la mise à blanc des trois zones de texte et de la case à cocher,
- la mise à blanc de la zone mémoire intitulée "SauveRéf",
- l'activation de tous les boutons sauf le bouton "Supprimer".

Il pourra ensuite saisir les caractéristiques du nouvel article. Puis il pourra valider sa saisie par le bouton "Enregistrer".

Clic sur le bouton "Supprimer"

En cliquant sur le bouton "Supprimer", l'utilisateur provoquera :

- l'affichage d'un message d'erreur par un *MsgBox* si la zone de texte "Référence" est vide ; l'action sera alors abandonnée,
- la demande de confirmation de la suppression (par un *MsgBox*),
- l'envoi à l'AS/400 d'une requête de suppression de l'article dont la référence est dans la zone de texte,
- la réception de la réponse à la requête,
- si l'enregistrement n'existait pas, l'affichage d'un message d'erreur puis le réaffichage des trois zones de texte et de la case à cocher telles quelles,
- si l'enregistrement existait, le réaffichage des quatre champs à blanc, la mise à blanc de la variable mémoire "SauveRéf" et l'activation de tous les boutons sauf du bouton "Supprimer".

Clic sur le bouton "Enregistrer"

En cliquant sur le bouton "Enregistrer", l'utilisateur provoquera :

- la vérification que la référence de l'article et son libellé, affichés dans les zones de texte, ne sont pas à blanc, car on considère que ces deux champs sont obligatoires dans le fichier ARTICLES ; en cas d'erreur, affichez une *MsgBox* et abandonnez l'action,
- l'envoi à l'AS/400 d'une requête de création de l'article, si l'utilisateur a saisi une référence, c'est-à-dire si la zone de texte contenant la référence article n'est plus égale à "SauveRéf" ; à la réception de la réponse de l'AS/400, il faudra prévoir un message d'erreur pour le cas où l'article existerait déjà et abandonner l'action,
- l'envoi à l'AS/400 d'une requête de modification de l'enregistrement affiché, si la zone de texte contenant la référence article est égale à "SauveRéf" ; cette requête doit forcément aboutir,

- s'il n'y a pas eu d'erreur, tous les boutons devront être activés et la variable "SauveRéf" devra être réinitialisée avec la zone de texte contenant la référence de l'article.

Clic sur le bouton "Quitter"

Un clic sur le bouton "Quitter" arrêtera simplement le programme.

Analyse du programme serveur en RPG sur AS/400

Le programme serveur RPG sera un programme batch sans fichier écran.

Il sera lancé par une commande *CALL* et devra être arrêté manuellement.

Il sera en permanence en attente d'une requête dans la Data Queue REQUETE et :

- pour une requête de création, il effectuera un ordre WRITE,
- pour une requête de modification, il effectuera un ordre UPDAT,
- pour une requête de suppression, il effectuera un ordre DELET,
- pour une requête d'interrogation, il effectuera un ordre CHAIN.

Dans tous les cas, il renverra une réponse dans la Data Queue REPONSE.

Réalisation du programme client en Visual Basic

Les différentes procédures de cette application sont disponibles dans la disquette d'accompagnement au sein du dossier "\VISUALB\AsPc2".

Le module GLOBAL.BAS

Ce module contient les déclarations des API de PCS nécessaires :

```
'Déclaration des API
Private Declare Function EHNDQ_SetMode Lib "c:\pcs\EHNDQW.DLL" ✂
(ByVal hWnd As Integer, ByVal lpszQueueLocation As String, ✂
ByVal lMode As Long) As Integer

Private Declare Function EHNDQ_Send Lib "c:\pcs\EHNDQW.DLL" ✂
(ByVal hWnd As Integer, ByVal lpszQueueName As String, ✂
ByVal lpszQueueLocation As String, ✂
ByVal  lpachDataBuffer As String, ✂
ByVal lDataLength As Long) As Integer
```

```
Private Declare Function EHNDQ_Receive Lib "c:\pcs\EHNDQW.DLL" ✂
(ByVal hWnd As Integer, ByVal lpszQueueName As String, ✂
ByVal lpszQueueLocation As String, ByVal lWaitTime As Long, ✂
ByVal nSenderID As Integer, ByVal lpachDataBuffer As String, ✂
lplLengthRecord As Long, ByVal lpachSenderIDInfo As String) As Integer

'Déclarations diverses
Global SauveRéf As String
Global R As Integer
Global Req As String
Global Rép As String
```

La procédure d'événement Form_Activate

Cette procédure contient la demande de conversion de code :

```
Private Sub Form_Activate()
  'Démarrage de la fonction de conversion d'ASCII en EBCDIC
  R = EHNDQ_SetMode(Articles.hWnd, "S1234567", 1)
  If R <> 0 Then MsgBox "Problème d'initialisation"

  'Activation de tous les boutons sauf le bouton Supprimer
  Chercher.Enabled = True
  Nouveau.Enabled = True
  Supprimer.Enabled = False
  Enregistrer.Enabled = True
End Sub
```

La procédure d'événement Chercher_Click

```
Private Sub Chercher_click()
  ' Le code article a-t-il été saisi ?
  If Len(Refa.Text) = 0 Then
    MsgBox "Vous devez remplir le code article."
    Refa.SetFocus
  Else
    Screen.MousePointer = 11   ' Affichage du sablier
    ' Envoi d'une requête dans la DataQueue
    Req = "INTE" & Refa.Text & Space(32 - Len(Refa.Text))
    R = EHNDQ_Send(Articles.hWnd, "BIB3/REQUETE", ✂
    "S1234567", Req, 36)
    ' Test du code retour
    If R <> 0 Then
      MsgBox "Problème d'envoi : " & CStr(R)
    Else
```

```
            ' Réception de la réponse
            Rép = Space(33)
            R = EHNDQ_Receive(Articles.hWnd, "BIB3/REPONSE", ✂
            "S1234567", 10, 0, Rép, 33, "")
            ' Test du code retour
            If R <> 0 Then
               MsgBox "Problème de réception : " & CStr(R)
            Else
               ' L'article a-t-il été trouvé par l'AS/400 ?
               If Mid(Rép, 1, 1) = "N" Then
                  MsgBox "Cet article n'existe pas."
               Else
                  ' Affichage des données reçues
                  Libe.Text = Mid(Rép, 7, 20)
                  Qsto.Text = Val(Mid(Rép, 27, 6))
                  Reap.Value = Val(Mid(Rép, 33, 1))
                  ' Sauvegarde du code article
                  SauveRéf = Refa.Text
                  ' Activation de tous les boutons
                  Chercher.Enabled = True
                  Nouveau.Enabled = True
                  Supprimer.Enabled = True
                  Enregistrer.Enabled = True
               End If
            End If
         End If
         Screen.MousePointer = 0    ' Retour à un curseur normal
      End If
   End Sub
```

La procédure d'événement Nouveau_Click

Cette procédure initialise les champs de la feuille :

```
Private Sub Nouveau_click()
   'Remise à blanc des champs
   Refa.Text = ""
   Libe.Text = ""
   Qsto.Text = 0
   Reap.Value = 0
   'Remise à blanc de SauveRéf
   SauveRéf = ""
   'Activation de tous les boutons sauf le bouton Supprimer
   Chercher.Enabled = True
   Nouveau.Enabled = True
   Supprimer.Enabled = False
```

```
    Enregistrer.Enabled = True
    'Positionnement du focus sur le code article
    Refa.SetFocus
End Sub
```

La procédure d'événement Supprimer_Click

Cette procédure envoie une requête de suppression :

```
Private Sub Supprimer_Click()
  ' Le code article a-t-il été saisi ?
  If Len(Refa.Text) = 0 Then
    MsgBox "Vous devez remplir le code article."
    Refa.SetFocus
  Else
    'Demande de confirmation
    If MsgBox("Voulez-vous supprimer cet article ?", 52) = 6 Then
      Screen.MousePointer = 11    ' Affichage du sablier
      'Envoi de la requête de suppression
      Req = "SUPR" & Refa.Text & Space(32 - Len(Refa.Text))
      R = EHNDQ_Send(Articles.hWnd, "BIB3/REQUETE", ✂
      "S1234567", Req, 36)
      'Test du code retour
      If R <> 0 Then
        MsgBox "Problème d'envoi : " & CStr(R)
      Else
        'Réception de la réponse à la requête
        Rép = Space(33)
        R = EHNDQ_Receive(Articles.hWnd, "BIB3/REPONSE", ✂
        "S1234567", 10, 0, Rép, 33, "")
        'Test du code retour
        If R <> 0 Then
          MsgBox "Problème de réception : " & CStr(R)
        Else
          'L'article a-t-il bien été supprimé par l'AS/400 ?
          If Mid(Rép, 1, 1) = "N" Then
            MsgBox "Cet article n'existait pas."
          Else
            'Remise à blanc des champs et
            ' activation des boutons
            Call Nouveau_click
          End If
        End If
      End If
      Screen.MousePointer = 0    ' Retour à un curseur normal
    End If
```

```
   End If
End Sub
```

La procédure d'événement Enregistrer_Click

Cette procédure effectue l'enregistrement sur l'AS/400 soit d'une création, soit d'une modification :

```
Private Sub Enregistrer_Click()
  ' Test de validité de saisie des champs
  If Len(Refa.Text) = 0 Then
    MsgBox "Vous n'avez pas saisi le code article.", 48
    Refa.SetFocus
  ElseIf Len(Libe.Text) = 0 Then
    MsgBox "Vous n'avez pas saisi le libellé.", 48
    Libe.SetFocus
  ElseIf Not IsNumeric(Qsto.Text) Then
    MsgBox "La quantité doit être numérique.", 48
    Qsto.SetFocus
  Else
    Screen.MousePointer = 11   ' Affichage du sablier
    'Est-on en mode création ou modification ?
    'C'est-à-dire, le code article a-t-il changé ?
    If SauveRéf <> Refa.Text Then
      'On est en mode création
      'Envoi de la requête de création
      Req = "CREA"
      Req = Req & Refa.Text & Space(5 - Len(Refa.Text))
      Req = Req & Libe.Text & Space(20 - Len(Libe.Text))
      Req = Req & Format(Qsto.Text, "000000")
      Req = Req & Reap.Value
      R = EHNDQ_Send(Articles.hWnd, "BIB3/REQUETE", ✂
      "S1234567", Req, 36)
      If R <> 0 Then
        MsgBox "Problème d'envoi : " & CStr(R)
      Else
        ' Réception de la réponse
        Rép = Space(33)
        R = EHNDQ_Receive(Articles.hWnd, "BIB3/REPONSE",✂
        "S1234567", 10, 0, Rép, 33, "")
        ' Test du code retour
        If R <> 0 Then
          MsgBox "Problème de réception : " & CStr(R)
        Else
          'L'article a-t-il été trouvé par l'AS/400 ?
          If Mid(Rép, 1, 1) = "N" Then
```

```
                MsgBox "Cet article existe déjà."
              Else
                ' Affichage des champs vides
                ' et activation des boutons
                Call Nouveau_click
              End If
            End If
          End If
        Else
          'On est en mode modification
          'Envoi de la requête de modification
          Req = "MODI"
          Req = Req & Refa.Text & Space(5 - Len(Refa.Text))
          Req = Req & Libe.Text & Space(20 - Len(Libe.Text))
          Req = Req & Format(Qsto.Text, "000000")
          Req = Req & Reap.Value
          R = EHNDQ_Send(Articles.hWnd, "BIB3/REQUETE", ✂
          "S1234567", Req, 36)
          If R <> 0 Then
            MsgBox "Problème d'envoi : " & CStr(R)
          Else
            ' Réception de la réponse
            Rép = Space(33)
            R = EHNDQ_Receive(Articles.hWnd, "BIB3/REPONSE", ✂
            "S1234567", 10, 0, Rép, 33, "")
            ' Test du code retour
            If R <> 0 Then
              MsgBox "Problème de réception : " & CStr(R)
            Else
              'L'article a-t-il été trouvé par l'AS/400 ?
              If Mid(Rép, 1, 1) = "N" Then
                MsgBox "Cet article n'existe pas."
              Else
                ' Affichage des champs vides et
                ' activation des boutons
                Call Nouveau_click
              End If
            End If
          End If
        End If
        Screen.MousePointer = 0   ' Retour à un curseur normal
      End If
    End Sub
```

La procédure d'événement Quitter_Click

```
Private Sub Quitter_Click()
  'Fin de programme
  End
End Sub
```

Réalisation du programme serveur sur AS/400

Le programme serveur en langage RPG est disponible sous forme de fichier texte dans la disquette d'accompagnement au sein du dossier "\VISUALB\AsPc2".

Voici son contenu :

```
F* DECLARATION DU FICHIER ARTICLE ***************************************
FARTICLE UF E        K   DISK                    A
I* DECLARATION D'UNE DATA STRUCTURE POUR LA REQUETE *******
IREQ              DS
I                                  1   4          CODE
I                                  5   9          REFA1
I                                 10  29          LIBE1
I                                 30  35 0        QSTO1
I                                 36  36          REAP1
I* DECLARATION D'UNE DATA STRUCTURE POUR LA REPONSE *******
IREP              DS
I                                  1   2          RETO
I                                  3   6          REFA2
I                                  7  26          LIBE2
I                                 27  32 0        QSTO2
I                                 33  33          REAP2
C*********** DEBUT DU PROGRAMME ******************************************
C                   MOVEL     'BIB3'         NOMLIB    10
C                   MOVEL     'REQUETE'      NOMREQ    10
C                   MOVEL     'REPONSE'NOMREP   10
C                   Z-ADD     36             LONREQ     5 0
C                   Z-ADD     33             LONREP     5 0
C                   Z-ADD     -1             DELAI      5 0
C         1         DOWEQ     1
C*********** ATTENTE D'UNE REQUETE ***************************************
C                   CALL      'QRCVDTAQ'
C                   PARM                     NOMREQ
C                   PARM                     NOMLIB
C                   PARM                     LONREQ
```

```
C                 PARM                      REQ
C                 PARM                      DELAI
C*********** ORIENTATION SELON LE CODE REQUETE ********************
C         CODE    CASEQ'INTE'           INTE
C         CODE    CASEQ'CREA'           CREA
C         CODE    CASEQ'MODI'           MODI
C         CODE    CASEQ'SUPR'           SUPR
C                 ENDCS
C                 ENDDO
C                 SETON                                   LR
C*
C*********** SOUS-ROUTINE D'INTERROGATION ****************************
C*
C         INTE    BEGSR
C         REFA1   CHAIN     ARTICLE                         81
C         *IN81   IFEQ      '0'
C                 MOVEL     'O'         RETO
C                 MOVEL     REFA        REFA2
C                 MOVEL     LIBE        LIBE2
C                 MOVEL     QSTO        QSTO2
C                 MOVEL     REAP        REAP2
C                 ELSE
C                 MOVEL     *BLANK      REP
C                 MOVEL     'N'         RETO
C                 ENDIF
C                 CALL      'QSNDDTAQ'
C                 PARM                  NOMREP
C                 PARM                  NOMLIB
C                 PARM                  LONREP
C                 PARM                  REP
C                 ENDSR
C*
C*********** SOUS-ROUTINE DE CREATION ***********************************
C*
C         CREA    BEGSR
C                 MOVEL     *BLANK      REP
C         REFA1   CHAIN     ARTICLE                         81
C         *IN81   IFEQ      '1'
C                 MOVEL     REFA1       REFA
C                 MOVEL     LIBE1       LIBE
C                 MOVEL     QSTO1       QSTO
C                 MOVEL     REAP1       REAP
C                 WRITE     ARTICLE
C                 MOVEL     'O'         RETO
C                 ELSE
C                 MOVEL     'N'         RETO
C                 ENDIF
C                 CALL      'QSNDDTAQ'
```

```
C                 PARM                        NOMREP
C                 PARM                        NOMLIB
C                 PARM                        LONREP
C                 PARM                        REP
C                 ENDSR
C*
C*********** SOUS-ROUTINE DE MODIFICATION ******************************
C*
C       MODI      BEGSR
C                 MOVEL     *BLANK            REP
C       REFA1 CHAIN         ARTICLE                          81
C       *IN81     IFEQ      '0'
C                 MOVEL     LIBE1             LIBE
C                 MOVEL     QSTO1             QSTO
C                 MOVEL     REAP1             REAP
C                 UPDAT     ARTICLE
C                 MOVEL     'O'               RETO
C                 ELSE
C                 MOVEL     'N'               RETO
C                 ENDIF
C                 CALL      'QSNDDTAQ'
C                 PARM                        NOMREP
C                 PARM                        NOMLIB
C                 PARM                        LONREP
C                 PARM                        REP
C                 ENDSR
C*
C*********** SOUS-ROUTINE DE SUPPRESSION ********************************
C*
C       SUPR      BEGSR
C                 MOVEL     *BLANK            REP
C       REFA1     CHAIN     ARTICLE                          81
C       *IN81     IFEQ      '0'
C                 DELET     ARTICLE
C                 MOVEL     'O'               RETO
C                 ELSE
C                 MOVEL     'N'               RETO
C                 ENDIF
C                 CALL      'QSNDDTAQ'
C                 PARM                        NOMREP
C                 PARM                        NOMLIB
C                 PARM                        LONREP
C                 PARM                        REP
C                 ENDSR
```

Améliorations possibles

Voici trois améliorations qui pourraient assez facilement être apportées à ce serveur de bases de données.

1 - Requête de lecture d'une liste d'enregistrements

Il s'agit de donner une nouvelle fonctionnalité à ce serveur. Il va maintenant être capable de retourner dans la Data Queue REPONSE non plus un enregistrement unique, mais une série d'enregistrements.

Pourquoi ? Pour que le client puisse afficher une liste d'articles dans un contrôle Grille de Visual Basic. Il faut ajouter un bouton "Liste" dans la feuille comme ceci :

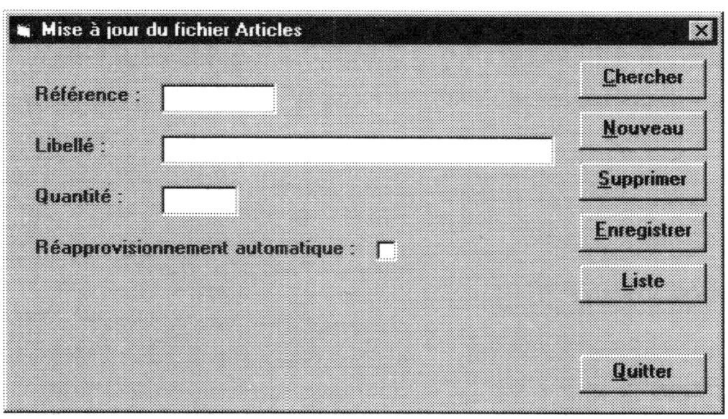

Un clic sur ce bouton provoquera l'affichage d'une deuxième feuille qui se présentera comme ci-dessous :

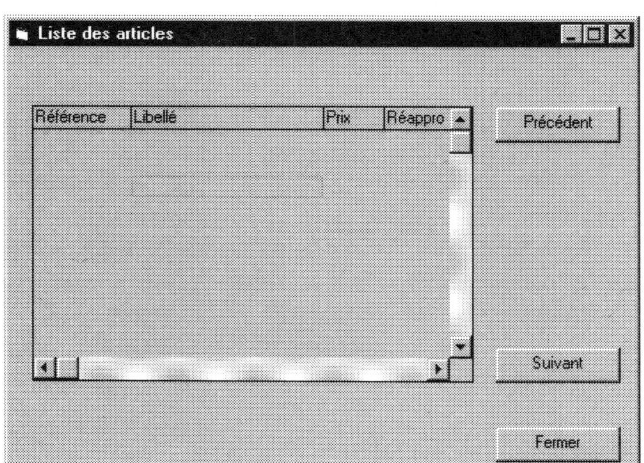

A l'ouverture de la fenêtre, les dix premiers articles s'afficheront, puis l'utilisateur pourra cliquer sur le bouton "Suivants" ou sur le bouton "Précédents" pour obtenir l'affichage des dix articles suivants ou précédents.

Grâce à la nouvelle fonctionnalité que nous allons introduire, le client va maintenant pouvoir demander au serveur, en une seule requête, d'afficher les dix articles suivants ou précédents du fichier.

Pour demander une liste d'enregistrements, décidons que le code requête à quatre caractères sera égal à "L" suivi du nombre de lignes demandées. Un signe "+" ou "-" indiquera s'il faut lire les suivants ou les précédents. Par exemple, le code requête "L+10" demandera la lecture des dix enregistrements suivants, alors que le code "L-07" demandera la lecture des sept enregistrements précédents.

Attention, car du côté du serveur, une requête "L-10" devra d'abord faire reculer de vingt enregistrements, puis faire avancer de dix enregistrements.

Enfin, il sera parfois nécessaire de se repositionner en début de fichier, ne serait-ce qu'à l'affichage de la première grille. Par conséquent, il faut donner au client la possibilité de le demander poliment au serveur. Nous allons donc convenir que si le client adresse une requête dont le code est "INTE" et dont la référence article est à blanc, alors le serveur se positionnera sur le premier enregistrement du fichier.

2 - Serveur multi-utilisateur

Nous pouvons encore transformer notre serveur pour qu'il soit capable de servir plusieurs clients en même temps et non plus un seul. Nous allons devoir créer autant de Data Queue REPONSE que de postes connectés au serveur. En revanche, la Data Queue REQUETE devra rester unique.

Donc, tous les postes client connectés déposeront leurs requêtes dans une Data Queue commune, la Data Queue REQUETE. En revanche, le serveur retournera ses réponses dans des Data Queues spécifiques à chaque client.

Quelles modifications allons-nous devoir apporter ?

1 - Avant que le programme client n'envoie sa première requête au serveur, il va devoir créer sa propre Data Queue de réponses sur l'AS/400. Convenons qu'il lui donnera le nom "REP" suivi du nom du poste PC client sur 3 caractères. Le nom du poste client pourra être récupéré dans le programme Visual Basic à partir d'une variable d'environnement MS-DOS que nous appellerons par exemple POSTE. C'est la fonction *Environ* de Visual Basic qui permet d'accéder aux variables d'environnement. Cette variable d'environnement MS-DOS aura été préalablement initialisée dans la procédure AUTOEXEC.BAT, comme ceci si l'on suppose que l'on se trouve sur le PC immatriculé "P67" :

```
SET POSTE=P67
```

Dans cet exemple, la Data Queue de réponse s'appellera REPP67 au lieu de REPONSE comme précédemment.

2 - Dans la Data Queue REQUETE, il va falloir ajouter un champ qui contiendra le nom de la Data Queue du demandeur, c'est-à-dire REPP67.

3 - Le programme serveur renverra désormais sa réponse dans la Data Queue du demandeur et non plus dans la Data Queue REPONSE.

4 - A la fin du programme client, celui-ci ne devra pas oublier de supprimer sa Data Queue de réponses.

3 - Serveur multifichier

Pour que le serveur soit capable de travailler sur n'importe quel fichier de l'AS/400, il faudrait que, dans les instructions RPG de déclaration et de traitement des fichiers, le nom du fichier ne soit pas une constante mais une variable mémoire dans laquelle on pourrait mettre n'importe quel nom de fichier à traiter.

Or ceci est possible en langage C mais pas en RPG. Il faudra donc se résigner en RPG à modifier le programme serveur et à le recompiler chaque fois que l'on voudra faire prendre en charge un nouveau fichier par le serveur.

On ajoutera un champ dans la requête pour indiquer au serveur le nom du fichier à traiter. Et à chaque nouveau fichier, il faudra effectuer les modifications suivantes dans le programme serveur :

1 - Ajouter le nouveau fichier dans les spécifications F.

2 - Lors de la réception d'une requête, tester le nom du fichier à traiter, puis en fonction de celui-ci, aller dans la section de programme correspondante.

3 - Créer une section de programme supplémentaire qui traitera les requêtes concernant le nouveau fichier.

ANNEXE 1 : CORRIGE DU TEST SUR LES OBJETS

Réponses aux questions :

1. Zone de texte (TextBox).
2. Case à cocher (CheckBox) et Case d'option (OptionButton).
3. Instanciation.
4. Choix d'un fichier à ouvrir, choix d'un fichier à sauvegarder sur disque, choix d'une couleur, choix d'une police de caractères, choix d'une imprimante, appel d'un écran d'aide.
5. Zone de liste (ListBox).
6. Liste modifiable (ComboBox).
7. Extension ".VBX" ou ".OCX".
8. Focus.
9. Dynamic Loadable Library (Bibliothèque chargeable dynamiquement).
10. – Événement.

    – Propriété.

    – Méthode.

    – Contrôle.

    – Contrôle.

ANNEXE 2 : SOLUTION DE LA "COMPTABILITE"

Les propositions de solutions décrites ci-dessous sont aussi fournies dans la disquette d'accompagnement du livre (voir en Annexe 4 le contenu et la procédure d'installation de la disquette).

Le menu de mise à jour des comptes analytiques

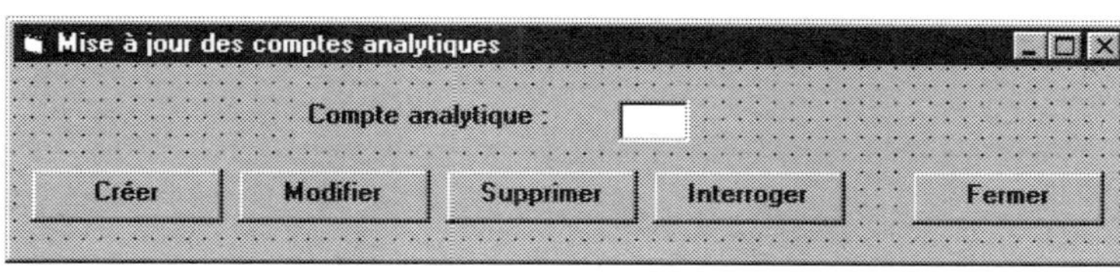


```
Private Sub Créer_Click()
   'On vérifie que le compte n'est pas vide
   If CptAna = "" Then
      MsgBox ("Veuillez taper un numéro de compte.")
   Else
      'On vérifie que le compte n'existe pas
      MenuGéné.CptAna.Recordset.FindFirst "CptAna = '" & CptAna & "'"
      If MenuGéné.CptAna.Recordset.NoMatch Then
         CréAna.Show 1
      Else
         MsgBox ("Ce compte existe déjà.")
         CptAna.SetFocus
      End If
   End If
End Sub
```

```
Private Sub Fermer_Click()
   Unload Me
End Sub
```

```
Private Sub Form_Activate()
   CptAna.SetFocus
   CptAna = ""
End Sub
```

```
Private Sub Interroger_Click()
  'On vérifie que le compte existe
  MenuGéné.CptAna.Recordset.FindFirst "CptAna = '" & CptAna & "'"
  If MenuGéné.CptAna.Recordset.NoMatch Then
    MsgBox ("Ce compte n'existe pas.")
    CptAna.SetFocus
  Else
    IntAna.Show 1
  End If
End Sub
```

```
Private Sub Modifier_Click()
  'On vérifie que le compte existe
  MenuGéné.CptAna.Recordset.FindFirst "CptAna = '" & CptAna & "'"
  If MenuGéné.CptAna.Recordset.NoMatch Then
    MsgBox ("Ce compte n'existe pas.")
    CptAna.SetFocus
  Else
    ModAna.Show 1
  End If
End Sub
```

```
Private Sub Supprimer_Click()
  'On vérifie que le compte existe
  MenuGéné.CptAna.Recordset.FindFirst "CptAna = '" & CptAna & "'"
  If MenuGéné.CptAna.Recordset.NoMatch Then
    MsgBox ("Ce compte n'existe pas.")
    CptAna.SetFocus
  Else
    SupAna.Show 1
  End If

End Sub
```

Le traitement de création d'un compte analytique

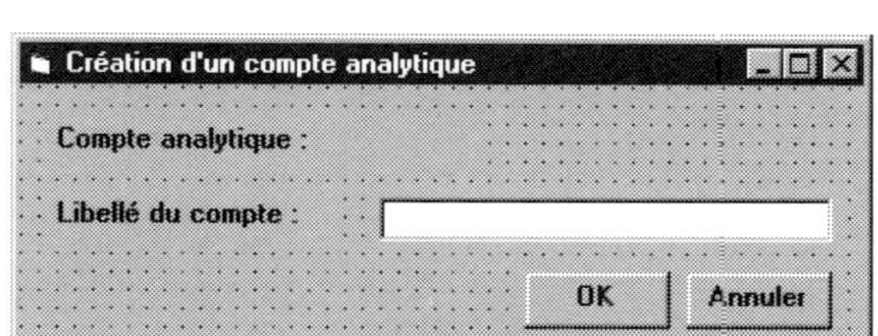

```
Private Sub Annuler_Click()
   Unload CréAna
End Sub
```

```
Private Sub Form_Activate()
   CptAna = MenuAna.CptAna
End Sub
```

```
Private Sub OK_Click()
   'On vérifie que le libellé est bien rempli
   If Libellé = "" Then
      MsgBox ("Le libellé doit être saisi.")
      Libellé.SetFocus
   Else
      'On crée le compte Analytique
      MenuGéné.CptAna.Recordset.AddNew
      MenuGéné.CptAna.Recordset("CptAna") = CptAna
      MenuGéné.CptAna.Recordset("Libellé") = Libellé
      MenuGéné.CptAna.Recordset.Update
      Unload CréAna
   End If
End Sub
```

Le traitement de modification d'un compte analytique

```
Private Sub Annuler_Click()
   Unload ModAna
End Sub
```

```
Private Sub Form_Activate()
   CptAna = MenuAna.CptAna
   Libellé = MenuGéné.CptAna.Recordset("Libellé")
End Sub
```

```
Private Sub OK_Click()
   'On vérifie que le libellé est bien rempli
   If Libellé = "" Then
      MsgBox ("Le libellé doit être saisi.")
      Libellé.SetFocus
   Else
      'On modifie le compte Analytique
      MenuGéné.CptAna.Recordset.Edit
      MenuGéné.CptAna.Recordset("Libellé") = Libellé
      MenuGéné.CptAna.Recordset.Update
      Unload ModAna
   End If
End Sub
```

Le traitement de suppression d'un compte analytique

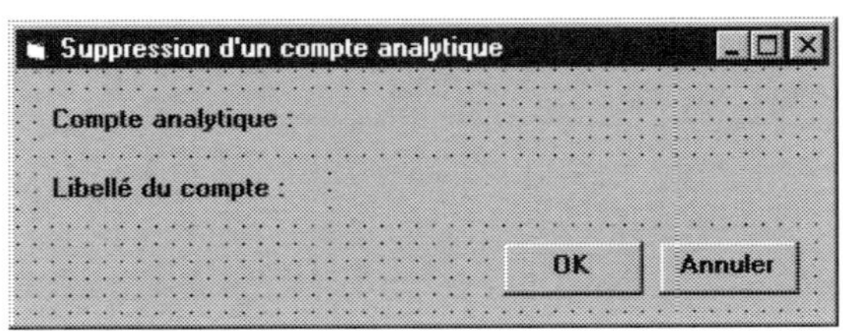


```
Private Sub Form_Activate()
   CptAna = MenuAna.CptAna
   Libellé = MenuGéné.CptAna.Recordset("Libellé")
End Sub
```

```
Private Sub OK_Click()
   'Test pour savoir s'il reste des écritures concernant ce compte
   MenuGéné.Journal.Recordset.FindFirst "CptAna = '" & CptAna & "'"
   If MenuGéné.Journal.Recordset.NoMatch Then
      'Demande de confirmation
      If MsgBox("Voulez-vous supprimer ce compte ?", 289) = 1 Then
         'On supprime le compte de trésorerie
         MenuGéné.CptAna.Recordset.Delete

         Unload SupAna
      End If
   Else
      MsgBox "Il reste des écritures pour ce compte"
   End If
```

```
End Sub
```

Le traitement de saisie d'une écriture comptable

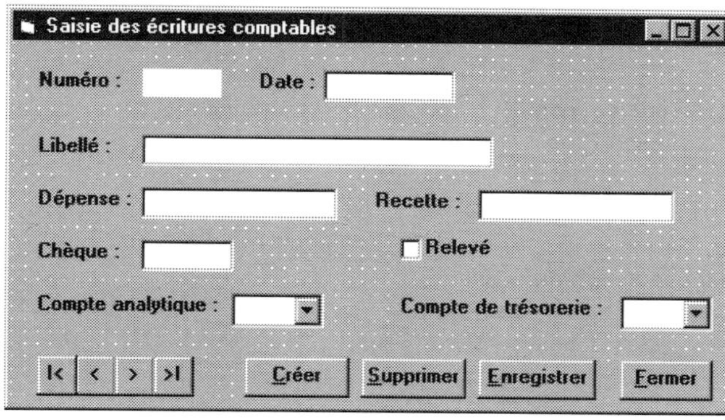

La fonction "Vérif"

```
Function Vérif(DateEcr As Variant, LibEcr As Variant, ✂
Dépense As Variant, Recette As Variant, CptAna As Variant, ✂
CptTré As Variant) As Integer

  Vérif = True

  'Lecture des deux comptes
  MenuGéné.CptTré.Recordset.FindFirst "CptTré = '" & CptTré & "'"
  MenuGéné.CptAna.Recordset.FindFirst "CptAna = '" & CptAna & "'"

  'Test de la validité de la date
  If Not IsDate(DateEcr) Then
    MsgBox "La date " + DateEcr + " n'est pas valide.", 48
    Vérif = False

  'Test si un libellé a été saisi
  ElseIf LibEcr = "" Then
    MsgBox "Aucun libellé n'a été saisi."
    Vérif = False

  'Test si Dépense est numérique
  ElseIf (Not IsNumeric(Dépense)) Then
    MsgBox "Le montant n'est pas numérique."
    Vérif = False

  'Test si Recette est numérique
```

```
    ElseIf (Not IsNumeric(Recette)) Then
        MsgBox "Le montant n'est pas numérique."
        Vérif = False

    'Test si Dépense est positif
    ElseIf Dépense < 0 Then
        MsgBox "Le montant n'est pas positif."
        Vérif = False

    'Test si Recette est positif
    ElseIf Recette < 0 Then
        MsgBox "Le montant n'est pas positif."
        Vérif = False

    'Test si un seul montant saisi
    ElseIf Dépense * Recette <> 0 Then
        MsgBox "Un seul montant doit être saisi."
        Vérif = False

    'Test si au moins un montant saisi
    ElseIf Dépense + Recette = 0 Then
        MsgBox "Il faut saisir un montant."
        Vérif = False

    'Test du compte analytique
    ElseIf MenuGéné.CptAna.Recordset.NoMatch Then
        MsgBox "Le compte analytique n'existe pas."
        Vérif = False

    'Test du compte de trésorerie
    ElseIf MenuGéné.CptTré.Recordset.NoMatch Then
        MsgBox "Le compte de trésorerie n'existe pas."
        Vérif = False
    End If
End Function
```

La fonction "MiseAJour"

```
Sub MiseAJour(DateEcr As Variant, Dépense As Variant, ✂
Recette As Variant, Relevé As Variant, CptAna As Variant, CptTré As Variant)

    'Mise à jour du compte de trésorerie
    MenuGéné.CptTré.Recordset.FindFirst "CptTré = '" + CptTré + "'"
    MenuGéné.CptTré.Recordset.Edit
    MenuGéné.CptTré.Recordset("Solde") = ✂
    MenuGéné.CptTré.Recordset("Solde") - Val(Dépense) + Val(Recette)
```

```
If Relevé Then MenuGéné.CptTré.Recordset("SoldeR") = ✂
MenuGéné.CptTré.Recordset("SoldeR") - Val(MontantSigné) + Val(Recette)
MenuGéné.CptTré.Recordset.Update

'Mise à jour du cumul analytique
MenuGéné.Cumuls.Recordset.FindFirst "CptAna = '" & CptAna & "' ✂
And AnnéeMois ='" + Right(DateEcr, 4) + Mid(DateEcr, 4, 2) & "'"
If MenuGéné.Cumuls.Recordset.NoMatch = True Then
   'Création d'un enregistrement de cumul
   MenuGéné.Cumuls.Recordset.AddNew
   MenuGéné.Cumuls.Recordset("CptAna") = CptAna
   MenuGéné.Cumuls.Recordset("AnnéeMois") = Right(DateEcr, 4) ✂
   + Mid(DateEcr, 4, 2)
   MenuGéné.Cumuls.Recordset("Recette") = 0
   MenuGéné.Cumuls.Recordset("Dépense") = 0
Else
   'Chargement de l'enregistrement existant dans le buffer
   MenuGéné.Cumuls.Recordset.Edit
End If

MenuGéné.Cumuls.Recordset("Dépense") = ✂
MenuGéné.Cumuls.Recordset("Dépense") + Dépense
MenuGéné.Cumuls.Recordset("Recette") = ✂
MenuGéné.Cumuls.Recordset("Recette") + Recette

MenuGéné.Cumuls.Recordset.Update
End Sub
```

Les procédures d'événements

```
Private Sub Form_Activate()
   'Chargement de la zone de liste comptes de trésorerie
   MenuGéné.CptTré.Recordset.MoveFirst
   Do While Not MenuGéné.CptTré.Recordset.EOF
      CptTré.AddItem MenuGéné.CptTré.Recordset("CptTré")
      MenuGéné.CptTré.Recordset.MoveNext
   Loop

   'Chargement de la zone de liste comptes analytiques
   MenuGéné.CptAna.Recordset.MoveFirst
   Do While Not MenuGéné.CptAna.Recordset.EOF
      CptAna.AddItem MenuGéné.CptAna.Recordset("CptAna")
      MenuGéné.CptAna.Recordset.MoveNext
   Loop
```

```
   'Passage en mode création
```

```
  Call InitCréer
End Sub

Private Sub InitCréer()
  'Calcul du prochain numéro d'écriture
  If MenuGéné.Journal.Recordset.RecordCount <> 0 Then
    MenuGéné.Journal.Recordset.MoveLast
    NumEcr = MenuGéné.Journal.Recordset("NumEcr") + 1
  Else
    NumEcr = 1
  End If

  'Initialisation des zones de la feuille Ecriture
  DateEcr = Date
  DateEcr.SetFocus
  Libellé = ""
  Dépense = 0
  Recette = 0
  Relevé = False
  Chèque = ""
  Créer.Enabled = False
  Supprimer.Enabled = False
End Sub

Private Sub Précédent_Click()
  'Afficher l'enregistrement précédent
  If Not Créer.Enabled Then
    'Si on était en mode création, se positionner sur le dernier
    MenuGéné.Journal.Recordset.MoveLast
  Else
    'Sinon se positionner sur le précédent
    MenuGéné.Journal.Recordset.MovePrevious
    'Si début de fichier
    If MenuGéné.Journal.Recordset.BOF Then
      MenuGéné.Journal.Recordset.MoveFirst
    End If
  End If
  'Chargement des champs
  Call Affiche
End Sub

Private Sub Suivant_Click()
  'Afficher l'enregistrement suivant
  MenuGéné.Journal.Recordset.MoveNext
  'Si fin de fichier, se positionner sur le dernier
  If MenuGéné.Journal.Recordset.EOF Then
    MenuGéné.Journal.Recordset.MoveLast
```

```
    End If
    Call Affiche
End Sub
```

```
Private Sub Supprimer_Click()
    'Demande de confirmation
    If MsgBox("Voulez-vous supprimer cette ligne ?", 289) = 1 Then
        'Mise à jour des comptes
        Call MiseAJour(DateEcr, -Dépense, -Recette, Relevé, CptAna, CptTré)

        'Suppression de la ligne de journal
        MenuGéné.Journal.Recordset.Delete

        'Repositionnement sur le suivant s'il y en a un
        MenuGéné.Journal.Recordset.MoveNext
        If MenuGéné.Journal.Recordset.EOF Then
            MenuGéné.Journal.Recordset.MoveLast
        End If

        'Réaffichage du suivant
        Call Affiche
    End If
End Sub
```

Le traitement de transfert de fonds d'un compte vers un autre compte

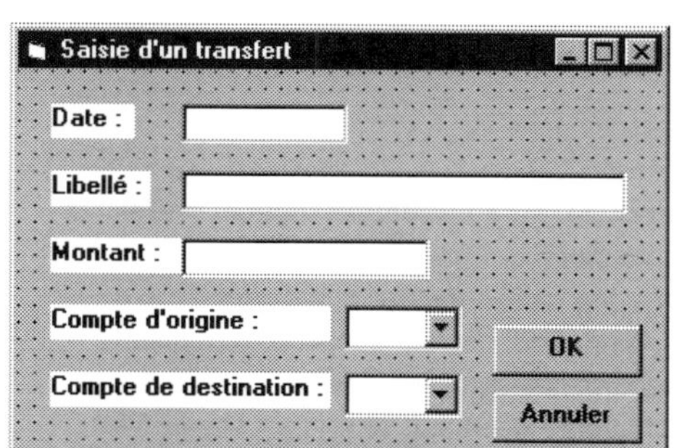


```
Private Sub Form_Activate()
    'Chargement des deux zones de liste comptes de trésorerie
    MenuGéné.CptTré.Recordset.MoveFirst
    Do While Not MenuGéné.CptTré.Recordset.EOF
        CptTréOrig.AddItem MenuGéné.CptTré.Recordset("CptTré")
```

```
    CptTréDest.AddItem MenuGéné.CptTré.Recordset("CptTré")
    MenuGéné.CptTré.Recordset.MoveNext
  Loop

  'Initialisation de Zones de texte
  Libellé.SetFocus
  DateEcr = Now
  Montant = 0
End Sub
```

```
Private Sub OK_Click()
  'Créer le compte analytique TR s'il n'existe pas
  MenuGéné.CptAna.Recordset.FindFirst "CptAna = 'TR'"
  If MenuGéné.CptAna.Recordset.NoMatch Then
    MenuGéné.CptAna.Recordset.AddNew
    MenuGéné.CptAna.Recordset("CptAna") = "TR"
    MenuGéné.CptAna.Recordset("Libellé") = "Transferts"
    MenuGéné.CptAna.Recordset.Update
  End If

  'Vérifier les données du débit du compte d'origine
  If Vérif(DateEcr, Libellé, Montant, 0, "TR", CptTréOrig) Then
    'Vérifier les données du crédit du compte de destination
    If Vérif(DateEcr, Libellé, 0, Montant, "TR", CptTréDest) Then
      'Débit compte d'origine : Ajout d'une ligne

      'Calcul du prochain numéro d'écriture
      If MenuGéné.Journal.Recordset.RecordCount <> 0 Then
        MenuGéné.Journal.Recordset.MoveLast
        NumEcr = MenuGéné.Journal.Recordset("NumEcr") + 1
      Else
        NumEcr = 1
      End If

      'Ajout d'un nouvel enregistrement dans le buffer
      MenuGéné.Journal.Recordset.AddNew
      'Chargement des rubriques dans le buffer
      MenuGéné.Journal.Recordset("NumEcr") = NumEcr
      MenuGéné.Journal.Recordset("DateEcr") = DateEcr
      MenuGéné.Journal.Recordset("Libellé") = Libellé.Text
      MenuGéné.Journal.Recordset("Dépense") = Montant
      MenuGéné.Journal.Recordset("Recette") = 0
      MenuGéné.Journal.Recordset("Chèque") = ""
      MenuGéné.Journal.Recordset("Relevé") = False
      MenuGéné.Journal.Recordset("CptAna") = "TR"
      MenuGéné.Journal.Recordset("CptTré") = CptTréOrig
      'Mise à jour de l'écriture
      MenuGéné.Journal.Recordset.Update
```

```
        'Débit compte d'origine : Maj des comptes
        Call MiseAJour(DateEcr, Montant, 0, False, "TR", CptTréOrig)

        'Crédit compte destination : Ajout d'une ligne

        'Calcul du prochain numéro d'écriture
        NumEcr = NumEcr + 1
        'Ajout d'un nouvel enregistrement dans le buffer
        MenuGéné.Journal.Recordset.AddNew
        'Chargement des rubriques dans le buffer
        MenuGéné.Journal.Recordset("NumEcr") = NumEcr
        MenuGéné.Journal.Recordset("DateEcr") = DateEcr
        MenuGéné.Journal.Recordset("Libellé") = Libellé.Text
        MenuGéné.Journal.Recordset("Dépense") = 0
        MenuGéné.Journal.Recordset("Recette") = Montant
        MenuGéné.Journal.Recordset("Chèque") = ""
        MenuGéné.Journal.Recordset("Relevé") = False
        MenuGéné.Journal.Recordset("CptAna") = "TR"
        MenuGéné.Journal.Recordset("CptTré") = CptTréDest
        'Mise à jour de l'écriture
        MenuGéné.Journal.Recordset.Update

        'Crédit compte destination : Maj des comptes
        Call MiseAJour(DateEcr, 0, Montant, False, "TR", CptTréDest)
        'Retour au menu général
        Unload Me
      End If
    End If
End Sub
```

ANNEXE 3 :
TABLE DES CODES ANSI ET EBCDIC

Le jeu de caractères ANSI

Cette table a été créée par l'ANSI (American National Standards Institute), elle est utilisée par Windows. Les 128 premiers caractères (de 0 à 127) correspondent à ceux du code ASCII. Les 128 autres caractères (de 128 à 255) représentent des caractères spéciaux tels que les lettres des alphabets nationaux, les accents, les symboles monétaires et les fractions.

Voici la table du jeu de caractères ANSI :

1		33	!	65	A	97	a
2		34	"	66	B	98	b
3		35	#	67	C	99	c
4		36	$	68	D	100	d
5		37	%	69	E	101	e
6		38	&	70	F	102	f
7		39	'	71	G	103	g
8		40	(	72	H	104	h
9		41	)	73	I	105	i
10		42	*	74	J	106	j
11		43	+	75	K	107	k
12		44	,	76	L	108	l
13		45	-	77	M	109	m
14		46	.	78	N	110	n
15		47	/	79	O	111	o
16		48	0	80	P	112	p
17		49	1	81	Q	113	q
18		50	2	82	R	114	r
19		51	3	83	S	115	s
20		52	4	84	T	116	t
21		53	5	85	U	117	u
22		54	6	86	V	118	v
23		55	7	87	W	119	w
24		56	8	88	X	120	x
25		57	9	89	Y	121	y
26		58	:	90	Z	122	z
27		59	;	91	[	123	{
28		60	<	92	\	124	|
29		61	=	93	]	125	}
30		62	>	94	^	126	~
31		63	?	95	_	127	

128		160		192	À	224	à
129		161	¡	193	Á	225	á
130	‚	162	¢	194	Â	226	â
131	ƒ	163	£	195	Ã	227	ã
132	„	164	¤	196	Ä	228	ä
133	…	165	¥	197	Å	229	å
134	†	166	¦	198	Æ	230	æ
135	‡	167	§	199	Ç	231	ç
136	ˆ	168	¨	200	È	232	è
137	‰	169	©	201	É	233	é
138	Š	170	ª	202	Ê	234	ê
139	‹	171	«	203	Ë	235	ë
140	Œ	172	¬	204	Ì	236	ì
141		173	-	205	Í	237	í
142		174	®	206	Î	238	î
143		175	¯	207	Ï	239	ï
144		176	°	208	Ð	240	ð
145	‘	177	±	209	Ñ	241	ñ
146	’	178	^{2}	210	Ò	242	ò
147	“	179	^{3}	211	Ó	243	ó
148	”	180	´	212	Ô	244	ô
149	•	181	µ	213	Õ	245	õ
150	–	182	¶	214	Ö	246	ö
151	—	183	·	215	×	247	÷
152	˜	184	¸	216	Ø	248	ø
153	™	185	^{1}	217	Ù	249	ù
154	š	186	º	218	Ú	250	ú
155	›	187	»	219	Û	251	û
156	œ	188	¼	220	Ü	252	ü
157		189	½	221	Ý	253	ý
158		190	¾	222	Þ	254	þ
159	Ÿ	191	¿	223	ß	255	ÿ

Le jeu de caractères EBCDIC

C'est une autre table de codification de caractères sur 8 bits aussi. Ce jeu de caractères est exclusivement utilisé par les mini-ordinateurs et les gros systèmes (main-frames). Il sera donc nécessaire de convertir les codes ASCII ou ANSI en codes EBCDIC dès lors que l'on voudra échanger des données entre micros et minis-ordinateurs ou main-frames. C'est l'une des petites difficultés du mode client-serveur lorsque le serveur est un mini ou un gros système.

Voici cette table EBCDIC :

<table>
<tr><td>0</td><td></td><td>32</td><td></td><td>64</td><td>espace</td><td>96</td><td>-</td></tr>
<tr><td>1</td><td></td><td>33</td><td></td><td>65</td><td></td><td>97</td><td>/</td></tr>
<tr><td>2</td><td></td><td>34</td><td></td><td>66</td><td></td><td>98</td><td></td></tr>
<tr><td>3</td><td></td><td>35</td><td></td><td>67</td><td></td><td>99</td><td></td></tr>
<tr><td>4</td><td></td><td>36</td><td></td><td>68</td><td></td><td>100</td><td></td></tr>
<tr><td>5</td><td></td><td>37</td><td></td><td>69</td><td></td><td>101</td><td></td></tr>
<tr><td>6</td><td></td><td>38</td><td></td><td>70</td><td></td><td>102</td><td></td></tr>
<tr><td>7</td><td></td><td>39</td><td></td><td>71</td><td></td><td>103</td><td></td></tr>
<tr><td>8</td><td></td><td>40</td><td></td><td>72</td><td></td><td>104</td><td></td></tr>
<tr><td>9</td><td></td><td>41</td><td></td><td>73</td><td></td><td>105</td><td></td></tr>
<tr><td>10</td><td></td><td>42</td><td></td><td>74</td><td>ç</td><td>106</td><td>|</td></tr>
<tr><td>11</td><td></td><td>43</td><td></td><td>75</td><td>.</td><td>107</td><td>,</td></tr>
<tr><td>12</td><td></td><td>44</td><td></td><td>76</td><td><</td><td>108</td><td>%</td></tr>
<tr><td>13</td><td></td><td>45</td><td></td><td>77</td><td>(</td><td>109</td><td>_</td></tr>
<tr><td>14</td><td></td><td>46</td><td></td><td>78</td><td>+</td><td>110</td><td>></td></tr>
<tr><td>15</td><td></td><td>47</td><td></td><td>79</td><td>|</td><td>111</td><td>?</td></tr>
<tr><td>16</td><td></td><td>48</td><td></td><td>80</td><td>&</td><td>112</td><td></td></tr>
<tr><td>17</td><td></td><td>49</td><td></td><td>81</td><td></td><td>113</td><td></td></tr>
<tr><td>18</td><td></td><td>50</td><td></td><td>82</td><td></td><td>114</td><td></td></tr>
<tr><td>19</td><td></td><td>51</td><td></td><td>83</td><td></td><td>115</td><td></td></tr>
<tr><td>20</td><td></td><td>52</td><td></td><td>84</td><td></td><td>116</td><td></td></tr>
<tr><td>21</td><td></td><td>53</td><td></td><td>85</td><td></td><td>117</td><td></td></tr>
<tr><td>22</td><td></td><td>54</td><td></td><td>86</td><td></td><td>118</td><td></td></tr>
<tr><td>23</td><td></td><td>55</td><td></td><td>87</td><td></td><td>119</td><td></td></tr>
<tr><td>24</td><td></td><td>56</td><td></td><td>88</td><td></td><td>120</td><td></td></tr>
<tr><td>25</td><td></td><td>57</td><td></td><td>89</td><td></td><td>121</td><td>`</td></tr>
<tr><td>26</td><td></td><td>58</td><td></td><td>90</td><td>!</td><td>122</td><td>:</td></tr>
<tr><td>27</td><td></td><td>59</td><td></td><td>91</td><td>$</td><td>123</td><td>#</td></tr>
<tr><td>28</td><td></td><td>60</td><td></td><td>92</td><td>*</td><td>124</td><td>@</td></tr>
<tr><td>29</td><td></td><td>61</td><td></td><td>93</td><td>)</td><td>125</td><td>'</td></tr>
<tr><td>30</td><td>•</td><td>62</td><td></td><td>94</td><td>;</td><td>126</td><td>=</td></tr>
<tr><td>31</td><td></td><td>63</td><td></td><td>95</td><td>not</td><td>127</td><td>"</td></tr>
</table>

128	
129	a
130	b
131	c
132	d
133	e
134	f
135	g
136	h
137	i
138	
139	
140	
141	
142	
143	
144	
145	j
146	k
147	l
148	m
149	n
150	o
151	p
152	q
153	r
154	
155	
156	
157	
158	
159	

160	
161	~
162	s
163	t
164	u
165	v
166	w
167	x
168	y
169	z
170	
171	
172	
173	
174	
175	
176	
177	
178	
179	
180	
181	
182	
183	
184	
185	
186	
187	
188	
189	
190	
191	

192	{
193	A
194	B
195	C
196	D
197	E
198	F
199	G
200	H
201	I
202	
203	
204	
205	
206	
207	
208	}
209	J
210	K
211	L
212	M
213	N
214	O
215	P
216	Q
217	R
218	
219	
220	
221	
222	
223	

224	\
225	
226	S
227	T
228	U
229	V
230	W
231	X
232	Y
233	Z
234	
235	
236	
237	
238	
239	
240	0
241	1
242	2
243	3
244	4
245	5
246	6
247	7
248	8
249	9
250	
251	
252	
253	
254	
255	

Annexe 4 : Disquette d'accompagnement

Ce livre est accompagné d'une disquette contenant :

- les composants Visual Basic des principaux exemples du livre,
- une proposition de solution pour certaines séquences d'auto-formation présentées au Chapitre 1.

Chacune des applications fournies fait l'objet d'un répertoire (ou dossier) sur la disquette. Voici la liste de ces dossiers :

Dossier Aide

C'est un exemple simple de fichier d'aide à la norme Windows. Le dossier contient tous les composants qui ont été nécessaires pour créer ce fichier d'aide.

Dossier AsPc1

On trouve là une petite application Visual Basic qui commande par des boutons poussoirs la création d'une Data Queue dans un AS/400, ainsi que l'envoi et la réception d'un message, et enfin la suppression de la Data Queue.

Cet exemple constitue une introduction qu'il serait bon d'étudier avant de passer à l'application client-serveur fournie dans le dossier "AsPc2".

Dossier AsPc2

C'est l'application qui est détaillée dans le Chapitre 21 concernant le mode client-serveur entre PC et AS/400. Elle comprend la partie Visual Basic ainsi que la partie AS/400 rédigée en langage RPG dans un fichier texte.

Dossier Compta

Ce dossier contient une proposition de solution pour l'application de comptabilité décrite dans les séquences d'auto-formation du Chapitre 1.

Seules les séquences 2, 5, 7 à 10 y sont résolues.

De plus, la version compilée de cette application est fournie dans ce dossier.

Dossier DLL

Voici un exemple d'utilisation de fonctions incluses dans des DLL. Les fonctions utilisées ici sont deux API de Windows : d'une part une API graphique affichant un rectangle à coins arrondis, d'autre part une API qui indique la version de Windows utilisée.

Dossier FichText

On trouvera dans ce dossier tout ce qu'il faut pour la maintenance d'un simple fichier de type texte, par exemple un fichier d'initialisation de type ".INI".

Dossier Impress

C'est un exemple complet d'impression d'état. Il s'appuie sur la table des auteurs qui est située dans la base de données "Biblio.mdb", elle-même fournie avec Visual Basic.

Ce programme utilise la technique de programmation détaillée de l'objet Printer.

Dossier InfoBull

Lancez le programme. Déplacez le curseur de la souris au-dessus du bouton poussoir, une info-bulle s'affiche !

Dossier MDI

Pour apprendre à programmer des applications multidocuments, inspirez-vous de cet exemple de comptabilité.

Dossier Onglets

La fenêtre contient trois onglets. Dans chaque onglet, on a placé une grille permettant la mise à jour d'une table. Voici un moyen simple d'assurer la maintenance d'une base de données. Malheureusement, les temps de réponse peuvent paraître dissuasifs !

Dossier Tableur

Des idées pour réaliser un mini-tableur dans une application Visual Basic. Et ceci sans pénaliser l'utilisateur par la lourdeur, et donc les temps de réponse, d'une liaison OLE.

Procédure d'installation des dossiers fournis

Pour recopier l'ensemble de ces applications sur votre disque dur, créez le dossier "C:\VISUALB" à l'aide de la commande DOS :

```
MD C:\VISUALB
```

Copiez ensuite le contenu de la disquette dans ce dossier :

```
XCOPY A:*.* C:\VISUALB /S
```

Si vous décidez d'utiliser un autre dossier que "C:\VISUALB", il vous faudra modifier le chemin d'accès aux bases de données éventuellement utilisées. C'est dans la propriété *DatabaseName* du contrôle Donnée que ce changement doit être effectué.

Tous les efforts ont été faits pour tester avec soin la disquette d'accompagnement et les programmes qu'elle contient. Néanmoins, l'auteur et les Éditions Eyrolles ne pourront être tenues pour responsables des préjudices ou dommages de quelque nature que ce soit pouvant résulter de l'utilisation de ces programmes.

INDEX

A

B

C

D

E

F

G

H

I

J

K

L

M

N

O

P

R

S

T

U

V

W

Y

Z

Imprimé en France. - JOUVE, 18, rue Saint-Denis, 75001 PARIS
N° 230106T. - Dépôt légal : Septembre 1995
N° d'éditeur : 5799